bup
BERLIN UNIVERSITY PRESS

Matthias Morgenstern

Gerhard Kittels *Verteidigung*

Die Rechtfertigungsschrift eines Tübinger Theologen
und »Judentumsforschers« vom
Dezember 1946

Alon Segev

Gerhard Kittel's *Defense*

Apologia of a Tübingen Theologian
and New Testament Scholar,
December 1946

Berlin University Press

Inhalt

Zur Einführung   9

Gerhard Kittel: Meine Verteidigung

I.	Die grundsätzliche Frage	13
II.	Kittels Stellung in der wissenschaftlichen Welt	15
III.	Kittels wissenschaftliche Lebensarbeit an der Erforschung des Judentums	21
IV.	Kittels Stellung zur Partei	30
V.	Kittels kirchliche Stellung	39
VI.	Der Vortrag »Die Judenfrage«	51
VII.	Die Stellung des Judenchristentums	64
VIII.	Die Frage der jüdisch-nichtjüdischen Mischehe	69
IX.	Die Mitarbeit am Reichsinstitut für die Geschichte des Neuen Deutschlands	72
X.	Die Zusammenarbeit mit den Anthropologen	77
XI.	Die Judenverfolgungen	87
XII.	Die Stellung der NS-Kreise zu Kittel	96
XIII.	Die Frage nach Kittels indirekter Mitschuld an den Judenverfolgungen	114
XIV.	Die Einzigartigkeit von Kittels Lage	124
XV.	Kittels persönliche Stellung zu einzelnen Juden.	127
XVI.	Einzelne Beschuldigungen	137
XVII.	Die Hauptanklage gegen Kittel	149
XVIII.	Abschluss	152

Dreistigkeit, Verstocktheit und Selbstbezichtigung
Der »christliche« Antisemitismus des Tübinger Theologen Gerhard Kittel

1.	Zu den Zeitumständen – Kriegsende und »Säuberung« der Universität Tübingen	155
	Die Lage im Mai 1945	155

	Hoffnung auf baldige Entlassung	157
	Die erste Fassung von Kittels *Verteidigung*	159
	Das französische System der Säuberung (»épuration«)	163
	Die zweite Fassung von Kittels *Verteidigung*	166
	Das Spruchkammerverfahren und Kittels Tod	169
2.	Zum Text: Ein Verfahrens-Schriftstück – mit autobiographischen Zügen?	170
	Der Titel	170
	Zur Gliederung des Textes	172
	Zur Strategie des Textes	173
	Erörterungen zur »Schuldfrage«	178
	Die »Schuldfrage« bei Martin Dibelius	180
	Autobiographische Harmonisierung	182
	Antisemitische Konstanten	184
	Eine Strategie einer theologischen »Vergrundsätzlichung«	187
3.	Zur heutigen Bedeutung des Textes	189
	Die Arbeiten von Leonore Siegele-Wenschkewitz	189
	Die Verdienste Kittels	191
	Argumentative Widersprüche	193
	Kittels Beziehungen zu Judenchristen, »Halbjuden« und »Volljuden«	194
	Die Perspektive der Opfer	198

Editionsbericht   201

Inhalt

Introduction ... 205

My Defense
by Gerhard Kittel

I.	The Fundamental Question	223
II.	Kittel's Position in the Academic World	224
III.	Kittel's Scholarly Lifetime Work in the Research on Judaism	227
IV.	Kittel's Stance towards the Party	233
V.	Kittel's Stance towards the Church	239
VI.	The Lecture "The Jewish Question"	247
VII.	The Position on Judeo-Christianity	256
VIII.	The Question of Jewish-non-Jewish Mixed Marriages	258
IX.	The Collaboration with the *Reichsinstitut* for History of the New Germany	260
X.	The Collaboration with the Anthropologists	263
XI.	The Persecution of the Jews	269
XII.	The Stance of the NS-Circles towards Kittel	275
XIII.	The Question Regarding Kittel's Indirect Complicity in the Persecutions of the Jews	286
XIV.	The Uniqueness of Kittel's Situation	294
XV.	Kittel's Personal Attitude towards Jewish Individuals	297
XVI.	Individual Accusations	303
XVII.	The Main Accusation against Kittel	313
XVIII.	Conclusion	315

Literatur	317
Gerhard Kittel	317
Sekundärliteratur	320
Archivmaterial	345

Personenregister ... 347

Zur Einführung

Der Name *Kittel* hat in der Bibelwissenschaft einen besonderen Klang. Unvergesslich ist mir, wie Shalom Albeck, Talmudlehrer an der *Hochschule für Jüdische Studien* in Heidelberg, in den 1990er Jahren im Unterricht einmal darum bat, zur Überprüfung eines Bibelwortes »den Kittel« aus dem Regal zu holen. Gemeint war die von dem Leipziger christlichen Alttestamentler Rudolf Kittel (1853–1929) herausgegebene wissenschaftliche Ausgabe der Hebräischen Bibel (*Biblia Hebraica Kittel*). Ohne jeden abwertenden Ton unterschied Albeck diesen »Kittel« von der sonst gebrauchten traditionellen Rabbinerbibel. Im Gebiet des Neuen Testaments meint »Kittel« das *Theologische Wörterbuch zum Neuen Testament*. Gegründet und jahrelang herausgegeben von Rudolf Kittels Sohn Gerhard Kittel (1888–1948), dient dieses Wörterbuch, auch in englischer Übersetzung, in aller Welt Theologen und Pfarrern, die mit dem griechischen Text der Bibel arbeiten. 1922 begann Gerhard Kittel auch damit, rabbinische Literatur (Talmud und Midrasch) in kommentierter Form ins Deutsche zu übersetzen. Nach seiner Berufung an die Universität Tübingen (1926) setzte er diese Übersetzungen fort. Dazu suchte er – damals unerhört neu – Rat, Hilfe und auch offizielle Mitarbeit jüdischer Gelehrter und Wissenschaftler. Im Frühjahr 1933 begrüßte Kittel aber die »Machtergreifung« durch die Nationalsozialisten in Deutschland. Im Mai 1933 wurde er Mitglied der NSDAP. In den Folgejahren trat er als prominenter »Judentumsforscher« hervor und propagierte einen »christlich geprägten Antisemitismus«. Als Experte für Judentumsfragen und Palästinakunde in das *Reichsinstitut für Geschichte des Neuen Deutschlands* berufen, nahm er im September 1938 »als persönlicher Ehrengast des Führers« am Nürnberger Reichsparteitag teil. Während des Krieges schrieb er Gutachten über jüdische Bevölkerungsgruppen mit unklarer »rassischer Herkunft« – offenbar im Wissen, damit die Grundlage für die Entscheidung zur Vernichtung oder Verschonung dieser Volksgruppen zu legen.

Am 3. Mai 1945 wurde Kittel in Tübingen von den französischen Besatzungstruppen verhaftet und zunächst in einem Gefängnis, dann in einem Interniertenlager festgehalten. Kurz danach seines Amtes als Professor enthoben, wurde ihm jede weitere wissenschaftliche Tätigkeit verboten. Während seiner anschließenden Verbannung war es ihm auch untersagt, an seine Universität zurückzukehren. In Haft und Verbannung schrieb Kittel seine »Verteidigung«, in der er das Geschehen aus seiner Perspektive darstellt und seine Rehabilitierung betreibt. Als Mindestziel galt ihm, seine Arbeit am damals noch unabgeschlossenen *Theologischen Wörterbuch* fortführen zu können. Der im Archiv der Universität Tübingen aufbewahrte Text öffnet den Blick für heute unvorstellbar scheinende Abgründe und Schuldverstrickungen in der Theologiegeschichte des 20. Jahrhunderts in Deutschland. Kittels *Meine Verteidigung* wird hier erstmals der Öffentlichkeit zugänglich gemacht und mit einem kritischen Kommentar und Nachwort versehen.

Abgedruckt wird das maschinenschriftlich vorliegende Dokument des Autors, der von sich in der dritten Person spricht. Alle Anmerkungen in den Fußnoten sind vom Bearbeiter hinzugefügt. Zur Editionspraxis, zur Vereinheitlichung der Orthographie und der Korrektur von Rechtschreibfehlern etc. vgl. den Editionsbericht auf S. 201. Die kommentierte englische Übersetzung von Alon Segev soll der Rezeption und Einordnung dieses Dokuments über den deutschen Sprachraum hinaus helfen.

Diese Publikation wäre nicht möglich gewesen ohne namhafte Druckkostenzuschüsse der *Vereinigung der Freunde der Universität Tübingen e. V.* (Universitätsbund), der *Evangelischen Kirche in Deutschland*, der *Union Evangelischer Kirchen in der EKD* und der *Evangelischen Landeskirche in Württemberg*. Ihnen allen sei an dieser Stelle herzlich gedankt. Mein Dank gilt auch dem Universitätsarchiv Tübingen und seiner Leiterin Dr. Regina Keyler für ihren Rat und freundliche Hilfe bei der Bearbeitung des unter der Signatur UAT 162/31 aufbewahrten Textes, für die Ermöglichung der Einsichtnahme in weiteres Archivmaterial und für das Zur-Verfügung-Stellen einer bearbeitungsfähigen Vorlage. Gedankt sei schließlich dem Verlag *Berlin University Press* für die sorgfältige Betreuung des Manuskripts und die Aufnahme dieses Buches in sein Verlagsprogramm. Für Korrekturarbeiten und Recherchen danke ich meinen Mitarbeiterinnen Katharina Lewitz und Lisa Härlin. Mein besonderer Dank geht an Frau Härlin für die Herstellung des Personenregisters und Rebecca Toueg (Haifa) für Korrekturarbeiten am englischen Manuskript. Mein Dank gilt – last but not least – Alon Segev (Chicago), der den Anstoß zu dieser Publikation gegeben hat.

Tübingen, im April 2019   Matthias Morgenstern

Gerhard Kittel:
Meine Verteidigung

I. Die grundsätzliche Frage

Professor D. GERHARD KITTEL, geboren am 23. 9. 1888[1], wurde am 3. 5. 1945 auf dem Rathaus in Tübingen verhaftet.[2] Er wurde zuerst im Tübinger Amtsgerichtsgefängnis, dann im Tübinger Schlossgefängnis, seit November 1945 im Balinger Internierungslager in Haft gehalten. Sein gesamtes Vermögen, einschließlich seiner wissenschaftlichen Privatbibliothek, ist beschlagnahmt.[3] Er wurde – nach 37 Dienstjahren[4] – im Sommer 1945 fristlos und ohne Pension aus seiner Professur entlassen, – offenbar als derselben unwürdig.

---

1 Vgl. die biographischen Angaben bei Merk, Kriegsgeneration; Friedrich, in: TRE 19, 221–225. Kittel war Ehrendoktor der Theologischen Fakultät Kiel (1922); zum außerplanmäßigen Professor war er am 1. April 1921 in Leipzig, zum ordentlichen Professor am 1. Oktober 1921 in Greifswald ernannt worden. Der »aus seiner Professur« Entlassene (wie es unten heißt) nennt hier die Titel, an denen er festhalten will und die ihm (darauf scheint er zu bestehen) die gegenwärtigen Autoritäten auch nicht absprechen können. Sofern es theologische Doktortitel sind, bevorzugt Kittel hier und im Folgenden die Abkürzung »D.«.

2 Am 7. Juli 1945 wurde Kittel mit sofortiger Wirkung von seinem Amt suspendiert und am 25. Oktober 1945 ohne Pensionsanspruch aus seiner Stellung entlassen (UAT 126/326c, 49 = Abschrift des Befehls der französischen Militärregierung zur Entlassung aus dem Beamtenverhältnis mit sofortiger Wirkung). Am 12. November 1945 erfolgte die Einweisung in das Balinger Interniertenlager; die Sperre über Kittels Privatvermögen wurde am 19. Dezember 1946 aufgehoben (UAT 162/31, 29). Zu den Umständen seiner Entlassung vgl. Zauner, Entnazifizierung, 941, 944, 947. Zu den Phasen der politischen Säuberung (»épuration«) der Universität Tübingen durch die Besatzungsmacht: Wischnath, Frage des Stolzes, 103–123; Paletschek, Entnazifizierung, 393–408.

3 Auch die Familie Kittels musste Tübingen verlassen und lebte zwischenzeitlich in einem der Familie gehörenden Häuschen am Walchensee (Merk, Kriegsgeneration, 29). Das von Kittel in den 1930er Jahren erbaute Haus auf der Tübinger Eberhardshöhe war während der Zeit von Kittels Lehrtätigkeit in Wien (s. dazu weiter unten im Text) vermietet worden; nach seiner Rückkehr nach Tübingen fand Kittel übergangsweise eine Wohnung in der Wilhelmstraße (UAT 126/326c, 45) und führte 1943–1944 längere Korrespondenzen mit staatlichen Stellen, um in sein Haus zurückkehren zu können. Nach dem Krieg wurde sein Haus offenbar beschlagnahmt, um dort Besatzungsoffiziere einquartieren zu können; zu dieser Praxis vgl. Dierks, Jakob Wilhelm Hauer, 335.

4 Offenbar bezieht Kittel seine Studienjahre in Leipzig, Tübingen, Berlin und Halle (1907 bis 1912) in die Berechnung ein. Von 37 Dienstjahren ist auch in einem Brief Kittels an Dekan Köberle vom 25. Oktober 1945 die Rede (UAT 162/31, 142).

Am 6. 10. 1946 wurde er aus dem Balinger Lager in Freiheit gesetzt, mit dem Verbot, nach Tübingen zurückzukehren[5], aber mit der ausdrücklichen Begründung, dass ihm die Möglichkeit, seine wissenschaftlichen Arbeiten fortzusetzen, gegeben sein sollte. Als Arbeitsstätte wurde ihm in sehr entgegenkommender Weise die Klosterbibliothek von Beuron angewiesen. Seit Oktober 1946 wird ihm und seiner Familie ein kleiner Unterhaltszuschuss gewährt.[6] Ob und in welchem Umfang ihm in Zukunft eine wissenschaftliche publizistische Tätigkeit, insbesondere die Herausgeberschaft des »Theologischen Wörterbuches zum Neuen Testament« erlaubt sein wird, darüber liegen Entscheidungen noch nicht vor.[7]

Die Maßnahmen gegen Kittel werden mit seiner Stellung und Haltung zur Judenfrage begründet. Dass Kittel sich viel und gründlich mit dieser, vor allem mit der Geschichte der älteren Judenfrage beschäftigt hat, ist offenkundig und durch zahlreiche gedruckte Arbeiten Kittels in der ganzen Welt bekannt. Diese Beschäftigung geschah ausschließlich vom Boden des Christentums aus, im Rahmen seiner wissenschaftlichen, theologisch-historischen Gesamtarbeit. Dass sie je[8] eine unwürdige, unlautere oder in ihren Formen verwerfliche gewesen sei, wird kategorisch bestritten.

Kittel ist bereit und willig, alles ihm Widerfahrende: Haft und Amtsentlassung, Schande und Armut, als ein Stück Schicksal seines Volkes auf sich zu nehmen und zu tragen. Er ist tief durchdrun-

---

5 Das Verbot, die Universität mit ihren Instituten und Seminaren zu betreten, hatten alle Dienstentlassenen zu beachten; vgl. Wischnath, Frage des Stolzes, 112. Bei Wischnath (Frage des Stolzes, 121, Anm. 37) ist von einer Entlassung Kittels im Oktober 1945 die Rede.

6 Erst im Februar 1948 durfte Kittel nach Tübingen zurückkehren. Nach Kittels Tod (am 11. Juli 1948) wurde der Entschluss zur Einstellung des Spruchkammerverfahrens und zur Versorgung der Witwe bekanntgegeben (am 9. Januar 1950): Zauner, Entnazifizierung, 953, 958 und 973. Die Witwe erhielt laut Bescheid vom 24. Februar 1950 eine monatliche Rente von DM 350,- (UAT 162/31, 12).

7 Der erste Band des ThWNT war 1933 im Kohlhammer Verlag Stuttgart erschienen; 1935, 1938 und 1942 erschienen weitere Bände. Im Februar 1947 wurde Kittel die Wiederaufnahme seiner Herausgebertätigkeit gestattet. Aufgrund seines frühzeitigen Todes musste der fünfte Band (mit Datum vom 13. März 1954) unter der Herausgeberschaft seines Schülers, des Kieler Neutestamentlers Gerhard Friedrich (1908–1986), erscheinen, der noch kurz vor dem Tode Kittels an dessen Krankenbett gerufen worden war; vgl. auch unten Anm. 22.

8 Im schlecht leserlichen Text ist offenbar »ja« verbessert zu »je«.

gen von der Solidarität der Schuld, die ihn als deutschen Mann mit umschließt und aus der er sich, so wenig wie irgendein verantwortungsbewusster Deutscher, nicht ausnehmen kann und will. Er ist rückhaltlos bereit, als Glied seines Volkes alle Folgen des furchtbaren Geschehenen mitzutragen.

Aber diese Bejahung der Solidarität einer ungeheuren Kollek[2]tivschuld, unter der er sich mit stehend weiß, enthebt ihn nicht des Rechtes und der Pflicht, um der Wahrheit und um der Gerechtigkeit willen die Frage zu stellen, ob in gleicher Weise auch eine individuelle, aus seinem persönlichen Einzelhandeln sich ergebende Schuld auf ihm liegt, die seine Bestrafung als die eines des Amtes und Auftrages Unwürdigen fordert? [3]

II. Kittels Stellung in der wissenschaftlichen Welt

Kittel ist seit 1913 Dozent, seit 1921 Professor für Neues Testament, zuerst in Kiel[9], Leipzig[10], Greifswald[11], seit 1926 in Tübingen[12]; 1939/43 war er kommissarisch mit der Vertretung einer neutesta-

---

9 Nach seiner von Johannes Leipoldt betreuten Dissertation über die Oden Salomos (1913) und der Habilitation in Kiel im Dezember 1913 diente er im Ersten Weltkrieg als freiwilliger Hilfsgeistlicher in einem evangelischen Garnisonspfarramt und danach als Marinefeldgeistlicher in der Festung Cuxhaven.

10 Nachdem er sich bereits 1917, möglicherweise unter dem Einfluss seines Vaters (vgl. Merk, Kriegsgeneration, 28), nach Leipzig umhabilitiert hatte, kehrte Kittel nach dem Ende des Weltkrieges 1919 an seinen ersten Studienort Leipzig zurück. Dort wurde er 1921 zum außerplanmäßigen Professor ernannt und war 1919–1921 zugleich Direktor des Religionslehrerseminars.

11 Zum 1. Oktober 1921 wurde Kittel als Ordinarius nach Greifswald berufen; vgl Merk, Kriegsgeneration, 28–29.

12 Kittel folgte dem Ruf auf den Lehrstuhl seines Lehrers Adolf Schlatter (1852–1938). Nach dessen Emeritierung (1922) war zunächst der Bonner Neutestamentler Wilhelm Heitmüller (1869–1926) berufen worden, ein Vertreter der religionsgeschichtlichen Schule. Nach dessen Tod konkurrierten Kittel und der Marburger Neutestamentler Rudolf Bultmann um den Tübinger Lehrstuhl. Die württembergische Kirchenleitung hielt eine Berufung Bultmanns nach Tübingen aber »zur Zeit nicht für möglich«. Bultmann wurde von der Evangelisch-Theologischen Fakultät auf den zweiten Listenplatz gesetzt. Kittel wurde so »mit ausdrücklicher Billigung« kirchlicher Instanzen nach Tübingen berufen (Siegele-Wenschkewitz, Neutestamentliche Wissenschaft, 49).

mentlichen Professur in Wien beauftragt.[13] Er ist Lutheraner, sowohl nach seiner kirchlichen Zugehörigkeit wie nach seiner theologischen Prägung.[14]

Kittel darf in Anspruch nehmen; auf seinem Forschungsgebiet als Gelehrter internationalen Ranges zu gelten.

Kittel war – von insgesamt 2 kontinentalen Mitgliedern –, das einzige deutsche Comité-Mitglied der 1938/39 in England gegründeten internationalen Neutestamentler-Gesellschaft »Studiorum Novi Testamenti Societas« (=SNTS).[15]

Bis zum Beginn des Krieges kamen alljährlich Theologen aus England, USA, Skandinavien, der Schweiz nach Tübingen, um bei Kittel zu studieren.

Kittel hat auf Einladung Gastvorlesungen gehalten an den Universitäten Amsterdam[16], Kopenhagen, Lund[17], Uppsa-

---

13 Zu Kittels Zeit in Wien vgl. Schwarz, »Haus in der Zeit«, 181-184; Schwarz, »Grenzburg«, 374-377; Siegele-Wenschkewitz, »Meine Verteidigung« …, 139 f.

14 Kittels Vater Rudolf und dessen Frau Emilie, geb. Gross, stammten aus Württemberg. Zu den biographischen Angaben vgl. Michel, Art. »Gerhard Kittel«, 692 f., Friedrich, Kittel, 221-225 und Merk, Kriegsgeneration, 28 f.

15 1937/38 gehörte er zu den Gründern der *Studiorum Novi Testamenti Societas* und war als einziger Deutscher *Committee*-Mitglied der Gesellschaft; Siegele-Wenschkewitz, Neutestamentliche Wissenschaft, 44 und 81. Das zweite »kontinentale« Mitglied, das 1938 in Birmingham in den Vorstand der Gesellschaft berufen wurde, war der niederländische Exeget Johannes de Zwaan aus Groningen (1929-1943) bzw. Leiden (1945-1953); zu de Zwaan vgl. Bormann, German Members, 421 und 430. Der offizielle Briefkopf der Gesellschaft, der bis 1947 in Gebrauch war, nannte Kittel als Mitglied des provisorischen Vorstands; vgl. Bormann, a. a. O., 442 (ein solcher Brief vom 20. Dezember 1946 findet sich im UAT in der Akte »Kittel«). Noch 1947 wurden im SNTS-Vorstand offenbar Beratungen darüber angestellt, wie Kittel geholfen werden könnte (dies ist einem Brief zu entnehmen, den Helmut Thielicke zu Beginn des Jahres 1947 von der Kanzlei der EKD erhielt: UAT 162/31, 17).

16 Aus Vorlesungen, die Kittel im Frühjahr 1924 an der Amsterdamer Freien Universität hielt, ging 1926 seine Arbeit *Die Probleme des palästinensischen Spätjudentums und das Urchristentum* hervor. Im Vorwort werden mehrwöchentliche Studien in der Amsterdamer Universitätsbibliothek und der *Bibliotheca Rosenthaliana* erwähnt; daneben steht ein Dank für die Gastfreundschaft des niederländischen Kollegen Frederik Willem Großheide (1881-1972), der Kittel auch später bei der Beschaffung von ausländischer Literatur half. Im Vorwort zum ersten Band des ThWNT (VI) dankt Kittel »FW Großheide, Amsterdam« für seine Hilfe; zu seinen Amsterdamer Kontakten vgl. auch Deines, Pharisäer, 434.

17 Die Kontakte mit Lund wurden auch von Kittels Schüler Walter Grundmann (1906-1976) gepflegt, der mit dem dortigen Neutestamentler Hugo

la[18], Cambridge.[19] Eine Einladung zu Gastvorlesungen an mehreren USA-Fakultäten und Seminarien musste er aus Gesundheitsgründen ablehnen.

Kittel ist Herausgeber, zusammen mit Prof. Albrecht Alt-Leipzig, der viele Bände umfassenden »Beiträge zur Wissenschaft vom Alten und Neuen Testament«.[20] Er ist ferner Mitherausgeber der »Zeitschrift für Neutestamentliche Wissenschaft«.[21] Beide Publikationen gehören unbestritten zu den als führend anerkannten des Faches.

Kittel ist der Begründer und alleinige Herausgeber des »Theologischen Wörterbuches zum Neuen Testament«, eines Werkes von bisher über 4000 Seiten in Gross-Quart, das in einer Auflage von 9000 Exemplaren in der ganzen Welt verbreitet ist.[22] Es ist nach einer mehrfachen öffentlichen Äußerung des berühmten Schweizer Theologen Prof. Emil Brunner »die bedeutendste Leistung protestantischer Theologie seit der Reformations-

---

Odeberg (1898–1964) zusammenarbeitete und 1941 und 1942 im Herbst Tagungen organisierte, zu denen Odeberg Kollegen und Studenten aus Dänemark und Schweden mitbrachte.

18 Kittels Uppsalenser Olaus Petri-Vorlesungen (benannt nach dem schwedischen Reformator Olaus Petri, 1493–1552) über *Die Religionsgeschichte und das Urchristentum* wurden 1931 gehalten; sie erschienen 1932 im Druck und ein Jahr später in schwedischer Übersetzung; vgl. Gerdmar, Roots, 437.

19 Kittel war 1927 in Cambridge eingeladen und hielt auch 1928 auf einer Konferenz deutscher und britischer Theologen auf der Wartburg einen Vortrag (vgl. Siegele-Wenschkewitz, Neutestamentliche Wissenschaft, 81); zu seinen Vorträgen in Cambridge im Jahre 1938 vgl. unten Anm. 24.

20 Die im Stuttgarter Kohlhammer-Verlag erscheinende Reihe wurde 1908, zunächst mit alttestamentlichem Schwerpunkt, von Rudolf Kittel (1853–1929), dem Vater des Autors, gegründet (Beiträge zur Wissenschaft vom Alten Testament); ab Band 37 (Gerhard Kittel, Die Probleme des palästinischen Spätjudentums und das Urchristentum, 1926) wurde das Neue Testament mit einbezogen. Zu Albrecht Alt (1883–1956) vgl. Smend, Alttestamentler, 182–207.

21 Die ZNW wurde seit 1942 von Walther Eltester (1899–1976) in Verbindung mit Martin Dibelius (1883–1947) und Gerhard Kittel herausgegeben; es blieb aber bei diesem einen Jahrgang, da die Zeitschrift in den Folgejahren den kriegsbedingten Sparmaßnahmen zum Opfer fiel und erst 1949 wieder erschien.

22 Vgl. oben Anm. 7; zu einer kritischen Untersuchung des Wörterbuchs im Hinblick auf in ihm (möglicherweise) enthaltene Antisemitismen vgl. Vos, Antijudaismus, 89–110.

zeit«.²³ Kittel hat es unter erheblichen Anstrengungen und Opfern fertig gebracht, dieses Werk durch den ganzen Krieg hindurch weiterzuführen, wohl als einziges Werk dieser Art in der ganzen Welt. Er darf in Anspruch nehmen, das Werk durch alle kirchenpolitischen und politischen Wirren der Jahre 1933/45 mit unbestechlicher Objektivität und Sachlichkeit hindurchgesteuert zu haben. Die internationale Bedeutung des Werkes ergibt sich auch daraus, dass die 1937 an Kittel ergangene Einladung zu Gastvorlesungen in Cambridge den ausdrücklichen Wunsch der dortigen Fakultät enthielt, über das Thema zu sprechen: »The making of the Theologische Wörterbuch zum Neuen Testament«.²⁴ Ebenso charakteristisch ist die andere Tatsache, dass der letzte Brief eines Kollegen aus [den] USA, den Kittel 1941 erhielt, ihm davon berichtete, dass eine englisch-amerikanische Übersetzung des Riesenwerkes vorbereitet werde.²⁵ [4]

Kittel ist nicht nur in protestantischen, sondern auch in katholischen Kreisen wohl bekannt. Seit Jahren sind unter den Hörern aller seiner Vorlesungen über das Neue Testament zahlreiche Katholiken.²⁶ Sein »Theologisches Wörterbuch« ist auf katholischer

---

23 Vgl. Brunner, Bedeutung, 62; Neuer, Schlatter, 724. Brunner (1889–1966), der in den 1920er Jahren zu den Mitbegründern der dialektischen Theologie gehört hatte, war für Kittel als international bekannter reformierter Theologe insofern von Interesse, als er sich im Streit um die Möglichkeit oder auch Notwendigkeit einer »natürlichen Theologie« von seinem wichtigsten Weggenossen Karl Barth getrennt hatte, mit dem Kittel im Streit um die »Judenfrage« aneinandergeraten war. Sechs Jahre nach Kittel stattete Brunner der Universität Uppsala einen Besuch ab und hielt dort die Olaus Petri-Vorlesungen (1937).
24 Kittel, Two Lectures on the Making; ders., Lexicographia Sacra, in: Deutsche Theologie 5 (1938), 91–109. Während seines Aufenthaltes in Cambridge erzählte Kittel seinen Zuhörern, dass Hitler ein Neues Testament in seiner Westentasche trug und täglich darin las (Gerdmar, Roots, 441).
25 Die Übersetzung von Geoffrey W. Bromiley unter dem Titel »Theological Dictionary of the New Testament« erschien 1964 in zehn Bänden bei Eerdman in Grand Rapids (Nachdruck 1983–1985); der gleiche Verlag publizierte 1985 auch eine gekürzte Version in einem Band.
26 Vgl. in UAT 162/31, Beilage I, 3 etwa das Zeugnis des Redemptoristenpaters Claus Schedl, Wien; weitere Zeugnisse in Beilage in UAT 162/31, 37–41. Hinzu kommt eine ausführliche Stellungnahme der Erzabtei Sankt Martin Beuron (UAT 162/31, 20–27) an den Staatskommissar für die politische Säuberung vom 22. Februar 1947, die Kittels Position stärken soll.

Seite fast ebenso verbreitet und nicht weniger anerkannt wie auf protestantischer.

Alle diese Feststellungen werden an dieser Stelle nicht mitgeteilt, um Kittel im allgemeinen zu rühmen; sie sind vielmehr für die Beurteilung des gegen Kittel erhobenen Vorwurfes deshalb von erheblicher Bedeutung, weil sie sich nicht auf die früheren Zeiträume beschränken, sondern bis in die allerjüngste Zeit reichen. also die gesamte Zeit seiner »antisemitischen« Äußerungen und Betätigungen mit umfassen.

Die Einladung zu Gastvorlesungen in Cambridge erfolgte 1937; die Wahl zum Comité-Mitglied der SNTS geschah 1938; noch im Sommer 1939 studierten mehrere Theologen aus England und [den] USA bei Kittel und promovierte einer derselben – nach zweijährigem Studium in Tübingen – bei Kittel zum Dr. theol.[27] Für September 1939 war Kittel von englischen Freunden und Fachkollegen nach England eingeladen. Die Einladung wurde im Sommer 1946, während Kittel im Balinger Lager war, erneuert. Die letzten Briefe englischer Freunde an Kittel und seine Familie wurden unmittelbar vor Kriegsbeginn im August 1939 in völlig unveränderter Herzlichkeit geschrieben; dankbare Briefe seiner Hörer und Freunde aus [den] USA erreichten ihn noch bis Herbst 1941, ebenso wie sofort nach der Wiedereröffnung des privaten Postverkehrs mit [den] USA im Jahr 1946. Katholische Theologiestudenten, Mönche und Priester besuchten Kittels Vorlesungen in steigendem Maße bis zum Frühjahr 1945, das heißt bis zu seiner allerletzten Vorlesung vor seiner Verhaftung und Amtsentlassung.[28] Mehrere von ihnen haben während seiner

---

27 Gemeint ist offenbar der später am Washington & Jefferson College in Washington (Pennsylvania) lehrende presbyterianische Theologe Frederick Riker Hellegers (gest. 2004), der 1937 von Princeton nach Tübingen kam und dort am 27. April 1939 mit der Note »gen.« [genügend] promoviert wurde; Dekanatsarchiv der Evangelisch-Theologischen Fakultät; mein Dank an Reinhold Rieger für freundliche Auskunft und Hilfe.

28 Zur positiven Rezeption Kittels in der katholischen Kirche vor und nach 1945 vgl. auch Porter, The Case, 406. Das päpstliche Archäologische Institut und Augustin Kardinal Bea SJ (1881–1968) vom päpstlichen Bibelinstitut wollten ihm noch 1947 die Herausgeberschaft des zweiten Bandes des *Corpus Inscriptionum Judaicarum* anvertrauen, die nach dem Tod des Herausgebers des ersten Bandes (1936 erschienen), Jean-Baptiste Frey (1878–1939), verwaist war. (Manfred Gailus vermutet, dass der in Schwaben ge-

Haft den Versuch gemacht, mit ihm in Verbindung zu treten und ihn ihrer Anhänglichkeit zu versichern oder haben dies sogleich nach seiner Haftentlassung getan. Die evangelischen Kirchenleitungen in Wien und in Stuttgart haben, wovon noch die Rede sein wird, bis zu seiner Verhaftung eng mit ihm zusammengearbeitet; der württembergische Landesbischof D. Wurm[29] hat ihn persönlich im Gefängnis besucht.[30] In Balingen war er Lagerpfarrer[31], und unmittelbar nach seiner Haftentlassung wurde

---

bürtige Kardinal seinem in Not geratenen Landsmann mit diesem Auftrag helfen wollte; Vortrag vom 12. Oktober 2018 in Stuttgart, Landeskirchliches Archiv.) Der zweite Band des *Corpus Inscriptionum Judaicarum* wurde dann 1952 in Rom publiziert. Das Vorwort dieses Bandes (VI) erwähnt »Professor Gerardo Kittel di Tubinga«, der 1943 die Arbeiten übernahm und noch am 15. Februar 1948 in dieser Sache an Giulio Belvederi schrieb. Es enthält den Ausdruck höchster Wertschätzung für Kittel (VI/VII: »alla cui venerata memoria è doveroso rendere su queste pagine il/ tributo della più viva riconoscenza«); erwähnt werden auch die noch von Kittel bearbeiteten Einträge des Inschriftenbandes (Nr. 1424–1539); zu Kittels Kontakten auf katholischer Seite vgl. auch Thurau, Karl Hermann Schelkle, 195 f.

29 Zum württembergischen Landesbischof Theophil Wurm (1868–1953), der 1929 die Ehrendoktorwürde der Universität Tübingen erhalten hatte, vgl. Diephouse, Wurm 13–33; Schäfer, Landeskirche, Bd. 6, 116. Kittel war wie Wurm Bundesbruder des *Vereins Deutscher Studenten* (VDSt); vgl. Junginger, Verwissenschaftlichung, 157.

30 Bereits am 8. Mai 1945 setzte sich Wurm brieflich bei dem französischen Stadtkommandanten in Tübingen für Kittel ein und bat darum, ihn aus der Haft zu entlassen (UAT 162/31, 147). In seiner Autobiographie (Erinnerungen, 174) beklagte Wurm, »bewährte Persönlichkeiten von tadellosem Charakter und reicher Berufserfahrung« seien nach dem Krieg »weggeschickt und in Lagern festgehalten« worden, womit er auch Kittel meinte, dem »schweres Unrecht« geschehen sei (a. a. O., 150). Mein Dank an Dr. Walter Stäbler (Neckartenzlingen) für diesen Hinweis. Zum Verhältnis zwischen Wurm und Kittel vgl. auch Siegele-Wenschkewitz, Neutestamentliche Wissenschaft, 118–119 und Baginski, Kirchenpolitik, 29 f. Nach Ericksen (Theologen unter Hitler, 30) lehnte Wurm eine Rückkehr Kittels an die Universität ab. Zur Rolle Wurms in der Nachkriegszeit vgl. Henke, Politische Säuberung in Europa, 78.

31 Zu Kittels seelsorgerlicher Tätigkeit in Balingen vgl. die folgende Anmerkung. Auch von Kittels Tübinger Kollegen Jakob Wilhelm Hauer (zu ihm vgl. unten Anm. 60, 65, 170, 194, 198 und 200), dem ebenfalls inhaftierten Gründer der *Deutschen Glaubensbewegung*, wird berichtet, dass er während seiner Haft im französischen Lager Theley (Saarland) mit Kameraden sprach und ihnen »Vorträge« hielt, die in diesem Fall allerdings nicht christlich, sondern freireligiös motiviert waren; eines der Themen war die »Neubegründung des Sittlichen« (Dierks, Jakob Wilhelm Hauer, 336).

er vom Stuttgarter Oberkirchenrat wiederum mit einer pfarramtlich-seelsorgerlichen Aufgabe in Beuron, in aller Form betraut.[32]

Alle diese Tatsachen, auf die später zurückzugreifen sein wird, beweisen zwingend, dass Kittels Ansehen durch seine Arbeiten über das Judentum in keiner Weise gemindert war; dass man in der christlichen, theologischen, wissenschaftlichen Welt beider Konfessionen und beider Kontinente seine Haltung *nicht* als unwürdig, *nicht* als moralisch anfechtbar, geschweige denn als kriminell ansah. [5]

III. Kittels wissenschaftliche Lebensarbeit an der Erforschung des Judentums

Zu den wissenschaftlichen Aufgaben der neutestamentlichen Wissenschaft gehört die historische Erforschung des dem Neuen Testament zeitgenössischen Judentums, mit welchem sich sowohl Jesus Christus wie die Apostel wie die Kirchenväter auseinandergesetzt haben, und von welchem Jesus Christus selbst gekreuzigt worden ist.[33]

1. Kittel hat seit über 30 Jahren historische, religionsgeschichtliche, philologische, archäologisch-epigraphische Forschungen auf diesem Gebiet betrieben, die in der ganzen Welt bekannt und von christlicher wie von jüdischer Seite anerkannt sind.

---

32 Der Seelsorgeauftrag erging am 29. Oktober 1946 (UAT 162/31, 29). Da es sich um eine Diasporagemeinde in einer ohnehin winzigen und überwiegend katholischen Ortschaft handelte, wird man diesen Auftrag eher als Schutz- bzw. Rehabilitierungsmaßnahme von Seiten des Oberkirchenrats zu interpretieren haben. Merkwürdig ist, dass Beuron 1946 noch zur Kirchengemeinde Sigmaringen gehörte, die außerhalb des Bereichs der württembergischen Landeskirche lag. Erst 1950 ging Beuron von der Altpreußischen Union an Württemberg über und wurde der Kirchengemeinde Tuttlingen angegliedert. Die Bemühungen des Stuttgarter Oberkirchenrats gingen zu diesem Zeitpunkt also über die Grenzen der eigenen Landeskirche hinaus. Mein Dank an Pfr. Dr. Johannes Wischmeyer für freundliche Auskünfte.
33 Vgl. Kittel, Judenfrage, 74.

Seine erste Schrift 1913 behandelt das Thema »Jesus und die Rabbiner«.[34] Kurz nach dem Weltkrieg hat er, wohl als erster christlicher Gelehrter der Welt, über das später – als Übersetzungen ins Englische und Deutsche vorlagen – viel erörterte, damals nur in hebräischer-Sprache erschienene Jesusbuch des zionistischen Gelehrten Josef Klausner-Jerusalem einen größeren Aufsatz geschrieben.[35] In beiden Schriften hat er schon – also kurz vor und kurz nach dem ersten Weltkrieg – das grundsätzliche Verhältnis von Judentum und Christentum im Sinn ihres Gegensatzes scharf gekennzeichnet. 1920 erschien seine Schrift »Rabbinica«.[36] Seit 1922 hat er »Rabbinische Texte« in Übersetzungen und Textausgaben herausgegeben, deren wissenschaftliche Qualität und deren Bedeutung für die Erforschung des Judentums von der gesamten, auch der jüdischen Kritik uneingeschränkt anerkannt wurde.[37] Er hat diese Herausgabe noch bis zu Beginn des zweiten Weltkrieges fortgesetzt, obwohl diese rein objektive, philologische Arbeit aller propagandistischen Be-

---

34 Die Arbeit, Kittels Probevorlesung für seine Kieler Habilitation, erschien 1914 unter dem Titel *Jesus und die Rabbinen*. Der Ausdruck »Rabbinen« bezeichnet die Weisen des rabbinischen Judentums in nachbiblischer Zeit; die Rechtsgelehrten des modernen Judentums werden im Deutschen »Rabbiner« genannt; die begriffliche Verwechslung ist hier vielleicht kein Zufall.

35 Kittel, Jeschu ha-nosri (1923). Die deutsche Übersetzung von Klausners Jesusbuch (übersetzt von Walter Fischel) kam 1930 heraus (rezensiert von Gustav Dalman, in: ThLZ 56/1931, 7–10; Eduard König, in: Theologisches Literaturblatt 53/1932, 262–265; Karl-Heinrich Rengstorf, in: Theologisches Literaturblatt 56/1935, 310; Paul Fiebig, in: ThLZ 59/1934, 415 f.); die englische Übersetzung von Herbert Danby (»Jesus of Nazareth. His Life, Times, and Teachings«) erschien 1925.

36 In dieser Studie über die jüdische Umwelt des Neuen Testaments erwähnt Kittel im Vorwort seine »Arbeitsgemeinschaft« mit dem jüdischen Gelehrten Israel Issar Kahan (1858–1924).

37 1922 erschien im Stuttgarter Kohlhammer-Verlag die erste Lieferung seiner Übersetzung des tannaitischen *Midrasch Sifre* zum Buch Deuteronomium mit knappen Erläuterungen zum Text. Auch an dieser Arbeit, zu der Kittel nach eigenen Angaben durch die Studien Adolf Schlatters zum Johannesevangelium motiviert worden war, hatte Kahan mitgewirkt; diese Arbeit fand allerdings nach der ersten Lieferung keine Fortsetzung; vgl. Rengstorf, Grundsätzliche und methodische Überlegungen, 267 und 275 (Anm. 4); Deines, Pharisäer, 430. Hans Georg Kuhn veröffentlichte 1933 im gleichen Verlag eine kommentierte Übersetzung des ersten Teiles des Midrasch *Sifre zu Numeri*, die er 1959 (unter der Herausgeberschaft von Karl Heinrich Rengstorf) vervollständigte; vgl. Junginger, Verwissenschaftlichung, 146 f.

schäftigung mit dem Judentum strikt entgegengesetzt war und darum unter der NS-Herrschaft mit den größten Schwierigkeiten zu kämpfen hatte.

Kittel hat von seiner ersten Schrift im Jahr 1913 an und seitdem immer wieder, in vielen Aufsätzen und Büchern, das Verhältnis Judentum-Christentum dargestellt, und zwar – von jenen seinen allerersten Anfängen an bis auf die Gegenwart – niemals anders als unter dem *Doppel*-Gesichtspunkt der Zusammengehörigkeit *und* des Gegensatzes. Er hat niemals, auch nicht, als in Deutschland die Propaganda und der Hass gegen das Alte Testament auf ihrem Höhepunkt waren, aufgehört, die enge Verknüpfung der urchristlichen Religion mit der Religion und Geschichte des Volkes Israel und die heilsgeschichtliche Würdestellung dieses Volkes zu betonen. Er hat ebenso, gleichfalls von seinen wissenschaftlichen Anfängen an, den [6] tiefen, abgründigen Gegensatz zwischen dem Christentum und demjenigen Judentum geschildert, welches Jesus Christus kreuzigte und welches von der alttestamentlich-profetischen Religion den Übergang in die Religion des Pharisäismus und des Talmudismus vollzog. Seine These war zu allen Zeiten, dass dieses Judentum, wie es seit der nachexilischen Zeit sich gestaltet und allmählich über das ganze Abendland sich ausgebreitet hat, im Lichte der biblischen Offenbarung des Alten und des Neuen Testamentes »Abfall« und »Ungehorsam«, und dass seine Geschichte, theologisch gesehen, »Fluch« und »Verwerfung« sei, dass darum die Theologie beide, die »Heilsgeschichte« wie die »Unheilsgeschichte« Israels und des Judentums gleich ernstzunehmen und gleich nachdrücklich zu bezeugen habe.

Kittel hat diese theologischen und historischen Untersuchungen an sehr verschiedenen Zusammenhängen durchgeführt: an der Tatsache der Kreuzigung Jesu Christi durch die Juden, an der Bedeutung seines Kreuzestodes in der urchristlichen Verkündigung, an dem Gegensatz der daraus sich ergebenden Heilslehre zu der jüdischen Messianologie, an der Stellung der jüdischen und der urchristlichen Theologie zum Alten Testament, an dem Verhältnis von Ethik und Religion bei den Pharisäern und in der Bergpredigt[38], an der Frage der Heilsgewissheit in der rabbinischen und in der urchristlichen Theologie. Er hat gezeigt, wie die Kirchenväter der alt-

---

38 Vgl. Kittel, Die Ethik des pharisäischen Judentums und die Bergpredigt (1925).

christlichen Kirche – etwa Gregor der Große im Westen oder Johannes Chrysostomus im Osten[39] und neben diesen viele andere – oder wie die altkirchlichen Synoden seit dem Konzil von Elvira[40] ohne Ausnahme dort, wo sie von den Juden handeln, eine sehr bestimmte, scharf antijüdische Front aufweisen, jedes harmlose, den Gegensatz ignorierende oder bagatellisierende Nebeneinander rigoros ausschließend, verbietend, mit Exkommunikation bedrohend; wie also diese Haltung nicht nur zur urchristlichen, sondern auch zur echten altkirchlichen Tradition gehört. *Immer, längst vor 1933*, hat er auf den unerbittlichen und unüberbrückbaren Gegensatz der christlichen und der jüdischen Auffassung hingewiesen, und zwar im Sinn eines *nicht historisch-zufälligen, sondern eines metaphysischen Gegensatzes*. Als Beispiele seien hervorgehoben die Uppsalaer Olaus-Petri-Vorlesungen »Die Religionsgeschichte und das Urchristentum« (1932)[41] oder [7] die Amsterdamer Gastvorlesungen von 1926[42]: »Die Probleme des palästinischen Spätjudentums und das Urchristentum«. Dieses programmatische Buch Kittels schließt mit einem Satz, dessen programmatischer Charakter schon daraus erhellt, dass der Verfasser ihn in den Jahren 1925–28 nicht weniger als *viermal* in Schriften und Aufsätzen wiederholt hat:

> »Wo Judentum Judentum bleiben will, da kann es nicht anders als der Person Jesu den Kampf ansagen; wo jedoch Jesu Vollmacht als Wirklichkeit und Wahrheit anerkannt ist, da hat das Judentum sein Ende gefunden.«[43]

---

39 Zur Judenpolitik des Papstes Gregor d. Gr. (590–604) vgl. Schreckenberg, Adversus-Judaeos-Texte, 424–434; zum Thema *Chrysostomos und die Juden* vgl. Wilken, John Chrysostom.
40 In seinem Vortrag *Die Entstehung des Judentums* (maschinenschriftlich, UAT 162/31, 13) zitiert Kittel aus den antijüdischen Canones der Synode von Elvira, die zu Beginn des 4. Jahrhunderts (das genaue Jahr ist unbekannt) in Illiberis bei Granada tagte, und der trullanischen Synode von 692 (vgl. dazu auch Kittel, Voraussetzung der jüdischen Rassenmischung, 18); zu den antijüdischen Canones 49 und 50 der Synode von Elvira (Verbot, Ernteerträge von Juden segnen zu lassen; Verbot der Tischgemeinschaft) vgl. Reichert, Canones, 164–166 und Schreckenberg, Adversus-Judaeos-Texte, 247–249.
41 Vgl. oben Anm. 18
42 Vgl. oben Anm. 16.
43 Kittel, Probleme des Spätjudentums, 140; ders., RGG², Bd. III, 494.

In einem wie ernsten Sinn diese Auseinandersetzung mit dem Judentum von Kittel als eine religiös-theologische geführt wurde und wie sehr dieser ihr Sinn von den Ernstesten auf der jüdischen Seite verstanden wurde, beweist das Echo, das Kittel dort teilweise fand. Josef Klausner: »Kittels Buch ›Die Probleme‹ verdient wegen seiner wissenschaftlichen Objektivität ... besondere Berücksichtigung.«[44] Monatsschrift für Geschichte und Wissenschaft des Judentums: »... kaum je ist in der jüngsten Zeit ein auf diesem Gebiet arbeitender dem Judentum so gerecht geworden wie Kittel.« »... wie dankenswert vom jüdischen Standpunkt aus diese Herausarbeitung des ursprünglichen Unterschiedes ist.«[45]

Kittel hat später, in seiner Schrift »Die Judenfrage« und anderwärts, mehrfach die Formel aufgestellt, das Neue Testament sei »das antijüdischste Buch der Weltgeschichte«.[46] Auch dieser Satz bringt nicht[s] anderes zum Ausdruck als jene selbe programmatische Sicht. Der Antijudaismus des Neuen Testamentes ist deshalb der antijüdischste, den es geben kann, weil er den Gegensatz an der letzten und tiefsten Stelle, die es überhaupt geben kann aufzeigt; als einen Gegensatz, der tiefer ist als alle völkischen und alle Rassengegensätze der ganzen Welt: als den *in der metaphysischen Wirklichkeit verwurzelten und aus ihr gegebenen*. Niemals ist dem sogenannten Weltjudentum als einem Machtanspruch ein furchtbareres Urteil gesprochen worden als in dem »Wehe« Jesu Christi, Matth. 23, 15; niemals eine vernichtendere Charakterisierung der jüdischen Reli-

---

44 Bei Klausner (Jesus von Nazareth, 541) heißt es: »Wegen seiner vielseitigen talmudischen Kenntnisse und wissenschaftlichen Objektivität verdient das Buch von Gerhard Kittel besondere Berücksichtigung.« Bemerkenswerterweise blieb dieses Urteil auch in der dritten Auflage (1952) unkommentiert so stehen. In Beilage II (unpaginiert) zu Kittels Verteidigungsschrift (UAT 162/31) finden sich vier handschriftliche Widmungen Klausners auf Kittel zugesandten Büchern; vgl. dazu Siegele-Wenschkewitz, »Meine Verteidigung« ..., 154.
45 Dienemann, Judentum und Urchristentum, 406 und 410 (Rezension von Kittels Schriften *Die Probleme des palästinischen Spätjudentums und des Urchristentums* und *Jesus und die Juden*). Positive Besprechungen von Kittels Schriften erschienen auch von Bernhard Heller (MGWJ 70 [= NF 34] 1926, 481 f.) und Ismar Elbogen (zum Theologischen Wörterbuch zum Neuen Testament, Bd. I-II, in: MGWJ 80 [=NF 48] 1936, 146–148). Elbogen schreibt hier im Jahre 1936 (!) von einer »Leistung«, die »volle Bewunderung« verdiene (147).
46 Kittel, Judenfrage, 56.

gion als einer Privilegierungsreligion gegeben worden als in Joh. 8, 40–44![47]

Einen gewissen vorläufigen Abschluss hat die im engeren Sinn theologisch-exegetische Arbeit Kittels auf diesem Gebiet in einer großen, wegen des deutschen Zusammenbruchs noch ungedruckten Abhandlung »Die Judenfrage im Neuen Testament« gefunden, [8] in der er den Tatbestand, wie er aus den neutestamentlich-urchristlichen Einzelaussagen – bei Jesus, bei Paulus, bei Johannes, sowie im gesamten urchristlichen Sprachgebrauch – sich ergibt, in breit ausgeführter Einzeluntersuchung entfaltet.

In einem besteht ein Unterschied der Arbeiten Kittels aus dem Zeitraum vor gegenüber denen aus dem Zeitraum nach 1933: dass in denen der früheren Jahre zu den Fragen der aktuellen modernen Judenpolitik keinerlei Stellung genommen war, und dass die Probleme der modernen Judenfrage nur gelegentlich anklingen. Eine oberflächenhafte Betrachtung hat daraus gemeint, schließen zu können, dass Kittels Stellung sich plötzlich mit dem Jahr 1933 gewandelt habe.

Dazu ist zweierlei zu sagen. Das *eine*: Kittel hat es nicht als seine, des theologischen Forschers Aufgabe angesehen, sich zu Fragen der aktuellen Politik zu äußern, ebenso wie er vor 1933 niemals einer politischen Partei beigetreten ist. Den vulgären Antisemitismus, etwa des »Hammer«[48] und anderer, später in den Nationalsozialis-

---

47 Der an »die Juden« gerichtete Vorwurf in Joh. 8, 44, sie hätten »den Teufel zum Vater«, ist ein zentrales Motiv in Martin Luthers bekanntester antijüdischer Schrift Von den Juden und ihren Lügen (1543); vgl. Morgenstern, Erwägungen, 259.

48 Die von 1902 bis 1940 erschienene antisemitische Zweiwochenschrift *Hammer. Blätter für deutschen Sinn* wurde von dem Publizisten Theodor Fritsch (1852–1933) herausgegeben; vgl. Bergmann, Fritsch, 260. Nachdem Fritsch gestorben war, übernahm sein gleichnamiger Sohn (1895–1946) den Hammer-Verlag, den er von Leipzig nach Berlin verlegte und bis zum Ende des Krieges weiterführte. Theodor Fritsch d. J. war Buchhändler und als solcher Mitglied des Präsidiums der Reichsschrifttumskammer. Nach Kriegsende wurde er von der sowjetischen Besatzungsmacht im Speziallager Mühlberg/Elbe interniert, wo er am 31. Dezember 1946 verstarb. Dem Abdruck von Kittels Aufsatz *Die Behandlung des Nichtjuden nach dem Talmud*, der 1943 von der *Anti-Jüdischen Aktion* herausgegeben wurde und den Kittel in der Bibliographie zu seiner Verteidigung wohl nicht ohne Grund verschweigt, ist ein längeres Zitat von Theodor Fritsch (offenbar dem Vater) vorangestellt.

mus einmündender Kreise, hielt er damals für viel zu lächerlich und unbedeutend, als dass er deren Äußerungen gelesen, geschweige denn sich mit ihnen auseinandergesetzt hätte. Den Namen Streicher[49] hatte er z. B., wie er sich genau erinnert[,] zum ersten Mal am 1. 4. 1933 gehört.

Er sieht heute klar ein, dass diese seine damalige Zurückhaltung ein Fehler war. Er hatte die sug[g]estiven Massenwirkungen dieser primitiven Demagogie des Vulgärantisemitismus schlechterdings unterschätzt. 1933 musste er mit Erschrecken wahrnehmen, dass jene Elemente im Begriff waren[,] auf dem Wege über die Partei die offizielle Judenpolitik zu gestalten. Erst in diesem Zeitpunkt wurde ihm, wie wohl den allermeisten der nachdenkenden Zeitgenossen, klar bewusst, in welchem Maße die Probleme der Judenfrage nicht theoretisch zu erörternde, sondern in furchtbarer konkreter Leibhaftigkeit gestellte waren. Aus diesem Grunde ergab sich ihm jetzt, 1933, die Berufung und Verpflichtung, zu reden, öffentlich Stellung zu nehmen, wie er dies etwa in seinem Vortrag »Die Judenfrage« tat.

Es ist der schwerste Vorwurf einer schuldhaften Versäumnis, den Kittel sich heute im Blick auf die Vergangenheit macht und den er rückhaltlos anerkennt: dass er in jenen Jahren vor 1933 nicht schon klarer gewarnt hat und damit in der Tat der Ver[9]harmlosung und Vernebelung, in der fast alle Juden, wie Christen, sich befanden, Vorschub geleistet hat. Er hätte – ob mit, ob ohne Aussicht auf Erfolg, stand in einer anderen Hand und war von ihm nicht zu fragen – nach beiden Seiten hin warnen müssen; indem er die Einsichtigen auf christlicher wie auf jüdischer Seite unerbittlich auf die Tatsache des Vorhandenseins einer Judenfrage hingewiesen hätte, die, wenn sie nicht ernstlich angefasst, sondern ignoriert oder bagatellisiert wurde, auf eine furchtbar gewaltsame explosive Lösung hindrängte; und indem er gleichzeitig die Unstimmigkeiten des vulgären Antisemitismus seinerseits in ihrer Gefährlichkeit ernstgenommen, nämlich sie in ernsthafter Polemik gebrandmarkt und zu

---

49 Zu Julius Streicher, dem Herausgeber der antisemitischen Wochenzeitung *Der Stürmer*, der am 1. Oktober 1946 wegen Verbrechens gegen die Menschlichkeit zum Tod durch den Strang verurteilt und am 16. Oktober 1946 hingerichtet wurde, vgl. Schmidt, Streicher. Siegele-Wenschkewitz (»Meine Verteidigung« …, 165) verweist darauf, dass Streicher an zwei Arbeitssitzungen des *Reichsinstituts für Geschichte des neuen Deutschlands*, auf denen Kittel referierte, anwesend war.

überwinden versucht hätte, indem er von den biblisch-theologisch-theoretischen Grunderkenntnissen her die Linien zur aktuellen Gegenwartsfragestellung ausgezogen und jenem Radauantisemitismus die Forderungen eines klaren christlichen Antijudaismus entgegengesetzt hätte.

Das andere, was zu jener Behauptung, Kittel habe sich mit dem Jahr 1933 gewandelt, zu sagen wäre, ist, dass er keineswegs vor 1933 aus seiner Haltung und Stellung irgendein Hehl gemacht hat. Dafür sei als Beleg folgende Konfrontierung von Sätzen der Jahre 1933 und 1926 gegeben.

Wie ein roter Faden zieht sich durch Kittels Schrift »Die Judenfrage«, 1933/34, dass es »unter allen Anklagen die bitterste« sei, »die man gegen das Judentum erheben« müsse. »dass der größte Teil des Judentums der Gegenwart keine lebendige Religion mehr hat«.⁵⁰ Er bezeichnet es im Jahr 1933 »als den Kernpunkt der gegenwärtigen Judenfrage«, das Judentum müsse »den Mut haben, umzukehren zu den Quellen der jüdischen Religion, – nicht zu modernen Philosophemen, sondern zu dem lebendigen Gott, von dem Mose und die Propheten und die Psalmen verkünden.«⁵¹

In dem Vortrag »Jesus und die Juden«, den Kittel 1925 in Mannheim vor einem etwa tausendköpfigen Publikum hielt, der 1926 in den »Stimmen aus der deutschen christlichen Studentenbewegung« gedruckt wurde⁵², ist folgender Abschnitt zu lesen, der beweisen

---

50 Kittel, Judenfrage, 63 f. Die Abqualifizierung des Judentums als »tote Religion« findet sich im Einflussbereich der Philosophie des deutschen Idealismus immer wieder; zu Schleiermachers Schrift »Über die Religion. Reden an die Gebildeten unter ihren Verächtern« (1799) vgl. Arndt, Gemeinschaft, 136–138; in Kants »Streit der Fakultäten« ist von einer »Euthanasie des Judentums« und seinem »sanften Tod« die Rede (Kravitz, Innerhalb der Zeit, 26). Anders als bei Kant und Schleiermacher richtet sich Kittels Kritik freilich nicht an die Adresse des traditionellen voraufklärerischen Judentums, sondern gerade an die des modernen, liberalen Judentums, das seine Traditionen hinter sich gelassen und sich assimiliert hatte.

51 Kittel, Judenfrage, 66.

52 Kittel, Jesus und die Juden. Ein Beleg dafür, dass Kittels Schriften in den 1920er Jahren von jüdischen Gelehrten in der Tat teilweise positiv aufgenommen wurden, ist das Urteil des Offenbacher Rabbiners Max Dienemann (1875–1939). Dienemann urteilte im Hinblick auf *Jesus und die Juden*, dieses »Schriftchen … könnte innerhalb der studentischen Kreise unendlich viel Segen stiften und schleichendes Gift unschädlich machen« (Dienemann, Judentum und Urchristentum, 409 f.) »In der jüngsten Zeit«, so Dietri, sei »ein auf diesem Gebiete Arbeitender dem Judentum« kaum je-

dürfte, wie unzweideutig Kittel schon damals sein Urteil über das moderne Judentum und dessen Problematik auch öffentlich, wenn die Gelegenheit es forderte, aussprach: [10]

»Wir wissen alle: es gibt ein großes Stück Judentum, das mit Religion überhaupt nichts mehr zu tun hat. Es gibt einen Typus des modernen Juden – es hat genau denselben Typus übrigens schon in alten Zeiten gegeben –, der ist seiner geistigen und weltanschauungsmäßigen Struktur nach nichts als der Repräsentant einer gewissen Durchschnittsaufklärung, die in der Regel sehr flach und seicht ist; die – wie das ja meist zu sein pflegt – je platter sie wird, desto eitler wird; die nur zu oft in der Frivolität und in der Laszivität sich gefällt. Wenn eines der Grundmomente aller Religion die Ehrfurcht ist, dann tut man nicht Unrecht, diesen Typus als das Gegenteil der Religion zu bezeichnen. Jedenfalls ist das ein Judentum, das mit Religion so wenig zu tun hat, wie ein sogenanntes Christentum jener vielen, die nur den Namen Christen tragen; ein Judentum, bei dem es infolgedessen natürlich auch völlig gleichgültig ist, ob es äußerlich etwa zur christlichen Konfession übergetreten ist oder nicht. Es ist schwerlich zufällig, wenn g[e]rade der Typ dieser Juden uns anderen am fremdesten und unsympathischsten erscheint. Diese religionslosen Juden haben etwas Entwurzeltes. Sie sind wie Menschen. die das nicht mehr haben, was von Haus aus ihr Bestand war; wie Menschen, die ihre Seele verloren haben – und von denen nur noch die äußere Larve eines uns fremden Menschentums übrig geblieben ist. Wenn man ihr Verhältnis zu Jesus feststellen will, dann kann man von ihnen nichts anderes sagen, als was von der satten Gottlosigkeit der Selbstgefälligkeit zu allen Zeiten und in allen Völkern und in allen Religionen zu sagen ist.«[53] [11]

---

mand »so gerecht geworden wie Kittel. Er räumt mit vielen Behauptungen und Fehlurteilen auf, die seitens einer gewissen Richtung der protestantischen Bibelwissenschaft beharrlich festgehalten wurden« (A. a. O., 406). 1966 gab H. J. Kraus Kittels Schrift *Jesus und die Juden* unter dem Titel »Versuche des Verstehens« neu heraus: Geis/Kraus (Hg.), Versuche des Verstehens, 185–216. Dazu: Siegele-Wenschkewitz, Neutestamentliche Wissenschaft, 46.

53 Kittel, Jesus und die Juden, 4. Mit seiner Modernitäts- und Kulturkritik steht Kittel hier in der Tradition des Berliner Hofprediger Adolf Stöcker; vgl. Röhm/Thierfelder, Juden-Christen-Deutsche, 52 f. – Siegele-Wenschkewitz (Neutestamentliche Wissenschaft, 69) weist darauf hin, dass hier

IV. Kittels Stellung zur Partei

1. Bis zum Jahr 1933 hatte Kittel niemals einer politischen Partei angehört. Die einzige politische Richtung, die in früheren Jahren einen starken Einfluss auf ihn ausgeübt hatte, war die von der Person Friedrich Naumanns[54] ausgehende »Evangelisch-soziale« Bewegung.[55] Den Nationalsozialismus hat Kittel begrüßt, weil er – wie zahllose Menschen in Deutschland – ihn für eine völkische Erneuerungsbewegung auf christlich-sittlicher Grundlage ansehen zu können glaubte. Aus diesem Grunde trat er am 1. Mai 1933 der Partei bei.[56]

---

nach Kittels Intention nicht etwas »typisch Jüdisches« beschrieben wird, sondern die »Volksmoral unserer europäischen Großstädte« im Visier sei. Aus »einer gewissen kulturpessimistischen Stimmung«, die »negative Entwicklungen quer durch die Religionen und die Nationen verlaufen sieht«, wird dann aber ein antijudaistisches Kampfargument, das den »sittlich-kulturellen Verfall allein dem Judentum zuschiebt«. In dieser Hinsicht sprach Kittel mit Bezug auf das seiner Tradition entfremdete und entwurzelte Judentum von einem »den Volkskörper wie eine unheimliche Krankheit durchfressendes Gift« (Junginger, Verwissenschaftlichung, 159–160). Offenbar meinte Kittel, sich mit seiner Modernitäts- und Kulturkritik in gewisser Hinsicht auch auf Martin Buber berufen zu können; man kann vermuten, dass Bubers Formulierung, der »Anteil der Juden an gewissen ›modernen‹ Tendenzen« sei »auch« ihm bedenklich (im Entwurf seiner Antwort auf einen Brief Kittels vom 13. Juni 1933, in: Buber, Briefwechsel, 487), auch seinerseits eine gewisse Übereinstimmung zu erkennen gibt. In der Situation des Jahres 1933 wird diese (begrenzte) Übereinstimmung (wenn sie denn je bestand) zwischen Kittel und Buber aber von dem in aller Offenheit und Brutalität zu Tage tretenden politischen Gegensatz überlagert; vgl. dazu unten Anm. 110, 124 und 125.

54 Zu dem evangelischen Theologen und liberalen Politiker Friedrich Naumann (1860–1919), dem Mitbegründer der Deutschen Demokratischen Partei (DDP), der nach 1918 dazu aufrief, an der Weimarer Verfassung mitzuarbeiten, vgl. Heuss, Naumann.

55 Vielleicht spielt Kittel auf die von dem Berliner antisemitischen Theologen Adolf Stoecker (1845–1909) 1878 gegründete Christlich-Soziale Arbeiterpartei oder den 1890 ebenfalls von Stoecker ins Leben gerufenen Evangelisch-sozialen Kongress an; vgl. Wolf, Christlich-sozial, 1741. Kittel gehörte aber dem Verband der Vereine Deutscher Studenten an, auch Kyffhäuserverband genannt, dessen aktive Mitglieder in der Zeit der Weimarer Republik häufig monarchistische und antidemokratische Positionen vertraten; Kittel war vor 1933 auch Mitglied des Kampfbundes für deutsche Kultur, einem völkisch und antisemitisch ausgerichteten Verein (vgl. Gerdmar, Roots, 447–450).

56 Vgl. Junginger, Verwissenschaftlichung, 159. – In einem Brief an den Rektor der Universität erklärte Kittel am 12. September 1945 zusätzlich, er habe »auf eine Behebung der furchtbaren Arbeitslosigkeit und der schweren

Er hoffte auf eine Beseitigung der Arbeitslosigkeit und der schweren sozialen Notstände, vor allem aber, dass die von der Partei mit besonderem Nachdruck geforderte »Volksgemeinschaft« im Sinn einer echten Überwindung der Klassengegensätze verwirklicht werden möchte. Er verließ sich weiter auf die Zusage des Parteiprogramms und der feierlichen Versprechungen Adolf Hitlers, dass Christentum und christliche Kultur als eines der Grundlagen des Neuaufbaus zu gelten hätten und er erhoffte dadurch eine Überwindung des Freidenkertums und der atheistischen Zersetzung des Volkslebens.[57] Wohl sah er schon damals die innerhalb der Partei vorhandenen starken demagogischen Gefahren. Er macht aber kein Hehl daraus, dass er lange die Hoffnung festgehalten hat, es müsse, wenn viele verantwortungsbewusste Männer sich beteiligen und den Demagogen Widerpart leisten würden, gelingen, die gesunden Kräfte mit der Zeit durchzusetzen; dass er vor allem lange noch sich

---

sozialen Notstände« gehofft, »v. a. darauf, daß die von der Partei mit besonderem Nachdruck geforderte ›Volksgemeinschaft‹ im Sinne einer echten Überwindung der Klassen- und Standesgegensätze verwirklicht werden möchte« (UAT 149/37). – Kittels Mitgliedsausweis trug die Nummer 3.243.036 (UAT 126/326c). – In einer Anweisung der *Sixth United States Army Group*, zu der die französischen Streitkräfte generalstabsmäßig gehörten, war festgelegt, dass künftig niemand, der NSDAP-Parteimitglied war, »irgendeine Stellung von Gewicht im öffentlichen Dienst oder in privaten Unternehmungen bekleiden könne« (Henke, Politische Säuberung unter französischer Besatzung, 22). Das Datum des Parteieintritts war ein wichtiges Zusatzkriterium. Eine Direktive vom 24. März 1945 legte als Schlüsseldatum für den Beitritt den 1. April 1933 fest. Wer zuvor eingetreten war, galt als besonders belastet. In der französischen Zone, für die diese Bestimmungen formal auch galten, wurden diese Säuberungsvorschriften aber nicht rigide eingehalten (Henke, a. a. O., 23), doch es stellt sich die Frage, von welchem Zeitpunkt an die Gefangenen von den diesbezüglichen Differenzen unter den Besatzungsmächten Kenntnis hatten. Kittel musste jedenfalls davon ausgehen, dass das Datum seines Parteieintritts in seiner Sache relevant sein *konnte*. Am 19. Oktober 1945 legten französische Richtlinien für die politische Säuberung des öffentlichen Dienstes den 1. Januar 1933 als Schlüsseldatum fest (Henke, a. a. O., 50). Die Bestimmungen für die amerikanische Zone (u. a. also für Nordwürttemberg) sahen demgegenüber als Stichdatum den 1. Mai 1937 vor (Henke, a. a. O., 51).

57 Zu Hitlers kirchenpolitischer Grundsatzentscheidung der Jahre 1924–1928, auf Abstand zur völkischen Religion zu gehen und den Nationalsozialismus »christlich« zu definieren, vgl. Scholder, Kirchen und das Dritte Reich, 110–123; zu Punkt 24 des Parteiprogramms der NSDAP mit dem Bekenntnis zu einem »positiven Christentum« vgl. Scholder, a. a. O., 241 und Siegele-Wenschkewitz, Neutestamentliche Wissenschaft, 89.

hat verleiten lassen, der Lauterkeit der innersten Gesinnung Hitlers und seines Wollens zu vertrauen; dass er sich für verpflichtet hielt, mit den ihm gegebenen Erkenntnissen zu helfen, jene Gesundung an seinem Teil zu befördern und jene Missstände zu überwinden, die sittlichen Grundlagen der Politik und des öffentlichen Lebens zu bewahren und wiederherzustellen. Er hat nicht gewusst, so wenig wie die überwiegende Mehrzahl seiner Volksgenossen, in welchem Maße der jedem Volke innewohnende echte nationale Gedanke zu einem System der imperialistischen und größenwahnsinnigen Brutalitätspolitik umgefälscht und das soziale und sozialistische Ideal zur Tarnung für Lüge und Gewalttat und Korruption missbraucht wurde.

Kittel steht nicht an, heute freimütig zu bekennen, dass [12] sein Versuch auf der wohl bittersten Täuschung seines ganzen Lebens beruhte.

Kittels Frau und seine (erwachsenen) Kinder haben der Partei nicht angehört. Der SA oder einer ähnlichen Formation ist er niemals beigetreten.[58] Wie ferne Kittel jeder parteipolitische Fanatismus lag, geht daraus hervor, dass er mehrfach für bedrängte Angehörige der Linksparteien sich eingesetzt hat. So für den Oberlandesgerichtsrat Dr. Schröder-Dresden (früher Hamburg), der 1918 in der November-Revolution in Cuxhaven (wo er mit Kittel zusammen bei der Marine stand) eine Rolle gespielt hatte, den Kittel schon vor 1933 mit Erfolg gegen einen schweren Angriff der Rechtspresse geschützt hatte[59], nach dessen Absetzung und pensionsloser Entlassung 1933 er dann mit Erfolg bei dem damaligen Sächsischen Reichskommissar intervenierte. So ferner mit besonderem Nachdruck von 1933 an durch 5 Jahre hin-

---

58 Kittels Nachfolger auf seinem Tübinger Lehrstuhl Otto Michel (1903–1993), der der Bekennenden Kirche angehörte, war 1933 demgegenüber Mitglied der SA und 1938 auch der NSV (Nationalsozialistischen Volkswohlfahrt) geworden; vgl. Braun, Lebenslauf, 25f. – Die folgenden Ausführungen zu Kittels Aktivitäten in Untergliederungen der NSDAP oder anderen NS-Organisationen sind wahrscheinlich durch die Rubrik C (»Acitivité dans les organisations ›Nazi‹ auxiliaires/Tätigkeit in NSDAP-Hilfsorganisationen«) des Fragebogens der Militärregierung (Questionnaire Gouvernement Militaire en Allemagne) veranlasst; zum Kontext vgl. unten die Nachbemerkungen zu Kittels *Meine Verteidigung*.

59 Zu Schröder (1876–1947) vgl. Hustaedt, Lebenserinnerungen, 547 und http://matrikel.uni-rostock.de/id/200004874 [04.04.2019].

durch für den in Tübingen wegen seiner Zugehörigkeit zur KPD entlassenen Privatdozenten Dr. Winkler bei vielen Stellen von Staat und Partei in Stuttgart und Berlin.[60]

Innerhalb der lokalen Parteiorganisation hat Kittel im Lauf der 12 Jahre folgende Mitarbeit geleistet:

Ca. 1934–39: Mitarbeiter der »Schadenverhütung«, einer von der Partei betreuten, völlig unpolitischen Unterorganisation zur Bekämpfung von Unfällen und dergl.; die Mitarbeiter waren zum größten Teil Nicht-Parteigenossen.[61]

September 1939: Mitarbeit in der gleichfalls völlig unpolitischen Organisation der Flüchtlingsfürsorge bei Kriegsbeginn, zusammen mit fast allen Professoren der Universität. Als Kittel im Herbst 1939 nach Wien kam, wurde er von einer dortigen Ortsgruppe zur Mitarbeit verpflichtet. Es wurde damals in Wien jeder einzelne Parteigenosse persönlich vorgeladen und zu irgendeiner Mitarbeit herangezogen, so dass es ohne Konflikt kaum möglich war, sich einer solchen zu entziehen (Ausreden oder Winkelzüge kamen für Kittel nicht in Frage). Einen solchen Konflikt herbeizuführen, lag g[e]rade in jenen ersten Kriegsmonaten, in denen der Konflikt gegen die Kirchen offensichtlich zurückgestellt wurde (bis etwa zum Frankreichfeldzug[62]), kein Anlass

---

60 Der Religionswissenschaftler Hans Alexander Winkler (1900–1945), zuvor Assistent J. W. Hauers, des Gründers der *Deutschen Glaubensbewegung*, wurde 1933 wegen seiner früheren Mitgliedschaft in der Kommunistischen Partei gezwungen, seinen Lehrauftrag »freiwillig« niederzulegen; vgl. Junginger, Verwissenschaftlichung, 123 und unten Anm. 303.

61 Zur von der NS-Volkswohlfahrt (NSV) im Auftrag des Reichsministeriums für Volksaufklärung und Propaganda 1934 gegründeten Sonderabteilung »Schadenverhütung« vgl. die Archivseite des Bundesarchivs: https://www.archivportal-d.de/item/M4BJS27DIRD7T6WE3GNQD7OWB4OYY3TY [04.04.2019]. Die »Schadenverhütung« befasste sich mit Werbe- und Aufklärungstätigkeit auf den Gebieten Unfallverhütung, Gewerbehygiene, Brandbekämpfung, Hygiene-Volksbelehrung, Seuchenbekämpfung und Schädlingsbekämpfung.

62 Die vier westeuropäischen Staaten Frankreich, Belgien, Luxemburg und die Niederlande wurden vom Deutschen Reich am 10. Mai 1940 überfallen; die in Abkürzung als *Frankreichfeldzug* bezeichneten Kriegshandlungen endeten wenige Tage später mit der Kapitulation und Besetzung der Benelux-Staaten sowie am 25. Juni mit der Aufteilung Frankreichs in eine deutsche, eine (kleinere) italienische Besatzungszone und eine unbesetzte Zone, die vom faschistischen Vichy-Regime verwaltet wurde.

vor, – schon mit Rücksicht auf die Kittel damals in Wien gestellten theologischen und kirchlichen Aufgaben. – Um nicht als Blockwalter der NSV[63] oder des Luftschutzes eingesetzt zu werden, was er aus gesundheitlichen Gründen, wegen des Treppensteigens, zu vermeiden suchte, übernahm Kittel in Vertretung für einen Wehrmachtsangehörigen eine reine Bureau-Tätigkeit als »Mitarbeiter im Personalamt« der Ortsgruppe, wofür er sich die generelle Befreiung von allen Parteiversammlungen und ähnlichen Veranstaltungen ausbedang. Darüber hinausgehende Betätigungen hat er auch in Wien unter Hinweis auf seine Stellung als Theologe abgelehnt. – Im übrigen geschah die ganze Tätigkeit nur zeitweise. Da Kittel in der vorlesungsfreien Zeit stets von Wien abwesend war, beschränkte sie sich auf die Semesterzeit. Einige Zeit vor dem Ende seines Wiener Auftrages schied Kittel aus dieser Tätigkeit aus. [13]

Von seiner Rückkehr nach Tübingen an[64] hat Kittel keinerlei der bisher genannten entsprechende Tätigkeit in einem auch nur losen Zusammenhang mit der Partei ausgeübt. Vom Volkssturm[65],

---

63 Die Nationalsozialistische Volkswohlfahrt (NSV) wurde am 3. Mai 1933 aufgrund ihrer Anerkennung durch Adolf Hitler zur Parteiorganisation der NSDAP erhoben; vgl. Hansen, Wohlfahrtspolitik, 9.

64 Kittels Abschiedsvorlesung in Wien fand am 22. März 1943 statt; im folgenden Sommersemester hielt er in Wien noch Blockveranstaltungen ab (vgl. Schwarz, »Grenzburg«, 377); am 15. Juni 1944 (Gerdmar, Roots, 497) kehrte er noch einmal zu einer Gastvorlesung über »(d)as Rassenproblem der Spätantike und das Frühchristentum« nach Wien zurück; der letztere Text fehlt in Kittels an seine Verteidigungsschrift angehängter Bibliographie. Beide Vorlesungen wurden in hektographierter Form von der Evangelisch-Theologischen Fakultät Tübingen verschickt – der letztere Text ging offenbar auch vom bayrischen Landeskirchenrat als »Berufshilfe« an die bayrische Pfarrerschaft (Vollnhals, Evangelische Kirche, 132); zu Kittels Vorlesung »Die Entstehung des Judentums« vgl. auch unten Anm. 187 und 328.

65 Zur Aufstellung der Volkssturm-Bataillone im Sommer 1944, die angesichts der drohenden Niederlage des Deutschen Reiches im Zweiten Weltkrieg dazu dienen sollten, die NS-Herrschaft zu verlängern, vgl. Mammach, Volkssturm. Vielleicht wollte Kittel sich mit dieser Bemerkung von dem Tübinger Anatomieprofessor Robert Wetzel absetzen, dem Leiter des Tübinger NS-Dozentenbundes, der als Kompagnieführer einer Volkssturmeinheit im Mai 1945 von den Franzosen verhaftet wurde und zeitweise mit Kittel zusammen in Haft saß; vgl. Scharer, Robert F. Wetzel, 826. Auch Jakob Hauer diente im April 1945 in einer Volkssturmeinheit, die im Schönbuch stationiert war und wurde nach seiner Rückkehr nach Tübingen von den Franzosen verhaftet (Dierks, Jakob Wilhelm Hauer, 332–333).

der letzten von der Partei aufgestellten Formation, zu dem sich Kittel als noch-nicht-Sechzigjähriger zu melden hatte, ist er auf die Feststellung hin, dass er Theologe sei, in aller Form ausgeschlossen worden.

Im NS-Dozentenbund hat er eine Funktion niemals ausgeübt.

Kittels Verhältnis zu den lokalen Stellen der Partei kann, als an einem Beispiel, an seinem Verhältnis zum Tübinger Kreisleiter[66] beleuchtet werden. Er hat denselben im Lauf der Jahre insgesamt dreimal aufgesucht und in seiner Eigenschaft als Kreisleiter gesprochen:

Im Herbst 1938 waren in einer Ortsgruppenversammlung von einem Parteifunktionär Beschimpfungen Jesu Christi und der Kirche vorgetragen worden. Kittel stellte in der Versammlung selbst den Funktionär zur Rede, reichte einen schriftlichen Protest ein, und suchte den Kreisleiter auf, um ihm den Protest auch mündlich vorzutragen. Der Kreisleiter sagte Untersuchung und für die Zukunft Verhinderung ähnlicher Vorfälle zu.

Im September 1939 hat Kittel, wie erwähnt, energisch in der Flüchtlingsfürsorge mitgearbeitet. Mitten aus dieser Arbeit heraus wurde er nach Wien gerufen. Er ging zum Kreisleiter, um die Flüchtlingsarbeit abzugeben. Beim Abschied dankte ihm der Kreisleiter und sagte: »Ich werde Ihnen Ihre Hilfsbereitschaft nie vergessen!« Kittel antwortete: »Bitte übertragen Sie diesen Dank auf die anderen Theologen und Pfarrer und auf meine Kirche, und behandeln Sie sie entsprechend!«

Bei der Rückkehr von Wien im Frühjahr 1943 suchte Kittel den Kreisleiter nochmals auf, diesmal, um ihm zu erklären, bei der Entwicklung, die die Partei genommen habe, insbesondere in ihrem Kampf gegen die Theologie und gegen die Kirche, lehne er jede Art von Mitarbeit ab.

---

66 Zu Helmut Baumert (geb. 1909), der von 1932 bis 1937 NSDAP-Kreisleiter Tübingen war, vgl. Stockhorst, 5000 Köpfe, 46. Sein Nachfolger als Kreisleiter war der Lehrer Hans Rauschnabel (geb. 1895), der als Parteiredner tätig war und am 9. November 1938 die Brandstiftung der Synagoge in der Tübinger Gartenstraße anordnete. Nach Kriegsende wurde Rauschnabel deshalb zu einer moderaten Haftstrafe verurteilt, durfte danach im Landkreis Freudenstadt aber wieder an einer Schule unterrichten; vgl. http://www.geschichtswerkstatt-tuebingen.de/geschichtspfad_nsdap-kreisleitung [29. November 2018].

In den Wiener Jahren hat Kittel mit keinem der dortigen Kreisleiter je ein Wort gewechselt.

2. Als Hintergrund von Kittels am 1. Mai 1933 vollzogenem Eintritt in die Partei bedürfen noch gewisse interne Vorgänge der Universität der Darstellung.

In den ersten Monaten des Jahres 1933 war er mehrfach von Freunden, die der Partei schon angehörten, gebeten worden, beizutreten, um die Front der gegen die Radikalisierung wirkenden Männer zu verstärken. Er hatte bis dahin keine Beziehungen zur Partei, galt auch nicht als Nationalsozialist, er lehnte den Beitritt stets ab, weil er fürchtete[,] damit seine freie Unabhängigkeit preiszugeben.

Im April 1933 wurde ihm überraschend von den zuständigen Stellen der nationalsozialistischen Regierung in Stuttgart das Rektorat der Tübinger Universität [14] angeboten[67], obwohl er, wie erwähnt, weder Pg.[68] war noch als Nationalsozialist galt. Man hielt es wohl für zweckmäßig, zunächst einen Mann an die Spitze der Universität zu stellen, der das Vertrauen weiter Kreise besaß. Vielleicht dass man auch hoffte, in dem »weltfremden« Theologen ein gefügiges Werkzeug zu haben.

Kittel lehnte die ihm angetragene Würde rundweg ab. Er verlangte, dass der schon früher von der Universität selbst frei gewählte Professor der Pathologie Albert Dietrich[69] als Rektor be-

---

67 Vgl. dazu Michl/Daniels, Strukturwandel, 36; Siegele-Wenschkewitz, Neutestamentliche Wissenschaft, 87. Der Vorgang ist dokumentiert in Beilage 2 (eidesstattliche Erklärung von Dr. Oswald Lehnich, von 1933 bis etwa 1936 Leiter des württembergischen Wirtschaftsministeriums und Mitglied der württembergischen Staatsregierung, unpaginiert). In dieser Erklärung ist auch von einer Lehnich im April oder Mai 1935 übergebenen Denkschrift die Rede, in der Kittel gegen die ersten Boykottmaßnahmen des NS-Staates protestiert habe.
68 D. h. Parteigenosse.
69 Zu dem Pathologen Albert Dietrich, der noch im Dezember 1932 vom Senat der Universität zum Rektor der Universität Tübingen gewählt worden war (im November 1933 wurde er aufgrund von Konflikten seines Amtes enthoben), vgl. Kratsch, Verbindungswesen, 72; Brockhaus Enzyklopädie, 19. Auflage, Bd. 5, Mannheim 1988, 488 sowie unten S. 60. In Anlage V (unpaginiert) zu Kittels Text (UAT 162/31) findet sich ein Schreiben Dietrichs, das die Darstellung Kittels bezeugt und insbesondere hervorhebt, Kittel sei nie ein »Anhänger und Verteidiger des politischen Antisemitismus« gewesen.

stätigt werde, was auch seinem Vorschlag entsprechend geschah. Der Grund seiner Ablehnung war in erster Linie die klare Erkenntnis, dass die Übergehung Dietrichs eine Übergehung der Universität, damit aber eine Stärkung der Demagogie wäre; dass es ihm gelang, seinen Vorschlag durchzusetzen, bedeutete umgekehrt die Stärkung der Autonomie der Universität und die Zurückdrängung der Demagogen.

Nunmehr, nach Ablehnung des Rektorates, trat Kittel der Partei bei. Er hatte das Bewusstsein, durch diese Ablehnung seine Unabhängigkeit und die Freiheit von jeglichem konjunkturistischen und ehrgeizigen Motiv in einem Maße unter Beweis gestellt und gesichert zu haben, dass er vielleicht hoffen durfte, in dem Kampf, der zu führen war, erfolgreich mitwirken zu können.

Tatsächlich setzte sogleich, in der Universität wie in der Kirche, das große Ringen ein. Von dem kirchlichen Kampf und Kittels Haltung wird noch die Rede sein. In der Universität vollzog sich, meist in unterirdischen Intrigen, der Ansturm der machtgierigen Radikalen gegen den besonnenen Nicht-Pg. Rektor Dietrich. Für ihn, gegen jene Zerstörer der Universität, setzte Kittel seinen ganzen Einfluss, jetzt auch als Pg., ein. Damals gelang es, weitgehend und für lange Zeit diese Elemente aus der Universitätsführung auszuschalten. Dass die Universität Tübingen von Herbst 1933 bis Anfang 1938 unter den Rektoraten Fezer[70] und Focke[71] in relativer Ruhe ihr wissenschaftliches Eigenleben, ohne ernstliche Eingriffe der Partei, führen konnte, war die Frucht dieser ersten schweren Niederlage der Radikalen und der Parteihörigen in ihren eigenen Reihen. Erst im Jahr 1938 vermochte eine radikale Gruppe von Professoren und Studenten die Macht in der Universität an sich zu reißen. Sie waren von dem im Braunen

---

70 Zu dem Praktischen Theologen Karl Fezer (1891–1960), der 1934–1935 Rektor der Universität Tübingen war, vgl. Siegele-Wenschkewitz, Karl Fezer; Thierfelder, Karl Fezer. 126–156; Müller, Karl Fezer, 251–284. Siegele-Wenschkewitz, Geschichtsverständnis, 134 f. und 142; Kretzschmar, Tübinger Exempel sowie unten die Nachbemerkungen zu dieser Edition.
71 Der klassische Philologe Friedrich Focke (1890–1970), von 1925 bis 1946 Professor für Gräzistik in Tübingen, war 1935 (bis 1937) Nachfolger Fezers im Rektorat. Vgl. seine digitale Entnazifizierungsakte: http://www.landesarchiv-bw.de/plink/?f=6-836752 [Staatsarchiv Sigmaringen; 14.11.2018].

Haus[72] sitzenden Reichsdozentenführer Schultze[73], einer Kreatur Himmlers[74], und im Hintergrund von Himmler selbst zur politischen und weltanschaulichen »Eroberung« der Tübinger Universität angesetzt. In diesen Kreisen sprach man ganz offen davon, dass die Tübinger Universität überhaupt noch keine Revolution gehabt habe, dass sie reaktionär geblieben sei, dass die Revolution hier erst noch nachgeholt und der Nationalsozialismus erst eingeführt werden müsse usw. Dies ist ein zwingender Beweis dafür, dass jene von Kittel vom ersten Augenblick an ohne Wandel vertretende und geförderte Universitätspolitik den eigentlichen Parteiabsichten entgegen war und deren Misserfolg bedingte!

Diese Vorgänge mussten an dieser Stelle erwähnt werden, weil sie die unmittelbaren Hintergründe von Kittels Beitritt zur Partei erleuchten. [15]

3. Man wird die Frage aufwerfen, warum Kittel nicht, mindestens als er endgültig die Aussichtslosigkeit seiner Bemühungen um eine Läuterung der Partei erkannte, ausgetreten sei?

Viele geben darauf die Antwort, dass ein Austritt faktisch unmöglich gewesen sei, dass er auf jeden Fall schwere persönliche Gefährdungen mit sich gebracht haben würde. Kittel lehnt für seine Person diese Antwort als zu billig ab. Er würde bereit gewesen sein[,] alle, auch die bittersten Konsequenzen, auf sich zu nehmen. Er glaubt, dies durch sein Handeln in jenen Jahren mehrfach unter Beweis gestellt zu haben. Aber er bezweifelt, ob der Austritt des Theologen aus der Partei überhaupt solche Folgen gehabt haben würde. Wahrscheinlich hätten ihn die Parteistellen in jenen späteren Jahren mit großer Befriedigung zur Kenntnis genommen. Sie würden darin lediglich eine höchst erwünschte Bestätigung der von ihnen

---

72 »Braunes Haus« wurde in den Jahren 1930 bis 1945 die Parteizentrale der NSDAP in München genannt, die im Januar 1945 durch einen Bombenangriff der Alliierten zerstört wurde; vgl. Heusler, Architekt des »Braunen Hauses«.

73 Der Mediziner Prof. Dr. Walter Schultze (geb. 1894) war seit 1935 Reichsdozentenführer; vgl. Stockhorst, 5000 Köpfe, 401.

74 Heinrich Himmler (1900–1945), der »Reichsführer SS und Chef der deutschen Polizei«, war wegen seiner unerbittlichen Strenge und als »Typ des engstirnigen Buchhalters wenig beliebt« (Benz, Himmler, 362); in dieser Darstellung eignet er sich daher gut als Vertreter derjenigen Position, zu der Kittel nach eigenen Angaben in Opposition stand.

propagierten »weltanschaulichen« Haltung gesehen haben. Man hatte in jenen Jahren durchaus die Tendenz, die Partei von den als unbequem empfundenen Theologen zu säubern; man nahm keine mehr auf und versuchte, die noch in der Partei befindlichen mit mancherlei fingierten Vorwänden zu entfernen. Den Theologieprofessoren und vollends einem Manne von Kittels Ansehen gegenüber hatte man wohl noch gewisse Hemmungen. Ein freiwilliger Austritt Kittels hätte der Partei nur die eigene Initiative in einer für sie peinlichen Lage erspart.

Eben dies war der entscheidende Grund für Kittel, den Schritt *nicht* zu tun. Er hat es oft Freunden und auch Parteimännern gegenüber ausgesprochen, er werde es den Parteifanatikern nicht so bequem machen, dass er freiwillig aus der Partei herausgehe. Er wolle mit seinem niemals einen Augenblick verhüllten Bekenntnis als Christ und als Theologe sozusagen »ein Pfahl im Fleisch«[75] für die Partei sein, solange, bis man ihn hinauswerfe. Er wolle die Partei zwingen, an seiner Person offen sich zu entscheiden!

Tatsächlich hat er, als man, wie erwähnt, ihn aus dem Volkssturm, weil Theologe, ausschloss, dies als eine solche Entscheidung angesehen und damals auf öffentlicher Straße sein Parteiabzeichen abgerissen und von sich geworfen. [16]

V. Kittels kirchliche Stellung

Der Versuch einer wesentlichen Mitarbeit im Sinn einer Überwindung der Verirrungen konnte für Kittel auf zwei Gebieten in Frage kommen: in der Frage der Kirche und des Christentums und in der Judenfrage. Beide Fragen waren jedoch bei Kittels theologischer Stellung eng verbunden. Denn auch die Judenfrage stand für ihn ganz unter dem theologisch-christlichen Gesichtspunkt; sie war und wurde in steigendem Maße geradezu ein Teil der Kirchen- und Christentumsfrage innerhalb des von der Partei inaugurierten Welt-

---

75 Vgl. 2. Kor 12, 7. – Dokumente im Archiv des Auswärtigen Amtes (Briefe der Sicherheitspolizei und des SD) mit Berichten über Kittel, die (im Sinne des NS-Staates) nichts Negatives über ihn enthalten, geben zur Vermutung Anlass, dass »the thorn was at any rate not felt on the National Socialist side« (Gerdmar, Roots, 450).

anschauungskampfes. *Alle Äußerungen Kittels zur Judenfrage sind von ihm bewusst als Theologe und als Glied seiner Kirche getan.* Aus diesem Grunde ist es, wenn Kittels Haltung zur Judenfrage richtig gesehen werden soll, unerlässlich, seine kirchliche Stellung und Haltung deutlich werden zu lassen.

Kittel hat auf kirchlichem Gebiet eine kurze Zeit lang mit anderen Freunden versucht, die Bewegung »Deutsche Christen« (=DC) zu beeinflussen, trat aber noch im Jahr 1933 aus derselben aus, weil sie sich ausschließlich als Politisierung des Christentums erwies.[76]

Sein Gegensatz zu den DC wurde im Lauf der Jahre immer schärfer, bis zum Abbruch der persönlichen Beziehungen, je mehr sie in der Kirchen- und der Judenfrage einem wachsenden Radikalismus und einer Politisierung der Religion verfielen. Als diese Gruppe ca. 1938 in Eisenach ein »Institut zur Erforschung des jüdischen Einflusses auf die Kirchen« gründete und damit eine erhebliche, von Staat und Partei geförderte propagandistische Agitation unternahm, hat Kittel jede Art von Mitarbeit oder auch nur Verbindung ein für allemal abgelehnt und sich zu der ganzen Arbeit dieses Instituts in den schärfsten Gegensatz gestellt.[77]

---

76 Neben Kittel traten auch vier seiner Tübinger Fakultätskollegen, der Kirchenhistoriker Hanns Rückert (1901–1974), der Alttestamentler Artur Weiser (1893–1978), der Praktische Theologe Karl Fezer (1891–1960) und der Kirchenhistoriker Ernst Stracke (1894–1963) den DC bei. Nach der Rede des Berliner DC-Gauobmanns Reinhold Krause vom 13. November 1933 (Sportpalastskandal), traten Weiser, Fezer und Rückert (und nach telefonischer Rücksprache mit ihnen auch Kittel) wieder aus den DC aus. Krause hatte vor etwa 20.000 Zuhörern die »Befreiung« des Christentums vom Alten Testament mit seiner »jüdischen Lohnmoral« und seinen »Viehhändler und Zuhältergeschichten« sowie den Verzicht auf die »ganze Sündenbock und Minderwertigkeitstheologie des Rabbiners Paulus« gefordert und sich für die Verkündigung eines »heldischen Jesus« ausgesprochen. Vgl. Scholder, Die Kirchen und das Dritte Reich, 702–705; Rieger, Die Entwicklung, 86; Siegele-Wenschkewitz, Karl Fezer, 34–52; dies., Neutestamentliche Wissenschaft, 90; Wurm, Erinnerungen, 90; Meier, Fakultäten, 153 und 237.

77 Zu diesem Institut vgl. unten Anm. 157 und Morgenstern, Institutum Judaicum, 71f. Kittels 1939 zum Leiter des Eisenacher »Instituts zur Erforschung und Beseitigung des jüdischen Einflusses auf das deutsche kirchliche Leben« ernannter Schüler Walter Grundmann war am 31. Juli 1931 (mit der Note: »vorzüglich«) noch bei ihm promoviert worden (Dekanatsakten der Evangelisch-Theologischen Fakultät Tübingen; mein Dank an Reinhold Rieger). Später vertrat Grundmann insofern eine »radikalere« Position als Kittel, als er auf eine Reform des Theologiestudiums hinarbeitete, um so alle Bezüge auf mögliche Zusammenhänge mit dem Judentum zu entfernen;

Er war der Meinung, dass hier die biblisch-christlichen Grundlagen preisgegeben seien, und dass er aus diesem Grunde mit diesen Tendenzen und mit der gesamten Tätigkeit dieses Kreises niemals irgendetwas gemein haben könne. Seine letzten Arbeiten, vor allem seine Abhandlung »Israel-Judentum-Christentum«[78], stellen zu wesentlichen Teilen eine Auseinandersetzung mit den aus jenem Kreis kommenden Behauptungen dar.

Kittels kirchliche Haltung war in allen Stadien des Kirchen- und Weltanschauungskampfes bestimmt durch den engen Anschluss an die beiden der »Bekennenden Kirche« (=BK) angehörenden Landesbischöfe D. Wurm= Stuttgart und D. Eder=Wien.[79] Deren Autorität gegenüber den Angriffen von DC- und Parteistellen zu stützen, war sein stärkstes Anliegen. [17]

Im Herbst 1934 hat Kittel, zusammen mit seiner Fakultät, seine eig[e]ne und der Fakultät Existenz bewusst aufs Spiel setzend, öffentlich sich mit dem damals abgesetzten Bischof Wurm solidarisch erklärt[80], obwohl der NS-Minister Mergenthaler dies den Professoren ausdrücklich auf das strengste verboten hatte.[81] Wesentlich

---

    das bedeutete, dass etwa das Erlernen des Hebräischen für Studenten nicht mehr verbindlich vorgeschrieben sein sollte; vgl. Schüfer, Grundmanns Programm, 232 f. Grundmann (Erkenntnis und Wahrheit, 22) seinerseits bezeichnete in seinen (unpublizierten) Erinnerungen die Verbannung Kittels aus Tübingen nach 1945 als »Unrecht«. Zu dem hier reklamierten »schärfsten Gegensatz« passt nicht, dass Grundmann in den 1930er Jahren (als Beiträger und auch als Kittels Assistent) Mitarbeiter am *Theologischem Wörterbuch* war (Erkenntnis und Wahrheit, 22 und 76). In den Bänden I–IV (1933–1942) finden sich insgesamt 22 Artikel aus seiner Feder; vgl. Deines, Jesus der Galiläer, 116. Zu Grundmann vgl. Silomon, Zwei biografische Aufrisse; Niebuhr, Neutestamentler und Deutscher Christ; Schüfer, Grundmanns »Zuwendung«.

78 Diese Schrift ist nicht mehr erschienen (vgl. unten die Bibliographie Kittels).

79 Zu Hans Eder (1890–1944), der im März 1938 die geistliche Leitung der evangelischen Kirchen in Österreich übernahm (zunächst als Oberkirchenrat, ab Herbst 1940 auch mit dem Titel Bischof), vgl. Hofhansl, Non enim satis est literas discere, 495. Eder, der 1924 zum Doktor der Theologie promoviert worden war, stellte nach dem Anschluss Österreichs an NS-Deutschland einen Aufnahmeantrag in die NSDAP, der aber abgewiesen wurde. Während einer Begegnung mit Hitler hatte er sein »Damaskuserlebnis« (Schwarz, Bischof Dr. Hans Eder, 7 f.) und wandte sich vom Nationalsozialismus ab.

80 Zu diesen Vorgängen vgl. Wurm, Erinnerungen, 86–121.

81 Vgl. Rieger, Entwicklung, 99 f. und 104.

durch diese Haltung der Tübinger Fakultät wurde damals die Zerstörung der Württembergischen Kirche aufgehalten und der Zusammenbruch der Kirchenpolitik des von Hitler eingesetzten Kirchenkommissars Jäger herbeigeführt.[82] Dies dürfte der überhaupt *erste* Fall gewesen sein, dass die Partei seit ihrer Machtergreifung eine *offene Niederlage* erlebte. Es ist als geschichtliches Faktum festzustellen, dass Kittel und seine Fakultätsfreunde durch ihre unerschrockene Haltung daran entscheidend mitgewirkt haben. – Kittel wurde, ebenso wie seine Kollegen, mit einer schweren Rüge bestraft; gleichzeitig drohte der Minister mit Absetzung im Wiederholungsfall. Trotzdem hat Kittel sich nicht gescheut. die Solidaritätserklärung mit Wurm nach dieser Androhung nochmals zu wiederholen, indem er wenige Tage später den unter Bewachung der Gestapo in seiner Wohnung gefangen gehaltenen Bischof besuchte.[83] – Im Sommer 1943 erließ der Minister nochmals für die Professoren ein ausdrückliches Verbot des Verkehrs mit dem Bischof, worauf wiederum Kittel an einem der nächsten Tage in der Wohnung von D. Wurm einen ostentativen Besuch abstattete.

Für die Österreichische Evangelische Kirche war in den Jahren nach dem »Anschluss«, 1938–1941, die Gefahr sehr groß, dass sie zu

---

82 Zu dem Juristen August Jäger (1887–1949), der im Juni 1933 zum Ministerialdirektor im Preußischen Kultusministerium berufen worden war und dort die Kirchenabteilung leitete, vgl. Klee, Personenlexikon, 280. Jäger wurde am 19. April 1934 von Reichsbischof Ludwig Müller (1883–1945) zum »Rechtswalter« der Deutschen Evangelischen Kirche ernannt. In dieser Eigenschaft betrieb er unter anderem die Gleichschaltung der Württembergischen und Bayrischen Landeskirche und ihre Eingliederung in eine unter DC-Einfluss stehende Reichskirche, die im Herbst 1934 aber scheiterte. Der am 31. Juli 1945 verstorbene Müller selbst wird von Kittel in seinem Text nicht genannt, vielleicht weil er ihn gut kannte. Müller war sein Nachfolger im Amt des Marinefeldgeistlichen, das Kittel vom 1. November 1914 bis zum 20. Dezember 1918 in Cuxhaven innehatte; vgl. Siegele-Wenschkewitz, Neutestamentliche Wissenschaft, 49.
83 Wurm wurde am 14. September 1934 von seinem Dienst beurlaubt, stand dann unter Hausarrest und wurde am 8. Oktober 1934 in »Schutzhaft« genommen. Da er seine Wohnung nicht mehr verlassen durfte, fanden sich auch viele Dekane und Mitglieder des Oberkirchenrats zu Dienstbesprechungen bei ihm ein; Kittel war also nicht der einzige, der das Verbot der Kontaktaufnahme mit dem Bischof übertrat, der am 27. Oktober 1934 aus seiner »Schutzhaft« entlassen wurde. Zu diesen Vorgängen vgl. Wurm, Erinnerungen, 101–122.

einer Domäne der DC-Bewegung wurde.[84] Wenn dies nicht eintrat, so ist dies in erster Linie der unbeugsamen, klar und allein auf das Evangelium gerichteten Haltung des Bischofs Eder und des Oberkirchenratspräsidenten Dr. Liptak-Wien[85] zu danken. Beide Männer hatten jedoch einen sehr schweren Stand. Insbesondere war Eder den allerschwersten Angriffen ausgesetzt, so dass zeitweise die Möglichkeit eines Scheiterns sehr nahe war.[86] Als Kittel im Herbst 1939 nach Wien kam, glaubten die DC ihren Sieg fast sicher in Händen zu haben. Kittels Berufung, anstelle der zunächst geplanten eines führenden DC-Theologen[87], war für jene die erste große Enttäuschung. Dass Kittel, ob[18]wohl er den Ruf nach Wien ablehnte[88],

---

84 Diese Gefahr rührte daher, dass die evangelische Kirche in Österreich unter den diktatorischen Regierungen der Kanzler Engelbert Dollfuß (1932–1934) und Kurt Schuschnigg (1934–1938) in eine Oppositionsrolle gedrängt worden war, die mit der katholisch-klerikalen Ausrichtung des sogenannten »Ständestaates« zusammenhing. Der »Anschluss« Österreichs an das Deutsche Reich im März 1938 wurde daher von vielen Protestanten begrüßt, die sich in den Folgemonaten besonders anfällig für die NS-Ideologie zeigten.

85 Zu dem promovierten Juristen Heinrich Liptak (1898–1971), der seit dem 16. April 1939 als Wiener Oberkirchenratspräsident amtierte, vgl. Schwarz, Bischof Dr. Hans Eder; Mecenseffy, Geschichte, 221.

86 Hintergrund der angedeuteten Konflikte ist, dass die radikal antikirchlichen NS-Kräfte in Österreich eine »kumulative Radikalisierung« (Hans Mommsen) einleiten, von der die Bekennende Kirche fürchtete, dass sie spätere Pläne für Gesamtdeutschland erproben sollte; vgl. Hanisch, Der lange Schatten, 367: »Das Regime drängte auf dauernde Veränderungen, es vertrug keine Ruhepause, alles war auf Kampf, auf Dynamik, auf Erfolg ausgerichtet … In drei Politikfeldern – in der Judenpolitik, in der Kirchenpolitik, in der Verwaltung […] setzte sich jeweils die radikalere Variante durch und sollte dann dem ›Altreich‹ als Vorbild dienen.«

87 Wer anstelle Kittels hätte berufen werden sollen, ließ sich nicht eruieren; Archivunterlagen aus dieser Zeit sind nicht vorhanden; mein Dank an Uta Heil, Wien, für ihre freundliche Auskunft.

88 Nach Schwarz (»Haus in der Zeit«, 182 f.) fasste Kittel seine endgültige Übersiedlung nach Wien und die Aufgabe des Tübinger Lehrstuhls durchaus ins Auge. Er machte allerdings beides vom Ausbau der Wiener Fakultät zu einer NS-»Grenzlandfakultät« abhängig, die Wissenschaftsminister Rust genehmigen wollte, die Rudolf Heß, der »Stellvertreter des Führers«, aber letztlich verhinderte. Nach Schwarz gab es am 21. Januar 1941 zu dieser Frage ein Gespräch im Büro des Wiener Reichsstatthalters Baldur von Schirach. In der Protokollnotiz des Gaupropagandaleiters Günther Kaufmann heißt es: »Rust will ausbauen – Heß nicht genehmigen – Kittel will in Tübingen bleiben – falls Fak[ultät] in W[ien] nicht ausgebaut [wird]« (Schwarz, »Grenzburg«, 365). – Zu diesem Bild gehörte, dass Kittel in Tübingen zwei

die dortige Professur gastweise 3 1/2 Jahre lang verwaltete, hatte in erster Linie den Grund, dass er durch seine Anwesenheit jene DC-Berufung verhindern und in Fakultät und Kirche seinen, die DC-Theologie und -Politik aufhebenden Einfluss zur Geltung bringen wollte. Tatsächlich war, als er 1943 Wien verließ und auf seine Tübinger Professur zurückkehrte, die Österreichische Evangelische Kirche eine nahezu DC-freie Kirche. Auch in der Besetzung der Professur stand nunmehr keiner der DC-Theologen auch nur mehr zur Erörterung, kamen vielmehr nur der BK angehörige oder nahestehende Männer in Frage.

Bischof Eder hat Kittel oftmals für seinen Beistand gedankt. Frau Eder kam nach dem Tode ihres Mannes eigens zu Kittel, um ihm persönlich im Namen ihre/s Mannes nochmals zu danken und um ihm zu berichten, wie oft ihr Mann gesagt habe, *wie* entscheidend zu jenem Ergebnis beigetragen habe, dass Kittel in jedem Augenblick eine eindeutige kirchliche Haltung eingenommen und so durch seine persönliche Autorität die gefährdete kirchliche Autorität gestützt habe. Eders Nachfolger, Bischof D. May[89], schrieb an Kittel:

---

volle Assistentenstellen zu seiner Verfügung gehabt hatte, ihm in Wien aber nur die Einrichtung einer einzigen Assistentenstelle gelang, die zeitweise von Heinz Zahrnt (1915–2003) eingenommen wurde. Andererseits war Kittel der erste Professor in der Wiener Fakultätsgeschichte, der überhaupt einen Assistenten hatte. In einem Schreiben des Stuttgarter Kultministeriums an das Tübinger Rektorat vom 10. April 1943 wird bestätigt, dass nicht daran gedacht war, die Mittel für die beiden Assistentenstellen in Tübingen dauerhaft zu kürzen (UTA 162/31, Beilage III, 156). Im Tübinger Universitätsarchiv finden sich auch Belege für die Bemühungen der Fakultät, den Göttinger Neutestamentler Joachim Jeremias für die Vertretung Kittels zu gewinnen; dieser sei in der Lage, »die Tradition der Judenforschung weiterführen zu können, an der der Fakultät so viel liegt« (Schreiben des Dekans [?] an den Reichsminister für Wissenschaft, Erziehung und Volksbildung vom 1. Dezember 1939; UAT 162/31, 167–169). Zu Kittels Wiener Zeit vgl. Schwarz, »Haus in der Zeit«, 172 f. und 181–184.

89 Gerhard May (1898–1980), zuvor Pfarrer im slowenischen Celja (deutsch: Cilli oder Zilli) wurde 1944 Nachfolger des Wiener Bischofs Eder; vgl. Hofhansl, Non enim satis est literas discere, 500. May hatte 1936 die Ehrendoktorwürde der Evangelisch-Theologischen Fakultät Heidelberg erhalten (Schwarz, »Haus in der Zeit«, 174). May galt als Vertrauensmann der NSDAP für Jugoslawien und setzte sich besonders für das »deutsche Volkstum« in Südosteuropa ein – all dies wurde von der Wiener Evangelisch-Theologischen Fakultät im Zuge ihrer (letztlich erfolglosen) Bemühungen geltend gemacht, May auf einen Lehrstuhl für Diasporakunde in Wien zu berufen (a. a. O., 176 f.).

»Sie haben durch Ihren Einfluss, der maßgeblich war, uns[e]re Evangelisch-theologische Fakultät vor der Gefahr einer deutschchristlichen Radikalisierung bewahren geholfen ... Sie haben die führenden Männer un[e]srer Kirche in ihrer Haltung bestärkt, die sich immer mehr der ›Bekennenden Kirche‹ annäherte und der kirchenzerstörenden Tätigkeit der NSDAP entschlossenen Widerstand entgegensetzte ... So haben Sie durch Ihre kirchliche Mitarbeit geholfen, den nationalsozialistischen Einbruch in uns[e]re Kirche abzuwehren. Dafür schuldet Ihnen uns[e]re Österreichische Evangelische Kirche steten Dank.[90]«

Auch sonst hat Kittel es sich zu allen Zeiten angelegen sein lassen, den im kirchlichen Raum zu Unrecht Unterdrückten und Angegriffenen beizustehen und sich gegen die Verzerrungen und Beschimpfungen des Heiligen zu wenden. Beispiele:

Als im Frühjahr 1933 Pfarrer Theodor Haug-Tübingen (jetzt Dekan in Tübingen) wegen einer Predigt über die Seligpreisungen denunziert war, ist Kittel für ihn eingetreten.[91]

Als Pfarrer Steinbauer-Penzberg[92] wegen einer Predigt[93] zu einer Geldstrafe verurteilt war, hat Kittel ihm diesen Geldbetrag

---

90 Der Brief ist in vollem Wortlaut dokumentiert in UAT 162/31, Beilage I, 2 (unpaginiert). Schwarz (»Haus in der Zeit«, 198) zitiert Äußerungen des Bischofs Eder (»Wächteramt in den gefahrvollsten Stunden unseres Volkes«) sowie des bayrischen Landesbischofs Hans Meiser (1890–1956) vom Oktober 1943, die die genannten Eingaben Entzens charakterisieren sollen.

91 Theodor Haug (1895–1951) war 1923–1935 Pfarrer und seit 1946 Dekan in Tübingen; zu seiner Stellung im Kirchenkampf vgl. Schäfer, Landeskirche, Band II, 25 ff., 49 ff., 160 und 997. Der Vorgang, auf den Kittel sich bezieht, ist bei Schäfer nicht nachgewiesen; offenbar handelte es sich aber um eine Predigt Haugs am 2. Juli 1933 in der Tübinger Stiftskirche. An diesem Sonntag war als Predigttext Matthäus 5, 1–16 vorgesehen (vgl. Pfarramtskalender, Dekanatsakte Tübingen, Landeskirchliches Archiv Stuttgart).

92 Zu Karl Steinbauer (1906–1988), der nach 1933 als Vikar seinen Dienst in der oberbayerischen Kirchengemeinde Penzberg (südlich von München) versah, vgl. Rehm (Hg.), Ich glaube, darum rede ich; Steinbauer, Einander das Zeugnis gönnen I-IV; Hamm, Die andere Seite des Luthertums.

93 Gemeint ist wahrscheinlich eine Predigt, die Steinbauer am 19. Juli 1935 im Dorf Walchensee, einer Filialgemeinde von Penzberg, über Apg 8, 26–40 hielt. Die Predigt ist dokumentiert in: Rehm (Hg.), Ich glaube, darum rede ich!, 183–194; Auszüge finden sich in: Blendinger, Nur Gott und dem Gewissen verpflichtet, 85–87. Kittel, der zu dieser Zeit am Walchensee Urlaub machte, war Zuhörer der Predigt und schrieb Steinbauer noch am Abend desselben Tages einen kritischen Brief. Er monierte darin, »der gelegentli-

ersetzt. Als derselbe Pfarrer später von der Partei aus seiner Gemeinde vertrieben und noch später ins Gefängnis [19] geworfen wurde[94], hat Kittel mehrfach versucht, bei dem zuständigen Kreisleiter durch Fürsprache zu intervenieren.

Als Professor D. Otto Schmitz-Münster wegen Teilnahme an der Barmer Synode abgesetzt wurde[95], hat Kittel ihn, der bis dahin nicht Mitarbeiter des »Theologischen Wörterbuches« war, un-

---

che Ton der Polemik und – was noch fremder wirkt – der Ironie gegen die heutigen Lehren von Rasse, Blut und Boden und dgl.« sei in dieser Predigt deplatziert gewesen (Blendinger, a. a. O., 87).

94 Steinbauer wurde am 20 Juni 1936 zu zwei Wochen Gefängnis verurteilt. Vorausgegangen waren Konflikte mit den staatlichen Behörden und auch seiner Kirchenleitung, weil Steinbauer verhindern wollte (oder tatsächlich verhinderte), dass die Glocken seiner Kirche zur Feier des Ergebnisses der Reichstagswahlen vom 29. März 1936 läuteten, und weil er sich weigerte, seine Kirche zum 1. Mai beflaggen zu lassen; vgl. Rehm, Zur Einführung: Pfarrer Karl Steinbauer (1906–1988), in: ders. (Hg.), Ich glaube, darum rede ich!, 24–29. (Die Angabe des Datums 1. April 1936 als Tag seiner ersten Verhaftung beruht offenbar auf einem Irrtum; vgl. Blendinger, Nur Gott und dem Gewissen verpflichtet, 164). Zum Vorgang vgl. auch Steinbauer, Einander das Zeugnis gönnen II, 3–6; Blendinger, Nur Gott und dem Gewissen verpflichtet, 58–60; Ulrich, Das Zeugnis der Christen, 39. Nach seiner Entlassung aus der Haft wurde gegen Steinbauer ein allgemeines Redeverbot für das gesamte Reich und ein Aufenthaltsverbot für Oberbayern verhängt (Mildenberger, Damit die Kette des Gehorsams nicht abreißt, 53). Im Anschluss an einen Vertretungsdienst in Augsburg-Lechhausen kehrte Steinbauer, der weder das Predigt- noch das Aufenthaltsverbot akzeptieren wollte, Ende September 1936 nach Penzberg zurück. Als Folge seiner erneuten Weigerung, die Kirche zu beflaggen, wurde Steinbauer im Juni 1937 wieder inhaftiert, im November aber freigelassen. Aufgrund einer Predigt über Matthäus 2, 13–23 in Senden am 8. Januar 1939 (abgedruckt in: Rehm, Hg., Ich glaube, darum rede ich, 223–238) erfolgte eine weitere Verhaftung und Einweisung in das Konzentrationslager Sachsenhausen, wo Steinbauer bis zum Dezember desselben Jahres einsaß. Nach seiner Entlassung war er zunächst ständiger Pfarrverweser in Illenschwang und nahm dann am Krieg gegen Russland teil. Vgl. Mildenberger, Karl Steinbauer. Stationen seines Lebens, 10.

95 Der Münsteraner Neutestamentler Otto Schmitz (1893–1957) wurde 1934 in den einstweiligen Ruhestand versetzt, weil er eine Erklärung gegen die Einführung des Arierparagraphen in der Kirche unterzeichnet hatte; danach leitete er das Ausbildungsseminar der Bekennenden Kirche in Bethel; nachdem dieses 1937 durch die Gestapo geschlossen worden war, wurde er Direktor des Johanneum in Wuppertal; zu Schmitz vgl. Merk, Kriegsgeneration, 2 und Willenberg, Der Betroffene, 258 f.; zum Umgang mit Schmitz nach 1945 als »Wiedergutmachungsfall« vgl. Willenberg, a. a. O., 289.

mittelbar nach Empfang der Nachricht von seiner Absetzung zur Mitarbeit aufgefordert und seinen Namen demonstrativ auf den Umschlag der nächsten Lieferung des Werkes gesetzt: wesentlich um dem schwer betroffenen Kollegen eine Stärkung angedeihen zu lassen.[96]

Als Professor D. Julius Schniewind-Halle 1938 wegen seiner Tätigkeit in der BK abgesetzt werden sollte, ist Kittel in dem Disziplinarprozess mit einem Gutachten so kräftig für ihn eingetreten, dass dieses, wie Kittel im Berliner Wissenschaftsministerium später von dem Referenten mündlich mitgeteilt wurde, wesentlich zu Schniewinds Nicht-Absetzung beigetragen hat.[97]

Als Professor Hans von Soden-Marburg 1942 von DC-Seite wissenschaftlich und politisch diffamiert worden war[98], ist Kittel in wiederholten langen, mündlichen und schriftlichen Verhandlungen so wirksam für ihn eingetreten, dass der Angriff auf die Angreifer selbst zurückfiel.[99]

1939 sollten deutsche Professoren zu einer internationalen Neutestamentler-Tagung nach England fahren. Wegen ihrer kirchen-

---

96 Schmitz erscheint auf dem Titelblatt des zweiten Bandes des ThWBNT (Juli 1935). Im Vorwort ist freilich auch ein Ausdruck des Dankes zu lesen, dass »es uns vergönnt war, dieses Werk bisher ohne ernstliche äußere oder innere Erschütterungen fortzuführen.«

97 Julius Schniewind (1883–1948) wurde 1935 wegen seiner Gegnerschaft zum Nationalsozialismus von Königsberg an die Universität Kiel strafversetzt. Von dort wurde er 1936 nach Halle berufen. Zu den gegen ihn gerichteten behördlichen Maßnahmen vgl. Merk, Kriegsgeneration, 53 f. und Michel, Anpassung oder Widerstand, 82.

98 Hans von Soden (1881–1945) war seit September 1933 Mitglied des Pfarrernotbundes und nahm an der ersten Bekenntnissynode von Barmen teil; er verfasste das gegen die Einführung des »Arierparagraphen« in der Kirche gerichtete Marburger Gutachten vom September 1933; vgl. dazu Dinkler, »Neues Testament und Rassenfrage«, 71 f. Am 4. August 1934 wurde er auf Grundlage des »Gesetzes zur Wiederherstellung des Berufsbeamtentums« in den einstweiligen Ruhestand versetzt, aber bereits knapp drei Monate später wieder rehabilitiert. Möglicherweise bezieht Kittel sich auf diesen Konflikt des Jahres 1934. 1940 stellte von Soden aufgrund einer schweren Herzkrankheit seine Tätigkeit fast vollständig ein, so dass das von Kittel genannte Datum (1942) wenig wahrscheinlich ist; vgl. Christophersen, NDB 24, 523 f.

99 Zu von Sodens Mitarbeit am ThWNT vgl. Merk, Kriegsgeneration, 32; zu seiner Haltung gegenüber dem »Dritten Reich«: Egg, Gerhard Friedrich, 203.

politischen und politischen Haltung wurde den beiden Professoren D. Martin Dibelius-Heidelberg[100] und D. Julius Schniewind-Halle die Genehmigung zur Teilnahme verweigert. Kittel erzwang die Genehmigung dadurch, dass er kategorisch erklärte, ohne diese beiden Kollegen werde er selbst auch nicht nach England fahren; sondern seinerseits gleichfalls ablehnen.[101] Ca. 1936 sollte der Privatdozent Lic. Werner Foerster-Münster aus dem alleinigen Grunde seiner Zugehörigkeit zur BK entlassen werden. Kittel hat auf dem Wege über Präsident Walter Frank erreicht, dass diese Verfügung zurückgenommen und an Foerster ein Lehrauftrag erteilt bzw. erneuert wurde.[102]

Die »Deutsche christliche Studentenvereinigung« (=DCSV) wurde ca. 1937 aufgelöst.[103] Damals schrieb der Generalsekretär[104]

---

100 Zu Martin Dibelius (1883–1947), der seit 1918 Mitglied der Deutsche Demokratischen Partei (DDP) war und gegenüber dem Nationalsozialismus als Verteidiger der Demokratie auftrat, vgl. Merk, Kriegsgeneration, 15–23. Dibelius musste 1933/34 die Kürzung seiner Bezüge um ein Drittel und auch Hausdurchsuchungen hinnehmen, bei denen z. T. seine Korrespondenz beschlagnahmt wurde. 1937 wurde ihm zeitweilig der Pass entzogen. Nach dem Krieg wirkte er auf Bitten der Amerikaner in Heidelberg an der Neugestaltung der Universität mit. In der Akte Kittel des UAT findet sich ein längeres Gutachten, in dem Dibelius für den inhaftierten und verbannten Kittel eintritt.

101 Diese Angabe wird durch neu ausgewertete Akten im Bundesarchiv Berlin bestätigt; Kittel setzte sich den deutschen Behörden gegenüber in der Tat dafür ein, dass Schniewind Mitglied der SNTS werden konnte; Bormann, German Members, 436.

102 Werner Förster (1897–1975), der der SA und vom Frühjahr 1933 bis zum Frühjahr 1934 auch den DC angehörte, sich dann aber der Bekennenden Kirche zugehörig fühlte, war bis zu seiner Zwangsversetzung an die Philosophische Fakultät 1938 außerplanmäßiger Professor für Neues Testament in Münster; 1949 kehrte er auf ein Extraordinariat an der Theologische Fakultät zurück, wo er 1959 auch einen Lehrstuhl für Neues Testament erhielt. Offenbar nimmt Kittel Bezug auf den Vorgang seiner Zwangsversetzung, die nach Willenberg (Der Betroffene, 257, 270 f. und 288) möglicherweise aber gar nicht kirchenpolitisch motiviert war. 1938 zog Kittel Förster auch zur Mitarbeit am ThNWT heran (Bd. 3, 757–764, Artikel κλῆρος).

103 Zur Auflösung der DCSV, die 1938 erfolgte, vgl. Hong, Studenten-Vereinigung; Machleidt, Verkündigung, 29.

104 Generalsekretär der DCSV war Eberhard Müller (1906–1989). Müller hatte zuvor in Tübingen Theologie und Philosophie studiert und das Vikariat in der württembergischen Landeskirche absolviert. Nach 1938 war er Studentenpfarrer in Tübingen; vgl. Hong, Studenten-Vereinigung, 75;

um Hilfe an Kittel. Dieser wandte sich an den ihm – als Pfarrersohn und als früheren Theologen – persönlich bekannten Reichsstudentenführer Dr. Scheel und erreichte von diesem die Zusage, dass das Vermögen und die Arbeit der DCSV durch Eingliederung in die Kirche erhalten bleiben könne. Diese Zusage ist, jedenfalls in Tübingen, eingehalten worden. Sie war die Grundlage dafür, dass Haus und Vermögen der DCSV unter dem Namen »Schlatterhaus« in den Besitz der Kirche überführt wurden und dass damit die Arbeit der Studentengemeinde als Fortsetzung der früheren DCSV-Arbeit in erweitertem Umfang ermöglicht wurde.[105] Ohne diese damalige Intervention Kittels wäre voraussichtlich weder die Schaffung des Schlatterhauses noch die Tübinger Studentengemeinde in ihrer späteren Form möglich geworden.

Das »Calwer Kirchenlexikon«, ein großes, im Sinne der BK gestaltetes kirchliches Nachschlagewerk, wurde 1937 beschlagnahmt und war in seiner Vollendung schwer gefährdet. Man wandte sich wiederum von kirchlicher Seite über Professor Fezer an Kittel, ob er nicht helfen könne. Kittel hat durch eine fernmündliche Besprechung mit dem – ihm aus dem Reichsinstitut bekannten – Ministerialrat Dr. Wilhelm Ziegler[106] [20] den Boden für Verhandlungen mit der Reichsschrifttumskammer bereitet, auf Grund deren das Werk weitergeführt werden konnte.[107] Als die »Württembergische Bibelanstalt« 1939/40 schwer bedroht war, hat Kittel in einem Gutachten die Bedeutung ihrer Arbeit der dargelegt und damit geholfen, die Gefahr abzuwenden.

Als ca. 1941 die in Deutschland lagernden beschlagnahmten Bibelbestände der »Britischen und Ausländischen Bibelgesellschaft« eingestampft werden sollten, hat Kittel in Wien und Ber-

---

Lilje, Eberhard Müller; Grünzinger, Müller, Eberhard, in: NDB 18 (1997), 355–357.
105 Vgl. Machleidt, Verkündigung, 30 f.
106 Prof. Dr. phil. Wilhelm Ziegler (geb. 1891–1962) war seit 1943 Ministerialrat im Reichsministerium für Volksaufklärung und Propaganda; 1937 verfasste er in der in Berlin herausgegebenen Reihe *Schriften der Deutschen Hochschule für Politik* das Pamphlet *Die Judenfrage in der modernen Welt*.
107 Nach der ersten Auflage (A–K), die 1937 erschien kam die zweite Auflage des Calwer Kirchenlexikons (L–Z) erst 1941 heraus.

lin bei den zuständigen Stellen Schritte getan, die mit dazu halfen, dies zu verhindern.

Als im Herbst 1936 der Kirchen-, und Weltanschauungskampf auf einem seiner Höhepunkte war, hat Kittel dadurch eine öffentliche Stellungnahme seiner Person bekundet, dass er aus eigener Initiative in einer der Tübinger Kirchen einen Zyklus von 4 öffentlichen Abendvorträgen hielt: »Die Kirche des Neuen Testamentes«. Dies bedeutete umso mehr als Kittel sehr selten Vorträge vor einer breiteren Öffentlichkeit hielt.

Veranstaltungen der Partei oder ihr nahestehender Kreise, in denen Christus oder and[e]re biblische Personen oder die Kirche verunglimpft wurden, hat Kittel sich nicht gescheut, demonstrativ zu verlassen und durch diesen Protest großes Aufsehen zu erregen. So ca. 1934 bei einem Vortrag eines hohen SA-Führers Daiber in dem von ca. 1000 Partei- und SA-Männern besetzten Rittersaal[108]; oder ca. 1937 bei einem Vortrag des DC-Redners Erich Winkel in demselben Saal.[109] Beide Vorfälle hatten ein Nachspiel.

Dass Kittels Arbeiten zur antiken Judenfrage, wie er sie seit 1933 veröffentlichte, ihr Hauptinteresse in der Abwehr der Angriffe gegen die Heilige Schrift, das Christentum und die Kirche hatten, wird im Folgenden zur Sprache kommen. An dieser Stelle mag zunächst nur erwähnt werden, dass, als die württembergische Bibelanstalt 1942/43 wegen des Druckes des Alten Testamentes wiederum schwer angegriffen wurde, man sich bei der Abwehr dieser Angriffe wesentlich auf Kittels Arbeiten stützte. –

---

108 Der Vortrag eines Dr. Daiber im Rittersaal von Schloss Hohentübingen in Tübingen, den Kittel unter Protest verließ, ist dokumentiert in Beilage V (Aussage von Richard Jordan, damals »Führer« der »Stahlhelmreserven« aus Tübingen, 5. Dezember 1946, UAT 162/31, unpaginiert). Daiber hatte »Gedankengut der Mathilde Ludendorff« vorgetragen. Nach Jordan wurde die Vortragstätigkeit Daibers daraufhin eingestellt. Zu Daiber vgl. Campbell, 216.

109 Eine Bestätigung dieser Darstellung aus der Feder des (der Bekennenden Kirche angehörigen) Tübinger Neutestamentlers Otto Bauernfeind (1889–1972) findet sich in Beilage V (UAT 162/31, unpaginiert). Es heißt dort, Kittel habe den Saal »ostentativ und sehr geräuschvoll« verlassen und dabei das »Risiko erheblicher dienstlicher Unannehmlichkeiten« auf sich genommen. Kittels Reaktion habe sich insofern »vorteilhaft von der mancher ›vorsichtiger Theologen‹« unterschieden.

Man wird schwerlich Kittel nachsagen können, dass er jemals auch nur einen Augenblick gezögert oder sich zurückgehalten hat, wenn es galt, seine Stellung zu Christentum, Bibel und Kirche frei und gegen jedermann zu bekennen. In vielen dieser Fälle konnte ein Eingreifen Kittels überhaupt erst dadurch wirksam werden, dass er Pg. war und als solcher Zugang zu gewissen Stellen hatte, wäre dagegen ohne diese Voraussetzung von vornherein unmöglich gewesen.

Diese Haltung und Stellung Kittels zu den kirchlichen Fragen bedurfte einer so eingehenden Darstellung. wenn es sich darum handelt, Kittels Haltung in der Judenfrage deutlich werden zu lassen, und zwar, wie schon betont, deshalb, weil für ihn die Judenfrage immer ein Teil der Gesamt-Weltanschauungsfrage und des Kampfes um sie war, darum aber nie von den kirchlichen Fragen ablösbar oder ohne sie zu sehen. [21]

VI. Der Vortrag »Die Judenfrage«

Angesichts der jahrelangen Beschäftigung Kittels mit den Problemen der Judenfrage war es fast unausbleiblich, dass er seit 1933 in die öffentliche Erörterung dieser Frage in Deutschland einbezogen wurde. Alle wirkliche Theologie ist gegenwartsnahe Theologie.
In der großen Mehrzahl seiner Äußerungen seit 1933 handelt es sich um historische oder theologische Untersuchungen über das antike Judentum, dem schon seine früheren Arbeiten gegolten hatten. Zu den Fragen der Judenpolitik im engeren Sinn hat er nur ein einziges Mal in ausgeführter Form öffentlich Stellung genommen: in seinem Vortrag »Die Judenfrage«, den er auf Wunsch der Theologenschaft am 1. 6. 1933 in der Tübinger Universität hielt, der im Druck erschien und 3 Auflagen erlebte.[110] Der Vortrag war ein Ver-

---

110 Der Vortrag wurde anlässlich des fünfzigsten Geburtstages des Vereins deutscher Studenten gehalten, dem Kittel selbst angehörte. Etwa 9000 Exemplare des Büchleins wurden verkauft (vgl. Gerdmar, Roots, 453). – Im Folgenden stellt Kittel einen Gedankengang als zentral für das ganze Buch heraus, von dem er offenbar glaubt, dass er aus einer bestimmten jüdischen Perspektive am ehesten akzeptabel sei. Es handelt sich hier um die Ausführungen über »das Problem des Judentums als religiöses Problem« auf den Seiten 63–68, die Kittel bereits am 13. Juni 1933 brieflich an Martin Buber besonders hervorgehoben hatte und die er Buber (dem er das Buch

such, die Erörterung der Judenfrage in jenem damaligen Anfangsstadium aus dem Bereich der antisemitischen Schlagworte und der propagandistischen Leidenschaft und Hetze in die Ebene einer christlich-sittlichen Verantwortung zu überführen.

1. Aus den früher geschilderten theologischen Untersuchungen ergab sich für Kittel die Unterscheidung eines dem Glauben seiner Väter noch treuen, frommen Judentums, und eines diesem Glauben entfremdeten, säkularisierten, teilweise in den modernen Relativismus und Atheismus übergehenden Judentums, wie es zu großen Teilen durch das sogenannte Assimilationsjudentum sich darstellt, soweit es die dem Judentum wesenhaften Kultus-, Ritual- und Lebensformen, bis hin zur Beschneidung und zu den Speise- und Sabbathgeboten, außer Kraft setzt. Kittels aus dieser theologischen Unterscheidung gewonnenen These ist, dass das Judentum, je mehr es dem Glauben seiner Väter, deren Religion- und Lebensformen noch anhange, und vollends, je mehr der Geist und die Kräfte der alten biblischen Religion noch nachwirken, desto weniger Anlass zu einem aktiven Antisemitismus gebe; dass dagegen die Judenfeindschaft der abendländischen Völker gesteigert und aktiviert werde, in dem Maße, in dem es sich um ein von jenem Glauben entfernendes Judentum handle. Damit stellte Kittel dem reinen Rassenantisemitismus ein völlig anderes Prinzip entgegen, [22] das seine Verwurzelung ganz in der religiösen Sphäre, und zwar in der biblischen Religion hat.

Den Ausgangspunkt für diesen Prozess auf der christlichen Seite sieht Kittel darin, dass die neutestamentlich-urchristlichen Aussagen über den »Abfall« und »Fluch« und »Verwerfung« des Judentums, wie sie in den Worten Jesu Christi und der Apostel eindeutig und unbestritten vorliegen[111], in dem Maße, in dem sich innerhalb des Abendlandes die Bindung an die Heilige Schrift überhaupt lockerte, nicht mehr, wie dies der echten christlichen Tradition entsprach, real und leibhaft genommen wurden. Noch Goethe, wenn er die Judenemanzipation teils mit Spott, teils – nach den Worten des Kanzlers Friedrich von Müller – mit »leidenschaftlichem Zorn« ablehnte, als »skandalös«, als »absurd«, als »alle sittlichen Gefühle untergrabend« bezeichnete, war darin noch in vollem Umfang Re-

---

übersandt hatte) gebeten hatte, als erstes zu lesen (Buber, Briefwechsel, 486). Vgl. dazu unten Anm. 124 und 125.

111 Kittel bezieht sich auf Texte wie Luk. 13, 34 und 19, 41 ff., die er in *Die Judenfrage* zitiert (S. 74); vgl. auch unten Anm. 275.

präsentant der auf dieser Tradition erwachsenen abendländischen christlichen Kultur.[112] Das christliche Abendland hatte von seinen ersten urchristlichen Wurzeln her über ein Jahrtausend lang bestimmte Lebensformen für sein Verhältnis zu den unter ihm lebenden Juden entwickelt. Lebensformen solcher Art, die in irgendeiner Form den Abstand von Judentum und Christentum zum Ausdruck bringen, gehören, wie Kittel als Theologe meint feststellen zu müssen, zum legitimen und unveräußerlichen Bestand einer christlichen Kultur. Im Gefolge und als Teil der seit der Aufklärung sich vollziehenden Auflösung dieses christlichen Abendlandes, der Zersetzung seiner ungebrochenen christlichen Grundhaltung und seiner festen christlichen Sitte, ergab sich – eben in der Judenemanzipation – auch die Auflösung jener Leben[s]formen und ihre Überführung in die Assimilation, welche ihrerseits die Wegbereitungen einer weitgehenden Verweltlichung des Judentums und einer Entfernung vom Glauben der Väter wurde.

So stellt die, um 1800 beginnende Entwicklung nach Kittel von beiden Seiten her, von der jüdischen wie von der christlichen, einen religiösen Verweltlichungsprozess und damit Ungehorsam gegen die in der biblischen Offenbarung bekundete göttliche Weisung dar.

Im Anschluss an ein Programm des judenchristlichen Schweizers Karl Friedrich Heman aus am Jahre 1881[113] schlägt Kittel die

---

112 Am 20. Juni 1823 wurden Ehen von Juden und Christen im Großherzogtum Sachsen-Weimar-Eisenach unter der Bedingung gestattet, dass Kinder einer solchen Ehe christlich erzogen würden. Auf das Gespräch vom 23. September 1823, das Goethe zu diesem Thema mit dem Staatskanzler des Großherzogtums Friedrichvon Müller (1779–1849) führte, verweist Kittel auch in seinem Vortrag *Die Entstehung des Judentums* (maschinenschriftlich, UAT 162/31, 14); vgl. auch *Das Urteil über die Rassenmischung im Judentum und in der biblischen Religion* (1937), 352 (dort ist fälschlich von einem Gespräch Goethes mit Eckermann die Rede); auch Hitler berief sich auf dieses Goethezitat (vgl. Burkhardt, Unterhaltungen, 57 f.; Hitler, Mein Kampf, Band I, 812 f. mit Anm. 153). Zu Äußerungen Goethes zum Judentum vgl. auch Berghahn, Goethe.

113 Carl Friedrich Heman (1839–1919) war Sohn des 1833 getauften ehemaligen jüdischen Lehrers Heinrich Wilhelm David Heman (1893–1873); vgl. http://www.rppd-rlp.de/ps00570 [rheinland-pfälzische Personendatenbank, 01.08.2018]). 1881 veröffentlichte Heman in Leipzig seine Abhandlung »Die historische Weltstellung des Judentums und die moderne Judenfrage«, auf die Kittel sich bezieht (Die Judenfrage, 51). 1897 half Heman Theodor Herzl bei der Organisation des ersten Zionistischen Kongresses in Basel; vgl. Rucks, Messianische Juden, 77.

Wiederherstellung eines »*Gastzustandes*«[114] des [23] Judentums unter den Völkern vor, indem er gleichzeitig dem Judentum selbst Rückkehr zu der altbiblischen Frömmigkeit empfiehlt. Selbstverständlich will Kittel nicht in roher Form das mittelalterliche Ghetto wiederherstellen; es ist lächerlich und albern oder böswillig, wenn man ihm das gelegentlich nachgesagt hat. Jener »Gastzustand«, von dem er redet, könnte nach seiner Meinung, ähnlich wie es auch Heman vorgeschlagen hatte, durchaus würdige und humane Formen finden, in denen der Charakter einer Diffamierung des Judentums vermieden wäre.[115] Nicht die Theorie einer rassischen Minderwertigkeit darf die Grundlage der Regelung sein, aber der Andersartigkeit muss Rechnung getragen werden. Dann, wenn man mit solchen Grundsätzen von beiden Seiten her Ernst mache, würden sich vielleicht wieder Lebensformen finden, die ein achtungsvolles und freundliches Nebeneinander der Deutschen und der Juden ermöglichen würden.

Dass, nachdem einmal die Fehllösung der Emanzipation und der Assimilation über ein Jahrhundert hin sich ausgewirkt habe, die Sistierung und Rückgängigmachung dieser Entwicklung nicht ohne bittere Härten sich vollziehen könne, liege in der Natur der Sache. Kittel verhehlt nicht den tiefen Kummer über das Leid, das geschehen muss; er gibt dem mit starken und bewegten Worten Ausdruck. Hätte man 50 Jahre früher, zur Zeit Hemans, gehandelt, so wäre die Lösung sehr viel weniger schmerzhaft gewesen.[116] Und doch bleibt keine andere Möglichkeit als die, jenen falschen Weg aufzuheben und einen neuen zu suchen, ebenso wie die Übergriffe und Missbräuche auf Seiten des »Fremden« oder des »Gastes« bekämpft werden müssen. Wehe aber, wenn auf deutscher Seite dabei nicht die volle Gerechtigkeit und Sauberkeit auch jenem Fremden gegenüber gewahrt, und wenn nicht jede Verunglimpfung und generelle Diffamierung des anständigen, frommen Juden vermieden bleibt! Es darf niemals der Sinn einer deutschen Gesetzgebung sein, so postuliert Kittel mit Nachdruck, »den Juden rechtlos zu machen«[117]: alles Verhalten

---

114 Kittel, Judenfrage, 38.
115 Vgl. Kittel, Judenfrage, 55 f.
116 Vgl. a. a. O., 54.
117 Kittel formulierte, es sei »nicht im Sinne der kommenden deutschen Gesetzgebung, den Juden auf Dauer rechtlos zu machen« (Die Judenfrage, 39).

gegen ihn muss »den Geboten von Billigkeit und Rechtlichkeit entsprechen«[118]; vollends dem echten frommen Juden darf nie anders begegnet werden als »mit Achtung und Freiheit seines jüdischen Lebens, seiner Lebensformen und seiner Sitte!«[119]

Diesem Programm Kittels kann man nur gerecht werden, wenn man es als dasjenige sieht, was es sein sollte: als einen ernsten Versuch, im Jahr 1933 gegenüber der aufbrechenden antisemitischen Leidenschaft und Propaganda, ihrer Willkür und Grausamkeit und Ungerechtigkeit, von der urchristlich-altkirchlichen Tradition her der Sachlichkeit und Gerechtigkeit und Menschlichkeit eine Bahn zu brechen, zugleich aber einen Weg zu zeigen, der *den eigensten und tiefsten Interessen des frommen Judentums selbst entspräche und diente.*

Dass Kittel in seinem Vortrag nebenbei auch eine scharfe Kritik des Zionismus durchführte[120], kann nicht als Aufnahme einer besonderen, spezifisch nationalsozialistischen Juden[24]gegnerschaft angesehen werden, denn einerseits ist diese Kritik ja auch in jüdischen – vor allem altgläubigen – Kreisen verbreitet, andererseits waren g[e]rade im Nationalsozialismus starke Strömungen (vor allem in seinem damaligen frühen Stadium), die den Zionismus als eine »Lösung« der Judenfrage zu begrüßen Neigung hatten.[121]

2. Das Echo des Kittel'schen Vortrages war sowohl in jüdischen wie in nationalsozialistischen Kreisen ein charakteristisch zwiespältiges.

Auf jüdischer Seite wurden natürlich meist die aus der christlichen Grundhaltung sich ergebenden Forderungen abgelehnt, mit besonderer Heftigkeit und Gehässigkeit des Gegenangriffes von Seiten des

---

118 In *Die Judenfrage* (58) heißt es, »eine wirkliche, gleichzeitig allen Billigkeiten und gleichzeitig allen Notwendigkeiten gerecht werdende Lösung« gebe es für die heutige Judenfrage nicht.
119 Kittel, Judenfrage, 40 (dort: »seiner Sitten«).
120 Vgl. a. a. O., 14–18.
121 Zu ideologischen Konvergenzen zwischen einigen Akteuren in den frühen Jahren des NS-Staates und zionistischen Gruppen vgl. Nicosia, Dokumente, vor allem die Abschnitte »Deutsche Zionisten und die Machtübernahme 1933« (37–73) und »Zionismus in der NS-Judenpolitik 1933–1938« (74–173); zu den Diskussionen innerhalb des Zionismus über die Möglichkeiten einer begrenzten Kooperation mit dem NS-Staat vgl. auch Bauer, Freikauf von Juden?

liberalen Judentums und seiner Organe.[122] Doch gab es auch jüdische Stimmen, die Kittels Streben nach Gerechtigkeit anerkannten und die Schrift als einen »ernsten Mahnruf« an das Judentum aufnahmen, – so eine führende Zeitschrift für das orthodoxe Judentum.[123]

Martin Buber, von dem Kittel ein gewisses Verständnis erwartet hatte, lehnte ab[124], woraus sich ein offener Briefwechsel zwischen

---

122 In der britischen Tageszeitung *The Jewish Chronicle* hieß es am 11. August 1933: »Is it not significant that when this theologian considers the policy of pogroms he says never a word of condemnation? He rules out pogroms not because they are wicked but only because they are impracticable. It is a question of expediency with him« (zitiert nach: Junginger, Verwissenschaftlichung, 163). Zu den Reaktionen auf Kittels Buch vgl. auch Ericksen, Zur Auseinandersetzung, 254 (mit einem Zitat aus einem Brief des rabbinischen Gelehrten Herbert M. J. Loewe von der Universität Cambridge an Kittel vom 11. August 1933).

123 Der in Frankfurt am Main herausgegebene *Israelit* (»Centralorgan für das orthodoxe Judentum«) widmete Kittel am 24. August 1933 (2. Elul 5693) unter der Überschrift *Ernste Stimmen zur Judenfrage in Deutschland* einen zweiseitigen Leitartikel, der wahrscheinlich von Jacob Rosenheim, dem Herausgeber des *Israelit*, verfasst worden war. Mit Blick auf die von Kittel genannten Möglichkeiten der »Judenfrage« heißt es dort vorsichtig, »bei der Erörterung der ersten« (Ausrottung) hätte »etwas mehr menschliche Liebe wohl sympathischer berührt [...], als die Behauptung, diese ›Möglichkeit‹, die des Totschlagens nämlich, sei ›undurchführbar‹ und entbehre ›des inneren Sinnes‹« (a. a. O.). Es folgen kritische Bemerkungen zu Kittels Programm im Hinblick auf die psychischen und wirtschaftlichen Folgen der Zurückdrängung der Juden in eine Ghettoexistenz, die »vom Standpunkt der Menschlichkeit und Gerechtigkeit, die doch aus dem Wörterbuch eines christlichen Theologen nicht gestrichen sein dürften«, zu wünschen übrigließen. Andererseits wird Kittel zugebilligt, »subjektiv nach Gerechtigkeit« (a. a. O., 1) zu streben und wird gewürdigt, dass Kittel »mit Entschiedenheit die Angriffe auf den Talmud und die Schmähung der jüdischen Religion« verurteilt habe (a. a. O., 2); vgl. unten Anm. 127.

124 Kittel sandte ihm seine Schrift am 13. Juni 1933 mit Bitte um Zustimmung zu (Buber, Briefwechsel, 486–487); vgl. auch Morgenstern, Institutum Judaicum, 57; ders., Ein jüdischer Theologe. In einem vielleicht nicht abgesandten, aber als Entwurf enthaltenen Brief Bubers an Kittel heißt es, Buber habe in der ihm »freundlichst gesandte(n) Schrift über die Judenfrage« auf den Seiten 63–68 (gemeint ist das Kapitel über das »Problem des Judentums als religiöses Problem«) »manches« gefunden, »worüber in der Tat ein Einvernehmen bestehen oder entstehen kann« (Buber, Briefwechsel, 487). Erst im Folgesatz ist dann davon die Rede, es sei Buber »nicht möglich anzuerkennen«, dass Kittel dem Judentum wirklich gerecht werde. Der Offene Brief Bubers an Kittel (vgl. die folgende Anmerkung), auf den Kittel sich hier bezieht, ist im Ton dann weniger freundlich und beschränkt sich auf ablehnende Ausführungen.

beiden entwickelte, dem man auf Kittels Seite nicht wird absprechen können, dass er sich jedenfalls bemühte, dem Gegner mit Achtung zu begegnen. An diesen Briefwechsel[125] anknüpfend, von Bubers Ablehnung ausdrücklich sich distanzierend, mit starker Zustimmung und mit der Aufforderung zu einem Gedankenaustausch, schrieb spontan an Kittel der (ihm persönlich unbekannte) jüngere jüdische Theologe Schoeps (heute in Schweden) als Vertreter eines Kreises junger Juden, die ihr Ziel nicht im Zionismus zu sehen meinten (den sie als eine rein säkulare, weltliche Angelegenheit betrachteten), sondern in einer neuen Erweckung der echten, alten, prophetisch-eschatologischen Frömmigkeit.[126] – Auch jene genannte orthodoxe jüdische Zeitschrift nahm Kittels Kritik an den das Ghetto und die »Zerstreuung« abstreifenden Assimilationsbewegungen auf und forderte, das Judentum müsse »das von der Thorah und den Propheten geweissagte und von unsrer ganzen rabbinischen Literatur in aller Tiefe erfühlte Golusschicksal (»Galuth« = Zerstreuung) des jüdischen Volkes in starkem Mute auf sich nehmen.«[127]

---

125 Kittels Brief an Buber ist abgedruckt in der dritten Auflage seiner *Judenfrage* (87–100). Der offene Briefwechsel wurde veröffentlicht in den *Theologischen Blättern* XII, 8/ August 1933, Sp. 248–250; vgl. auch die Neuabdrucke, in: Buber, Der Jude, 621–624; Buber, Werkausgabe, 169–172. Neben diesem Briefwechsel ist offenbar keine weitere private Korrespondenz zwischen Buber und Kittel erhalten. Als 1968 das Kölner Martin Buber-Institut nach weiteren Briefen zwischen Kittel und Buber suchte, ließ Kittels Nachfolger Otto Michel den Dekan seiner Fakultät am 2. Dezember 1968 brieflich wissen, er wolle »in diese Dinge« nicht »hineingezogen« werden (UAT 162/31, 5–6). – In einem Brief Gershom Scholems vom 24. August 1933 an Buber, der ihm ein Exemplar der *Theologischen Blätter* mit dem Abdruck seines Offenen Briefes an Kittel zugesandt hatte, heißt es, diese Schrift Kittels (»Die Judenfrage«) sei »unter allen schmachvollen Dokumenten eines beflissenen Professorentums, die uns doch immer wieder überraschen, eines der schmachvollsten« (Buber, Briefwechsel, 502).
126 Der nationalkonservative deutsch-jüdische Gelehrte Hans-Joachim Schoeps (1909–1980) gründete im Februar 1933 den Verein *Der deutsche Vortrupp. Gefolgschaft deutscher Juden*, der dem Nationalsozialismus positiv gegenüberstand und national gesinnte Juden in den Nationalsozialismus integrieren wollte. 1938 floh Schoeps nach Schweden. Zu seinen politischen Ansichten, die sich zu Beginn der 1930er Jahre in der Tat teilweise mit Kittels deckten, vgl. Schoeps, Rückblicke, 96 f.
127 Israelit, a. a. O., 2. Ein Zitat dieses Passus, mit dem die Besprechung des Buches Kittels im *Israelit* endet, findet sich auch im Anhang zur dritten Auflage von Kittels *Judenfrage* (98). – Im Einklang mit diesem Plädoyer

Eine weitere, eigentümliche Bestätigung findet Kittels Kritik an Ema[n]zipation und Assimilation in neuester Zeit. Die Monatsschrift »Die Gegenwart« brachte am 24. August 1946 einen Aufsatz von Winfr[i]ed Martini über »Die Existenzkrise des Judentums«[128], der Gedanken entwickelt, die teilweise unmittelbar mit Kittels Thesen sich berühren. »Entgegen einer weitverbreiteten Meinung erfolgte die Emanzipation keineswegs aus einer ›philosemitischen‹ Strömung heraus, sondern sie war als Konsequenz der Aufklärungs-Dogmatik gefordert worden, ... die eine Existenz von Ghetti in ihrem Weltbild als störend empfinden musste.« »Das Judentum als solches ... musste dabei notwendig an Substanz so gut wie alles verlieren.«

Es lag in der Natur der Sache, dass diejenigen auf der jüdischen Seite, bei denen Kittels Grundhaltung am meisten auf Verständnis rechnen konnte, innerlich fromme Judenchristen waren. [25] In der »Allgemeinen Evangelisch-Lutherischen Kirchenzeitung« schrieb ein Judenchrist über Kittels Vortrag:

»Was mich sofort für ihn (Kittel) eingenommen hat, und Vertrauen zu seinen Ausführungen in mir weckte, war die sachliche Behandlung des schwierigen Stoffes, dem er, auch von dem Standpunkt des gläubigen Christen aus, gerecht wird. Er weiß sich vor ›Ihm‹ verantwortlich. Damit ist gleichzeitig gezeigt, dass man auch ohne Hetzerei die Sache meistern kann. und grade deshalb auch kann man die Schrift mit gutem Gewissen empfehlen. ... Ich habe noch nie so klar in das Problem hineingeschaut, aber auch noch nie die furchtbare Tragik in dem Maße erkannt.

---

formulierte die Führung der orthodoxen *Agudat Israel*-Organisation in Deutschland im Oktober 1933 eine »Denkschrift an den Herrn Reichskanzler«, mit der sie versuchte, eine Art *modus vivendi* mit den nationalsozialistischen Machthabern zu finden. In dieser Denkschrift geben die Autoren (u. a. Isaac Breuer und Jacob Rosenheim sowie die Rabbiner Schlesinger und Munk) eine Hinnahme des Verlustes der bürgerlichen Rechte für die Juden im nationalsozialistischen Deutschland zu erkennen und erbitten eine Neuregelung der Verhältnisse auf der Basis der Freiheit der Religionsausübung; vgl. dazu Morgenstern, Frankfurt nach Jerusalem, 276.

128 Diese Literaturangabe ließ sich nicht nachweisen; die Zeitschrift *Die Gegenwart* mit dem Untertitel Wochenschrift für Literatur, Kunst und öffentliches Leben stellte 1931 ihr Erscheinen ein. Winfried Martini (1905–1991) war ein deutscher Jurist und Journalist.

Die Ausführungen Prof. Kittels sind so klar, dass ich dem wenig hinzufügen kann.« »Möchte diese Schrift doch dazu dienen, den Kampf zu vertiefen. Es ist wirklich einzigartig, wie Kittel versucht, dem Judentum gerecht zu werden, und in welcher Stellung er dem Judentum gegenüber steht.«[129]

3. Auch in der Partei gab es damals und später Kreise, die Kittels Sachkenntnis und seine ernste unagitatorische Haltung anerkannten. Ebenso bezeichnend aber war schon damals, dass die radikalen Vertreter des vulgären Rassenantisemitismus in der Partei den tiefen Abgrund, durch den Kittel von ihnen getrennt war, und die Gefahr, die sein Auftreten für sie bedeutete, spürten. Sie gaben dem schon am folgenden Tag in einem ungeheuer scharfen Angriff auf Kittel in der Tübinger NS-Zeitung Ausdruck:

»Dieser Vortrag war ein Skandal.« »In völliger Missverkennung dieses brennenden Problems hat Prof. Kittel eine Trennung zwischen dem sog. Assimilationsjudentum, worunter er die entwurzelten intellektuellen Juden verstand, von den [für einen Alttestamentler natürlich wichtigen] gläubigen und frommen Juden vorgenommen. Während er die ersteren ablehnte, trat er nicht nur für eine Duldung des frommen Judentums ein, sondern forderte weitgehendstes Gastrecht [(unter Beibehaltung von Beschneidung und Sabbath)], welches das Maß der von uns im Programm geforderten ›Fremdengesetzgebung‹ weit überschritt. Der Vortragende entblödete sich nicht [,für das Schächten einzustehen, das durch Reichsgesetz unserer Führer verboten wurde.]«[130]

---

129 Ein Judenchrist zu G. Kittels »Judenfrage«, in: AELKZ 66 (1933), Nr. 42 (20. Oktober), Sp. 985. Das Zitat eines »frommen[n] Judenchrist[en]« findet sich schon 1933 in Kittels *Judenfrage* (S. 74).

130 Als eine der ersten antijüdischen Maßnahmen im nationalsozialistischen Deutschland wurde am 21. April 1933 das »Gesetz über das Schlachten von Tieren« verabschiedet, das die für gesetzestreue Juden einzig erlaubte Schlachtmethode des Schächtens (nach der rabbinischen Auslegung von Dtn. 12, 21) verbot und vorschrieb, warmblütige Tiere bei der Schlachtung zu betäuben. Ausnahmen waren nur bei Notschlachtungen gestattet. Vorsätzliche oder fahrlässige Übertretungen dieses Gesetzes wurden mit Geldstrafe oder Gefängnisstrafe bis zu sechs Monaten geahndet. Das Gesetz trat zum 1. Mai 1933 in Kraft. Kittel war in seinem Vortrag jedoch dafür eingetreten, den Juden die traditionelle Art und Weise ihrer Schlachtung zu gestatten, ja das Schächten sogar unter besonderen staatlichen Schutz zu stellen: »Nicht dem an seiner ererbten Überzeugung und Sitte hängenden Juden gilt der Hauptangriff des deutschen Antisemitismus,

»Der Gipfelpunkt seiner volkstumsfeindlichen Ausführungen war, dass er als eine der höchsten Aufgaben der deutsch-christlichen Kirche die – Judenmission bezeichnete [, ja judenchristliche Gemeinen auf deutschem Boden forderte.]« »Prof. Kittel hat sich mit diesem Vortrag in schärfsten Widerspruch zum Programm der NSDAP gesetzt [, weil er die Förderung einer Religion und Sitte auf deutschem Boden propagierte, die dem germanisch-deutschen Sittenempfinden widerspricht, und über die die nationalsozialistische Revolution längst den Stab gebrochen hat].«[131]

Nur die Intervention einiger Freunde, vor allem des damaligen Studentenpfarrers Pressel[132], sowie die entschiedene Haltung des Rektors[133], der Kittel gegen die Angreifer, unter denen sich auch ein – inzwischen verstorbener – Professor befand, deckte, haben Kittel damals vor den drohenden schwersten Folgen bewahrt. [26] Zeigte diese Äußerung, dass die Hörer des Vortrages sehr genau die christliche und theologische Grundhaltung Kittels gespürt hatten, so ergibt sich dasselbe aus einer ca. 1935 an den Verleger der Kittelschen Schrift[134] ergangenen Verfügung der »Parteipo-

---

sondern dem von dieser Form und Sitte gelösten, dem Entwurzelten« (Kittel, Judenfrage, 41).

131 Die Judenfrage. Vortrag von Prof. Kittel, Neues Tübinger Tagblatt. Nationalsozialistische Tageszeitung für Tübingen und Rottenburg, hg. von Wilhelm Murr, 2. Juni 1933, 6. Anfang Mai als Konkurrenzblatt zur traditionellen *Tübinger Chronik* gegründet, stellte diese Zeitung zum Jahresende 1933 ihr Erscheinen wieder ein (vgl. Junginger, Verwissenschaftlichung, 164). Die in eckige Klammern gesetzten Textpassagen wurden aus dem Presseausschnitt in der Beilage zu Kittels *Verteidigung* ergänzt (UAT 162/31, Beilage V, unpaginiert).

132 Der Tübinger Studentenpfarrer und spätere Oberkirchenrat Wilhelm Pressel (1895–1986) gehörte zum sogenannten gemäßigten DC-Flügel; vgl. Wischnath, Wilhelm Pressel, 299–310, Junginger, Verwissenschaftlichung, 165.

133 Zu Albert Dietrich vgl. oben Anm. 69.

134 Kittels Schrift *Die Judenfrage* war im Kohlhammer-Verlag (Stuttgart) erschienen; der Verlagsgründer Wilhelm Kohlhammer (1839–1893) hatte von Kittels Vater Rudolf Kittel, als dieser Vikar an der Stuttgarter Stiftskirche gewesen war, die Anregung zum Ausbau seines Verlages als Wissenschaftsverlag erhalten. Nach dem Tode Wilhelm Kohlhammers übernahm zunächst dessen Witwe und dann sein Sohn Walter Kohlhammer (1879–1946) das Geschäft, von dem hier die Rede ist; vgl. Kohlhammer Verlag, Hundert Jahre Kohlhammer, 22.

litischen Prüfungskommission« als der obersten Zensurstelle der Partei: eine etwaige Neuauflage dürfe nur erscheinen, wenn sie einen anderen Titel trage, der von vornherein erkennen lasse, dass hier die Judenfrage nicht vom Standpunkt des Politikers, sondern des Theologen aus gesehen sei.

Schon dieses allererste Erlebnis zeigt ein für allemal, dass, wenn Kittel, wie es damals und später geschah, die Entartungserscheinungen, sei es des modernen, sei es des antiken Judentums mit scharfen Worten brandmarkt, so spürt der Vulgärantisemit, auch wo Kittels Antijudaismus dem seinen äußerlich ähnlich scheint, dass er in Wirklichkeit etwas völlig Anderes, seinen eigenen Positionen schlechthin Antithetisches darstellt.

4. Der christliche Hintergrund seines Programms wurde von Kittel noch unterstrichen in einem kurz nach dem Vortrag mehrfach veröffentlichten Aufsatz: »Neutestamentliche Gedanken zur Judenfrage«[135], der eigentlich eine Beilage zu der damals vorbereiteten, aber nicht mehr erschienenen vierten Auflage der »Judenfrage« werden sollte. Kittel begründete hier seine Äußerungen biblisch, vor allem im Blick auf die Aussagen des Apostels Paulus in Röm. 9–11 über die Verwerfung Israels. In diesem Aufsatz ist noch einmal, gleichfalls unter Berufung auf die Heilige Schrift, mit großem Ernst die Forderung der Gerechtigkeit dem Juden gegenüber gestellt und vor jedem Missbrauch gewarnt.

»Wer sich anmaßt, im Namen der Bibel über Israel zu reden, der muss den Mut haben, von *beidem* zu reden. Wer auf die Bibel sich berufen will, darf *weder* allein von dem ›verfluchten und verworfenen Volk‹ *noch* allein von dem ›auserwählten Volk‹ reden, sondern allein von dem Volk, das beides in seiner von Gott ihm verhängten Geschichte ist.«[136] »Wer dies (das Leid des Paulus um sein Volk) einmal verstanden hat, der ist gegen alles leichtfertige, lieblose und frivole Gerede über das Judentum gefeit.«[137]

»Dass der Weg jenes Volkes ein leidvoller ist, braucht mir niemand zu sagen … Vielleicht drückt es mich schwerer als manche meiner Kritiker; nicht bloß, weil ich im Umgang mit dem Judentum viele edle und rechte Juden kennen gelernt habe, son-

---

135 AELKZ 66 (1933), Nr. 42 (29. September), Sp. 903–910.
136 A. a. O., 904.
137 Ebd.; zur Trauer des Paulus über sein Volk vgl. Röm. 9, 1–3.

dern weil ich das Wesen dieses Volkes und auch was groß an ihm ist, wahrscheinlich genauer und tiefer kenne als die meisten von jenen. Darum aber geht es gar nicht, sondern allein darum, ob wir gegen Gottes Geschichte [27] gehorsam sind. Wohl, wenn Willkür und Grausamkeit und Härten über das notwendige Maß hinaus von solchen getan werden, die nichts von jenem Sinn der Geschichte Gottes wissen, dann müssen Christen berufen sein, vor solcher Willkür zu warnen; davon zu reden, dass Gott der Herr Willkür und Grausamkeit auch an uns strafen wird, so wahr er sie einst an Babel gestraft hat, als Er ihm Israel übergeben hatte und es die ihm gegebene Vollmacht missbrauchte (Jes. 47, 6–11).«[138]

»Auch für uns ist das jüdische Schicksal, wie einst für die Leser des Paulus[139], nicht dazu da, dass wir uns überheben, sondern dass wir erschreckend erkennen, den Zorn des lebendigen Gottes mit dem der Herr der Geschichte Völker verwerfen kann.«[140]

Das sind Grundsätze und Forderungen, wie sie Kittel nicht nur damals – im Herbst 1933 – aufgestellt, sondern wie er sie zu allen Zeiten unwandelbar festgehalten hat. Noch viel später hat er den Satz formuliert: »Wer sich mit ungeheiligten Händen am Juden vergreift, geht daran zugrunde.«

5. Der ursprüngliche Vortrag Kittels enthielt sich jeder Bezugnahme auf die NSDAP, deren Programm und deren Personen. Kittel konnte sich das erlauben, weil seine Hörer ihn kannten und genau wussten, dass, was er sagte, nicht der Partei zuliebe gesagt, sondern Ergebnis seiner eigenen Beschäftigung mit dem Gegenstande war.

Bei dem erwähnten Versuch, ihn am folgenden Tag durch einen Zeitungsartikel zu Fall zu bringen, war einer der wesentlichen Angriffspunkte die Ignorierung des Parteiprogramms durch Kittel und die Behauptung, Kittel stehe zu diesem in Widerspruch. Dies wurde für ihn der Anlass, überall dort bei der Drucklegung, wo er auf das Parteiprogramm oder auf maßgebende Äußerungen sonstiger Art, vor allem Hitlers selbst, sich berufen konnte, dies zu tun. Bei dem an entscheidenden Punkten sehr allgemein gehaltenen Cha-

---

138 A. a. O., 905.
139 Vgl. Röm. 11, 17–24.
140 A. a. O., 906.

rakter des Programms und bei der g[e]rade in jenem Zeitpunkt maßvollen Zurückhaltung der Äußerungen Hitlers war dies verhältnismäßig leicht möglich.[141] Kittel, erreichte damit, dass jenen Angreifern die billige Möglichkeit genommen war, ihn statt der sachlichen Auseinandersetzung mit diesem rein demagogischen Argument abzutun, das dazu naturgemäß ein überaus gefährliches war. Er hatte nur die Wahl zu schweigen und auf die – damals noch erhoffte – Wirkung zu verzichten, oder sich in der geschilderten Weise decken.

Freilich wäre es eine unerlaubte und unehrliche Verkürzung, [28] wenn diese Bezugnahmen – jedenfalls in jenem Zeitpunkt – als allein unter taktischen Gesichtspunkten zu verstehende dargestellt würden. Kittel war genau einen Monat vor dem Vortrag der Partei beigetreten. Er hoffte, wie früher ausgeführt, dass es möglich sein werde, die in der Partei von ihm geglaubten Ansätze zum Guten zu stärken, unter Überwindung der drohenden demagogischen Überflutung. Dieser ehrliche, redliche Glaube an die Entwicklungsmöglichkeit innerhalb der Partei zu idealistischen Zielen war die entscheidende, ja einzige Voraussetzung für seinen Beitritt. Zu diesem Glauben aber gehörte in jenem Zeitpunkt, ja war sein wichtigster, wesentlichster Bestandteil das unbedingte Vertrauen in die persönliche Lauterkeit Hitlers und an eine Führung nach den Normen von Treu und Glauben. G[e]rade in jenen Monaten erfolgten nicht we-

---

141 Der gedruckte Text bezieht sich fünf Mal auf Äußerungen Hitlers in »Mein Kampf«: A. a. O., 20: Das voremanzipatorische Judentum (»Hofjudentum«) habe seinen »öffentlichen Einfluß« missbraucht; a. a. O., 21 f: »die echten Instinkte des Volkes« hätten einer »fast hemmungslosen Vermischung der Rassen Tür und Tor« geöffnet; a. a. O., 32: es habe »»nichts Gedankenloseres, ja Hirnverbrannteres‹, zugleich nichts für den echten Staat Demoralisierenderes« gegeben »als das bisher übliche Staatsbürgerrecht«; a. a. O., 39: es gebe »in der Welt einen Staat …, der in seinen Einwanderungs- und Einbürgerungsgesetzen ernsthafte Ansätze zu einem neuen Staatsbegriff« zeige, nämlich »die Vereinigten Staaten von Nordamerika« sowie (ebd.) ein positiver Bezug auf die von Hitler getroffene Unterscheidung von »Staatsbürgern«, »Staatsangehörigen« und »Ausländern« (Kittel zitiert *Mein Kampf* nach der 13. Auflage, S. 340 f., 311 ff. und 490). Hinzu kommen zwei bejahende Bezugnahmen auf § 5 und 23 des Parteiprogramms der NSDAP hinsichtlich des künftig für Juden geltenden »Gast- oder Fremdenrechtes« und im Hinblick auf die Forderung, »daß in der politischen Presse die deutsche Sprache denjenigen Blättern vorbehalten sein sollte, deren Schriftleiter und Mitarbeiter und deren Kapital rein deutsch sind« (a. a. O., 39, 44).

nige Äußerungen Hitlers, in denen er sich von den radikalen Demagogen (»den Wahnsinnigen und Nichtskönnern«, wie er sich gelegentlich ausdrückte) distanzierte, mindestens dem Anschein nach, und mit denen er den Glauben nährte, man dürfe sich gegen jene auf ihn berufen. Wäre Kittel *ohne* diesen Glauben und *ohne* dies Vertrauen der Partei beigetreten, so wäre er ein vollkommener Schuft gewesen, den man mit Recht anklagen und verurteilen würde.

Zugleich mit diesem Glauben und diesem Vertrauen aber war auch die Voraussetzung gegeben für jene Bezugnahmen auf das Parteiprogramm und auf Hitler selbst.[142] Man mag Kittel zum Vorwurf machen, dass er sich durch eine Illusion und durch Betrüger hat täuschen lassen: jene Zitationen des Parteiprogramms und jene vertrauensvollen Berufungen auf Hitler sind in jenem Zeitraum des beginnenden nationalsozialistischen Regimes nichts als ein Teil seiner Gutgläubigkeit und seiner Täuschung. [29]

VII. Die Stellung des Judenchristentums

Eine Sonderfrage, die im Zusammenhang der von Kittel angeregten Fragestellungen zur Erörterung kam, war die nach der Stellung des Judenchristentums.

Kittel ist Verfasser eines von der Tübinger Evangelisch-Theologischen Fakultät veröffentlichten und versandten Gutachtens, das zu der Frage »Kirche und Judenchristen« in dem Sinn Stellung nahm, dass zwar in Sachen der Verwaltung und Organisation der Kirche und ihrer Ämter gewisse Folgerungen aus einer staatlichen Judengesetzgebung gezogen werden könnten, dass dies aber nur unter der unaufgebbaren Voraussetzung diskutierbar sei, dass der

---

142 Parteiprogramm der NSDAP vom 24. Februar 1920, Punkt 24: »Wir fordern die Freiheit aller religiösen Bekenntnisse im Staat, soweit sie nicht dessen Bestand gefährden oder gegen das Sittlichkeits- und Moralgefühl der germanischen Rasse verstoßen. Die Partei als solche vertritt den Standpunkt eines positiven Christentums, ohne sich konfessionell an ein bestimmtes Bekenntnis zu binden. Sie bekämpft den jüdisch-materialistischen Geist in und außer uns und ist überzeugt, daß eine dauerhafte Genesung unseres Volkes nur erfolgen kann von innen heraus auf der Grundlage: Gemeinnutz vor Eigennutz.« Zitiert nach Zipfel: Kirchenkampf, 1.

christliche Jude in vollem Sinn und Umfang Glied der Kirche sei und bleibe.[143] Der biblische Satz: »Hier ist nicht Jude noch Grieche ...« müsse der »Obersatz«[144] für alles Weitere sein; wo er in Zweifel gezogen werde, sei jede Erörterung sinnlos, weil der biblischen Grundlage beraubt. Der Judenchrist wird durch die Taufe zwar nicht Deutscher, wohl aber ohne jeden Vorbehalt und ohne jede Einschränkung christlicher Bruder. Dieser Grundsatz sei jedem Versuch einer politischen Einrede gegenüber von der christlichen Kirche unverrückbar festzuhalten, wenn diese sich nicht selbst aufgeben solle. Dasselbe gelte, wie Kittel zu allen Zeiten mit besonderem Nachdruck betonte, für das Recht und die Pflicht einer kirchlichen Judenmission. Die Auflösung der Judenmissionsgesellschaften[145] hielt er für einen der unerträglichsten Eingriffe gegen die Kirchen, die Beförderung dieser Maßnahmen durch die DC für eines der schwersten Vergehen dieser Gruppe gegen ihre kirchliche Pflicht. Noch im Jahr 1944 hat er, als eine kirchliche Beratungsstelle für christliche Nichtarier – wohl die letzte ihrer Art – aufgehoben werden sollte[146], alles in seiner Macht Stehende getan, dies zu verhindern.

---

143 Zu diesem Gutachten vgl. Rieger, Entwicklung, 105; Dinkler, »Neues Testament und Rassenfrage«, 71. Die Darlegungen Kittels zu diesem Thema wurden allen in Tübingen bekannten theologischen Dozenten außerhalb Deutschlands in Europa und Amerika zugesandt. Vgl. auch Meier, Fakultäten, 128 f.; Siegele-Wenschkewitz, »Meine Verteidigung« ..., 150 f., weist darauf hin, dass Kittel hier ähnlich wie Emanuel Hirsch argumentiert. In einem Brief vom 12. September 1945 an den Rektor behauptete Karl Fezer demgegenüber, er habe bereits damals erklärt, es sei für eine christliche Kirche unmöglich, den Arierparagraphen zu übernehmen (Rieger, Entwicklung, 105).

144 Zitat und Paraphrase aus dem Anhang »Kirche und Judenchristen« in der dritten Auflage von Kittels *Judenfrage* (1934), 101–113 (hier: 101). Dass bei der Darstellung des sich aus Galater 3, 28 ergebenden theologischen Sachverhalts in den 1930er Jahren ganz anders akzentuiert wurde, zeigt eine Rezension dieses Büchleins, in der es zustimmend hieß, »die Judenchristen sind *nur im Glauben* unsere Brüder« (Eisenhuth, ThLZ 1937, 80; kursiv: MM).

145 Zum Ende dieser Missionsgesellschaften, die 1935 auf Betreiben der Gestapo geschlossen wurden oder sich selbst auflösten, vgl. Küttler, Umstrittene Judenmission, 250–255.

146 Gemeint ist der am 20. Juli 1933 gegründete »Reichsverband christlich-deutscher Staatsbürger nichtarischer oder nicht rein arischer Abstammung«, der 1934 in »Reichsverband der nichtarischen Christen e. V.« umbenannt wurde und seit 1936 »Paulusbund - Vereinigung nichtarischer

Dass damit wiederum aller Rassenantisemitismus durch das christliche Prinzip durchkreuzt und am Punkt der religiösen Gemeinschaft aufgehoben war, ist deutlich. Kittel stellt dem Prinzip der Rasse ein diametral entgegengesetztes, jede Rassenschränke sprengendes gegenüber [:] das Prinzip der auf die Gottesoffenbarung gegründeten religiösen Gemeinschaft. Er stellt die Frage Geist und Rasse; er verweist auf Beispiele wie: Tutancha[30]mon und moder-

---

Christen« hieß. An der vom Reichsministerium für Volksaufklärung und Propaganda genehmigten Gründung dieses Verbandes war offenbar die Gestapo beteiligt (Vuletić, Verfolgung, 199). Die württembergische Filiale dieser Selbsthilfeorganisation in Stuttgart, zu deren Grundsätzen die Betonung der Zugehörigkeit ihrer Mitglieder zu Deutschland und die Loyalität zum Deutschen Reich gehörte und der »Glaubensjuden« (zum Judentum übergetretene »Arier«) und konfessionslose Juden nicht beitreten konnten, wurde seit 1933 von dem mit Kittel bekannten Stuttgarter Zahnarzt Erwin Goldmann geleitet (vgl. Goldmann, Zwischen zwei Völkern, 47). 1937 musste Goldmann aber aus diesem Verband ausscheiden, weil der *Paulusbund* nun in eine Organisation nur für »Mischlinge« umgewandelt wurde. Am 10. August 1939 aufgelöst, konnte der württembergische Zweig des *Paulusbundes* einstweilen unter dem Dach der evangelischen Landeskirche weiterbestehen, nach Darstellung Goldmanns nach dem Krieg, weil seine eigene (Goldmanns) Mitgliedschaft im Sicherheitsdienst (SD) des Reichsführers SS die Organisation geschützt habe. 1944 wurde der Paulusbund aber aufgelöst (Goldmann, a. a. O., 57, 126). Goldmann (a. a. O., 125) erwähnt Kittel in seinen Erinnerungen als »Nothelfer« und »alten Nationalsozialisten, dem ›Einzelseelsorge bei uns Glaubenspflicht und Herzenssache war.« Weiter schreibt Goldmann: »Ich sehe ihn noch immer vor mir, entweder in seiner Wohnung in Tübingen, hier in Stuttgart bei der Hilfsstelle oder – trotz Parteiabzeichens – irgendwo in der Öffentlichkeit mit anderen aus unseren Kreisen oder mir allein. Das Abzeichen hat Kittel auch nie daran gehindert, in großen Gaststätten vor und nach dem Essen sichtbar die Hände zu stillem Gebet zu falten. Nach 1945 wurde er abgeschoben, konnte aber wenigstens seine Studien in der Klosterbücherei von Beuron fortsetzen – ein guter, treuer Mann und Christ.« – Möglicherweise bleibt Kittel in seinen Erinnerungen vage (»eine kirchliche Beratungsstelle für christliche Nichtarier ...«), weil er wusste, dass Goldmann wegen seiner Tätigkeit im SD inhaftiert war. Eine zu ausführliche Darstellung seiner Nähe zu ihm hätte Kittel belasten können. Zum Paulusbund vgl. auch Cohn, Common Fate; Oberlaender, »Nichtarier«, 102–104. Zu Goldmann vgl. unten Anm 206. Der Paulusbund sollte nicht mit dem *Büro Grüber* verwechselt werden, einer im September 1938 von dem Berliner Pfarrer und späteren Propst Heinrich Grüber gegründeten Organisation der Bekennenden Kirche, die sich für rassisch verfolgte evangelische Christen einsetzte und dabei teilweise mit dem *Paulusbund* zusammenarbeitete; das *Büro Grüber* wurde im Dezember 1940 geschlossen. Vgl. dazu Winkler, Heinrich Grüber; Oberlaender, »Nichtarier«, 105–109.

nes Abendland[147], oder: Goethe und der Orient.[148] Schon daran zerbricht alle einseitige Rassentheorie. Dieselbe Frage, nur in einer noch tieferen, in der letzten Schicht des menschlichen Seelenlebens, wiederholt sich, wenn sie heißt: Gellert, Beethoven und der israelitische Psalm: »Die Himmel rühmen ...«[149] oder: Luther und der Römerbrief des Juden Paulus; oder endlich: das – palästinische Vaterunser – und die abendländische Menschheit. An der in der Offenbarung kundgegebenen Gotteswirklichkeit hat die Rassenfrage ihre letzte, die einzige für sie wahrhaft und endgültig unübersteigbare Schranke und damit ihr Ende gefunden.

Das[s] Kittel persönlich diese Grundsätze des brüderlichen Verhaltens gegenüber den Judenchristen von 1933–45 ohne jede Furcht und Rücksicht in die Tat umgesetzt hat, wird später noch zu zeigen sein. Wie das von Kittel ausgearbeitete Gutachten der Tübinger Fakultät wirkte, beweist u. a. ein Brief des Edinburgher Theologieprofessors James Mackinnon[150] vom 22. 12. 1933: »Ich freue mich, dass die Evangelisch-theologische Fakultät zu Tübingen den wahren christlichen Standpunkt zu dieser Frage so klar und überzeugend ausgedrückt hat ... diese edle und muthige Haltung uns[e]rer deutschen christlichen Brüder hat die warme Sympathie und Bewunderung der Schottischen Kirche und Fakultäten.«

Wiederum eine Sonderfrage war die Frage einer »judenchristlichen Kirche«. Kittel hat niemals die Forderung einer solchen gestellt (worin man ihn manchmal missverstanden hat), wohl aber hat er die Möglichkeit erwogen, dass aus verschiedenen Gründen eine solche Zusammenfassung der christlichen Juden in eigenen kirchlichen

---

147 Kittel hatte wahrscheinlich den Bericht des britischen Ägyptologen Howard Carter über die Entdeckung des nahezu ungeplünderten Grabes des altägyptischen Königs Tutanchamun im Tal der Könige gelesen; vgl. Carter, Ein ägyptisches Königsgrab.
148 Kittel denkt offenbar an Goethes *West-östlichen Divan* (1819, erweitert 1827).
149 Psalm 19, 1. Kittel bezieht sich auf die von Beethoven (Opus 48, 4) für Singstimme und Klavier vertonte Dichtung von Christian Fürchtegott Gellert (1715–1769).
150 Der schottische Kirchengeschichtler James McKinnon (gest. 1945) hatte in den Jahren 1925–1930 ein vierbändiges Werk unter dem Titel *Luther and the Reformation* veröffentlicht. Der Brief ist im Wortlaut dokumentiert in UAT 162/31, Beilage I, 2.

Gruppen sich nahegelegen und als praktisch erweisen könne.¹⁵¹ Seine Meinung war, dass keinerlei Anlass bestehe, einer solchen Entwicklung entgegen zu sein. Sie würde vielmehr zur Bereicherung sowohl des gesamtchristlichen wie des judenchristlichen Lebens dienen. Kittel hat dafür auf Beispiele judenchristlicher Gemeindebildungen und Gottesdienstordnungen hingewiesen, vor allem auf die Versuche des bedeutenden judenchristlichen Predigers Paul Levertoff in London.¹⁵²

Die Abhandlung »Kirche und Judenchristen« ist der dritten Auflage von Kittels »Judenfrage« als Beilage beigegeben.¹⁵³ Auch in der Frage des Judenchristentums hat Kittel sich bemüht, in die Ursprünge der Christenheit zurückzuleuchten. Zwei große, historisch-exegetische Abhandlungen über den judenchristlichen Führer der Urchristenheit Jakobus¹⁵⁴ [31] und über den Jakobusbrief¹⁵⁵ haben ihr Ziel darin, zu zeigen, dass und in welcher Weise in diesem ältesten Judenchristentum die echten christlichen Kräfte sich durchgesetzt haben. Gegenüber dem Bilde, wie es in der neueren Wissenschaft im allgemeinen von diesem Jakobus als dem Urbild der »Judaisierung« des Christentums und damit einer Fehlentwicklung sich abzeichnet¹⁵⁶, stellt Kittels Rekonst-

---

151 Kittel sprach vom »Ziel und Ideal« einer »judenchristliche(n) Kirche« (Judenfrage, 72).
152 Zu dem in Weißrussland gebürtigen Paul Levertoff (1878–1954), der zunächst am Leipziger *Institutum Judaicum Delitzschianum* tätig war und 1918 nach England auswanderte, vgl. Küttler, Judenmission, 72–73 und Rucks, Messianische Juden, 124 ff. Zur Bezugnahme heutiger judenchristlicher Theologen auf Levertoff: Harvey, Mapping, 50, 128, 286.
153 Kittel, Judenfrage, 1934³, 101–113; vgl. auch oben Anm. 144.
154 Kittel, Stellung des Jakobus. – In diesem Jahrgang der ZNW (1931) findet sich auch ein Aufsatz Gershom Scholems (»Über eine Formel in den koptisch-gnostischen Schriften und ihren jüdischen Ursprung«, a. a. O., 170–176).
155 Kittel, Ort des Jakobusbriefes (1942). Zu den Berührungspunkten dieser Schrift Kittels mit Adolf Schlatters Auslegung des Jakobusbriefes, die an einigen Stellen scharf antijüdische Töne enthält (Schlatter, Der Brief des Jakobus, 1932), vgl. Morgenstern, Institutum Judaicum, 32. Im Zuge der Tübinger Schlatter-Renaissance der 1970er Jahre wurde Schlatters Jakobusauslegung 1985 in dritter Auflage mit einem Geleitwort Franz Mußners neu herausgegeben; Schalom Ben-Chorin schrieb eine sachliche und im Tenor positive Besprechung (Morgenstern, Institutum Judaicum, 122).
156 Gemeint ist vielleicht Martin Dibelius' Kommentar zum Jakobusbrief (1921), den Kittel im Theologischen Literaturblatt 44 (1923), 3–7 besprochen

ruktionsversuch g[e]radezu eine Rehabilitierung dieses ältesten großen Judenchristen dar. In seiner Abhandlung »Israel-Judentum-Christentum« gibt Kittel unter anderem eine Skizze des urchristlichen Judenchristentums, in der er, von seinen Jakobusstudien ausgehend und auf ihnen weiterbauend, dessen Wert und Bedeutung für die gesamtchristliche Entwicklung herausarbeitet.

Alle diese Arbeiten Kittels stehen in schärfstem Gegensatz zu gleichzeitigen Versuchen – etwa aus dem Kreise des Eisenacher Instituts[157] –, jenes frühe Judenchristentum und damit das Judenchristentum aller Zeiten, in ein Rassenschema einzuzwängen. [32]

VIII. Die Frage der jüdisch-nichtjüdischen Mischehe

Eine weitere Sonderfrage, die Kittel schon 1933 berührte, war das Problem der Mischehe zwischen Juden und Nichtjuden. Er bekannte sich als radikaler Gegner solcher Mischehen und trat für deren gesetzliches Verbot ein. Er hat diese Stellungnahme einige Jahre später durch seine große Abhandlung über »Das Konnubium mit den Nichtjuden im antiken Judentum« (1937) unterbaut.[158] Dort führt er auf breiter historischer Basis den Nachweis, dass die ursprüngliche

---

hatte. Der Rezensent wandte sich hier namentlich gegen Dibelius' Feststellung, im Jakobusbrief seien »originale Kundgebungen einer schöpferischen Persönlichkeit« ebenso wenig zu finden wie »lebendige Zeugnisse gewisser Gemeindezustände« (5–6). Vgl. auch Theodor Zahns Untersuchung »Brüder und Vettern Jesu« (1900), in: ders. (Hg.), Apostel und Apostelschüler in der Provinz Asien.

157 Vgl. oben Anm. 77. – Wenn Kittel sich hier von dem »radikaleren« Eisenacher Institut (und seinem früheren Mitarbeiter und Schüler Walter Grundmann) deutlich distanziert, so ist darauf hinzuweisen, dass er in seinem später (1939) gedruckten Vortrag *Die historischen Voraussetzungen der jüdischen Rassenmischung* (ebd., 14) positiv auf Karl Georg Kuhns Vortrag vor dem Reichsinstitut für Geschichte des neuen Deutschlands *Die Judenfrage als weltgeschichtliches Problem* Bezug nahm. Kuhn, ebenso wie Grundmann ein früherer Mitarbeiter und Schüler Kittels, widerrief diesen scharf antisemitischen (vor allem auch antitalmudischen) Text nach dem Krieg in einem Beitrag für die Zeitschrift *Evangelische Theologie* (1951) in aller Form, wobei er sein übriges judenfeindliches Oeuvre aber von dem Widerruf ausnahm (vgl. Morgenstern, Institutum Judaicum, 69 und 80).

158 Kittel, Konnubium.

Haltung des Judentums, wie sie vor allem die Gesetzgebung von Esra und Nehemia spiegelt[159], gleichfalls die Ablehnung nicht nur der religiösen, sondern auch der völkischen Mischehe war, dass dagegen die Proselytenehe[160] eine spätere Umbiegung und Erweichung jener Grundsätze darstelle. Somit entspreche die Verhinderung der modernen Mischehe den Forderungen, die das fromme Judentum selbst stellen müsse.

---

159 Vgl. Esr 9–10; Neh 13, 23–31. Vgl. auch Ex 34, 16 f. und Dtn 7, 3 f. Es handelt sich hier um Zentraltexte der biblischen Theologie Kittels. Der Verfasser geht davon aus, dass das rabbinische Judentum entstand, als Juden sich in der römischen Antike und dann auch der Spätantike auf breiter Front über »eine der radikalsten und der am radikalsten durchgeführten Mischehengesetzgebungen der ganzen Weltgeschichte« hinwegsetzten, wie sie sich bei Esra und Nehemia und in den dort niedergelegten Bestimmungen zur Scheidung von den »fremden Frauen« findet (Kittel, *Die historischen Voraussetzungen der jüdischen Rassenmischung*, 8). Indem die Rabbinen diese biblischen Vorschriften verfälscht oder jedenfalls abgeändert hätten, sei es in der Antike zu einem beliebigen »Ineinanderheiraten aller Völker und Rassen« (a. a. O., 34) gekommen, das den Boden für das gegenwärtige jüdische »Rassengemisch« bereitet habe, gegen das die frühchristlichen Konzilien sich zur Wehr gesetzt hätten.

160 War den Juden von den Vertretern der Aufklärung klassischerweise ihre »Raserei der Absonderung« vorgeworfen worden (vgl. dazu Bienenstock, *Hegel über das jüdische Volk*, 124 f.), so erhebt Kittel, der dabei offenbar an die Warnung vor jüdischen »Proselytenmachern« im Neuen Testament (vgl. Mt. 23, 15) denkt, gerade umgekehrt den Vorwurf der Vermischung. Nach dem mittelalterlichen jüdischen Philosophen Maimonides (Mischne Tora, Buch der Heiligkeit, Hilchot Issure Bia [Gesetze über die verbotenen sexuellen Beziehungen], 13, 14 sind Konvertiten zum Judentum eherechtlich in der Tat prinzipiell wie geborene Juden zu behandeln; Ausnahmen betreffen lediglich Priester (Kohanim), die keine Proselyten heiraten dürfen. Ehen (oder auch nur sexuelle Beziehungen) von Juden (oder Jüdinnen) mit Nichtjuden sind hingegen verboten (Maimonides, Mischne Tora, Buch der Heiligkeit, Hilchot Issure Bia, 12, 1). Zur Ehe von Juden mit Proselyten nach rabbinischem Recht seit der Spätantike äußert Kittel sich ausführlich in seinem Aufsatz *Die historischen Voraussetzungen der jüdischen Rassenmischung* (dort 26–41). Kittels Verständnis der Proselytenehe als einer Art Einladung zur »Mischehe« geht am Wortlaut und Sinn der rabbinischen Texte aber vorbei. Selbst wenn das Judentum in der Antike offener für Konvertiten war als in späterer Zeit, war es doch in erheblich geringerem Umfang eine missionarische Religion als das Christentum. Zudem war (und ist) der Übertritt zum Judentum schon im Hinblick auf die Beachtung vieler religionsrechtlicher Normen an die Überwindung von Hürden geknüpft. Wäre Kittel in seinem Urteil konsequent, müsste er dem frühen Christentum viel mehr als dem antiken Judentum eine Tendenz zur »Rassenmischung« vorwerfen.

In einem kürzeren Aufsatz über die Mischehenfrage in der Fachzeitschrift »Der Biologe« hat Kittel dieselbe Frage nochmals behandelt und dort im zweiten Teil die theologischen Verbindungslinien von den im Alten Testament erhobenen Tatbeständen zu der Ethik des protestantischen Luthertums[161] gezogen, ebenso wie er anderwärts auf die radikalen Verbote der altkirchlichen Synoden über die jüdisch-christlichen Mischehen als für die katholische Kirche und ihre Ethik verbindlich hinwies.[162]

Natürlich war dabei auch für ihn klar, dass diese Synoden nicht von der Rassenfrage ausgingen, dass für sie vielmehr mit der Taufe das Mischehenproblem wesentlich aufgehoben war. Er wies aber mit besonderem Nachdruck darauf hin, dass die Judentaufe durch die moderne Erweichung des Sakraments, wie sie zur sogenannten Assimilations- und Zivilisationstaufe – in beiden Konfessionen – geführt hatte, selber zum Problem und oftmals zum schweren Missbrauch geworden sei. Deshalb sei vor aller weiteren Erörterung, vor allem an die Evangelische Kirche, zunächst die Forderung der Wiederherstellung des Sakraments der Taufe in seiner ungebrochenen Heiligkeit zu stellen.[163]

G[e]rade an dieser Frage der jüdischen Mischehe dürfte deutlich sein, in welchem Maße für Kittel es letztlich allein um Fragen der *biblischen* Normierung und der *christlichen* Ethik ging. [33]

---

161 Zur Berufung Kittels auf Martin Luther vgl. unten S. 150.
162 Kittel, Das Urteil über die Mischehe im Judentum und in der biblischen Religion (1937), 350. Kittels Vortrag *Die historischen Voraussetzungen der jüdischen Rassenmischung*, in dem es um die hier behandelte Frage geht, bleibt in *Meine Verteidigung* hier wohl deshalb ungenannt, weil dort das Talmudjudentum frontal angegriffen wird. Die diffamierende Deutung der Entstehung des »Weltjudentums« durch die »Ausbildung der ritualistischen Gesetzesreligion« und die »Umbildung des alten sittlich-religiösen Bundesgedankens in die ganz neue Form des Privilegierungsgedankens, damit des Herrschaftsanspruchs« (a. a. O., 26) passte nicht zum Bild als Verteidiger des traditionellen gesetzestreuen Judentums, das Kittel in seiner »Verteidigung« von sich zeichnen will.
163 Dies war auch ein zentrales Argument in Kittel, Die Judenfrage, 20 f. Der Autor kaschiert mit diesen Ausführungen, dass »Mischehen« – wenn man den problematischen, für das Neue Testament auch anachronistischen Ausdruck verwenden will – im Neuen Testament keinesfalls abgelehnt werden. Paulus ermutigt christusgläubige Eheleute in 1. Kor. 7, 12–16 ausdrücklich, bei ihren »ungläubigen« Partnern zu bleiben, da der gläubige Teil den anderen »heiligt«.

IX. Die Mitarbeit am Reichsinstitut für die Geschichte des Neuen Deutschlands

Kittel hat, wie noch darzulegen sein wird, alle Bindungen durch Parteistellen oder andere propagandistisch-antisemitische Stellen abgelehnt. Die einzige außer-theologische amtliche Stelle, mit der Kittel länger und intensiver zusammengearbeitet hat, ist das »Reichsinstitut für die Geschichte des Neuen Deutschland«.[164]

1. Kittel wurde ca. 1936 als Referent für Theologie und Palästinakunde in den Sachverständigenbeirat dieses Instituts berufen, dem mit ihm zahlreiche Professoren der Geschichte und anderer Fächer – keineswegs nur Pg.s – angehörten.

Da es sich nicht um eine Einrichtung der Partei, sondern um ein wissenschaftliches Institut des Staates handelte – derselben Reichsbehörde, welcher er als Professor unterstand – war er zur Mitarbeit bereit.[165] Er hielt sich dazu umso mehr für verpflichtet, als mit Sicherheit anzunehmen war, dass im Fall seiner Absage an seiner statt ein DC-Theologe berufen würde[166]; diese Kreise versuchten immer wieder, beim Reichsinstitut Zugang und Einfluss zu gewinnen. Kittel selbst gab seine Zusage freilich erst, als ihm die Leitung des Instituts, Präsident Walter Frank[167],

---

164 Das Institut wurde durch Erlass des Reichsministers für Erziehung, Bildung und Volksbildung Bernhard Rust am 4. Oktober 1935 rückwirkend zum 1. Juli 1935 gegründet und hatte seinen Sitz in Berlin; vgl. Junginger, Verwissenschaftlichung, 223 f.

165 Kittel deutet an, dass er eine Berufung in das von Alfred Rosenberg (1893–1946) gegründete Frankfurter Institut, das er als »parteiamtlich« charakterisieren möchte, abgelehnt hätte; dieses Institut wurde allerdings erst 1941 gegründet; vgl. Siegele-Wenschkewitz, »Meine Verteidigung« ..., 151. Zur Gründung dieses Instituts vgl. Heiber, Reichsinstitut, 1077.

166 Kittel war aber nicht der einzige Tübinger Gelehrte, der sich berufen ließ; neben ihm wirkten aus Tübingen Karl Georg Kuhn, Günter Schlichtung und Max Wundt mit. Zu Wundt vgl. Junginger, Verwissenschaftlichung, 232 f.

167 Der Historiker Walter Frank (1905–1945), Referent für Geschichte in der Hochschulkommission der NSDAP, wurde Anfang Juli 1935 von Reichswissenschaftsminister Bernhard Rust zum Präsidenten des *Reichsinstituts für Geschichte des neuen Deutschlands* ernannt. Nach schweren persönlichen Auseinandersetzungen mit Alfred Rosenberg wurde Frank Ende 1941 von seinem Amt beurlaubt. Am 9. Mai 1945 beging er Selbstmord, da »ein Leben nach Adolf Hitler [...] für ihn sinnlos geworden« sei (Wenzel, Artikel »Frank, Walter«, 246). Zu seiner Biographie vgl. Heiber, Reichsinstitut, 15–313.

(nicht zu verwechseln mit dem Generalgouverneur von Polen[168]) und dessen damaliger Vertreter, Dr. Wilhelm Grau[169], die Zusicherung gegeben hatten, dass man seine Stellung als christlicher Theologe achten und nie als etwas seiner Überzeugung als Theologe und Wissenschaftler Zuwiderlaufendes von ihm fordern werde. Diese Zusage ist durch alle die Jahre hin in der loyalsten Weise eingehalten worden, sowohl von Frank selbst als von seinen Mitarbeitern, insbesondere von den nach Franks Sturz (1941; infolge eines schweren Konfliktes mit Rosenberg[170]) die Geschäf-

---

168 Hans Frank (1900–1946), zunächst Reichsminister ohne Geschäftsbereich, war während des zweiten Weltkrieges Generalgouverneur desjenigen Teiles von Polen, der nicht von Deutschland annektiert worden war. Frank wurde am. 1. Oktober 1946 vom Internationalen Militärtribunal (»Nürnberger Prozess«) zum Tode verurteilt und am 16. Oktober 1946 hingerichtet.

169 Der Münchner Historiker Wilhelm Grau wurde von Frank im Alter von fünfundzwanzig Jahren zum Leiter der Münchner »Abteilung Judenfrage« des Reichsinstituts bestellt. Walter Frank bezeichnete Kittel als »väterlichen Freund« Graus; beide sahen gemeinsam ihre Aufgabe darin, das Alte Testament zu »retten« (Heiber, Reichsinstitut, 1000 und 1006). 1936 verfasste Grau eine Denkschrift unter dem Titel »Können Juden an deutschen Universitäten promovieren?«, die über das Reichsinstitut beim Reichsministerium für Wissenschaft, Erziehung und Volksbildung eingereicht wurde und zu einem allgemeinen Promotionsverbot für Juden deutscher Staatsangehörigkeit an deutschen Hochschulen führte. Vgl. Berg, Promotionsrecht, 213–227; ders., »Verändertes Geschichtsbild«, 457–485. Grau erhielt 1940 eine Anstellung in Alfred Rosenbergs »Amt für Sonderaufgaben, Hauptstelle Judenfrage« und wurde nach der Gründung des »Rosenberg'schen Instituts« in Frankfurt a. M. dort zum Institutsleiter ernannt; zuvor hatte er sich daran beteiligt, Bibliotheken im besetzten Frankreich (u. a. der Pariser *Ecole Rabbinique* und der *Alliance Israélite Universelle*) zu beschlagnahmen und als Raubgut nach Deutschland zu überführen; vgl. Schiefelbein, Antisemitismus, 49. Zu Grau vgl. ferner Wenzel, Wilhelm Grau.

170 Zu Alfred Rosenberg und seiner Auseinandersetzung mit Walter Frank vgl. Klee, Personenlexikon, 507 f.; zu Kittels Stellung in dieser Auseinandersetzung vgl. Heiber, Reichsinstitut, 1000, 1006, 1106. Die Streitigkeiten und Rivalitäten zwischen Frank (und seinem *Reichsinstitut für Geschichte des neuen Deutschlands*) und Rosenberg bieten Kittel weiter unten den Anlass, seine Zugehörigkeit zum Lager Franks als »Widerstand« gegen Rosenberg darzustellen, vgl. Papen, Schützenhilfe, 17–42; Schiefelbein, Antisemitismus., 43–71. Auch Walter Grundmann (Erkenntnis und Wahrheit, 44) stilisierte seine Arbeit im »Dritten Reich« als »Widerstand« gegen Rosenberg, für dessen Machenschaften die Deutsche Glaubensbewegung Jakob Hauers als »Hilfsorganisation« gedient habe. – In *Die Judenfrage* (dort

te führenden Männern: Karl Richard Ganzer[171], Erich Botzenhart[172], Johannes Grandinger.[173] Es wäre unredlich und feige, wenn Kittel nicht auch dies klar bezeugen würde.

Für die, im Unterschied von den reinen Parteiinstituten, relativ freie Struktur des Reichsinstituts ist charakteristisch, dass sein Präsident, Professor Walter Frank, *nicht* Parteigenosse war und auch durch die ihm widerfahrenen Anfeindungen sich nicht bewegen ließ, um die Aufnahme in die Partei nachzusuchen.[174]

Missverständnissen gegenüber sei ausdrücklich festgestellt, dass Kittel niemals in diesem Reichsinstitut eine Stellung als »Direktor« o. ä. innehatte. Er war lediglich Mitglied des schätzungsweise rund 50 Gelehrte umfassenden Sachverständigenbeirats.

2. Der Eintritt Kittels in das Reichsinstitut fiel zeitlich zusammen mit derjenigen Periode, in der die Auseinandersetzung mit dem Judentum für gewisse führende Strömungen des Nationalsozialismus

---

S. 78, Anm. 16a) nimmt Kittel offen ablehnend auf Rosenberg Bezug. Bei Rosenberg (Das Wesensgefüge des Nationalsozialismus, 42 f) heißt es: »Das Schächten ist nach übereinstimmender Ansicht aller deutschen Sachverständigen eine einzige furchtbare Tierquälerei. In unzähligen Eingaben seitens menschlich gesinnter Tierärzte und deutscher Verbände ist die Grausamkeit des jüdischen Rituals immer wieder nachgewiesen worden, und die N.S.D.A.P. hat sich sofort an die Spitze des Kampfes zur Abschaffung der Quälerei gestellt.« Kittel setzte sich demgegenüber für den Schutz des jüdischen Rituals ein und formulierte, dass ein »Schächt*gebot* das zu bekämpfende Judentum«, d. h. die assimilierten Juden, »härter träfe als ein Schächt*verbot*« (Die Judenfrage, 41). »Denn für den deutschen Volkskörper ist das unheimlichere Gift und die schwerere Gefahr nicht derjenige Jude, der lieber vegetarisch lebt als daß er Ungeschächtetes oder Schweinernes äße, sondern der andere, der aufgeklärte, dem koscher und Schwein so gleichgültig ist wie Sabbat und Beschneidung. Ihm würde man die Maske seiner Assimilation herrunterreißen, wenn man ihm *verböte*, Ungeschächtetes oder Schweinernes zu essen.«

171 Der antisemitische Historiker Karl Richard Ganzer (1909–1944) war Nachfolger Walter Franks als Präsident des *Reichsinstituts für Geschichte des neuen Deutschlands*; vgl. Klee, Personenlexikon, 174; Heiber, Reichsinstitut, 1152 ff.

172 Erich Botzenhart (1901–1956) war Mitglied des Sachverständigenbeirats des *Reichsinstituts für Geschichte des neuen Deutschlands*; vgl. Klee, Personenlexikon, 67; Heiber, Reichsinstitut, 1180–1189.

173 Zu dem Archivar Johannes Grandinger (geb. 1906), der weder der Partei noch ihren Untergliederungen angehörte, vgl. Heiber, Reichsinstitut, 331 ff.

174 Zu dieser Facette in Franks Biographie vgl. a. a.O., 25–27.

immer mehr zu einem Kampf gegen das Alte [34] Testament und weiterhin gegen das Christentum wurde.[175] Gleichzeitig wurde die öffentliche Erörterung dieser Fragen immer einseitiger, weil die Äußerungen der christlichen Seite, wenn nicht überhaupt unterbunden, so doch jedenfalls mehr und mehr aus der Öffentlichkeit verbannt und in die sektenhafte Isolierung gedrängt waren. Richtigstellungen gegenüber den Anwürfen gegen Bibel und Christentum, die ein Publikum über den allerengsten innerkirchlichen Rahmen hinaus erreicht hätten, wurden nahezu unmöglich. Durch die Mitarbeit Kittels im Reichsinstitut und durch die Haltung der Kittel deckenden Leitung dieses Instituts war es ihm wenigstens zu einem gewissen Grade möglich, *diese Sperre zu durchbrechen* und vor einer außertheologischen Öffentlichkeit eine der Propaganda des Vulgärantisemitismus entgegengesetzte Sicht der Frühgeschichte des Judentums in ihrem Verhältnis zu Israelitentum und Christentum zu entfalten. Alle Arbeiten, die Kittel im Rahmen des Reichsinstituts und der von diesem herausgegebenen »Forschungen zur Judenfrage« veröffentlicht hat, dienen direkt oder indirekt diesem *einen* Zweck: der historischen Wahrheit gegenüber den Verzerrungen der Zeit eine Bahn zu brechen und damit eine gerechte und sachgemäße Würdigung von Bibel und Christentum zu ermöglichen.

Diese Arbeiten sind ohne Ausnahme Beiträge zur Geschichte des antiken Judentums. Insofern liegen sie in derselben wissenschaftlichen Ebene wie seine früheren theologischen Arbeiten zur Religionsgeschichte dieses Judentums und zur Geschichte seines Verhältnisses zu Israel und Christentum; nur dass er jetzt neben dem Religiösen gleichzeitig die Ausbreitung, die Zahlen, die Schichtungen, die Verschiebungen der Bevölkerung, das soziologische, das wirtschaftliche, das rassische Verhältnis der Größen zueinander untersuchte. Immer ist sein Ziel: gegenüber der den geschichtlichen Tatbestand verwischenden Ineinanderschiebung der drei Größen Israel-Judentum-Christentum, deren gegenseitige Verschiedenheit und Abgrenzung herauszuarbeiten.

Kittel sieht zwei große Entwicklungsmöglichkeiten, in welchen nicht nur die alttestamentliche Religion, sondern auch die israelitische Soziologie und Volksgestaltung einmündet: die eine, die mit Jesus Christus anhebende des Christentums, die and[e]re, die des

---

175 Zum Eintritt Kittels in das Reichsinstitut vgl. a. a. O., 421.

späteren Judentums, geistig vom Talmudismus, soziologisch und bevölkerungsmäßig durch den Charakter der Zerstreuung unter den Völkern geprägt. Für den christlichen Historiker ist die erstere die normative, die letztere der [35] »Abfall«. Kittel nimmt die Polemik auf, die Jesus Christus einerseits, die die alttestamentlichen Propheten anderseits geübt haben; an dieser doppelten Norm misst er die spätantike Größe »Judentum«. Er zeigt an diesem Spiegel, wie die modernen Fragen so gut wie ausnahmslos dort schon gestellt sind, und wie sie damals allein von der Christusreligion her beantwortet wurden. Auch[,] wo er die religiöse Frage nicht unmittelbar berührt, sondern mit seinen Forschungen im Vorfeld der Profanvorgänge bleibt, steht sie ausnahmslos im Hintergrund; so verweist er im Vorwort zu seiner – im Übrigen vom Religiösen absehenden – Skizze über das antike Weltjudentum[176] ausdrücklich auf seine ander[e]n Arbeiten zur religiösen Entwicklung dieses Judentums.

Wie grundsätzlich für Kittel diese Verknüpfung war, mag noch an einem anderen Beispiel illustriert werden. Ca. 1940 trat man an ihn heran wegen der Mitarbeit an einem für die Zeit nach dem Krieg geplanten großen wissenschaftlichen Unternehmen, das in etwa 100 Bänden die »Kulturen der Erde« behandeln sollte und an dem die für dieses Gebiet ersten Fachleute beteiligt werden sollten. Kittel wurde aufgefordert[,] den Band über das Judentum zu schreiben. Er übernahm nach langen Verhandlungen die Aufgabe unter zwei im Verlagsvertrag festzulegenden Bedingungen: erstens, dass der Band nicht das Judentum, sondern »Israel und das Judentum« behandle, zweitens, dass für einen etwa über das Christentum zu schreibenden Band, falls Kittel ihn nicht selbst schreiben würde, ihm ein Vorschlagsrecht zustehe. Er sicherte damit sich selbst und das gesamte Unternehmen gegen die Gefahr, dass seine eigene Darstellung des Verhältnisses Israel-Judentum-Christentum eine andere zur Seite gesetzt bekäme, durch die sie in einem antichristlichen Sinn aufgehoben würde.

Von einer besonderen wissenschaftlichen Bedeutung sind die (noch nicht abgeschlossenen) großen Listen zur Ausbreitungsgeschichte des Judentums bis zum Beginn des Mittelalters, in denen Kittel – bisher für Europa, Kleinasien und Teile von Syrien – alle historisch greifbaren Belege für die jüdische Diaspora ge-

---

176 Kittel, Das antike Weltjudentum.

sammelt, gesichtet, kartographisch verarbeitet und damit der nichtjüdischen wie der jüdischen Forschung als tragfähige Grundlage gegeben hat.[177] Immer, auch in diesen das antike Diaspora-Weltjudentums beschreibenden Arbeiten steht im Hintergrund sein Interesse und Ziel, das Verhältnis – sei es der Ähnlichkeit, sei es der Andersartigkeit – dieses Typus gegenüber dem biblischen Menschen, nämlich dem des alttestamentlich-israelitischen Typus einerseits, dem des neutestamentlich-urchristlichen Typus anderseits ans Licht treten zu lassen. [36]

X. Die Zusammenarbeit mit den Anthropologen

1. Im Gang dieser Arbeiten und im Zuge der im Zusammenhang mit dem Reichsinstitut ermöglichten Zusammenarbeit mit einigen führenden Anthropologen (vor allem Eugen Fischer-Berlin[178] –, später Freiburg i. B. und Othmar von Verschuer-Frankfurt[179], später Ber-

---

177 Mit Hilfe dieses kartographischen Materials wurde anlässlich des NSDAP-Parteitages im September 1938 im Rahmen einer von der *Reichsstelle zur Förderung des deutschen Schrifttums* gezeigten Ausstellung unter dem Titel »Europas Schicksalskampf im Osten« ein eigener Raum gestaltet, in dem die Ausbreitung der Juden im Römischen Reich auf einer großen Karte gezeigt wurde; vgl. Junginger, Verwissenschaftlichung, 268.
178 Eugen Fischer (1874–1967), einer der wichtigsten Wegbereiter der nationalsozialistischen Rassentheorie, war bereits im Kaiserreich und in der Weimarer Republik ein einflussreicher Anthropologe und »Rassenhygieniker«; vgl. Widmann, Eugen Fischer. Zu Fischers Zusammenarbeit mit den Tübinger Rassenforschern vgl. Potthast, Rassenanthropologie, 78; Weindling, Rassenkundliche Forschung, 146; Weidner, Fleischhackers Sprache(n), 218.
179 Als Fachmann für Biologie gehörte der prominente Erbforscher bzw. Humangenetiker Otmar [!] Freiherr von Verschuer (1896–1969), der 1935 die Leitung des neugegründeten Instituts für Erbbiologie und Rassenhygiene an der Universität Frankfurt am Main übernahm, zum wissenschaftlichen Beirat der Forschungsabteilung *Judenfrage* des *Instituts für Geschichte des Neuen Deutschland*. Einer seiner Mitarbeiter in den Jahren 1937–1940 war der spätere Kriegsverbrecher Josef Mengele; vgl. Roelcke, Entgrenzte Wissenschaft, 5; Potthast, Rassenanthropologie, 78; Heinemann, »Ordnung schaffen«, 134; Weiss, Whitewashing, 722–758; zur Zusammenarbeit Kittels mit den genannten Wissenschaftlern: Junginger, Verwissenschaftlichung, 280. 1933 veröffentlichte Verschuer in dem von den Theologen Walter Künneth und Helmuth Schreiner herausgegebenen Sammelband »Die Nation vor Gott« den Aufsatz »Die Rasse als biologische Größe«.

lin) ergab sich für Kittel eine neue Seite der wissenschaftlichen Gesamtaufgabe. Er erkannte die völlige, geradezu groteske Unzulänglichkeit der für die anthropologische Analyse altisraelitischen und des jüdischen Menschentypus bisher erarbeiteten geschichtlichen Grundlagen. Er sah, dass einer der Hauptgründe dafür, dass die Diskussion um die Größen Bibel und Judentum nicht über unbrauchbare und dilettantenhafte Schlagworte hinauskam, an dieser Stelle lag. Es war die Frage, ob es überhaupt möglich sei, exaktes, historisch greifbares Material, etwa der Archäologie, dem Anthropologen darzubieten.

So kam es zu seiner Zusammenarbeit mit Eugen Fischer und zu der gemeinsamen Bearbeitung von 2 Bildgruppen.

Kittel wies *erstens*, von den Durafunden ausgehend[180], nach, dass es im II. und III. Jhd. entgegen aller bisherigen Vermutung, jüdische Abbildungen von Menschen gab; dann müssen, so schloss er, unter den Mumienportraits aus dem hellenistisch-römischen Ägypten sich auch Abbildungen von Juden finden.

Er bestätigte *zweitens*, dass gewisse – vor allem in Trier gefundene – Terrakotta-Karikaturen Juden darstellen, was für Trier schon 1930 der Rabbiner Altmann[181], für ähnliche alexandrini-

---

180 Dura Europos (im heutigen Syrien am Euphrat) war eine griechische Stadt, die um 300 v. Chr., auf Anweisung von Seleukos I. (312–280 v. Chr.), gegründet worden war. Erste Grabungen erfolgten 1921 unter der Leitung von Captain Gerald Murphy von der Britischen Armee. In den folgenden Jahren folgten zwei Kampagnen des Belgiers Franz Cumont, schließlich gab es systematische Ausgrabungen der Yale University mit der *Académie des Inscriptions et Belles-Lettres* unter der Führung von Michael Rostovtzeff (1928–1937).
181 Der Trierer Oberrabbiner Adolf Altmann (1879–1944 [in Auschwitz ermordet]) hatte in einer von der *Gesellschaft für nützliche Forschungen und dem Provinzialmuseum Trier* herausgegebenen Studie das früheste Vorkommen der Juden in der Stadt nachweisen wollen. Vgl. Altmann, Vorkommen; Junginger, Verwissenschaftlichung, 256 f. Kittel folgerte aus einer »obszönen Gruppe«, dass es sich um Karikaturen von Juden handele, die das Mischehenverbot übertreten hätten, und verwendete den nationalsozialistischen Terminus »Rassenschande«; vgl. Gerdmar, Roots, 491. Der Heidelberger Neutestamentler Martin Dibelius (1883–1947) stimmte Kittels Interpretation der Terrakotta-Figuren in seinem Gutachten, das Kittels »Verteidigung« beigegeben war, zu: »[Es] wird aus drei phallischen Darstellungen mit unbezweifelbaren Merkmalen der Beschneidung erwiesen, dass diese Figuren Juden darstellen ... Von diesen Erkenntnissen werden dann Linien nach Alexandria und zum Mimus gezogen, – alles aber, ohne das [!] im

sche Stück[e] schon seit langem Josef Vogt[182], Perdrizet[183] und Flinders Petrie[184] behauptet hatten. Diese Gruppe stellte jetzt, nach 1933, naturgemäß einen besonders heiklen und verführerischen Gegenstand dar. Die NS-Propaganda begann, sich der Trierer Stücke zu bemächtigen und sie im Sinne der »Stürmer«-Karikaturen, z. B. im »Völkischen Beobachter«, zu veröffentlichen. Kittel hat das alleinige Verdienst, diesem unwürdigen und lächerlichen Treiben den Boden entzogen zu haben. Er war, durch den Altmann'schen Aufsatz aufmerksam geworden, schon 1932 nach Trier gereist, um an Ort und Stelle das Material persönlich zu untersuchen.

Er hat es später, 1937 oder 1938, auf einer zweiten Trierer Reise noch einmal geprüft und gesichtet. Er hat es ferner durch eine große Zahl von analogen Stücken alexandrinischer und sonstiger Herkunft ergänzt. Ihnen stellte er antike Grotesk- und Mimenfiguren gegenüber, um am Vergleich die genaue Bestimmung der Gruppe zu gewinnen. Gleichzeitig verknüpfte er die Erörterung mit den Untersuchungen von Margarete Bieber über das antike Theaterwesen[185] und denen von Soltan Oroszlan über

---

geringsten auf die vulgäre Seite des Themas Juden-Verspottung eingegangen wird. Kein Laut aus der ›Stürmer‹-Propaganda ist bei der Behandlung dieser Dinge zu vernehmen.« Dibelius, Gerhard Kittels Arbeiten über das antike Judentum (UAT 162/31, Beilagen II, 2); vgl. auch Gerdmar, Roots, 510 und unten S. 143.

182 In einem von Joseph Vogt herausgegebenen Sammelband besprach Reinhard Herbig tönerne Gesichtsmasken aus punischen Gräbern sowie punische Plastiken. Die Perspektive eines rassistisch verstandenen Ost-West-Gegensatzes lässt Rückschlüsse auf die antisemitische Gesinnung und das antisemitische Umfeld zu. Es heißt bei Herbig:»Mengenmäßig und qualitativ schwache Produzenten von Kunsterzeugnissen, ohne jede eigene schöpferische Fähigkeit, waren die Punier dafür sehr rege Kunsthändler, Vermittler von orientalischem und griechischem Kunstgut« (Herbig, Bild des Puniertums, 176). »Wahllose Wiedergabe von geistig nicht Bewältigtem, halbverdautes Abstoßen von zu reichlich Verschlucktem, alles immer unter dem fatalen Gesichtspunkt des Verdienens, macht das Wesen der punischen Beschäftigung mit Kunst aus« (ebd., 177).

183 Zu dem französischen klassischen Archäologen Paul Perdrizet (1870–1938) vgl. Picard, Paul Perdrizet.

184 Sir William Matthew Flinders Petrie (1853–1942) wurde 1892 am University College in London zum ersten Lehrstuhlinhaber für Ägyptologie in England ernannt; vgl. Drower, Flinders Petrie, 199–230.

185 Margarete Bieber (1879–1978) war eine deutsch-amerikanische Klassische Archäologin und Hochschullehrerin, der 1933 als Jüdin die Lehrerlaubnis

antike Groteskgesichter.[186] Daran erwies sich auch ein früherer Versuch Kittels, die Karikaturen im Zusammenhang mit den gallisch-fränkischen [37] Synodalbeschlüssen[187] als Polemik gegen die Mischehen zu deuten, als hinfällig.[188] Das archäologische Material ergab demgegenüber den eindeutigen Nachweis, der durch ein damit zusammenstimmendes literarisches Quellenmaterial gestützt wurde, dass der karikaturistische Typus der Trierer Stücke in einem großen Zusammenhang steht, und dass er letztlich auf die im alexandrinischen Mimus geübte Verspottung des Juden zurückweist. Damit hat Kittel die Trierer Stücke der Isolierung, in der sie bis dahin zu stehen schienen, entnommen und sie *erstmalig* in die ernsthafte wissenschaftliche Diskussion überführt, – wozu keiner der dazu in erster Linie berufenen Archäologen des Süddeutsch-rheinischen Raumes die Initiative ergriffen hatte.

Mit diesen beiden Bildgruppen, den Mumienbildern und den Terrakotten, war durch Kittel dem Anthropologen erstmalig ein fest umrissenes Material dargeboten, an dem dieser nun seinerseits ver-

---

entzogen wurde. Sie war die erste habilitierte Professorin der Archäologie an einer deutschen Universität und gilt als Pionierin des Frauenstudiums; vgl. Bieber, Denkmäler; dies., History.

186 Der Archäologe, Kunsthistoriker und Historiker Zoltán Oroszlán (1891–1971) unterrichtete militärische Geographie und Militärgeschichte an der ungarischen Militärakademie (Ludovika) und war 1917–1919 Sekretär der ungarischen Wissenschaftsakademie in Konstantinopel. Er war Direktor des ungarischen archäologischen und kunsthistorischen Vereins und Experte für griechische Terrakotaskulpturen und Reliefplastiken in Pannonia; vgl. https://hu.wikipedia.org/wiki/Oroszlán_Zoltán [04.04.2019] (mein Dank an Dr. Yeshaya Balog für seine Übersetzung des ungarischen Textes).

187 Zum Mischehenverbot bzw. zur Pflicht zur Auflösung von Mischehen nach den Konzilien (oder Synoden) von Orléans (533) und Toledo (589) vgl. Hefele, Histoire, 1135 (Kanon 19 des zweiten Konzils von Orléans) sowie Héfélé, Histoire, 592 (Kanon 14 des dritten Konzils von Toledo). Zu den judenpolitischen Beschlüssen der Konzilien von Paris (614), Reims (624) und Clichy (626/627) vgl. auch Schreckenberg, Adversus-Judaeos-Texte, 435 sowie Mordek, Kirchenrecht und Reform, 32. In seinem Vortrag des Jahres 1943 *Die Entstehung des Judentums* (maschinenschriftlich, UAT 162/31, 13) nimmt Kittel auf diese Beschlüsse Bezug; zu den gallischen Synoden vgl. auch Mendels/Edrei, Zweierlei Diaspora, 141 f.

188 Der Hinweis, durch seine Forschungen frühere eigene Annahmen widerlegt zu haben, soll die Wissenschaftlichkeit des Vorgehens Kittels darlegen; auf welche seiner früheren Veröffentlichungen Kittel sich hier bezieht, ließ sich nicht ermitteln.

suchen konnte, den anthropologischen Typus des spätantiken Juden festzustellen. Der nächste Schritt wäre die Weiterführung der anthropologischen Untersuchung nach 2 Seiten hin gewesen: nach vorwärts von dem so gewonnenen Typus zu dem des modernen Judentums[189]; nach rückwärts zurück zu dem biblischen Menschen, und zwar erstens zu dem der alttestamentlichen, zweitens zu dem der neutestamentlichen Prägung. Denn auch diese gesamte anthropologische Arbeit war für Kittel in keinem Augenblick um ihrer selbst willen von Interesse, sondern stand ihm im Gesamtzusammenhang und im Dienste seiner Forschungen zur *Bibel*frage.

Ursprünglich war von ihm ein Buch geplant, in welchem, parallel zu seinen und Fischers Untersuchungen, auch ein alttestamentlicher Fachmann das für die Anthropologie des alttestamentlich-palästinischen Menschentypus greifbare Material hätte zusammenstellen sollen. Kittel korrespondierte darüber schon vor dem Kriege mit Prof. Albrecht Alt-Leipzig[190]; zugleich wurde er aufmerksam auf die im Gang befindlichen Arbeiten von Prof. Elliger-Tübingen[191] über die palästinischen Schädelfunde.

---

189 In seinem gemeinsam mit Eugen Fischer herausgegebenen Band nahm Kittel Vergleiche von antiken Mumienbildern (»Nase sehr schmal, Form des Rückens vorderasiatisch, Lippen dünn, Kinn stark zugespitzt, Augen […] etwas mandelförmig. Physiognomischer Gesamteindruck deutlich ›jüdisch‹«) mit einem Porträt vor, das Mitarbeiter Fischers 1940 im Ghetto Łódź gemacht hatten; vgl. Kittel/Fischer, Das antike Weltjudentum, 120 f. (»Jude aus Litzmannstadt, photographiert 1940«) – Ein anderes Beispiel für die Exzesse dieser »anthropologischen Forschung« im Hinblick auf das moderne Judentum war die vom NS-Propagandaministerium vom 8. November 1937 bis zum 31. Januar 1938 im Bibliotheksbau des Deutschen Museums in München gezeigten Ausstellung »Der ewige Jude«. Diese Ausstellung, die von Joseph Goebbels persönlich eröffnet wurde und der Öffentlichkeit die »wissenschaftlichen Grundlagen« des staatsoffiziellen Antisemitismus präsentieren sollte, zeigte neben den Trierer »Judenfratzen« auch die »Lebendmaske« des Idealtypus eines damals bekannten »jüdischen Bolschewisten« in Deutschland, des ehemaligen kommunistischen Reichstagsabgeordneten Werner Scholem, der zu dieser Zeit im Konzentrationslager Buchenwald einsaß. Seine Mutter Betty Scholem und sein Bruder, der Jerusalemer Kabbalaforscher Gershom Scholem, versuchten in diesen Monaten vergeblich, den später ermordeten Werner Scholem freizubekommen; vgl. Morgenstern, Institutum Judaicum, 61 f.
190 Vgl. oben S. 17.
191 Zu dem Alttestamentler Karl Elliger (1901–1977), der 1937 auf ein planmäßiges Extraordinariat in Tübingen berufen wurde, vgl. die (im Hinblick auf die Jahre 1933–1945 freilich sehr spärlichen) bibliographischen Anga-

Dadurch, dass Elliger seit Kriegsbeginn bei der Wehrmacht stand, mussten diese Untersuchungen zurückgestellt bleiben; so erschien das Fischer-Kittel'sche Buch über das antike Weltjudentum zunächst für sich allein.[192] (Das Buch ist verfasst in den Jahren 1938-40; es erschien erst 1943, teils infolge der allgemeinen Verzögerung durch den Krieg, vor allem aber, weil das völlig fertig gedruckte Buch bei einem Bombenangriff mit seiner ganzen Auflage verbrannte und danach nochmals neu gedruckt wurde.)

2. Was die weiteren Forschungsaufgaben anlangte, so musste sich Kittel zunächst damit begnügen, sie zu skizzieren und anzubahnen. Er tat dies in Untersuchungen über die Anthropologie des sephardischen Judentums (der sogenannten »Spaniolen«)[193], [38] dessen allgemein anerkannte Andersartigkeit in rassischer Hinsicht gegenüber den Aschkenasen (=Ostjuden) wichtige und sichere Rückschlüsse auf den ursprünglichen palästinischen Menschentypus ermöglicht. Er stellte ferner die Frage, ob und wieweit sich in der Geschichte des Judentums, sei es in der Diaspora, sei es in Palästina, bestimmte biologische Auslesevorgänge erschließen lassen. Er untersuchte weiter die Fragen des neutestamentlichen Menschentypus (Abstammung Jesu, Pauli, Galiläafrage usw.) und verwies die

---

ben bei Mittmann, Karl Elliger, 86-88. Elliger gründete 1960 an der Evangelisch-Theologischen Fakultät Tübingen das Biblisch-Archäologische Institut; dazu: Kamlah, Geschichte und Funktion, 9-24. Mein Dank an Dr. Hans-Wulf Bloedhorn für eine umfangreiche Bibliographie zu Elliger. Zu den genannten Schädelfunden Elligers in Palästina ließen sich keine weiteren Angaben erheben.
192 Vgl. oben S. 77.
193 Gemeint ist wahrscheinlich Kittels Abhandlung *Die Ausbreitung des antiken Judentums bis zum Beginn des Mittelalters, Erster Teil: Spanien, Gallien, Germanien, Donauländer, Illyrien, Thrakien, Skythien*, in: Forschungen zur Judenfrage V (1941), 290-310. Im Zusammenhang mit seinen anthropologischen »Forschungen« schrieb Kittel auch ein Gutachten zur Beantwortung einer Anfrage der deutschen Botschaft in Paris, wie Juden »unklarer rassischer Herkunft« im besetzten Frankreich zu behandeln seien; vgl. dazu Papen, Schützenhilfe, 31. Er schlug dazu Untersuchungen an persischen, afghanischen und kaukasischen Juden vor, die in Paris lebten (a. a. O., 32 und 41 mit Anm. 73). Diese Gutachten trugen dann zur Entscheidungsfindung des Reichssicherheitshauptamtes über die Ermordung oder Verschonung bestimmter jüdischer Gruppen bei. In einem Gutachten des Jahres 1943 äußerte Kittel die Ansicht, die kaukasischen Bergjuden seien als gesonderter Fall anzusehen. Vgl. Heiber, Akten, 874 (Regest 26842).

romantischen und unhistorischen Spekulationen über ein angebliches »Ariertum« Jesu[194] in das Gebiet der Phantasie, der sie angehören. Er stellte für die alttestamentliche und für die altorientalische Forschung, vor allem für die Archäologie, in Programmatischen

---

194 Kittel wendet sich gegen Jesusdarstellungen, die er überzeichnet und deren Autoren er nicht nennt, um auf diese Weise leichter gegen sie polemisieren zu können. Selbst bei J. W. Hauer (aus Kittels Sicht wohl der radikalste Vertreter der von ihm bekämpften Gegenseite) ist das angebliche Ariertum Jesu mit einem Fragezeichen versehen (zu Hauers Schrift des Jahres 1939 *Ein arischer Christus?* vgl. Dierks, Jakob Wilhelm Hauer, 308–309). Schon in der biologischen Rassenlehre Houston Stewart Chamberlains (1855–1927), die mit besonderem Nachdruck auf die galiläische Herkunft Jesu Bezug nimmt, war Jesus nicht offen und umstandslos zum »Arier« gemacht worden (Chamberlain, Grundlagen, 211–219). Bei Ernst Haeckel war Jesus 1899 etwas enigmatisch eine »hohe und edle Persönlichkeit«, die »entschieden *nicht semitisch*« gewesen sei (Haeckel, Welträthsel, 312). Haeckels »Erklärung« geht zurück auf eine bei dem Kirchenschriftsteller Origenes (3. Jahrhundert) überlieferte Erzählung des heidnischen Philosophen Celsus. Demnach war Jesus ein von Maria mit dem römischen Legionär Pandera im Ehebruch gezeugtes Kind. Eine Variante der Legende fand später Eingang in die jüdische *Toledot Jeschu*-Tradition, eine Sammlung volkstümlicher und antichristlicher Erzählungen über Jesus, die auch talmudische Motive enthält. Während die Pandera-Erzählung leicht als unhistorisch abzuqualifizieren war, verhält es sich aus Kittels Sicht bei den Veröffentlichungen seines Lehrers Johannes Leipoldt (1880–1965) anders; der Leipziger Neutestamentler hatte 1923 eine Schrift unter dem Titel *War Jesus Jude?* herausgegeben, die 1935 in veränderter Form in einem Sammelband erschien. In diesem Text wird die Möglichkeit erwähnt, dass »die Familie Jesu nicht-jüdischen oder nicht rein jüdischen Ursprungs ist« (Leipoldt, War Jesus Jude? [1935], 18). Thematisch wird diese Frage auch bei Walter Grundmann, einem weiteren Leipoldt-Schüler, der zu Beginn der 1930er Jahre Assistent Kittels in Tübingen gewesen war. In seinem Buch *Jesus der Galiläer* (1940, 1941²) präsentiert Grundmann die Version eines »nichtjüdischen Jesus«, der in einem fast judenfreien Gebiet aufgetreten sei. In der Mischbevölkerung Galiläas (»Galiläa der Heiden«) sei auch mit Ariern zu rechnen, sogar Germanen seien dort aufgetreten. Mit diesen Thesen, die er in seiner parallel publizierten Schrift *Wer ist Jesus von Nazareth* auch für die breitere Öffentlichkeit popularisierte, wollte Grundmann die Jesusforschung für völkische Diskurse anschlussfähig machen. In *Wahrheit und Erkenntnis* (48 f.) berichtet Grundmann davon, wie er sich mit dieser letzten Publikation, mit der er auf eine SS-Schmähschrift unter dem Titel »Jesus Nazoräer« geantwortet habe, der Partei gegenüber in Gefahr begeben habe. Die Folge sei seine Einberufung zur Wehrmacht und insofern das einstweilige Ende seiner akademischen Tätigkeit gewesen. Zum Kontext der Diskussionen um den »galiläischen Jesus« vgl. Deines, Jesus der Galiläer, 43–131.

Thesen diejenigen Fragenkomplexe zusammen, die besonders dringend der Aufklärung und der weiteren Forschungsarbeit bedürfen. Er stellte vor allem die anthropologischen Untersuchungen überall in den Zusammenhang der soziologischen, der bevölkerungsgeschichtlichen, besonders aber der geistig-seelischen und der religiösen Situation.

Diese, die Abhandlungen über das antike Weltjudentum auswertenden und ergänzenden und zu ihrem eigentlichen Ziel führenden Arbeiten Kittels erstrecken sich über Jahre. Sie fanden ihren Niederschlag zunächst in einigen Vorträgen, zumeist in gelehrten Kreisen (vgl. z. B. Theol. Lit. Ztg, 1944, Nr. 1: Vortrag aus dem »Eranos Vindobonensis«[195]), vor allem aber in der großen Abhandlung »Israel-Judentum-Christentum«. Diese sollte, mit geringen Modifikationen gleichzeitig erscheinen in den »Fortschritten zur Erbpathologie«, einer von Othmar von Verschuer herausgegebenen biologischen Publikationsreihe[196], und in der »Zeitschrift für neutestamentliche Wissenschaft«, später dann in einem der nächsten Bände der »Forschungen zur Judenfrage«. In dem ersten Organ war sie schon gedruckt; das Heft ist aber nicht mehr erschienen. Kittel veröffentlichte die Abhandlung absichtlich zuerst in einer biologischen Fachzeitschrift.[197] Er wusste genau, dass seine Ergebnisse den leidenschaftlichen Widerspruch des Vulgärantisemitismus hervorrufen mussten. Hiergegen war er in einer solchen biologischen Zeitschrift viel eher gedeckt; die

---

195 Der Wiener Verein »Eranos Vindobonensis«, der die Entwicklung der Klassischen Altertumswissenschaft durch fachbezogene Vorträge und Referate fördern wollte, veranstaltete seit 1876 Vorträge und Referate am Institut für Klassische Philologie der Universität Wien, die den Wissens- und Erfahrungsaustausch im Gebiet der klassischen Altertumswissenschaften fördern. Kittels dort gehaltener Vortrag *Das kleinasiatische Judentum in der hellenistisch-römischen Zeit* wurde in der Theologischen Literaturzeitung 1944, Nr. 1, Sp. 9–20 veröffentlicht.
196 Die Zeitschrift *Fortschritte der Erbpathologie, Rassenhygiene und ihrer Grenzgebiete* erschien in den Jahren 1937/38 –1934/44 in Leipzig und stellte im Juli 1944 ihr Erscheinen ein.
197 In der Liste von Kittels Veröffentlichungen im Anhang zu *Meine Verteidigung* ist als geplanter Veröffentlichungsort dieses (tatsächlich nicht mehr erschienenen Textes) nur die vom Autor selbst mit herausgegebene *Zeitschrift für neutestamentliche Wissenschaft* angegeben; freilich hatte die ZNW ihr Erscheinen bereits Ende 1942, also mehr als ein Jahr vor der von Kittel zuvor genannten biologischen Zeitschrift, eingestellt.

Polemik hätte nun sich gegen den mit ihm solidarischen Herausgeber, einen der ersten und anerkanntesten Anthropologen, richten müssen. Damit war seinen Gegnern die einzige Waffe, die sie gegen ihn hatten, aus der Hand geschlagen: dass sie nämlich seine Ergebnisse mangels sachlicher Argumente als »konfessionelle Apologetik« diskreditieren (wie dies z. B. Hauer unter der Überschrift: »Konfessionelle Ehrenrettung des Alten Testamentes« gegen Kittel versucht hatte).[198] [39]

3. Wenn Kittel von der Entstehung und Geschichte des antiken Judentums handelte, zeigte er an diesem Geschehen, wie geistige *und* anthropologisch-biologische Vorgänge *ineinander* wirken. »... wie die Entstehungsgeschichte des Judentums eines der lehrreichsten Beispiele für das ewige Gesetz ist, – ein Gesetz, welches kein echter

---

[198] Jakob Wilhelm Hauer (1881–1962) lehrte an der Universität Tübingen als Ordinarius für Religionswissenschaften und Indologie; gemeinsam mit Graf Ernst von Reventlow gründete er am 29.–30. Juli 1933 im *Hotel Wartburg* der Stadt Eisenach die *Deutsche Glaubensbewegung*. Ziel dieser Splittergruppe war es, freireligiöse Gemeinden, Jugendbewegte (vor allem den *Köngener Bund*), »neugermanische« und »nordische« Gemeinschaften sowie liberale Protestanten (letztere blieben dieser Bewegung allerdings ganz fern) auf völkisch-religiöser Grundlage im Sinne einer »arischen Weltanschauung« zu vereinen. Die Mitgliedschaft in der *Glaubensbewegung* setzte den Kirchenaustritt voraus; paradoxerweise erfüllte gerade Hauer diese Bedingung anfangs nicht; erst später trat er aus der evangelischen Kirche aus. Während des Dritten Reiches war Hauer Mitglied in verschiedenen nationalsozialistischen Organisationen, darunter seit August 1934 der SS und seit 1937 der NSDAP. Hauer wurde am 3. Mai 1945 gemeinsam mit Kittel verhaftet. In seinem Spruchkammerverfahren lag eine entlastende Stellungnahme Martin Bubers vor; vor allem vor 1933 hatten Buber und Hauer immer wieder Kontakt; noch im Januar 1933 waren beide gemeinsam auf einer Tagung zum Thema »Die religiösen und geistigen Grundlagen einer völkischen Bewegung« aufgetreten (Baumann, Deutsche Glaubensbewegung, 75; vgl. auch den Abdruck eines Briefes Hauers an Buber vom 12. April 1949, a. a. O., 268); am 15. Juni 1949 wurde Hauer als »Mitläufer« eingestuft; für seine Pension wurde ihm 75 Prozent des Professorengehalts zugesprochen; vgl. Fassnacht, Universitäten, 130. vgl. Nanko, Jakob Wilhelm Hauer, 61–76 (zu Buber: 64 und 72). Ein Text oder auch Buchbesprechung aus der Feder Hauers unter dem genannten Titel ließ sich nicht nachweisen. Jedoch enthält die Zeitschrift *Deutscher Glaube* immer wieder Polemiken gegen den Kanon der christlichen Bibel und das in ihm enthaltene angeblich »artfremde« Alte Testament und auch überaus kritische Berichte über das Geschehen in den christlichen Kirchen; in diesen Kontext würde z. B. eine Kurzrezension unter dem von Kittel genannten Titel gut passen.

Historiker und kein großer Anthropologe leugnen wird, sondern höchstens der biologische Banause und der historisierende, in Wirklichkeit in Abstraktionen sich verlierende Schwärmer: für das Gesetz nämlich von dem steten Ineinander und der Wechselwirkung der geistig-seelischen und der biologisch-bluthaften Vorgänge.«[199]

Symptomatisch für die Situation, die sich ergab, war die Tatsache, dass im Laufe des Jahres 1944 nicht weniger als 3 verschiedene bedeutende anthropologisch-biologische Fachzeitschriften durch ihre Herausgeber, drei der bekanntesten Anthropologen und Biologen, Kittels Mitarbeit erbaten. Damit hatte Kittel sich eine Plattform für seine Forschungen und Forschungsergebnisse geschaffen, wie sie in dieser Weise für einen Theologen *völlig einzigartig* war; eine Plattform, in der seine Arbeit für die Vulgärantisemiten nahezu unangreifbar wurde und von der aus der um die Bibelwissenschaft und -forschung der Theologie gelegte – so gut wie hermetische – Absperrungsring *gesprengt* und die Bahn in die wissenschaftliche Öffentlichkeit freigelegt war (ein Ergebnis nebenbei, das *nur* durch Kittels Beitritt zur Partei und durch seine Verbindung mit dem Reichsinstitut ermöglicht wurde).

Die Wirkung von Kittels Arbeiten konnte freilich, wie die Dinge lagen, zunächst nicht ins Breite gehen. Sie konnte dem Wesen der Dinge nach nur dort geschehen, wo man bereit war, auf eine sachliche Stimme zu hören und Tatbestände anzuerkennen. Dass dies Bemühen nicht umsonst war, hat Kittel aus manchen Äußerungen und Zuschriften von Historikern und Anthropologen erfahren, dafür ist aber ein besonders wertvolles nachträgliches Zeugnis, das erst unlängst ihm bekannt gewordene Bekenntnis des Grafen Reventlow, des bekannten Herausgebers der Zeitschrift »Reichswart«[200], – eines innerlich, unabhängigen, nach

---

199 Das Zitat ließ sich nicht nachweisen; es ist wahrscheinlich dem nicht mehr erschienenen Aufsatz entnommen.
200 Der Publizist Ernst Christian Einar Ludwig Detlev Graf zu Reventlow (1869–1943), 1920–1943 Herausgeber des »Reichswart« (*Wochenschrift für nationale Unabhängigkeit und deutschen Sozialismus*), war seit 1927 Mitglied der NSDAP und nach 1937 Mitarbeiter im Beirat der Forschungsabteilung »Judenfrage« im *Reichsinstitut für Geschichte des neuen Deutschlands*. Zum »Reichswart« vgl. Nanko, Deutsche Glaubensbewegung, 73. 1936 trat Reventlow aus der von J. W. Hauer gegründeten *Deutschen Glaubensbewegung* aus, deren stellvertretender Vorsitzender er gewesen war. Zum Hintergrund dieses Vorgangs, den Kittel als wichtig für sich hinstellt, weil

der Wahrheit suchenden Mannes. Gefragt, wie es komme, dass er seine Polemik gegen das Alte Testament als »Judenbuch« eingestellt, ja zum Teil ausdrücklich zurückgenommen habe, antwortete er, dass er durch das Studium der Arbeiten Kittels von der Unhaltbarkeit jener Position überzeugt worden sei.[201]

Man übertreibt nicht, wenn man feststellt, *dass Kittel auf dem Wege war, über die Anthropologie und im Bunde mit ihr den vulgären Rassenantisemitismus endgültig an der Wurzel zu überwinden!*[202] [40]

XI. Die Judenverfolgungen

1. Seit 1934 hat Kittel niemals wieder in ausgeführter Weise öffentlich zu den aktuellen Fragen der Judenpolitik Stellung genommen, – außer in dem noch zu erwähnenden Schluss[s]atz seines Wiener Vortrages.

Vielleicht wird auf einige ganz wenige Fälle – insgesamt wohl nicht mehr als deren drei – hingewiesen werden, in denen er bei den Schluss- oder Einleitungssätzen seiner historischen Vorträ-

---

er ein Beweis für die positive Wirkung seiner Schriften sei, vgl. Kubota, Religionsgründung, 103 und Nanko, Deutsche Glaubensbewegung, 73 und 257.
201 Vgl. unten S. 115.
202 Es fehlen detaillierte Aussagen darüber, wie ausgerechnet auf dem Wege der Zusammenarbeit mit Anthropologen und durch die Untersuchung von Schädelfunden (!) – also mit Methoden der NS-Rassenbiologie – der Rassenantisemitismus überwunden werden soll. Möglicherweise läuft es auf den »Nachweis« hinaus, dass das nachbiblisch-spätantike Judentum (also das Judentum in der Epoche *vor* dem mittelalterlichen Ghetto) die biblischen Ehegesetze übertreten habe und daher nicht mehr »rassenrein« sei. Vgl. dazu Kittels Aufsatz *Das Urteil über die Mischehe im Juden* (1937). Ein solches Urteil kann sich vielleicht auf Martin Luthers antijüdische Invektive (in: Vom Schem Hamephoras und vom Geschlecht Christi, 1543) stützen, der zufolge »das israelische Blut gar vermischt, unrein, wässerig und entartet geworden« sei (zitiert nach: Morgenstern, Luther und die Kabbala, 90). Auf dem Boden dieses »Forschungsergebnisses« verliert aber nicht nur Kittels biblische »Unheilsgeschichte«, sondern auch seine Warnung vor »Mischehen« jeden realen Anhalt. Die heutigen Juden hätten dann »rassisch« mit dem biblischen Israel ja nicht mehr viel zu tun, und vor allem hätte die vom Autor bemühte (angebliche!) biblische Unheilsprophetie, der Kittel so gern seinen Lauf lassen möchte, keinen Bezug mehr.

ge oder Abhandlungen eine Verbindungslinie zu dem Zeitgeschehen zog. Dazu wäre vor allem zu sagen, dass der Hauptzweck dieser Sätze jedesmal der war, bei wenigstens einem Teil der Hörer- und Leserschaft den doktrinär-parteipolitischen Widerspruch gegen die von Kittel vertretenden unbequemen Erkenntnisse von vornherein bis zu einem gewissen Grade abzubiegen oder doch abzuschwächen und die Willigkeit zu stärken, überhaupt einmal auf sachliche Darlegungen zu hören. – Ferner ist zu beachten, dass es sich wohl in keinem Fall um eine allgemeine »Verbeugung« vor dem Nationalsozialismus und dessen Judenpolitik handelte, sondern immer um den Hinweis auf bestimmte Einzelfragen, etwa der Rückgängigmachung der Assimilation oder der Verhinderung der Mischehen. Vor allem aber wird niemand an irgendeiner Stelle behaupten können, dass die Methoden und Ergebnisse seiner Abhandlungen auch nur im geringsten durch Kompromisse mit der Zeitströmung bedingt oder auch nur beeinflusst seien. Wenn er gelegentlich, in jenen seltenen Fällen, das Zeitgeschehen nach seinen wissenschaftlichen Ergebnissen zu deuten versuchte, so war diese Deutung, wie er heute weiß, auf einer illusionären Hoffnung beruhend. Aber das hebt nicht auf, dass sie erstens zu dem Zweck geschah, dieses Zeitgeschehen zu beeinflussen, zu korrigieren, in gesundere Bahnen zu zwingen; und dass sie zweitens das strikte Gegenteil jener anderen Methode darstellt, die sich selbst und ihre Forschungsergebnisse umgekehrt von dem Zeitgeschehen korrigieren und diktieren lässt und die damit die Wissenschaft zur Metze der Zeit macht und die Würde des Amtes befleckt.

Die Gedanken seines Vortrages von 1933 hat Kittel niemals verleugnet. Er hat z. B. immer auf den grundsätzlichen Unterschied hingewiesen, der in der Beurteilung und Wertung des frommen noch in den Bindungen der Väter lebenden, und des von diesen Bindungen sich emanzipierenden Judentums zu gelten habe. Da jedoch die deutsche Judenpolitik in steigendem Maße andere Wege ging als die von ihm angeratenen, beschränkte er sich mehr und mehr auf seine streng historischen Arbeiten über das antike Judentum, wie er sie im Rahmen des Reichsinstituts treiben konnte. Mit ihnen gab er gleichzeitig seinen Beitrag zum Weltanschauungskampf und zur Bibelfrage. [41]

2. Selbstverständlich bedeutete das nicht, dass ihn die Tatbestände der Behandlung der Juden in Deutschland nicht mehr bewegten. Konkrete Nachrichten über wirkliche Judenmisshandlungen oder gar Judenmorde waren allerdings bis ca. 1942 in Deutschland sehr selten, und wo sie als Gerücht auftraten, kaum in einem einzigen Fall sicher verbürgt greifbar. Wohl aber gab es Nachrichten über Härten, Ungerechtigkeiten, Unterdrückungen, auch über Plünderungen, vor allem im Zusammenhang mit den Synagogenbrandstiftungen am 9. November 1938.[203] Doch war in kaum einem einzigen Fall deutlich zu erkennen, ob die Ausschreitungen von gewissen Stellen der obersten Führung provoziert waren, und wenn ja, von welchen Stellen.

Dass für einen in Deutschland Lebenden eine öffentliche Stellungnahme außerhalb aller Möglichkeiten schon rein technisch-praktischer Art lag, bedarf keiner Erörterung. Da jedoch, wo Kittel die Möglichkeit sah, gehört zu werden, hat er oftmals und mit aller Offenheit seinem Entsetzen Ausdruck gegeben und gewarnt (wobei er übrigens auch bei ministerialen Stellen vielfache Zustimmung fand) [,] etwa in den Kreisen des Reichsinstituts; oder im Dezember 1938 bei Dr. Schwarz, dem Referenten des Reichswissenschaftsministeriums; oder bei Dr. Gustav Adolf Scheel[204]; oder 1941 bei einem Referenten des Auswärtigen Amtes, der mit ihm zu tun hatte. Schon 1933, noch vor seinem damaligen Vortrag, versuchte Kittel in einer kurzen Denkschrift, die er einem Mitglied der württembergischen Regierung übergab, seine Gedanken zur Geltung zu bringen, freilich ohne jeden Erfolg.

---

203 Bei allem Befremden, das dieser Satz auslöst (im Zusammenhang mit den Synagogenbrandstiftungen spricht der Text von »Härten«!), muss man sich vor Augen führen, dass in Kittels Umkreis euphemistische Formulierungen denkbar waren, die noch mehr verhüllten und verschleierten; in Walter Grundmanns Erinnerungen aus dem Jahre 1969 (Erkenntnis und Wahrheit, 43 und 45) ist mit Blick auf die »Kristallnacht« von »Erschrecken und Unruhe« und einer »radikale[n] Zuspitzung durch die Verschärfung der Judenfrage« die Rede; vgl. dazu auch Deines, Jesus der Galiläer, 128.
204 Gustav Adolf Scheel (1907–1979) war zunächst Reichsstudentenführer (1936) und wurde 1939 Reichshauptamtsleiter in der NSDAP-Reichsleitung; 1941 wurde er NSDAP-Gauleiter und Reichsstatthalter in Salzburg, im Juli 1944 Reichsdozentenführer; vgl. Klee, Personenlexikon, 528.

1934 hatte Kittel eine längere Aussprache mit dem damaligen Ministerialdirektor Dr. Buttmann[205] im Reichsinnenministerium (später Generaldirektor der Bayrischen Staatsbibliothek), der sich für Kittels Warnungen als sehr aufgeschlossen erwies, aber freilich kurze Zeit danach seinen Posten verlassen musste.

In dieser und einigen anderen Aussprachen überzeugte sich Kittel sehr bald davon, dass alle Erörterungen dieser Frage mit nachgeordneten Stellen, mochten sie noch so wohlwollend sein, zwecklos waren, dass vielmehr für die Möglichkeit des Erfolges irgendwelcher, sei es auch nur geringfügiger Art, wenn überhaupt, dann nur in dem Fall Aussicht sei, dass es gelänge, die oberste Führungsschicht zu erreichen.

Ca. 1937 oder 38 gelang es (nicht in erster Linie durch Kittel selbst, aber mit seinem Wissen), dem jüdischen Zahnarzt Dr. Erwin Goldmann-Stuttgart[206] eine Unterredung mit Frau Winifred

---

205 Zu dem Ministerialdirektor im Reichsinnenministerium Rudolf Buttmann (1885–1947), der dort die kulturpolitische Abteilung leitete, vgl. Wurm, Erinnerungen, 92, 94 und 121; Klee, Personenlexikon, 88 f.; Stockhorst, 5000 Köpfe, 90.

206 Der Judenchrist Goldmann, der nationaldeutsch gesonnen war und dem Nationalsozialismus mit Sympathie gegenüberstand, hatte im Ersten Weltkrieg als Truppenarzt gedient und gehörte danach der Schwarzen Reichswehr an. Seit 1925 stand er als ärztlicher Direktor im Dienst der AOK Stuttgart und war als Berater des württembergischen Landtages und verschiedener Reichsdienststellen tätig. Am 1. April 1933 als Beamter entlassen (Vuletić, Verfolgung, 135, gibt als Entlassungsdatum das Jahr 1935 an), arbeitete er zunächst als privat praktizierender Facharzt und nach 1939 als Gärtner. In den Jahren vor 1943 war er Mitarbeiter des Sicherheitsdienstes (SD) des Reichsführers SS Reinhard Heydrich und dabei offenbar mit geheimdienstlichen Aufgaben befasst. Aus dieser Tätigkeit schied er nach eigenen Angaben »wegen ganz klar umrissener Fragen an den Abschnitts-Führer über angebliche Morde an Juden« aus (Goldmann, Zwischen zwei Völkern, 162 und 190). Im November 1944 wurde Goldmann in ein NS-Arbeitslager für »Mischlinge und jüdisch Versippte« eingewiesen (ebd.); 1945 wurde er von den Alliierten verhaftet; nach drei Jahren in unterschiedlichen Internierungslagern im amerikanisch besetzten Nordwürttemberg und insgesamt vier Spruchkammerverfahren wurde er am 4. Juni 1948 endgültig aus der Haft entlassen; vgl. Goldmann, Zwischen zwei Völkern, 31, 54, 57, 79–83, 88–104 und 133. Kittels etwas nebelhafte Formulierung (»nicht in erster Linie«) lässt vermuten, dass er über den geheimnisumwitterten Goldmann und seine Kontakte bis in höchste NS-Kreise mehr wusste, als er sagen will. Möglicherweise hielt Kittel es in seiner Situation für ratsam, aus taktischen Gründen Distanz zu wahren. Zu Goldmann, dem

Wagner[207] zu vermitteln, in der dieser Jude – damals Leiter einer kirchlichen Hilfsstelle für christliche Nichtarier[208] – die Möglichkeit hatte, der mit Hitler befreundeten Frau die furchtbare Lage zu schildern. Gold[42]mann hatte übrigens in einem früheren Zeitpunkt, ehe Kittel ihn kannte, schon einmal eine Unterredung mit Hermann Göring gehabt.[209]

Nicht weniger als dreimal hat Kittel versucht, seine Warnungen und Beschwörungen Rudolf Hess als dem »Stellvertreter des Führers« vorzutragen, zugleich als demjenigen Manne in der obersten Führungsschicht, bei dem Kittel am ehesten auf Verständnis glaubte rechnen zu können. Die Versuche geschahen: einmal im Herbst 1938 durch Professor von Niedermaier-Berlin[210] und des-

---

zeitweiligen Leiter der Stuttgarter Bezirksgruppe der *Paulusbundes* (zum Paulusbund vgl. oben Anm. 146) vgl. auch Hermle, Schicksale ›nichtarischer‹ Christen, 294 f. und Vuletić, Verfolgung, 219, 222 f. und 240. Bezeichnenderweise nennt Kittel Goldmann einen »jüdischen Zahnarzt«, nicht einen »Judenchristen; weil Goldmann nach NS-Diktion »Volljude« war, wurde er 1937 aus dem *Paulusbund* ausgeschlossen, der zu diesem Zeitpunkt in eine Organisation von »Mischlingen« umgewandelt wurde; vgl. dazu auch Noss, »Leuchttürme«, 315.

207 Zu Winifred Wagner (1897–1980) vgl. Distel, Winifred Wagner. Zu Goldmanns Beziehung zur Schwiegertochter Richard Wagners, die mit Hitler eng befreundet war, vgl. Goldmann, Zwischen zwei Völkern, 127. Goldmann attestiert ihr eine »vorbildliche Haltung«, die er »nie vergessen« werde. »Nichts hat sie von Weg und Ziel ihres Strebens abgebracht – weder während des Dritten Reiches noch nachher durch das ihr Zugefügte.«

208 Zum »Paulusbund« vgl. oben Anm. 146.

209 Wilhelm Hermann Göring (1893–1946), der 1939 zum Nachfolger Hitlers designiert worden war, war im Nürnberger Hauptkriegsverbrecher-Prozess der ranghöchste Repräsentant des Dritten Reiches. Nach seiner Verurteilung zum Tode durch Hängen beging er am 15. Oktober 1946 in Nürnberg Selbstmord. Möglicherweise wird Göring auch deshalb hier von Kittel genannt, weil er als zweiter Mann im Staat eine gewisse Popularität genoss und nicht als fanatischer Anhänger der nationalsozialistischen Weltanschauung galt; vgl. Benz, »Göring, Wilhelm Hermann«. Zu Goldmanns Gespräch mit Göring am 30. April 1935 und zu weiteren Begegnungen mit ihm vgl. seinen 1975 unter dem Titel *Zwischen zwei Völkern* veröffentlichten Erlebnisbericht (dort S. 33, 47–49, 77, 79, 83, 109, 111–112, 153, 155 f. und 224 f.) und Vuletić, Verfolgung, 135.

210 Oskar Ritter von Niedermayer (1885–1948) war Ordinarius für Wehrgeographie an der Universität Berlin, Leiter des *Instituts für Allgemeine Wehrlehre* und saß seit 1939 im Beirat der *Forschungsabteilung Judenfrage im Reichsinstitut für Geschichte des neuen Deutschlands*; vgl. Klee, Personenlexikon, 434 f.

sen Lehrer Professor Haushofer-München[211], den Lehrer von Rudolf Hess; ein zweites Mal im Sommer 1939 durch den Kulturreferenten und persönlichen Freund von Rudolf Hess, Reichsamtsleiter Schulte-Strathaus[212] in München (den Schwiegersohn der Schriftstellerin Ina Seidel[213]); ein drittes Mahl 1940/41 durch den Rudolf Hess persönlich sehr nahestehenden Pfarrer a. D. Georg Schott in München.[214] In den beiden letzten Fällen handelte es sich um die Judenfrage und -politik als Teil der gesamten Weltanschauungs- und Kulturpolitik. Rudolf Hess persönlich zu sprechen, ist Kittel nicht gelungen. Ob die Warnungen ihn erreicht haben, weiß er nicht, nimmt es aber, mindestens bei dem Charakter der beiden letzten Mittelsmänner, als so gut wie sicher an. Durch Rudolf Hess' Flug nach England[215] wurden alle diese Versuche abgebrochen und gegenstandslos.

Von da an hat Kittel selbst keine direkten Schritte mehr getan. Er hatte das Gefühl, dass das Verhängnis wohl seinen Lauf nehmen müsse. Doch hat er noch an mehreren Denkschriften sich beteiligt,

---

211 Der Münchner Professor für politische Geographie Karl Haushofer (1869–1946) war Lehrer von Rudolf Heß; seine »nichtarische« Ehefrau war durch die Freundschaft mit Heß geschützt; vgl. Klee, Personenlexikon, 233.

212 Ernst Schulte-Strathaus (1881–1968) war Sachbearbeiter für Kulturfragen im Stab des Stellvertreters des Führers. 1941 wurde er seines Amtes enthoben und aus der NSDAP ausgeschlossen; vgl. Klee, Personenlexikon, 565; Stockhorst, 5000 Köpfe, 401.

213 Die Lyrikerin und Romanautorin Ina Seidel (1885–1974) identifizierte sich mit dem Nationalsozialismus und unterschrieb 1933 ein Gefolgschaftsgelöbnis für Hitler; vgl. Barbian, Ina Seidel im Dritten Reich, 101–144.

214 Der Schriftsteller und Hitlerbiograph Georg Schott (1882–1962) war 1913 mit einer theologischen Dissertation promoviert worden und wird offenbar deshalb von Kittel als Pfarrer a. D. bezeichnet; Schott lebte danach aber als Privatgelehrter. Seine Veröffentlichungen – von seiner frühen Hitlerbiographie (*Das Volksbuch vom Hitler*, München 1924) über seine im marcionitischen Sinn gegen das Alte Testament gerichtete Schrift *Die Lösung der religiösen Frage* (Stuttgart 1939) und sein *Das Vermächtnis H. St. Chamberlains* (Stuttgart 1940) – sind aber in einem auf der Parteilinie liegenden scharf antisemitischen Ton gehalten, so dass nicht ersichtlich ist, wie Kittel glaubhaft machen will, dass er ausgerechnet über Schott einen »mäßigenden Einfluss« auf die Staats- und Parteispitze ausüben wollte.

215 Rudolf Heß (1894–1987), im April 1934 von Hitler zu seinem Stellvertreter ernannt, landete am 10. Mai 1941 in Großbritannien, »um England als Verbündeten zu gewinnen und die Absetzung Churchills zu erreichen« (Klee, Personenlexikon, 249). Nach dem Krieg wurde er im Nürnberger Prozess gegen die Hauptkriegsverbrecher zu lebenslanger Haft verurteilt.

die sein Freund, der in engster Zusammenarbeit mit ihm stehende Wiener Theologieprofessor D. Gustav Entz[216] an Reichsminister Lammers[217], an Reichsleiter Baldur von Schirach[218] u. a. einreichte, die zwar nicht die Judenfrage speziell behandelten, in denen vielmehr überhaupt die grauenvollen Verhältnisse, wie sie immer mehr überhand nahmen, geschildert waren, und in denen mit einer wohl fast beispiellosen Offenheit und mit Worten der allerstärksten Freimütigkeit vor den Folgen des, wie es in einer der Denkschriften hieß, »verbrecherischen Treibens« gewarnt wurde.[219] Beide, Kittel und Entz, dürfen für sich in Anspruch nehmen, dass sie – mag auch die Öffentlichkeit davon, so gut wie nichts erfahren haben – zu denjenigen Männern in Deutschland gehört haben, *die in diesen Jahren*

---

216 Zu dem österreichischen evangelischen Professor für Praktische Theologie Gustav Entz (1884–1957), der in den Jahren 1938–1949 Dekan der Evangelisch-Theologischen Fakultät in Wien war, vgl. Schwarz, »Haus in der Zeit«, 192–198 und Hofhansl, Nom enim satis est, 511–512 (zu seinem Oeuvre). Entz konnte wegen früher Zugehörigkeit zu einer Freimaurerloge der NSDAP nicht beitreten, galt jedoch als »glühender Nationalsozialist« und »geistiges Haupt« der österreichischen *Deutschen Christen«* (Klee, Personenlexikon, 137 f.). Wie sein Tübinger Kollege Karl Fezer ging Entz später aber auf Distanz zu den *Deutschen Christen*.

217 Hans Lammers (1879–1962) wurde als Staatssekretär 1933 Leiter der Reichskanzlei und kontrollierte den Zugang zu Adolf Hitler. 1937 erhielt er den Titel Reichsminister (ohne Portefeuille); Klee, Personenlexikon, 354 f.; Stockhorst, 5000 Köpfe, 260.

218 Baldur von Schirach (1907–1974) gehörte als »Reichsjugendführer« zum engsten Kreis der Hitler-Vertrauten; 1940–1945 war er Reichsstatthalter von Wien; vgl. Klee, Personenlexikon, 536; Stockhorst, 5000 Köpfe, 380.

219 Die Ablehnung des Beitrittsgesuches zur NSDAP von Entz im April 1939 führte zu einer Reihe von (letztlich erfolglosen) Eingaben und Interventionen, um die Rücknahme der Ablehnung zu erwirken. Zu den Schreiben, die in dieser Sache am 2. Juli 1942, am 12. Februar 1943 und am 22. Oktober 1943 an Baldur von Schirach gerichtet wurden, vgl. Schwarz, »Haus in der Zeit«, 196, Anm. 250. Thema der von Entz verfassten Schriftstücke waren auch die ideologischen Angriffe auf das Christentum und Widrigkeiten der Evangelischen Kirche in den letzten Jahren der NS-Zeit. In einem Brief an Entz, der in den (noch ungedruckten) Erinnerungen des Wiener Theologen zitiert wird, findet sich ein Ausdruck der Anerkennung für das »Charisma der Ehrlichkeit«, das in den Texten Entz' zum Ausdruck komme (zitiert nach: Schwarz, »Haus in der Zeit«, 197). Schwarz (a. a. O., 196) weist aber darauf hin, dass Entz in seinen Memoiren nicht einmal an das Schicksal seines ungarischen Doktoranden Zsgimond Varga (1919–1945) erinnert, der in das KZ Mauthausen eingeliefert wurde, wo er starb. All dies passt schlecht zu den hier von Kittel gemachten Angaben.

nicht, wie so viele, schwiegen, sondern die nicht aufhörten, bis in die obersten Stellen hinein ohne Menschenfurcht[220] *zu warnen und zu beschwören* und daran zu erinnern, dass in allen Fällen, wer Wind sät, Sturm ernten wird!*[221]*

Kittels eigene Schritte bei Rudolf Hess sind aus dem Grunde völlig unbekannt und verborgen geblieben, weil Kittel darüber [43] gegen jedermann, auch gegen seine nächsten Angehörigen, schwieg. Er wusste, dass eine solche Aktion, je mehr darüber gesprochen wurde, desto mehr in die Gefahr geriet, von vornherein zur Aussichtslosigkeit verurteilt zu werden; schon weil eo ipso umso stärkere Gegenaktionen der radikalen Elemente ausgelöst worden wären, damit also das Ganze zu einem der Absicht entgegengesetzten Erfolg geführt hätte.

Das andere, was Kittel genau wusste, war, dass es im Lager des Vulgärantisemitismus und der Christentumsfeinde und Kirchenhasser Kreise gab, die ihn als einen ihrer Todfeinde hassten und nur darauf warteten, dass sich eine Gelegenheit gäbe, ihn unschädlich zu machen. Er hat Grund zu der Annahme, dass diese Kreise bis in die Umgebung des Leiters der Parteikanzlei Bormann[222] und sogar bis zu dessen Person selbst reichten. Es gab Anzeichen dafür, dass man ihn sehr genau beobachtete und kontrollierte. Er war jederzeit auf alle Möglichkeiten gefasst: er wusste seit jenem Tübinger Angriff vom 2. Juli 1933[223], dass er beständig mit einem Fuß sich im KZ befand. Er hat oftmals [mit] seinen Angehörigen von der Wahrscheinlichkeit gesprochen, dass er eines Tages verschwunden sein könne, und er hat insbesondere seinem Sohn[224] Maßregeln für diesen Fall gegeben.

---

220 Vgl. Prov. 29, 25.
221 Vgl. Hos. 8, 7.
222 Martin Bormann (1900–1945) war NSDAP-Reichsleiter, Chef der Parteikanzlei und enger Vertrauter Adolf Hitlers; vgl. Klee, Personenlexikon, 65 und Rentrop, Martin Bormann.
223 Gemeint ist der Zeitungsartikel im *Neuen Tübinger Tagblatt*; vgl. oben Anm. 131.
224 Kittels Sohn Eberhard (geb. 1920) war nach dem Krieg in Kork-Kehl wohnhaft. Siegele-Wenschkewitz (Neutestamentliche Wissenschaft, 110 f. mit Anm. 104) führte am 30. Juni 1979 ein langes Gespräch mit ihm, in dem Kittel von den Gesprächen mit seinem Vater während der Zeit des Nationalsozialismus und danach berichtete. Eberhard Kittels Schwester Elsbeth wurde am 31. März 1918 geboren (UAT 126/326c).

3. Von den planmäßig und in großem Umfang durchgeführten Judenverfolgungen und -morden in Polen und Russland, die ja wohl erst im Jahr 1942 stattgefunden haben, hat Kittel die ersten noch undeutlichen Nachrichten Anfang 1943 durch seinen auf Urlaub weilenden Sohn erhalten.[225] Er hat einen Vortrag, den er im März 1943 vor einem fast tausendköpfigen Auditorium der Wiener Universität über das Verhältnis Judentum-Israel-Christentum hielt, mit einem Satz geschlossen, dass dort, wo der gegenwärtige Kampf um das Judenproblem sich auswirke, »alles Grauen sich sammelt und alle Dämonen toben«.[226] Dieser Satz wurde von den Hörern sehr genau verstanden; er wirkte im Zusammenhang und vollends als pointierter Schlusssatz des ganzen Vortrages so, dass der katholische, vom NS in Innsbruck abgesetzte Theologieprofessor Dr. Karl Prümm[227] am

---

225 Vgl. Siegele-Wenschkewitz (Neutestamentliche Wissenschaft, 110 f, Anm. 104): »Er [Eberhard K.] hat bezeugt, daß sein Vater über die Pogrome von 1938 entsetzt war und die Judenvernichtung verurteilt hat. Und ebenso bezeugt Frau Elsbeth Thomae, geb. Kittel, die Tochter Gerhard Kittels, daß ihr Vater zu ihrer Mutter und ihr angesichts der Judenvernichtung, von der er durch seinen Sohn Kenntnis hatte, gesagt habe, nun dürfe man nicht mehr für den Sieg Deutschlands beten.«

226 Der am 22. März 1943 gehaltene Vortrag endet mit folgenden Sätzen (Die Entstehung des Judentums; maschinenschriftlich, UAT 162/31, 14): »Als das christliche Abendland die Tür des Ghetto aufbrechen ließ, gab es damit zugleich sich selbst preis. Es erlag den ebenso verführerischen wie unchristlichen Maximen von der liberté und égalité, die diese Tür verbrämten. In Wirklichkeit war es eine Tür der Dämonen; in Wirklichkeit führte sie nicht in ein paradiesisches Tal, sondern in ein Tal des Chaos und des Fluches und des Grauens. Darf es den wundernehmen, der die Geschichte als Lehrmeisterin weiß und ehrt, wenn dort, wo in einem furchtbaren Ringen der Ausgang aus diesem Tal erkämpft wird, alles Grauen sich sammelt und alle Dämonen wüten?« Nach dem Kontext ist für Kittel der »Ausbruch« der Juden aus dem Ghetto für das gegenwärtige Chaos verantwortlich. Mit den »Dämonen« sind daher eher die *liberté* und *égalité* und die Gefahren der jüdischen Emanzipation und Assimilation als die Judenmorde gemeint. Zu diesem Text vgl. auch oben Anm. 64. Mein Dank an Klaus Haacker für eine Kopie aus dem Nachlass des Mainzer Praktischen Theologen Manfred Mezger (1911–1996) mit der handschriftlich vermerkt ist: »Ein reizendes Geschenk an uns, die wir damals in Rußland standen.« Im Anschluss an den letzten Satz steht die (ebenfalls handschriftliche) Bemerkung: »spricht ein berufener Exeget des Neuen Testaments, als ob Römer 9–11 nie geschrieben worden wäre.«

227 Karl Prümm SJ (1890–1981) lehrte bis zur Auflösung der theologischen Fakultät durch die Nationalsozialisten 1939 katholische Theologie in Innsbruck (http://www.kath-info.de/pruemm.html; 14.11.2018). Anschließend

folgenden Tag zu Kittel kam, um ihn zu fragen, ob ihn nicht die Gestapo geholt habe, und um ihm zu sagen, dieser Vortrag sei eine »Tat« gewesen.[228] [44]

XII. Die Stellung der NS-Kreise zu Kittel

Die Haltung, die die nationalsozialistischen Kreise zu Kittel einnehmen, war, wie sich erstmalig anlässlich seines Tübinger Vortrages 1933 zeigte, uneinheitlich.[229]

1. Die radikal antisemitischen Kreise spürten natürlich genau, dass seine Haltung der ihrigen nicht nur nicht entsprach, sondern ihr entgegengesetzt war, ja sie aufhob. Sie hassten Kittel, umso mehr als die durch seine wissenschaftlichen Arbeiten begründeten Positionen für ihren Dilettantismus unangreifbar waren. Offene Angriffe hat man in der Folgezeit nur selten in der Öffentlichkeit gegen ihn gewagt, aber umso weniger hat es an versteckten Angriffen auf seine »konfessionelle Gebundenheit« usw. gefehlt. In den landläufigen antisemitischen Vulgärpublikationen wurden seine Arbeiten, da man der Polemik gegen ihn nicht gewachsen war, ohne Ausnahme verschwiegen. Es wird davon noch zu sprechen sein.

> Dass Kittel mit dem »Stürmer« niemals auch nur die geringste Berührung gehabt hat, bedarf keines Wortes. Wohl aber ist festzustellen, dass er einer der ganz wenigen gewesen ist, (vielleicht der Einzige, jedenfalls der einzige Professor!), der es unter der NS-Herrschaft gewagt hat, öffentlich gegen dies[es] Blatt zu polemisieren. 1934 erschien eine Sondernummer des »Stürmer«, in der in ganz großer Aufmachung die Entdeckung eines angebli-

---

musste er Tirol verlassen und ließ sich in Wien nieder, wo er zwei Vorträge Kittels hörte. In Beilage V zu Kittels Verteidigungstext (UAT 162/31) findet sich ein positives Gutachten Prümms »zur wissenschaftlichen Vortragstätigkeit Prof. Kittels zur Judenfrage« vom 6. Dezember 1946 (unpaginiert).

228 Zur Reaktion auf diesen Vortrag, die sich offenbar auf Kittels positive Behandlung des Alten Testaments bezog, vgl. auch Porter, The Case of Gerhard Kittel, 404: »The amazement of others who heard the lecture at the high courage brought by Prof. Kittel to his open opposition to the National-Socialist ideology was very great.«

229 Vgl. oben S. 60.

chen jüdischen »Menschenschächtgesetzes« mitgeteilt wurde[230]; Kittel hat in einem sachlich gehaltenen Aufsatz die vollkommene Gegenstandslosigkeit dieses absurden Unsinn[s] aufgezeigt; soweit bekannt, ist derselbe in der Folgezeit aus der Propaganda verschwunden und nie wieder aufgetaucht, ebenso wie Streicher niemals zu antworten gewagt hat.[231]

2. Auf der anderen Seite gab es NS[-]Kreise, die ein Interesse daran hatten, die antijudaistische Propaganda auf festere wissenschaftliche Grundlagen zu stellen. Sie haben mehrfach versucht, vor allem in den Jahren von 1938 bis 1941, Kittel für ihre Zwecke dienstbar zu machen, teilweise unter gleichzeitiger Loslösung von der Theologie. Kittel nimmt für sich in Anspruch, allen Versuchen dieser Art in allen Fällen radikal widerstanden zu haben. Wohl aber hat er es für seine Pflicht gehalten, wo immer ihm die Gelegenheit sich bot, Zeugnis für die Wahrheit, insbesondere für die biblische Religion, abzulegen, dies zu tun. Aus diesem Grunde hat er sich den wenigen Gelegenheiten, die ihm gegeben wurden, im Rahmen der Partei sich zu äußern, nicht von vornherein verschlossen. [45]

---

230 »Ritualmord-Nummer« des *Stürmer* vom Mai 1934 mit der Überschrift: »Jüdischer Mordplan gegen die nichtjüdische Menschheit aufgedeckt«. Vgl. z. B. https://archive.org/details/DerStuermer-DasJahr1934/page/n35 [31.05.2019]. Der Hetz-Artikel nimmt Bezug auf eine Stelle aus den Tikkune Zohar (Ergänzungen zum Buch Zohar), Ausgabe Berditschew 88b, in der im übertragenen Sinne von einem »Opfer« und von Israeliten (hier als »Fremde« bezeichnet) die Rede ist, die sich dem Toragesetz entfremdet hätten. Diese entfremdeten Israeliten, so heißt es, »können auf Fürbitte durch Sühneleiden dem von Gott über sie verhängten Tode entgehen« (Kittel, Menschenschächtgesetz, 298). Möglicherweise wurde die Sondernummer des *Stürmer* aber vor allem deshalb aus dem Verkehr gezogen, weil der Vergleich der angeblich jüdischen Praktiken mit eucharistischen Vorstellungen im Christentum als kompromittierend und politisch unerwünscht galten; vgl. dazu die folgende Anmerkung.
231 Kittel zitiert die Übersetzungen des Zohartextes (den er exegetisches »Unkraut« nennt) von Theodor Nöldecke, August Wünsche und Erich Bischoff, bezeichnet die niederträchtige Deutung des »Sühneleidens« im Sinne einer Ritualmordbeschuldigung aber zugleich als »kompletten Unsinn« (a. a. O., 299). Im Kontext seines Programmes eines vertieften »christlichen Antisemitismus« sind seine Ausführungen aber als Versuch zu werten, dem Antisemitismus durch die Abwehr offensichtlich unhaltbarer Behauptungen ein »seriöseres« Image zu verschaffen; vgl. dazu Gerdmar, Roots, 473.

Er ist darin von maßgebenden christlichen Männern bestärkt worden. Zum Beispiel hat er in den Jahren bis zum Tode Adolf Schlatters im Sommer 1938 wohl keinen Schritt auf dem umstrittenen Gebiet getan, ohne mit diesem sich zu besprechen.[232] Ebenso hat er oftmal[s] den Rat des Landesbischof[s] D. Wurm und in seiner Wiener Zeit den des Bischofs Eder[233] eingeholt. Z. B. gingen seiner – sogleich zu erwähnenden – vorübergehenden Mitarbeit bei Rosenberg Beratungen sowohl mit Schlatter wie mit Wurm voran, die ihm beide mit Bestimmtheit zuredeten, hinzugehen und denjenigen Standpunkt zu vertreten, [»] den außer ihm in jenem Kreis niemand zu vertreten in der Lage sei.« – Es mag ausdrücklich betont sein, dass, wenn er diese Tatsache erwähnt, ihm völlig fern liegt, sich hinter jene Männer zu verstecken, auszuweichen, eine Verantwortung von sich auf jene zu schieben; auch wo er sich raten ließ, hat er seine Entschlüsse selbst gefasst und wird er sie selbst verantworten. Wohl aber machen die Beratungen mit jenen Männern sichtbar, unter welchen Gesichtspunkten und mit welchen Ziel- und Zwecksetzungen allein seine Mitarbeit geschah. Wer, davon losgelöst, die Frage nach seiner Verantwortung zu stellen unternimmt, fälscht die Vorgänge, indem er eine Abstraktion vollzieht und eine Karikatur entwirft, die mit der Wahrheit nichts zu tun hat.

---

232 Zum engen Verhältnis von Kittel und Schlatter vgl. Neuer, Adolf Schlatter, 592 f.; Morgenstern, Institutum Judaicum, 59 f. und 63. Dieses Verhältnis ist dokumentiert in einer Aussage von Schlatters Tochter Dora Schlatter, die Kittel in seinem Verfahren unterstützen sollte (Abschrift in UAT 162/31, Beilage II, unpaginiert). Demnach besprach ihr Vater namentlich seine Schrift *Wird der Jude über uns siegen?*, die »bekanntlich einen der schärfsten öffentlichen Angriffe gegen die nationalsozialistische Weltanschauungs- und Judenpolitik« dargestellt habe, »ausführlich« mit Kittel und »vollzog die Veröffentlichung auf dessen dringenden Rat und Wunsch«. In seiner Gedenkrede bei der akademischen Feier anlässlich der Beerdigung Schlatters auf dem Tübinger Stadtfriedhof am 23. Mai 1938 zitierte Kittel die Abschiedsworte des alttestamentlichen Propheten Elisa nach der Entrückung des Propheten Elia in 2. Könige 2, 12 (»Mein Vater mein Vater, du Wagen Israels und sein Gespann!«) – jenes Motiv, das 1546 Philipp Melanchthon bei seiner Beerdigungspredigt Luthers verwendet hatte (vgl. Kittel, Gedenkrede; Roper, Luther, 516; Arnold, 531).

233 Zu den guten Kontakten Kittels mit der österreichischen Kirchenleitung vgl. Schwarz, »Haus in der Zeit«, 182 (Anm. 202). Kittels Mitarbeit in der Forschungsabteilung »Judenfrage« geschah offenbar »in Absprache« mit Eder; vgl. Siegele-Wenschkewitz, Neutestamentliche Wissenschaft, 110.

Kittel hat im Lauf der Jahre insgesamt *zwei*mal einen Vortrag vor einem im engeren Sinn NS-Parteikreis gehalten: einmal, wie zahllose Professoren, im NS-Lehrerbund, einmal, sechs Jahre später, vor einem Kreis höherer politischer Leiter. Beide Vorträge waren eine Verteidigung der biblischen Religion und ein Bekenntnis zum Christentum. Der zweite Vortrag war im wesentlichen identisch mit jenem Wiener Vortrag, den der katholische Professor Prümm »eine Tat« genannt hatte.[234] Die Folge war in beiden Fällen, dass Kittel niemals wieder von den betreffenden Stellen zu einem Vortrag aufgefordert wurde, im zweiten Fall zudem, dass der Leiter der Versammlung, Gauschulungsleiter Dr. Klett[235], um den Eindruck von Kittels Ausführungen zu verwischen, ein längeres Korreferat spontan einfügte, in dem er darlegte, dass Kittels Ausführungen und Thesen dem Standpunkt der Partei in keiner Weise entsprächen. Noch drei Jahre später, im Balinger Interniertenlager, hat derselbe Dr. Klett sich darüber ausgelassen, dass dieser Versuch, Kittel für die Partei zu verwenden, »ein völliges Fiasko« gewesen sei, da »Kittel nur christliche Fragen abgehandelt habe.«[236]

Sehr vereinzelt wurden auch Versuche gemacht, Kittel zur Mitarbeit an Zeitschriften der Partei zu gewinnen, wohl im Zusammenhang mit dem Bestreben, einigen dieser Zeitschriften »Niveau« zu geben. Kittel hat dem zweimal entsprochen, und zwar mit Auszügen aus seinen wissenschaftlichen Forschungsarbeiten über die orientalischen Kulturen und Religionen im Imperium Romanum, wobei jedesmal ein entscheidendes Interesse der Unterstreichung der Eigenart der biblischen Religion des Christentums galt. Er glaubte, die Gelegenheit nicht vorübergehen lassen zu dürfen, die Leser g[e]rade solcher Zeitschriften auf dasjenige hinzuweisen, was man ihnen um jeden Preis zu verschweigen suchte. Er hat dabei allerdings die unerhörte Erfahrung machen müssen, dass gewisse Partei[46]stellen sich nicht scheuten, die Aufsätze noch *nach* dem Imprimatur des Autors durch Streichungen (eben der Hinweise auf das Christentum) und durch

---

234 Vgl. unten S. 127.
235 Zum Gauschulungsleiter der NSDAP, dem Studienrat Dr. Eugen Klett (geb. 1904), vgl. Stockhorst, 5000 Köpfe, 236. Zum Vorgang vgl. unten S. 121.
236 Zitat aus einer Erklärung von Dr. Helmuth Gesler im Internierungslager Balingen (beglaubigte Abschrift, UAT 162/31, Beilage V, unpaginiert).

Zusätze erheblich zu verändern und zu entstellen. Man wird ihm zubilligen, dass er mit einem solchen Maße von Missachtung der geistigen Eigentumsbegriffe kaum rechnen konnte. Es versteht sich von selbst, dass er seine Konsequenzen zog.

Im Jahr 1938 trat das Amt Rosenberg[237] wegen Mitarbeit an einer Ausstellung an Kittel heran, die nicht speziell antijüdisch war, in deren Rahmen aber Kittel das Gesamtproblem der orientalischen Kulte im Römischen Reich darstellen sollte. Damals hat Kittel sich zur Mitarbeit bereit erklärt, sie aber sehr bald abgebrochen, als ihm Zumutungen gestellt wurden, die seinen wissenschaftlichen und theologischen Überzeugungen zuwiderliefen. Seine Absicht war gewesen, im Rahmen einer Schilderung der anderen orientalischen Religionen auch die Ausbreitung und Bedeutung des Christentums darzustellen, an der Hand von Karten und anderem Beispielsmaterial, und daran dessen Überlegenheit und die Gründe für seinen Sieg aufzuzeigen, womit zugleich die Entstehung des christlichen Abendlandes und seiner Kultur beleuchtet wäre. – Es schien zunächst Aussicht [zu bestehen], dass Kittels Vorschläge einen günstigen Boden fänden, weil einer der an der Ausstellung maßgebend beteiligten Männer, Professor von Niedermaier ihnen mit erheblichem und ehrlichem Interesse begegnete. Kittel hat daraufhin in gemeinsamen Überlegungen mit seinen Freunden, den Alt-Kirchenhistorikern Hans Lietzmann-Berlin[238] und Hermann Wolfgang Beyer-Leip-

---

237 Der Ausdruck *Amt Rosenberg* im engeren Sinne bezeichnet eine Dienststelle für Kulturpolitik und Überwachungspolitik des NS-Chefideologen Alfred Rosenberg, die im Jahre 1934 im Zusammenhang mit seiner Ernennung zum *Beauftragten des Führers für die Überwachung der gesamten geistigen und weltanschaulichen Schulung und Erziehung der NSDAP* (DBFU, für Der Beauftragte des Führers) unter der Bezeichnung »Dienststelle Rosenberg« (DRbg) in der Margaretenstraße 17 in Berlin-Tiergarten (gegenüber der Matthäuskirche im Diplomatenviertel) eingerichtet wurde. Aufgrund des langen Namens von Rosenbergs DBFU-Dienststelle (Amt des »Beauftragten des Führers für die Überwachung der gesamten geistigen und weltanschaulichen Erziehung der NSDAP«) wurde ab 1934 die Kurzbezeichnung »Reichsüberwachungsamt« verwendet. In der Literatur finden sich ferner die Begriffe »Überwachungsamt Rosenberg« und schlicht »Überwachungsamt«.
238 Zu Hans Lietzmann (1875–1941), Berliner Lehrstuhlinhaber für Kirchengeschichte, Neues Testament und Christliche Archäologie, im »Dritten Reich« vgl. Kinzig, Evangelische Patristiker, 544–558.

zig[239] (beide gestorben bzw. gefallen), einen eingehend durchgearbeiteten Plan vorgelegt, der freilich, wie sich schließlich im Ergebnis zeigte, als viel zu »christlich-konfessionell« abgelehnt wurde und unausgeführt blieb, wie es scheint, durch ein persönliches Eingreifen Rosenbergs.

Der Konflikt mit Rosenberg und seiner Gruppe beim Ausscheiden Kittels war so scharf, die Überzeugung, dass Kittels Haltung der von Rosenberg geforderten nicht entspräche, so eindeutig, dass, als zwei Jahre später in Frankfurt von Rosenberg das parteiamtliche antisemitische Institut gegründet und dazu zahlreiche Professoren zugezogen wurden, Kittel weder zur Gründung noch zur Teilnahme an dem wissenschaftlichen Beirat aufgefordert wurde.

3. Nach dem Frankreichfeldzug bestand eine Zeitlang der Plan, einen Prozess gegen den Mörder des Pariser Legationsrates von Rath, Herschel Grünspan, der in Frankreich in deutsche Hand gefallen war, vor dem Volksgerichtshof durchzuführen. Kittel sollte dazu als Sachverständiger geladen werden.[240]

Bei den Verhandlungen stellte Kittel zunächst als Bedingungen erstens, eine ungestörte Unterredung mit Grünspan[241]; zweitens, uneingeschränkte Einsicht in die Prozessakten, einschließlich der – aus Frankreich nach Berlin verbrachten – französischen Akten. Aus den letzteren ging eindeutig hervor, dass Grünspan tatsächlich auf den ihm persönlich unbekannten von Rath mit

---

239 Zu Hermann Wolfgang Beyer (1898–1942), einem Lietzmann-Schüler, der ein überzeugter Anhänger des NS-Regimes war, vgl. Kinzig, Evangelische Patristik, 564–598. Beyer war 1936 auf einen neu eingerichteten Lehrstuhl für Kirchengeschichte und christliche Archäologie in Leipzig berufen worden; er starb, nachdem er sich freiwillig als Divisionspfarrer gemeldet hatte, wahrscheinlich am 25. Dezember 1942 an der Ostfront (Kinzig, a. a. O., 597, Anm. 342). Beyer war mit dem Kirchenliederdichter Jochen Klepper befreundet, den er während eines Heimaturlaubes noch im Herbst 1940 besuchte. Klepper nahm sich gemeinsam mit seiner »nichtarischen« Frau und deren Tochter in der Nacht vom 10. auf den 11. Dezember 1942 kurz vor der drohenden Deportation das Leben.
240 Vgl. dazu Junginger, Verwissenschaftlichung, 287–297; ders., Politische Wissenschaft.
241 Die Unterredung mit Grünszpan fand am 9. Dezember 1941 in Begleitung des ersten Staatsanwalts am Volksgerichtshof im Untersuchungsgefängnis Berlin-Moabit statt; vgl. Junginger, Verwissenschaftlichung, 289.

der Absicht der Tötung geschossen hatte[242], wobei die psychologische Frage entstand, wie der junge Jude, in einer orthodoxen Familie und im Geist der alttestamentlichen Bibel, damit aber auch des Fünften Gebotes[243], erzogen, dazu gekommen war, einen [47] ihm völlig unbekannten, an der deutschen Judenpolitik persönlich gänzlich unbeteiligten Mann niederzuschießen (mochte er durch die Vorgänge in Deutschland noch so erbittert sein – seine Eltern sollten aus Hannover, wo sie wohnten, nach Polen verbracht werden, woher sie stammten, wo sie aber die polnische Regierung nicht aufnahm)?[244]

Der Prozess sollte freilich, wie Kittel sehr bald erkannte, nicht so sehr der individuellen Sühne dieser Tat dienen als vielmehr den Nachweis erbringen, dass Grünspan Werkzeug des Gesamtjudentums sei, und somit sollte der Prozess als Prozess gegen dieses aufgezogen werden. Der Gedanke der politischen Stellen war, es müsse durch den Prozess bewiesen werden; erstens, dass Grünspan durch die Organisationen des Weltjudentums gedungen sei; zweitens, dass in den Talmudschulen – er hatte kurze Zeit die »Jeschiwa« des Frankfurter Rabbinersemi-

---

242 Nach heutigen Erkenntnissen war von Rath dem Attentäter aus dem Pariser Homosexuellenmilieu bekannt. Möglicherweise wollte der siebzehnjährige Herschel Grynszpan, dem gültige Ausweispapiere fehlten und der arbeitslos war, für sich selbst und seine Eltern Ein- oder Ausreisevisa erpressen; vgl. Döscher, Reichskristallnacht, 11, 60–64 und 174 f. Auf die Tatsache, dass dieser Pariser Mord von den Nazis am 9. November 1938 zum Vorwand für die Anstiftung eines reichsweiten Pogroms (»Reichskristallnacht«) genommen worden war, geht Kittel nicht ein.
243 Kittel verwendet hier die lutherische Zählung der *Zehn Gebote*; nach jüdischer Zählung müsste natürlich vom sechsten Gebot die Rede sein. – Um die Monstrosität des präsentierten Gedankenganges ans Licht zu rücken, reicht es vielleicht aus, darauf hinzuweisen, dass Kittel natürlich nicht daran denkt, die christliche Erziehung, die die meisten NS-Verbrecher mutmaßlich genossen hatten, zur Erklärung für die etwa zeitgleich mit den Vorbereitungen für den Grynszpan-Prozess in Osteuropa stattfindenden Judenmorde heranzuziehen.
244 Nachdem die polnische Regierung zum 30. Oktober 1938 etwa 70.000 polnischen Juden, die in Deutschland lebten, die polnische Staatsangehörigkeit entzogen hatte, ließ die Berliner Regierung etwa 12.000 dieser Juden verhaften und an die deutsch-polnische Grenze abschieben, wo sie von den polnischen Behörden an der Einreise gehindert wurden und im deutsch-polnischen Niemandsland umherirrten. Unter diesen Staatenlosen befanden sich auch die Angehörigen Herschel Grynszpans.

nars[245] besucht – als ein Hauptergebnis des Unterrichtes den Schülern die talmudischen Anweisungen für die Tötung der Nichtjuden eingeimpft wurden. Nun kann kein Kenner bestreiten, dass in den talmudischen Texten Äußerungen des Hasses gegen die »Anderen«, gegen die »Gojim« eine Rolle spielen, die bis zur vollen Freiheit der Tötung gehen[246]; ebenso wie in der tal-

---

245 Neben der 1890 von dem Rabbiner der Frankfurter orthodoxen Austrittsgemeinde Dr. Salomon Breuer (1850–1926) gegründeten Jeschiwa (»Breuerjeschiwa«) bestanden in Frankfurt am Main zwei weitere traditionelle Talmudhochschulen; die erste wurde 1920 von Moses (»Reb Mausche«) Schneider (1884–1954), die zweite 1924 von dem Rabbiner der in die Einheitsgemeinde integrierten »Gemeindeorthodoxie« Dr. Jakob Jehuda Hoffmann (1881–1956) gegründet; vgl. Israelit 65 (1924), Nr. 20 (15. Mai), 5 (»Von der Schneider'schen Jeschiwoh«) und Jüdisches Lexikon, Jeschiwa. Diese drei Institutionen fungierten *nicht* als Rabbinerseminare, d. h. als Ausbildungsstätten für den Beruf des Gemeinderabbiners, sondern als Institutionen des traditionellen jüdischen »Lernens« (dies im Gegensatz zum orthodoxen Berliner »Rabbinerseminar«, von dem sie sich ihrer ideologischen Ausrichtung nach bewusst absetzten). Da Zuwanderer aus Osteuropa in der Regel die Institutionen der »Gemeindeorthodoxie« bevorzugten, kann man (ohne dass es hierfür freilich einen Beleg gibt) vermuten, dass Grynszpan an der Jeschiwa Jakob »lernte«.
246 Vgl. mSan IX, 2. In dieser Mischnastelle, einem Text aus dem ausgehenden zweiten nachchristlichen Jahrhundert, ist von einem Juden die Rede, der mit der Absicht, einen Nichtjuden zu töten, versehentlich einen Juden umgebracht hat und straflos bleibt. Kittel geht auf diesen Text in seinem Aufsatz *Die Behandlung des Nichtjuden nach dem Talmud* ein (ebd., 10–12). Vgl. dazu Gerdmar, Roots, 493. Bei Krauß (Mischna, 253–254) findet sich der (apologetisch gemeinte, aber wohl unzureichende) Hinweis, dass der Mörder nach der *Mekhilta de Rabbi Jischmael* (einem halachischen Midrasch aus der zweiten Hälfte des dritten Jahrhunderts) zu Exodus 21, 14 *von Gott selbst* bestraft wird. (Zum Text: Stemberger, Mekhilta, 320–325.) Bezeichnenderweise schiebt die spätere rabbinische Diskussion (in der Gemara und bei den mittelalterlichen Kommentatoren) über diese Mischnastelle die Thematik in den Kontext des Zeugenrechts; diskutiert wird demnach nicht die *materialrechtliche* Frage von Strafe oder Straflosigkeit, sondern die *Verfahrensfrage* nach der Verwendbarkeit von Zeugenaussagen im Strafprozess. Im Übrigen zeigt die Anführung dieser Stelle, wie unsachgemäß und unhistorisch Kittel mit jüdischen Rechtstexten umgeht. Diese waren (und sind) für spätere Generationen niemals unmittelbar geltendes Recht (ebenso wenig wie die von Kittel angeführten *Canones* frühchristlicher Konzilien, in denen sich ebenfalls zahlreiche Bestimmungen finden, die dem modernen Rechtsempfinden entgegenstehen), sondern werden durch die Jahrhunderte hindurch weiterentwickelt und gehen am Ende in eine ausführliche Rechtsabwägung ein. In diesen Abwägungen gibt stets der zeitlich letzte autoritative Entscheider (*Poseq*) den Ausschlag. Wie in

mudischen Auslegung die Grundhaltung mancher biblischer Aussagen über das Verhältnis des Israeliten zum »Anderen« sich teilweise wesent[lich] verschärft und damit grundsätzlich verändert hat.[247] Niemand wird abstreiten können, dass an diesem

jedem lebendigen Rechtssystem gilt der Grundsatz, dass jeweils die *heutige Instanz* entscheiden muss, wie frühere Rechtssätze anzuwenden sind (aramäisch: *hilcheta ke-vatra'e* – »die Halacha folgt den Späteren«). Dies führt zu einer Hierarchie von Texten, die der im protestantischen Schriftverständnis vorherrschenden Logik, nach der das Frühere und Ursprüngliche im Zweifelsfall Vorrang hat, entgegengesetzt ist, weshalb Kittel das Räsonnement im jüdisch-talmudischen Rechtsdiskurs vielleicht nicht versteht. Vgl. dazu Elon, Jewish Law, 267–272. Abgesehen von der Frage der Auslegung der nicht einfachen Mischnastelle kann man das Resümee, das Kittel 1943 formuliert, aber nur demagogisch und böswillig nennen: »Tier, Fehlgeburt, Nichtjude, – alle stehen sie auf einer und derselben Stufe: sie sind uneigentliches Leben, jedenfalls uneigentlich im Verhältnis zu dem eigentlichen, dem jüdischen Leben. Sie sind nicht Menschen, sondern wie ein Tier, wie ein Etwas« (Die Behandlung des Nichtjuden, 11 f.). Das hier abgegebene Urteil ist infam – die Massenvernichtungen von Juden im Osten waren zu diesem Zeitpunkt in vollem Gange! – und wissenschaftlich-historisch auch wegen des implizierten Anachronismus unverantwortlich: Die vom aristotelischen Rechtsdenken beeinflusste Spätantike (dies gilt für jüdische Texte nicht weniger als für christliche und »heidnische«), die (verkürzt gesprochen) übereinstimmend von einer vielfach gestuften Anthropologie ausgeht, nach der Frauen und Männer, Sklaven und Freie, Minderjährige und Volljährige usw. verschiedene Rechte und Pflichten haben, kann nicht unmittelbar mit dem neuzeitlichen Rechtsverständnis verglichen werden. Zum Zeitpunkt des Erscheinens von Kittels Aufsatz konnte ein informierter Leser aber den Eindruck gewinnen, dass hier ein alle vorherigen Dimensionen sprengendes und hinter sämtliche Normen der Zivilisation zurückfallendes Verbrechen (»Verbrechen gegen die Menschlichkeit«) durch den Verweis auf einen angeblich »unmenschlichen« Satz im Talmud relativiert oder gar gerechtfertigt werden sollte. – Zum Verhältnis von Juden und Nichtjuden in der religionsgesetzlichen Diskussion im Schulchan Aruch und in der Neuzeit vgl. im Übrigen David Hoffmann, Schulchan Aruch.

247 Kittel referiert Überlegungen seines Aufsatzes *Die Behandlung des Nichtjuden nach dem Talmud*, in: Archiv für Judenfragen, 1943, 7–17. Zu diesem Thema hatte er bereits im Wintersemester 1937/38 unter dem Titel »Die Stellung der Juden zu den Nichtjuden nach Talmud und Schulchan Aruch« eine Arbeitsgemeinschaft angeboten; vgl. Namens- und Vorlesungsverzeichnis der Eberhard Karls-Universität Tübingen, Wintersemester 1937/38. Diese Publikation wird in Kittels angehängter Bibliographie ebenso wenig erwähnt wie seine Abhandlung »Die Wurzeln des englischen Erwählungsglaubens« (1943). Jungbinger (Verwissenschaftlichung, 304) weist zu Recht darauf hin, dass die Vernichtung des europäischen Judentums »auf Hochtouren« lief, »als Kittel hier den jüdischen Mord an den Nicht-

Punkt ernste Fragen entstehen, die in das Gesamtproblem der Judenfrage einmünden.

Aber die Unterhaltung Kittels mit Grünspan sowohl wie das Studium der Akten ergab erstens nicht den leisesten Anhaltspunkt für jene Vermutung eines Zusammenhangs Grünspans vor der Tat mit den Organisationen des Weltjudentums; zweitens aber ebensowenig irgendeinen Hinweis auf einen Zusammenhang der zu der Tat führenden Mentalität mit der Frankfurter Talmudschule.[248] G[e]rade an diesem Punkt versucht man immer wieder, irgendwelche belastenden Feststellungen über Kittel zu gewinnen[249], der aber all dem sich versagte und alles auf die klare Feststellung konzentrierte, dass Grünspan höchstens einige unerhebliche Mischnatraktate in der »Jeschiwa« gelesen hatte, dass er den Talmud selbst überhaupt nicht zu lesen imstande war, jedenfalls nicht in seinen schwersten Partien; dass er jene Schule vielmehr lediglich zum Zweck der Erlernung der neuhebräischen Sprache besucht hatte, im Blick auf eine in Aussicht genommene spätere Auswanderung nach Palästina.

Durch diese Klarstellungen erwies sich der Prozess als in dem von den politisch-propagandistischen Stellen geplanten Sinn undurchführbar. Er ist tatsächlich niemals aufgerollt worden. Das

---

juden zu einer logischen Konsequenz des jüdischen Denkens erklärte.« – Was Kittels Propagandaschrift gegen England anbelangt, so ist mit F. W. Graf daran zu erinnern, dass auch Martin Dibelius sich an einer vom Auswärtigen Amt initiierten Aktion gegen Großbritannien beteiligte (Dibelius, Selbstbesinnung, 65).

248 In seinem Gutachten hatte Kittel aber gerade mit einer »talmudischen Latenz« argumentiert, »die gerade bei den nicht mehr religiösen Juden zu einer besonderen Gefahr werde« (Junginger, Verwissenschaftlichung, 305). Kittel schrieb: »Er [Grynszpan] hat also offenbar im Augenblick seiner Tat nicht im eigentlichen Sinn als religiöser Fanatiker gehandelt, sondern als in diesem Zeitpunkt mehr oder weniger a-religiöser Mensch, bei dem der religiöse Hass in das rein Politische umgeschlagen war«; im Hintergrund habe der Gedanke gestanden, »dass dieser Schuss in der deutschen Botschaft das Fanal sei für das gottgewollte Purim über die Judenfeinde« (zitiert nach: Junginger, a. a. O., 290 f.).

249 Die Formulierung lässt unklar, ob gegenwärtige Versuche (d. h. in der Nachkriegszeit) gemeint sind, den in Haft sitzenden Verfasser mit Bezug auf seine Mitwirkung beim Verfahren gegen Grynszpan zu belasten, oder ob Kittel von damaligen Versuchen radikaler NS-Antisemiten spricht, durch die Mitwirkung Kittels etwas über Grynszpan herauszubekommen, das zur »Belastung« des »Weltjudentums« hätte verwandt werden können.

Letzte, was Kittel in dieser Angelegenheit erfuhr, war die Mitteilung, der Prozess sei abgesagt. Was aus Grünspan geworden [ist], entzieht sich seiner Kenntnis.[250]

Kittel hat dieses Ergebnis als einen erheblichen Erfolg verbucht. Es liegt ihm fern, die damaligen Vorgänge etwa in ihrer Bedeutung zu übersteigern. Immerhin scheint es ihm nach allem, was heute bekannt geworden ist, nicht unwahrscheinlich, dass der Prozess als ein Versuch gedacht war, das Gesamtjudentum als für den Mord verantwortlich unter Anklage zu stellen und durch indirekte Schlüsse zu überführen, damit aber vor der [48] Öffentlichkeit eine scheinbare Rechtsgrundlage für die zweifellos schon damals geplanten Ausrottungsmaßnahmen gegen das Judentum zu gewinnen. Gewiss hat er, Kittel, die grauenvolle, wirkliche Tragweite des damals beabsichtigten nicht geahnt; gewiss hat sich dieses grauenvolle Geschehen dann auf anderen Wegen dennoch vollzogen. Aber es könnte doch vielleicht sein, dass er wenigstens an einer Stelle – derjenigen, an die er gestellt war[251] – den Judenmördern den Weg versperrt hat, indem er ihren Plan, diese Morde zu legitimieren, durch seinen Widerstand, andere als sachliche und der Wahrheit dienende Aussagen zu machen, aufhob. (Wobei nebenbei auch hier wieder deutlich wird, dass, wenn er nicht Pg. geworden wäre und wenn er von vornherein jede Art von Mitarbeit abgelehnt hätte, dies[es] Ergebnis ausgeschlossen gewesen wäre.)

4. Der ernsteste Versuch, Kittel der Theologie zu entziehen und seiner Grundhaltung abtrünnig zu machen, bestand darin, dass ihm *dreimal* unter glänzenden Bedingungen eine Professur für Judaica in einer Philosophischen Fakultät angeboten wurde: in Tübingen, in Berlin, in Wien.[252] Eine solche Überführung war im damaligen

---

250 Wahrscheinlich wurde Grynszpan im Konzentrationslager Sachsenhausen ermordet; aufgrund eines Beschlusses des Amtsgerichts Hannover vom 14. Juni 1960 wurde er mit Wirkung vom 8. Mai 1945 für verstorben erklärt: Döscher, Reichskristallnacht, 175. Zum »Nicht-Wissen« Kittels vgl. Siegele-Wenschkewitz, »Meine Verteidigung« …, 161 f.
251 Diese Formulierung (als passivum divinum) deutet an, dass der Autor sich von Gott selbst an diesen Ort gestellt sah. Vgl. die Berufung auf Bibelstellen wie Ex 3, 11 und 4, 1.10.13 und Ez 3, 16–17 unten in Kap. XIV (»Die Einzigartigkeit von Kittels Lage«).
252 Zu den Bemühungen, in Berlin und/oder in Tübingen eine konfessionell ungebundene Professur zum Studium der »Judenfrage« zu schaffen, die zunächst für Kittel gedacht war, dann aber auf seinen Schüler Karl-Georg

Zeitpunkt, bei der damals überaus unsicheren Lage der Theologischen Fakultäten (mit deren baldiger Abschaffung allgemein gerechnet wurde) und damit auch jedes einzelnen theologischen Professors, sehr verlockend. Sie bedeutete in jenen Jahren 1938/39 nach menschlichem Ermessen die Rettung aus einer unsicheren, allen Willkürlichkeiten preisgegebenen Situation in eine Existenz völliger Gesichertheit und höchster Einfluss- und Wirkungsmöglichkeit. Kittel hat in allen Fällen, ohne auch nur einen Augenblick zu schwanken, kategorisch abgelehnt. Der Gedanke, g[e]rade in dieser Gefahr[en]situation der Theologie und damit dem unveränderlichen Ausgangspunkt seiner ganzen Lebensarbeit untreu zu werden, ließ für ihn auch nicht einmal eine Frage oder eine Erörterung aufkommen. – So wenig Kittel im entferntesten über die Möglichkeit reflektiert hat, dass er dieses Verhalten je zu seiner Rechtfertigung werde buchen müssen, so glaubt er sich doch heute gegenüber den an ihn gerichteten Beschuldigungen zu der Frage berechtigt: sowohl, ob es einen stärkeren Tatbeweis für die Echtheit und Uneigennützigkeit seiner Motive und für seine Behauptung, stets als Theologe geredet zu haben, geben kann als seine Ab[49]lehnung dieser Berufungschancen; als auch, ob wohl alle seine Kritiker, sei[en] es Theologen sei[en] es Nichttheologen, sich in ähnlicher Lage ebenso, mit der gleichen Selbstverständlichkeit, entschieden haben würden. –

Endlich wurde Kittel 1938 oder 1939 in einem Gespräch mit dem Reichsstudentenführer Gustav Adolf Scheel[253] von diesem vertraulich mitgeteilt, dass man auf Parteiseite ein großes Institut für die Erforschung der Judenfrage ins Leben rufen wolle – es dürfte sich um die ersten Planungen für die spätere Frankfurter Gründung Rosenbergs[254] gehandelt haben – und dass man Aufbau und Leitung Kittel als der einzigen wirklichen wissenschaftlichen Autorität zu übertragen beabsichtigte, möglicherweise, indem man ihn, wenn er widerstrebe, »mit sanftem Zwang« aus der Theologie löse. Kittel hat damals Scheel erklärt, dass er durch keine Gewalt der Erde sich wer-

---

Kuhn (1906–1976) zugeschnitten werden sollte, vgl. Jungiger, Verwissenschaftlichung, 194–198. Der Beginn des Zweiten Weltkrieges machte dann die Pläne zur Schaffung einer neuen Professur zunichte, weil kein Geld mehr vorhanden war. Zur Ausstattung der Wiener Vertretungsprofessur im Vergleich mit dem Tübinger Lehrstuhl für Neues Testament vgl. oben Anm. 88.
253 Zu Scheel vgl. Klett, Personenlexikon, 528.
254 Vgl. Jungiger, Verwissenschaftlichung, 224 (mit Literaturangaben).

de zwingen lassen[,] die Theologie zu verlassen, und er hat Scheel sehr ernst gebeten, diese seine Haltung die für das Projekt maßgebenden Stellen wissen zu lassen, damit der zwecklose Versuch von vornherein unterbliebe. Tatsächlich ist das Institut dann ins Leben getreten, ohne dass Kittel in irgendeiner Weise damit befasst wurde. Es kann vermutet werden, dass die »Erfahrungen«, die das Amt Rosenberg mit Kittel gemacht hatte, gleichfalls dahin wirkten, dass man von selbst davon Abstand nahm, ihn für das geplante Institut heranzuziehen.

Es kann, auch wenn authentische Äußerungen darüber nicht vorliegen, vermutet werden, dass man in gewissen Parteikreisen gehofft hatte, es werde gelingen, Kittel, wenn er einmal äußerlich von der Theologie gelöst sei, wenn man ihn einmal sozusagen »entkonfessionalisiert« habe, dann allmählich auch innerlich und in seiner ganzen wissenschaftlichen Haltung der Parteidoktrin gefügig und hörig zu machen, ihn als gehorsames Werkzeug zu gewinnen, dann aber seine internationale wissenschaftliche Autorität für die Partei und ihre Propaganda auszuwerten. Unter diesem Gesichtspunkt hat man ihn zweifellos zeitweise (vor allem kurz vor dem Krieg und in der ersten Kriegszeit) ausgesprochenermaßen umworben (1938 erhielt er sogar eine Einladung zum Reichsparteitag![255]).

Ebenso aber steht fest, dass man allmählich, als man die Aussichtslosigkeit einsah, die Versuche einstellte und sich damit abfand, dass er »Theologe« war und blieb. Wie reserviert man [Kittel] aufgrund der mit Kittel gemachten Erfahrungen in den Kreisen der Partei gegenüberstand, dafür ist ein zwar [50] geringfügiger, fast lächerlicher, aber zugleich überaus aufschlussreicher Beleg: Nicht we-

---

255 An diesem Parteitag im September 1938, der (aufgrund des kurz zuvor erfolgten »Anschlusses« Österreichs) als »Reichsparteitag Großdeutschland« bezeichnet wurde, nahm Kittel »als persönlicher Ehrengast des Führers teil« (Junginger, Verwissenschaftlichung, 268; vgl. auch Gerdmar, Roots, 444). Die Erzählungen Kittels vom Reichsparteitag erregten auf der kurz darauf in Birmingham stattfindenden Tagung der SNTS (Studiorum Novi Testamenti Societas) einiges Aufsehen (vgl. Bormann, German Members, 430). Die Tatsache, dass Kittel 1938 »Ehrengast des Führers« in Nürnberg gewesen war, wurde am 4. Februar 1939 in einem Brief des württembergischen Landesbischofs Wurm an den Reichsführer SS zu Geltung gebracht: Wurm protestierte darin gegen Angriffe, die gegen die Tübinger »Fakultät und die theologische »Wissenschaft« gerichtet waren, und befürchtete, dass staatlicherseits Erwägungen »über die Aufhebung der Theologischen Fakultät« angestellt würden (Schäfer, Landeskirche, Bd. 6, 69).

nige Professoren, deren Forschungen als irgendwie wertvoll galten, erhielten das Kriegsverdienstkreuz[256], Kittel dagegen, obwohl die erste Autorität in Deutschland auf dem höchst aktuellen Gebiete der Judenfrage, ist niemals Gegenstand irgendeiner Dekoration durch Partei oder Staat gewesen. Möglicherweise sollte jener Vortrag des Jahres 1943 vor dem Gauleiter[257] und den Kreisleitern noch einmal ein letzter »Versuch« sein, den man mit ihm machte; dass er als »völliges Fiasko« gebucht wurde, ist erwähnt. Im Herbst 1944 wurde er dann in brüsker und verletzender Form aus dem Volkssturm ausgeschlossen, wie ihm ausdrücklich erklärt wurde, weil er »Theologe« sei und »auf höhere Weisung«. Hätte der Krieg nicht mit dem Zusammenbruch, sondern mit einer Fortsetzung der Parteiherrschaft geendet, so hätte Kittel nach allen Anzeichen zu denen gehört, deren Unschädlichmachung von der radikalen Seite her in Aussicht genommen war. Er war sich darüber persönlich völlig klar und hat sich darüber in den letzten Kriegsjahren im intimen Kreise, vor allem seinem Sohn gegenüber, sehr offen ausgesprochen.

5. Die öffentliche Vortragstätigkeit Kittels war zu allen Zeiten eine geringe. Sie blieb dies auch in den Jahren der Parteiherrschaft, und sie wurde niemals eine propagandistische.

Die überwiegende Mehrzahl der von ihm gehaltenen Vorträge waren theologische Referate auf Pfarrkonferenzen und -kursen über sehr verschiedene Themata seines theologischen Fachgebietes, gelegentlich auch Vorträge vor Kirchgemeinden und in Kirchenversammlungen. Unter den Vorträgen für Pfarrer waren na-

---

256 Dieser Orden war die höchste Kriegsauszeichnung für nicht an Kriegshandlungen beteiligte Zivilisten. Vgl. Klietmann, Deutsche Auszeichnungen, 8 (Textteil) und II (Bildteil). Bei Mitarbeitern des Sicherheitsdienstes SS deutet die Verleihung der Auszeichnung mit Schwertern möglicherweise auf die Beteiligung an Gewaltaktionen gegen die jüdische Bevölkerung in Osteuropa hin; vgl. Schreiber, Elite, 212. Wohl aber erhielt Kittel das silberne Treuedienstzeichen, dessen Empfang er am 6. Juni 1940 bestätigte; im ersten Weltkrieg hatte er das Eiserne Kreuz II erhalten (Personalakte Kittel/Akten der Universität Tübingen, UTA 126/326c).
257 Gemeint ist der württembergische Gauleiter (zugleich Reichsstatthalter) Wilhelm Murr (1888–1945); Gauleiter waren meist bereits vor 1933 NSDAP-Mitglied gewesen und wurden von Hitler persönlich ausgesucht und ernannt; vgl. Hüttenberger, Gauleiter, 217 und 224. Zu seinen Bemühungen, eine Art »Burgfrieden« zwischen dem NS-Staat und der evangelischen Kirche in Württemberg herzustellen und zu bewahren, vgl. Sauer, Wilhelm Murr, 217.

turgemäß auch solche, die sich mit dem Verhältnis[,] sei es des Alten Testamentes und des Judentums, sei es des Christentums und des Judentums usw. befassten, die den Pfarrern Material zur Abwehr der Angriffe gegen die Bibel an die Hand geben sollten. Ebenso hat er hie und da im Rahmen gelehrter Fachgesellschaften, denen er angehörte, etwa des Tübinger Historikerkranzes oder des Eranos Vindobonensis, [w]ie schon manchmal vor 1933, über Ergebnisse seiner Forschungen zur Geschichte des antiken Judentums und seiner Religion, referiert. Außerhalb dieses spezifisch kirchlich-theologischen oder gelehrten Umkreises hat Kittel im Lauf[e] der 12 Jahre 1933–45 zur Judenfrage und ihrer Geschichte insgesamt folgende Vorträge gehalten:

1) die beiden schon erwähnten Vorträge vor politischen Leitern und im NS-Lehrerbund

2) zwei Referate auf geschlossenen, nicht öffentlichen Sitzungen des Reichsinstituts

3) fünf Vorträge an den Universitäten Tübingen, Wien, Berlin, München

Das sind in 12 Jahren insgesamt 9 Vorträge, wobei nicht nur [51] die Zahl zu beachten ist, sondern auch der jeweilige Charakter und Ort. Schon dieser Tatbestand beweist, in welchem Maße Kittels Arbeiten nach Methode und Ergebnissen außerhalb dessen lagen, was die Propaganda trieb und wünschte. Wenn man sich vergegenwärtigt, einerseits welche Bedeutung vom Nationalsozialismus der Judenfrage beigem[e]ssen wurde, ander[er]seits dass es neben Kittel in Deutschland kaum eine zweite wissenschaftliche Autorität gab, auf die man sich hätte stützen können, dann ist dieses minimale Maß von Vortragstätigkeit Kittels erstaunlich. Es ist klar, dass, wenn er den Machthabern nur ein Geringes entgegengekommen wäre, er mit Leichtigkeit zu Hunderten von Vorträgen und Schulungen hätte herangezogen werden können. Dass dies nicht eintrat; ist für den Inhalt des von ihm Vertretenen absolut charakteristisch. Es beweist, dass jenes mehrfach erwähnte Erlebnis mit dem Gauschulungsleiter nicht ein zufälliges, sondern ein symptomatisches war.

Genauso charakteristisch ist, dass Kittel niemals für die antijudaistische Radiopropaganda eingesetzt wurde.[258]

Sein einziges Erlebnis, das er je mit dem Radio hatte, war folgendes. Im Jahr 1937 oder [19]38 hielt er in der Berliner Universität einen historischen Vortrag, der später unter dem Titel »Die historischen Voraussetzungen der jüdischen Rassenmischung« erschien, in dem er, wie oftmals das Verhältnis des alttestamentlichen Israelitentums zu dem späteren Judentum darstellte. Von diesem Vortrag wurde ein 3 bis 5 Minuten langes Exzerpt erbeten und wahrscheinlich (Kittel hat sich selbst nie darum bekümmert) in der Rubrik »Zeitspiegel«, in der moderne Bücher, Vorträge u. dgl. besprochen wurden wiedergegeben.

Genau wie beim Vortragswesen, so ist auch hier zu sagen, dass, wenn Kittel den Propagandisten nur im geringsten für ihre Zwecke förderlich erschienen wäre, sie ohne allen Zweifel versucht hätten, sein internationales Ansehen im Radio auszuwerten und ihn dort vielfach und ausführlich (nicht mit einem 3–5-Minuten-Exzerpt) sprechen zu lassen. Dass dies *nicht* geschah, ist ein weiterer eindeutiger Beweis für den Charakter seiner Wirksamkeit und dafür, wie dieselbe von den radikalen Antisemiten gewertet wurde.

Dasselbe gilt von der Tatsache, dass man ihn nicht in einem einzigen Fall für Vorträge zur Judenfrage im neutralen oder in dem während des Krieges besetzten Ausland verwendete, aufforderte oder vorschlug, was wiederum bei der eminenten Aktualität des Gegenstandes höchst naheliegend gewesen wäre.

Es ist dabei zu beachten, dass zahllose Professoren, Parteigenossen wie Nicht-Parteigenossen zu solchen Vorträgen delegiert wurden. Im Gegenteil, als Kittel 1942 auf Einladung schwedischer Freunde in Schweden Vorträge halten sollte, hat man dieselben (wie von einem Referenten des Auswärtigen Amts offen zugegeben wurde) durch Verschleppung der Ausreisegenehmigung bewusst verhindert.

---

258 Zum Diskurs über das Radio in der NS-Zeit vgl. Schieder, Protestantische Mentalitäten.

Ebenso wurde Kittel nie zur Beteiligung an einer der öffentlichen Vortragsreihen des NS-Dozentenbundes in der Tübinger [52] Universität[259] aufgefordert.

Der Dozentenbund war die offizielle Vertretung der Partei innerhalb der Universität, seine Vortragsreihen die wichtigste Veranstaltung zur Propagierung der NS-Weltanschauungswissenschaft im Rahmen der Universität. Alle irgendwie als nati[onal]sozialistisch geltenden Tübinger Dozenten haben dort über alle nur erdenkbaren Arten nationalsozialistischer Themen gesprochen. Wie Kittel von einem der führenden Männer der Universität gelegentlich erzählt wurde, hat man Erörterungen in diesem Kreis darüber gepflogen, ob man Kittel zu einem Vortrag auffordern solle; dieselben haben bezeichnenderweise zu einem negativen Ergebnis geführt.

6. An dieser Stelle mag anhangsweise noch ein weiteres Beispiel für Kittels Ablehnung gegenüber aller Sensation und Propaganda ebenso wie jeglicher außer der Sache liegenden Bindung angeführt werden.

Kittel hatte schon 1922 als Greifswalder Professor von dem damaligen preußischen Kultusminister[260] den ausdrücklichen Auftrag erhalten, im Rahmen und neben seiner Professur für Neues Testament auch die Literatur und Geschichte des Spätjudentums zu behandeln. Bei seiner Tübinger Berufung hat er auf diesen Lehrauftrag keinen Wert gelegt und ihn nicht erneuern lassen, da für ihn selbst die Behandlung dieser Fragen in seinem Auftrag für das Neue Testament ausreichend mit enthalten war.

---

259 Leiter des NS-Dozentenbundes in Tübingen war der Anatomieprofessor Robert Wetzel (1898–1962), der im Sommer 1945 von der französischen Besatzungsmacht verhaftet wurde. Wetzel, der offenbar gemeinsam mit Kittel im Tübinger Gefängnis saß, wurde mit ihm gemeinsam in die Gruppe der am meisten »Belasteten« eingestuft. Wie Kittel wurde Wetzel am 25. Oktober 1945 endgültig aus dem Universitätsdienst entlassen; im Spruchkammerverfahren des Jahres 1948 wurde er als »Mitläufer« eingestuft, hatte aber eine Geldbuße von 1000 DM zu bezahlen; vgl. dazu Zauner, Entnazifizierung, 941, 944 und 953; Scharer, Robert F. Wetzel.

260 Otto Boelitz (1876–1951) war Pädagoge und gehörte der nationalliberalen Deutschen Volkspartei an. 1921–1925 war er Staatsminister für Wissenschaft in der von Otto Braun geführten preußischen Landesregierung. Vgl. Blänsdorf, Lehrwerke für Geschichtsunterricht, 303 f.

In Wien stellte, ohne jedes Zutun seinerseits, die dortige philosophische Fakultät den Antrag an den Minister, ihm einen besonderen Lehrauftrag innerhalb dieser Fakultät zu übertragen. Kittel erklärte sich, da dadurch seine Tätigkeit innerhalb der Theologischen Fakultät in keiner Weise beeinträchtigt, vielmehr gestützt wurde, damit einverstanden, lehnte aber eine ihm für diesen Lehrauftrag angebotene Sondervergütung ausdrücklich in den Verhandlungen ab, weil er sowohl in Art und Inhalt wie im Umfang der Durchführung dieses Lehrauftrages sich alle Freiheit wahren wollte. Ebenso verlangte er, dass der Lehrauftrag nicht als ein allgemeiner zur Judenfrage – unbegrenzt – formuliert, sondern auf die Geschichte des *älteren* Judentums begrenzt wurde. Er wollte sich unter keinen Umständen verlocken lassen, die Grenze der fachlichen Erörterung zu überschreiten. Tatsächlich hat er dann »Übungen zur Geschichte des antiken Judentums« abgehalten, und zwar in den 9 Wiener Semestern insgesamt dreimal. Keine dieser Übungen war von mehr als 5 Teilnehmern besucht, was genau Kittels Absichten entsprach. Er legte es bewusst darauf an, Studenten, die aus Propaganda- und Sensationsgründen etwas über das Judentum hören wollten, abzuschrecken. Er hätte ebenso gut in einer Vorlesung für Hörer aller Fakultäten mit einer aktualistischen Themaformulierung ein Publikum von 1000 Studenten um sich sammeln können. Er hat bewusst nicht eine »Vorlesung« abgehalten, die man bloß anzuhören brauchte, sondern eine »Übung«, für die die Teilnehmer arbeiten mussten, [bei der] also nicht die Aktualität, sondern der sachliche Wille, zu lernen, ausschlaggebend war. Er hat ebenso bewusst wie grundsätzlich damals und in all den Jahren es abgelehnt, ein anderes als ein historisches Thema zur Judenfrage anzukündigen. [53]

XIII. Die Frage nach Kittels indirekter Mitschuld an den Judenverfolgungen

Der Vorwurf, dass Kittel dem vulgären Antisemitismus gehuldigt, ja mit ihm etwas gemein hatte, ist somit abzuweisen. Seine kritische Auseinandersetzung mit dem Judentum ging von völlig anderen Voraussetzungen aus und führte zu anderen Zielen. Sein Anliegen war, Verirrungen durch sachlich-wissenschaftliche Beweisführung zu überwinden. Man hat eine weitere Frage an Kittel gestellt; ob er nicht durch seine wissenschaftlichen Arbeiten den Propagandisten und Vulgärantisemiten das Material geliefert habe, geholfen habe, ihren Antisemitismus zu untermauern. Er wäre dann zwar nicht direkt, aber doch vielleicht indirekt an den Judenverfolgungen und Judenmorden mitschuldig. Man würde wohl zu seiner Entschuldigung sagen, er, der weltfremde Gelehrte habe guten Glaubens nur seine objektive Wissenschaft treiben wollen und in seiner Weltfremdheit nicht geahnt, wie sie missbraucht würde.[261] Das würde nichts an dem Tatbestand ändern – falls dieser bestünde –, dass durch ihn die Lage der Juden verschlimmert worden und er damit an ihrem Schicksal mit verantwortlich wäre.

Dazu ist aber zu sagen, dass in Wirklichkeit dieser vermutete Tatbestand, so überaus einleuchtend er scheint, schlechterdings *nicht* besteht, vielmehr eine *reine Fiktion* ist, eine durch nichts beweisbare Behauptung, die im Gegenteil durch alle feststellbaren Tatsachen widerlegt wird. Es lässt sich, wenn dies im Folgenden gezeigt wird, nicht vermeiden, dass teilweise auf schon gesagtes zurückgegriffen wird.

1. Kittel ist, dies sei auch an dieser Stelle ausdrücklich betont, tief durchdrungen von der Solidarität der Schuld und Verantwortung, die um der Judengreuel und anderer Dinge willen auf dem ganzen deutschen Volke und so auch auf ihm persönlich als auf einem Glied dieses Volkes liegt und zu tragen ist.

---

261 Dass Kittel nicht der weltfremde Gelehrte war, der sich naiv missbrauchen ließ, zeigen die im Berliner Bundesarchiv lagernden Akten des Reichsministers für Wissenschaft, Erziehung und Volksbildung zu den Vorgängen um die Gründung der SNTS, die Lukas Bormann ausgewertet hat. Demnach arbeitete Kittel eng mit staatlichen Stellen zusammen und erstattete ihnen immer wieder Bericht über seine wissenschaftliche Arbeit und seine ausländischen Kontakte; vgl. Bormann, Mitglieder der Studiorum Novi Testamenti Societas.

Aber so rückhaltlos dies für ihn gilt, so kategorisch bestreitet er gleichzeitig, dass um seinet- und seiner Schriften willen – weder in direkter noch in indirekter Wirkung - auch nur *einem* Juden auch nur ein einziges Haar gekrümmt worden ist[262]; dass, wenn er irgendwelche Teile seines Schrifttums oder irgendwelche [54] Sätze seiner Bücher nicht geschrieben oder wenn er überhaupt nichts über die Juden geschrieben hätte, eine einzige Synagoge weniger verbrannt, ein einziger Jude weniger deportiert, ein einziger weniger umgebracht werden wäre. Er selbst hat noch eine Zeitlang gehofft, etwa – wie früher erwähnt – auf dem Wege über Rudolf Hess gewisse Hemmungen einschalten zu können; heute ist offenkundig, dass auch diese Versuche illusionär und dass die dynamischen Kräfte der Dämonieen unaufhaltsam waren, gleichgültig was immer ein Professor für oder gegen die Juden oder aber deren Geschichte schreiben mochte. Gewiss hat es Menschen gegeben, etwa wie den Grafen Reventlow[263], auf die Kittels Schriften Eindruck machten und die von ihnen stark beeinflusst wurden, aber das war in keinem Fall einer der Judenmörder oder deren Hintermänner, Hetzer und Befehl[s]geber, sondern [es waren] immer und ausschließlich solche, die die Fragwürdigkeit der offiziellen Judenpolitik und Weltanschauungspolitik sahen und deren Haltlosigkeit und Unsinnigkeit durch Kittels Forschungen bestätigt fanden. Das eigentliche Studium seiner Arbeiten blieb beschränkt auf den verhältnismäßig engen Kreis von Fachgelehrten – der Historiker, der Anthropologen, der Religionswissenschaftler – und solcher Männer, die unabhängig vom Tagesgeschrei nach Wahrheit suchten.

Kittel selbst hat dies Letztere dadurch gefördert, dass er seine Arbeiten in der Hauptsache in den »Forschungen zur Judenfrage« als einer spezifisch wissenschaftlich sein wollenden, in relativ kleiner Auflage erscheinenden Publikationsreihe oder in fachwissenschaftlichen Zeitschriften veröffentlichte. Das mit Eugen Fischer gemeinsam bearbeitete Buch über das antike Weltjudentum z. B. sollte eigentlich seiten[s] des Verlages als selbständiges Werk erscheinen; auf Kittels persönlichen Vorschlag und Wunsch wurde es in die »Forschungen« eingereiht, wodurch seine Wirkung noch mehr dem Propagandistischen entrückt, auf

---

262 Vgl. Luk 21, 18; Apg. 27, 34.
263 Vgl. oben Anm. 200.

das rein Sachliche gestellt und der Leserkreis von vornherein noch mehr auf die im engeren Sinn wissenschaftlichen Kreise beschränkt wurde.

Es ist richtig, dass – worüber früher berichtet wurde – gewisse Kreise der Partei, vor allem in den Jahren 1938–40 in mehreren Anläufen, von verschiedenen Seiten her, versuchten, Kittels wissenschaftliche Autorität für die Parteidoktrin nutz- und dienstbar zu machen. Das Ergebnis war, dass man seit ungefähr 1941 diese Versuche als gescheitert einstellte.[264] Das hieß: man hatte sich davon überzeugt, dass Kittel zu einer Änderung seiner Methoden und Tendenzen nicht zu bewegen, und dass seine Arbeiten, wie sie waren, als Förderung der Parteitendenzen und als Rechtfertigung der Judenmaßnahmen nicht auszuwerten seien. Das ist [55] die Bestätigung der Behauptung, dass Kittels Arbeiten an keinem Punkt die offizielle Judenpolitik gestärkt, gestützt oder intensiviert haben. G[e]rade dass man dies eine Zeitlang gehofft hatte, aber die Prüfung als irrig aufgab, macht den Beweis schlüssig.

2. Dem entsprechen eine große Zahl anderer Beobachtungen und Tatsachen.

Es ist schon früher erwähnt worden, dass in der antisemitischen Partei- und Vulgärliteratur Kittels Arbeiten so gut wie niemals

---

264 Kittels Aufsatz *Die Behandlung des Nichtjuden nach dem Talmud* erschien 1943 in einem von der »anti-jüdischen Aktion« herausgegebenen Sammelband, in einem eindeutig nicht-theologischen und für die breitere Öffentlichkeit bestimmten Kontext. Im letzten Abschnitt des Textes verweist Kittel auf den Aufstand der Juden in Nordafrika und auf Zypern zu Beginn des zweiten nachchristlichen Jahrhunderts, in dessen Gefolge die Juden auf Zypern »eine Viertelmillion Menschen umgebracht« hätten, »in der Cyrenaika nicht weniger, zum Teil in den grausamsten Formen die Menschen schlachtend.« Der Aufsatz endet mit folgenden Sätzen (Kittel, Die Behandlung des Nichtjuden, 17): »Irgendein Problem von Recht oder Unrecht des politischen Mordes am Nichtjuden existiert für das talmudische Denken nicht. Die Frage kann höchstens sein, ob er zweckmäßig ist, ob er zu einem Erfolg führen wird; und der Erfolg müßte heißen: daß er zu einem Fanal werden könnte für die allgemeine Vernichtung der Gegner und für die Stunde des Judentums!« – Der Vorwurf, »die Judenschaften von Ägypten und Cyrene und Cypern« hätten zu Beginn des zweiten nachchristlichen Jahrhunderts »in ihren wilden Aufständen Hunderttausende von Nichtjuden« geschlachtet, findet sich 1943 noch an einer zweiten Stelle – in Kittels zusammen mit Eugen Fischer herausgegebenem und reich bebilderten Werk *Das Antike Weltjudentum* (dort S. 10).

zitiert und ausgewertet worden sind, sein historisches Material wohl in keinem Fall verwendet wurde.

Es ist festgestellt, dass in einer bibliographischen Publikation des Amtes Rosenberg die Zitation von Kittels Schriften in der letzten Druckkorrektur gestrichen wurde, während andere historische und theologische (protestantische wie katholische) Schriftentitel in derselben Bibliographie unbeanstandet gelassen wurden.

Dagegen wurde in dieser Literatur des Öfteren, meist in versteckter Form, fast immer ohne Namensnennung, gegen ihn polemisiert. Ein Beispiel war ein durch 2 Nummern hindurchgehender größerer Aufsatz in einer NS-Zeitungskorrespondenz im Herbst 1944, der offenkundig von Anfang bis Ende eine Warnung und Polemik gegen Kittels Position sein sollte, der aber trotz reichlicher Literaturangaben anderer Arbeiten auch von theologischer Seite (etwa: Schürer, Volz, Leipoldt, Stähelin[265]) den Namen Kittels und jede Erwähnung seiner Schriften auf das Peinlichste vermied. Eben dieses Vermeiden beweist zwingend, dass es sich hier nicht um Zufälligkeiten, sondern um bewusstes Verschweigen polemischer Art handelte. Als Verfasser des anonym erschienenen Aufsatzes ergab sich später Johannes von Leers[266], einer der maßgeblichsten Literaten und Propagandisten des Vulgärantisemitismus.

Ein anderes Beispiel war das Rosenberg gewidmete Buch von Hellmuth Schramm über die jüdischen Ritualmorde (Hammer-

---

265 Emil Schürer (1844–1910), Professor an den Universitäten Leipzig und Göttingen, wurde vor allem durch seine mehrfach neu verlegte dreibändige »Geschichte des jüdischen Volkes im Zeitalter Jesu Christi« (1886–1890) bekannt; Johannes Leipoldt (1880–1965), Kittels Doktorvater, war Religionswissenschaftler und Neutestamentler an der Universität Leipzig; Ernst Stähelin (1889–1980) war Professor für neuere Kirchengeschichte an der Universität Basel. Ferner gemeint ist wahrscheinlich der Tübinger Alttestamentler Paul Volz (1871–1941) oder der Historiker und NS-Propagandist Hans Volz (1904–1978); zu letzterem vgl. Stockhorst, 5000 Köpfe, 432. Zu Leipoldt vgl. Morgenstern, Institutum Judaicum, 72, 74 und 115.

266 Zu dem NS-Publizisten und Juristen Johann von Leers (1902–1965), der nach dem Krieg über Italien nach Argentinien floh und sich 1955 in Kairo niederließ, wo er zum Islam konvertierte und weiterhin antisemitische Propaganda betrieb; vgl. Stockhorst, 5000 Köpfe, 265 und Klee, Personenlexikon, 361.

verlag, 1943)²⁶⁷, in dessen Vorwort ein Überblick über die antisemitische »Wissenschaft« gegeben wurde, wobei wiederum Kittels Name und Arbeiten mit völligem Schweigen übergangen waren, lediglich die Unbrauchbarkeit gewisser »konfessioneller« Arbeiten festgestellt wurde.

Dasselbe Schlagwort von der »konfessionellen Gebundenheit« Kittels kehrte im Kreis der Eisenacher DC wieder. Die Art und Weise, wie in ihren Schriften Kittels Forschungen zitiert bzw. nicht zitiert und wie dort ihre Auswertung und jede ernstliche Auseinandersetzung mit ihnen vermieden war, ist in jeder Hinsicht bezeichnend.

Offen, mit Namen, hat man, wie es scheint, nur selten, jedenfalls in der Öffentlichkeit, gegen Kittel zu polemisieren gewagt. Immerhin hat J. W. Hauer²⁶⁸ einmal in seiner Zeitschrift »Deutscher Glaube« unter der Überschrift: »Konfessionelle Ehrenrettung des Alten Testamentes« direkt vor Kittels Arbeiten gewarnt. Wahrscheinlich würde eine planmäßige Durchsicht der Bücher und Schriften aus dem Hammer-, Stürmer-, Nordland- und ähnlichen Verlagen und der Schulungsliteratur der SA, SS, HJ usw. noch manches an offenen und versteckten Angriffen auf Kittel ergeben. Kittel hat diese ganze Literatur, soweit sie überhaupt zugänglich war, kaum gelesen, sodass Beispiele dieser Art [56] nur auf Zufalls- und Gelegenheitsfunde zurückgehen.

Vor allem die Geheimanweisungen, die im Gebrauch der Parteidienststellen umliefen, enthalten sicherlich noch manches. Ein »Merkblatt der SA-Gruppe Südwest« mit einer energischen Warnung vor Kittels Arbeiten kam zufällig einmal dadurch zu Kittels Kenntnis, dass es einem Freunde Kittels in die Hände fiel und dieser es ihm zeigte.

Dass, wie früher erwähnt, in der Zeitschrift »Der Biologe« ein Aufsatz Kittels erschien, führte zu wilden Angriffen, vor allem

---

267 Das genannte Buch von Schramm erschien 1943 im Theodor Fritsch-Verlag, in dem auch die antisemitische Zeitschrift *Hammer* verlegt wurde.
268 Zu Hauer vgl. oben Anm. 60, 65, 170, 194, 198 und 200. Hauers Zeitschrift *Deutscher Glaube* mit dem Untertitel *Zeitschrift für arteigene Lebensgestaltung, Weltschau und Frömmigkeit* erschien bis 1944. Ein Artikel oder auch eine Buchrezension unter diesem Titel aus der Feder Hauers ließ sich nicht nachweisen.

der bayrischen Führung des NS-Lehrerbundes, gegen den Herausgeber der Zeitschrift, weil er es gewagt hatte, in der Person Kittels »konfessionellen« Tendenzen das Wort zu geben, die, wie es hieß, das Gegenteil der vom NS-Lehrerbund vertretenen und propagierten Anschauungen darstellen. Soviel bekannt, wurde jener Herausgeber mit aus diesem Grunde von der Leitung der Zeitschrift abgesetzt.[269] – –

Ferner ist in diesem Zusammenhang nochmals daran zu erinnern, dass Kittel nicht ein einziges Mal zu Schulungsvorträgen, weder von einer Ortsgruppe noch von einer Kreisleitung noch von irgendeiner SA- oder sonstigen Formations-Stelle aufgefordert wurde, was wohl sonst bei den meisten Professoren, die Parteigenossen waren, geschah;

dass man niemals versuchte, ihn im Radio propagandistisch einzusetzen, was bei der internationalen Autorität seines Namens immerhin nahegelegen hätte;

dass man ihn – im Unterschied zu zahllosen anderen Professoren, Pg.s und Nicht-Pg.s – niemals zu Vorträgen im Ausland über die Judenfrage (die das Ausland doch um der deutschen Maßnahmen willen auf das Höchste bewegte) zu gewinnen suchte;

dass man im Gegenteil seine in Schweden geplanten Vorträge verhinderte;

dass der Tübinger NS-Dozentenbund ihn gleichfalls niemals um die Beteiligung an einer seiner Vortrags- und Vorlesungsreihen bat, an denen ein großer Prozentsatz der Tübinger Professorenschaft teilhatte;

dass, nach einem einmaligen Versuch, der NS-Lehrerbund Kittel niemals wieder einlud, obwohl in seinen Gruppen und Tagungen sehr viele Professoren zu Vorträgen über alle möglichen fachlichen und allgemein bildenden Themen herangezogen wurden;

---

269 »Schriftleiter« der Zeitschrift »Der Biologe« (»Monatsschrift des Deutschen Biologen-Verbandes und des Sachgebietes Biologie des nationalsozialistischen Lehrerbundes«) war Ernst Lehmann (1880–1957), der 1943 »aufgrund von NS-Querelen als ›untragbar‹ suspendiert« wurde (Klee, Personenlexikon, 362). Zuvor waren seine Versuche, Parteimitglied zu werden, aufgrund seiner früheren Zugehörigkeit zu einer Freimaurerloge und fehlender Papiere über seine Abstammung gescheitert.

dass jener »Versuch« auf der Kreisleiter-Konferenz des Jahres 1943 noch 3 Jahre später von dem Gauschulungsleiter als »ein völliges Fiasko« bezeichnet wurde, wobei jener »sich gezwungen sah, im Anschluss an den Vortrag Kittels das Wort zu ergreifen und den von den Ausführungen Kittels völlig abweichenden Standpunkt der Partei klar und eindeutig herauszustellen.«[270]

Als ca. 1941 das große Rosenberg'sche Institut zum Studium der Judenfrage in Frankfurt a. M. (das einzige Partei-offizielle antisemitische Institut) gegründet wurde, wurden zahlreiche Universitätsprofessoren, darunter auch solche aus Tübingen, zur Gründungsfeier eingeladen und einige in einen wissenschaftlichen »Beirat« berufen.[271] Es fiel damals allgemein auf, dass Kittel nicht unter denselben war, obwohl er länger und gründlicher als sie alle mit der Judenfrage sich befasst hatte und obwohl er der einzige von ihnen gewesen wäre, der auf diesem Gebiet einen internationalen Ruf besaß. Es hatte [57] seine guten Gründe, dass Kittel mit dieser maßgebendsten und zentralsten Parteistelle des Parteiantisemitismus niemals irgendeine Berührung hatte. Die Männer dieses Instituts wussten genau, dass er, Kittel, etwas ihren Doktrinen Widerstrebendes, sie an der Wurzel Zerstörendes vertrat.

3. Alles dies beweist *zwingend*, in welchem Maße sich mehr und mehr die Überzeugung durchgesetzt hatte, dass Kittels Methode und Sicht der Judenfrage als völlig ungeeignet zur Förderung der offiziell propagierten Weltanschauungs- und Judenpolitik zu gelten habe; – womit der andere, ebenso zwingende Beweis gegeben ist, dass es in jeder Hinsicht als abwegig zu bezeichnen ist, Kittels Arbeiten einen auch nur indirekt verstärkenden Einfluss auf die nationalsozialistische Judenpolitik zuzuschreiben.

Wenn wirklich, wie man Kittel vorwirft, seine Schriften und Arbeiten und seine Autorität einer »Untermauerung« des Parteiantisemitismus gedient und für eine solche missbraucht worden wären,

---

270 Paraphrase eines Zitats des ehemaligen württembergischen Gauschulungsleiters Dr. Eugen Klett aus einer Erklärung von Dr. Helmuth Gesler (»Er, Klett, habe sich deshalb gezwungen gesehen ...«) im Internierungslager Balingen (beglaubigte Abschrift, UAT 162/31, Beilage V, unpaginiert).
271 Dieses Institut wurde am 26. März 1941 in Frankfurt a. M. eröffnet; vgl. Löw, Verfolgung und Ermordung, 435–338; Schiefelbein, Antisemitismus als Karrieresprungbrett, 53 f.

dann müssten selbstverständlich sein Name und seine Schriften – mindestens, wenn schon nicht ihre Lektüre, so doch ihre Tatsache, ihr Vorhandensein – wenigstens bei einem Teil der politischen und propagandistischen Führer eine Rolle gespielt haben. Darauf ist folgende Feststellung geeignet, eine schlechthin eindeutige Antwort zu geben:

> Im Balinger Interniertenlager waren insgesamt etwa 2000 internierte politische Nationalsozialisten, von denen die Mehrzahl in irgendeiner Form sich mit dem Antisemitismus beschäftigt hatte. Viele von ihnen hatten selbst antisemitische Vorträge oder Ansprachen gehalten, so gut wie alle haben antisemitische Parteischulungen durchgemacht. Wenn sie Kittel kennen lernten oder über seine Person als über einen Mitinternierten befragt wurden, ergab sich folgendes: Einige kannten Kittels Namen als den eines bekannten württembergischen Theologen. Dass er ein international angesehener Forscher auf dem Gebiet der Judenfrage war, wusste von den Kreis- und Ortsgruppenleitern, von den Schulungs- und Propagandaleitern kaum einer, nicht einmal der besonders gut orientierte und gebildete Direktor der früheren Napola in Backnang[272], der viel-mehr bezeugt: »… wusste ich nichts davon, dass er auch als Forscher auf dem Gebiet der Judenfrage eine Rolle spielte. Von seinen Arbeiten auf diesem Gebiet hatte ich keine gekannt oder gelesen, und Hinweise auf diese Arbeiten oder Zitationen derselben in der Parteiliteratur waren oder sind mir nicht in der Erinnerung. Auch unter den übrigen Balinger Internierten ist mir keiner begegnet, der den Eindruck machte, als kenne er diese Arbeiten.« Selbst der Gauschulungsleiter Dr. Klett[273] hat, wie durch die eidesstattliche Erklärung des internierten Dr. Gesler bezeugt ist, im Kameradenkreise zugegeben, »dass nicht einmal er als ehemaliger Gauschulungsleiter eine der Schriften Kittels gelesen habe«.[274] [58]

---

272 Die nationalpolitischen Lehranstalten (kurz: NPLA oder Napola) waren Internatsoberschulen und NS-Eliteschulen zur Ausbildung des nationalsozialistischen Nachwuchses, die zur Hochschulreife führten; vgl. Schneider/Stillke/Leineweber, Erbe der Napola, 33–46.
273 Vgl. oben Anm. 235 und 236.
274 Zitat aus einer Erklärung von Dr. Helmuth Gesler im Internierungslager Balingen (beglaubigte Abschrift, UAT 162/31, Beilage V, unpaginiert). Vgl. auch unten S. 145 und Anm. 333.

Es kann wohl keinen unmittelbareren und stärkeren Beweis dafür geben, in welchem Maße Kittels Forschungsarbeiten von der Parteipropaganda und -schulung nicht nur nicht verwendet, sondern ignoriert und totgeschwiegen wurden. Die Vulgärantisemiten haben zu allen Zeiten genau gespürt – seit Kittels erstem Tübinger Vortrag –, dass alle antijudaistisch klingenden Sätze Kittels mit ihnen selbst und ihren Doktrinen nichts zu tun hatten, ihre eigene vulgärantisemitische Position nicht stärkten, vielmehr in einer Feindschaft auf Leben und Tod mit ihr standen.

So glaubt Kittel fordern zu dürfen, dass entweder seine Beweise entkräftet und andere an ihre Stelle gesetzt werden, oder aber, dass die billigen unbewiesenen Behauptungen, er habe den Parteiantisemiten und den Judenmördern das Material geliefert und deren Lehre »untermauert«, aus der Erörterung verschwinden!

4. Gewiss hat Kittel oftmals die Entartungserscheinungen des modernen wie des antiken Judentums so scharf wie irgendein Antisemit herausgestellt: es finden sich bei ihm in der Tat solche Sätze und Abschnitte, die[,] für sich genommen, irgendeiner sonstigen antisemitischen Auslassung ähnlich stehen. In diesen Fällen aber kann sich Kittel darauf berufen, dass auch die Worte des Apostels Paulus über das Judentum seiner Zeit öfters der Polemik des damaligen heidnischen Antijudaismus zum Verwechseln ähnlich sehen; ja, es kommt sogar vor, dass Paulus die Stichworte dieses vulgären Antijudaismus aufnimmt und sie sich – ohne jede Polemik, damit aber scheinbar ohne jede Abgrenzung! – zu eigen macht (wofür 1. Thess. 2, 15 den unwiderleglichen exegetischen Beweis bietet).[275] Keiner der

---

275 In diesem Vers (»die haben den Herrn Jesus getötet und die Propheten und haben uns verfolgt und gefallen Gott nicht und sind allen Menschen Feind«) nimmt Paulus nach Kittel zustimmend ein Motiv antiker Judenfeindschaft auf. Die Auslegungsgeschichte dieses Textes ist hochkomplex und umstritten. Der Tübinger Theologe Ferdinand Christian Baur (1792–1860) hatte diesen Vers aus theologischen Gründen Paulus abgesprochen und für eine sekundäre Hinzufügung gehalten. Für Kittel dürfte aber die Erklärung seines Doktorvaters Johannes Leipoldt maßgeblich sein, der mit Bezug auf 1. Thess 2, 14–16 in einem 1944 geschriebenen (aber erst 1950 erschienenen) Artikel »Antisemitismus« (in: RAC 1/1950, 470–476) formuliert hatte, im Kontext der sich für einen »denkenden Christen« als dringend erweisenden »Frage nach dem inneren Rechte des A.[ntisemitismus]« habe Paulus hier »in einer Lage, die das voll begreiflich erscheinen läßt«, eine Formel des A.[ntisemitismus]« übernommen. Martin Dibelius (Briefe des Apostels Paulus, 10), der diese Verse ebenfalls Paulus selbst zu-

antiken Vulgärantisemiten²⁷⁶ wäre je auf den Gedanken gekommen, sich auf Paulus zu berufen, und wenn jemand ihn heute als einen Wegbereiter (oder Untermauerer) jener bezeichnen wollte²⁷⁷, so würde kein fachmännischer Ausleger zögern, dies eine vollendete Absurdität, ein Hirngespinst, zu nennen. Dann darf auch Kittel in Anspruch nehmen, dass, was seine vulgärantisemitischen Zeitgenossen gesehen und beachtet haben, nunmehr auch von der anderen Seite nicht ignoriert oder bestritten, sondern ernstlich in die Waagschale der Entscheidung geworfen wird. [59]

---

schreibt, versucht, auf psychologische Weise einen Ausgleich mit Röm 11, 25 ff herzustellen. In der dritten Auflage seines Kommentars zu den Thessalonicherbriefen versteht er den Text als Zeugnis von Judenfeindschaft im Neuen Testament (Dibelius, An die Thessalonicher, 10–13). Rainer Kampling macht aber darauf aufmerksam, dass in der Auslegung dieser Stelle bei den Kirchenvätern auf die Formulierung bei Tacitus (hist. 5, 5 *sed adversus omnes alios hostile odium*) an keiner Stelle verwiesen wird. »Für das Verständnis der Kirchenschriftsteller war die Hinderung der heilbringenden Verkündigung« durch die Juden, die Paulus hier anprangert, »Grund genug von Menschenfeindschaft zu sprechen.« 1. Thess sei daher »schwerlich als Initialtext des christlichen Antijudaismus zu bezeichnen« (Kampling, Skizze, 212; vgl. auch ders., Paulus, 359). Die heutige Forschung tendiert mit Bezug auf 1. Thess 2, 15 eher dazu, den Topos des Prophetenmordes als Hintergrund herauszustreichen, der im Neuen Testament christologisch akzentuiert wird (vgl. Jer 37–38; Mt 5, 12; 23, 31. 37–39; Lk 13, 34 f; Mk 12, 2–5; Act 7, 52; Hebr 11,35–38). Kittel kam es aber auf die Dualität von »profanem« und »christlichem« Antisemitismus an: Beides findet er sowohl in der Antike als auch in der Gegenwart, und er nimmt Paulus für sich selbst als Beispiel und Vorbild. Für anregende Diskussionen über diesen Text danke ich Herrn Kollegen Ulrich Mell.

276 Zur in der vorigen Anmerkung genannten Tacitus-Stelle und zu Manetho als Quelle der judenfeindlichen Stereotypen in der griechisch-römischen Literatur – diese Texte dürfte Kittel im Blick gehabt haben – vgl. Hengel, Judentum, 475.

277 Zu einer kritischen Auseinandersetzung mit dem Begriff der »Wirkungsgeschichte« und sehr reflektierten Überlegungen über die Frage, inwieweit Verse wie 1. Thess 2, 14–16 »auch nur mittelbar in einen kausalen Konnex mit jenen Greueltaten zu bringen« sind, die Juden erlitten haben, vgl. ferner Kampling, Skizze, 185.

XIV. Die Einzigartigkeit von Kittels Lage

Vielleicht wird man sagen, Kittel hätte trotz allem den Möglichkeiten einer Missdeutung seiner Stellung und Haltung aus dem Wege gehen müssen. Er hätte »klüger« getan, sich aus dem ganzen gefährlichen Bereich herauszuhalten.

Wer so redet, beachtet nicht, dass Kittel in einer völlig einzigartigen Lage war, die eine ebenso einzigartige Verpflichtung einschloss. Seine wissenschaftliche Behandlung der Judenfrage bedeutete zugleich eine *wesentliche* Stützung der christlich-kirchlichen Position im Weltanschauungskampf. Er konnte wirksam, wirksamer als alle anderen Versuche von der kirchlichen Seite her und vor allem an Stellen, an die keine von jenen jemals drang, in den Kampf um die Bibel eingreifen, indem er zeigte, dass Israel und Judentum, Altes Testament und Talmud nicht nur nicht dasselbe sind, sondern dass ihre Verschiedenheit durch eine völlige Verlagerung der Höhen- und Wertlage bedingt ist. Der Vergleich konnte, sollte er anschaulich sein, nur in Gestalt eines Werturteils durchgeführt werden, weil die echte Größe des einen Vergleichsteiles erst am Hintergrund des anderen ans Licht trat. Dies aber hieß, dass das ihm gegebene Mittel der Verteidigung des Alten Testamentes eine historische Sicht war, die die Tatbestände des antiken Judentums nackt und unbeschönigt herausarbeitete – eben zum Zweck des Vergleichs – und die damit, bei aller historischer Objektivität der Darstellung dieser Tatbestände, als antijudaistische Sicht in die Erscheinung treten musste.

Mit alledem war Kittel, im Kampf um die Bibel, eine völlig einmalige Gelegenheit gegeben, in außerkirchlichen Kreisen gehört zu werden und bei ihnen der Wahrheit eine Bahn zu brechen; eine Gelegenheit, die in dieser Weise *nur* Kittel und *in ganz Deutschland buchstäblich niemand außer ihm* hatte. So fiel, wenn er von dieser Möglichkeit keinen Gebrauch machte, im Kampf um Bibel und Christentum ein wesentliches und unersetzliches Positivum aus. Aus diesem Grunde hat Kittel sich für verpflichtet gewusst, dort, wo er im Rahmen seiner christlichen und wissenschaftlichen Erkenntnisse und Überzeugungen sich äußern konnte, dies zu tun. Dies Letztere war der einzige Maßstab, an dem er gewissensmäßig sein »Erlaubt« oder »Verboten« [für] sich gegeben sah. Im Reichsinstitut achtete man seine Überzeugung; deshalb erlaubte [60] ihm sein Ge-

Die Einzigartigkeit von Kittels Lage

wissen, hier die Mitarbeit aufrecht zu erhalten. Wo dies nicht geschah, schied er, wie z. B. im Amt Rosenberg, in allen Fällen nach kürzester Zeit aus. Noch als er im Herbst 1943 von Gauleiter Murr zu jenem mehrfach erwähnten Vortrag auf der Kreisleiter-Konferenz eingeladen wurde[278], hat er nach langen Erwägungen (Freunde, mit denen er sich damals beraten hat, wissen, wie sehr es widerwillig und mit Widersprechen geschah) sich entschlossen, den Vortrag zu übernehmen; er stellte als die einzige Bedingung, dass er ohne jede zeitliche und sachliche Beschränkung reden dürfe. Darüber, was er damals geredet hat, gibt die eidesstattliche Erklärung des Adjutanten des Gauleiters, Hans Gutbrod, Aufschluss; dass er nämlich »das Verhältnis Judentum-Christentum und abschließend die These behandelte, dass die Judenfrage allein von einer christlichen Grundlage aus behandelt und mit Erfolg einer Lösung zugeführt werden könne.«[279] Gab es einen zweiten Mann in ganz Deutschland, der die Möglichkeit hatte, vor dem Gauleiter und seinen Mitarbeitern in diesem Sinne Zeugnis von der Wahrheit zu geben? – –

Wer Kittel kennt, wird ihm glauben, dass er in jenen Jahren nicht leichtfertig in den Tag hinein gelebt hat, sondern unendlich oft die Frage sich stellte, ob und wann der Zeitpunkt gekommen sei, dass er angesichts der Entwicklung der Dinge, wie sie in Deutschland mehr und mehr – auf allen Gebieten und so auch auf dem der Judenpolitik– sich offenbarte, nichts mehr zu tun habe als zu schweigen. Es ging ihm wie Mose, der nach der Erzählung 2. Mos. 3, 11; 4, 1.10.13, als Gott ihn zu reden beauftragt, sich dagegen wehrt: »Herr, sende, wen Du willst!«, dem Gott aber nicht die Freiheit gibt, sich der Sendung zu entziehen. Er stand in dem Ringen um die Seele seines Volkes unter der Pflicht des Gehorsams, wie sie schon der Prophet Ezechiel beschreibt:

»Du Menschenkind, ich habe dich zum Wächter gesetzt. Du sollst aus meinem Munde das Wort hören und sie um meinetwillen *warnen*. Wenn du den Gottlosen nicht warnst, so will ich sein Blut von deiner Hand fordern!«[280]

---

278 Vgl. oben Anm. 235 und 236.
279 Vgl. die eidesstattliche Erklärung von Gutbrod vom 30. September 1946 in UAT 162/31, Beilage 5 (unpaginiert).
280 Ez 3, 17–18.

Das noch nach 3 Jahren bei dem Gauschulungsleiter nachhallende Echo von Kittels Schorndorfer Vortrag (»Fiasko«[281]) beweist, dass Kittel wirklich nach diesem Wort des Propheten gehandelt hat, und dass auch die Anwesenheit des Gauleiters ihn nicht zu dem Einzigen verleitet hat, woran er, nachdem er sich zu sprechen entschlossen hatte, hätte schuldig werden können: zu einem Kompromiss, zu einer Erweichung der ihm aufgetragenen Warnung! [61]

Dabei stand Kittel an einem völlig einsamen Platz, an einer Stelle, an der er nicht nur auf keinen anderen die Last abgeben konnte – weil es keinen solchen Anderen gab –, sondern auch, an der ihn niemand begleiten konnte. Er wusste genau, dass viele nicht nur über ihn sich wunderten, sondern auch an ihm irre wurden. Nahe Freunde mochten wohl das Vertrauen in die Lauterkeit und Selbstlosigkeit seiner Absichten festhalten – wer ihn wirklich kannte, ist darüber niemals im Zweifel gewesen –, aber sein Verhalten musste selbst manchem von ihnen schwer ergründbar sein.[282]

Kittel ist an u[nd] für sich ein schweigsamer Mensch; hier vollends lag es in der Natur der Sache, dass er wenig über diese Dinge, vor allem über deren letzte Hintergründe, reden konnte u[nd] durfte, über vieles überhaupt nicht. Er konnte seinen Weg, der wahrhaft mitten durch die Felder und Abgründe der Dämonen führte, wahrhaft u[nd] in buchstäblichem Sinne zwischen dem Tod und dem Teufel – nämlich: zwischen der ständigen Gefahr, von den Radikalen liquidiert zu werden, und der ebenso ständigen Gefahr, sich selbst und seinem Gewissen untreu zu werden, schwach zu werden – nur völlig einsam gehen: im Gehorsam und im Glauben.

Man kann die Lage Kittels nicht besser illustrieren als durch das mehrfach zitierte Wort des katholischen Professors Karl Prümm, der Kittel, auch im Namen der katholischen Hörer für seinen Wie-

---

281 Vgl. oben Anm. 236.
282 Kittel reflektiert Erfahrungen und Enttäuschungen, die vielleicht auch daraus resultierten, dass einige frühere Kollegen den Kontakt mit ihm abbrachen und nach Kriegsende nicht bereit waren, zu seinen Gunsten auszusagen. Sein Tübinger Nachfolger Otto Michel, der damit beauftragt war, in vierzehntägigem Abstand in das Balinger Internierungslager zu fahren, um dort Andachten zu halten, berichtete, dass er in dieser Zeit nicht mit Kittel sprach, da dessen »frühere Haltung ... in der Judenpolitik des Dritten Reiches ... einen Abstand ... geschaffen« habe, den er »nicht mehr überbrücken konnte« (Michel, Anpassung oder Widerstand, 101; zu seinen Spannungen mit Kittel vgl. auch a. a. O., 93–94).

ner Vortrag dankte: dieser Vortrag sei eine Tat gewesen, und er, Kittel, sei der einzige Mensch in ganz Deutschland, der einen solchen Vortrag vor einem solchen Auditorium habe halten können![283] – –

Kittel glaubt bitten zu dürfen, dass bei der Beurteilung seines Handelns diese seine einzigartige Verpflichtung beachtet und gewertet werde. [62]

XV. Kittels persönliche Stellung zu einzelnen Juden.

Endlich ist die Frage zu stellen, wie sich Kittel zu denjenigen Juden, Halbjuden, Judenchristen persönlich verhalten hat, mit denen er zu tun hatte. Sie ist gleichbedeutend mit der Frage, ob er selbst dem Rechnung getragen hat, was er forderte: Gerechtigkeit auch gegen den Juden, Achtung vor dem frommen Juden, brüderliche Gesinnung gegen den christlichen Juden. In seiner Schrift »Die Judenfrage« hatte er 1933/34 den Satz geschrieben, es sei das »nie aufzugebende Vorrecht« des Christen, »nach des Heilandes Gleichnis vom barmherzigen Samariter die Wunden zu verbinden, die geschlagen werden mussten«.[284] Hat er danach gehandelt?

Die Anklage wird schwerlich in der Lage sein, einen einzigen Fall namhaft zu machen, in dem Kittel einen Juden verfolgt und ihm persönlich etwas zu leide getan hätte. Wohl aber hat Kittel in nicht wenigen Fällen Juden, Halbjuden, Judenchristen gegenüber sich so verhalten, wie es einem Christen ziemt.

Lange vor 1933, ca.1920 wurde die judenchristliche Ärztin Dr. Elisabeth Hersfeld, damals in Leipzig, später in der Mission, bei einem Vortrag in einer Berliner Kirche von einer antisemitischen Horde angepöbelt. Kittel hat damals durchgesetzt, dass Max Maurenbrecher[285] in der »Deutschen Zeitung« – der damals füh-

---

283 Vgl. oben S. 95 f. und 99.
284 Kittel, Judenfrage (¹1933), 69 – dort ohne die Wendung »nach des Heilandes Gleichnis vom barmherzigen Samariter« (Luk 10, 25–37).
285 Zu dem evangelischen Theologen und Publizisten Max Maurenbrecher (1874–1930), der 1907 aus der evangelischen Kirche austrat, Prediger einer freireligiösen Gemeinde wurde, danach aber wieder in die Kirche eintrat und 1919 das reformierte Pfarramt in Dresden übernahm, vgl. Hübinger, Maurenbrecher, Max. Maurenbrecher übernahm 1921 die Schriftleitung der alldeutsch-antisemitischen *Deutschen Zeitung*.

renden antisemitischen Zeitung – in einem Leitartikel bei der Angegriffenen sich öffentlich entschuldigte und den Fall als Musterbeispiel einer Entgleisung des Radau-Antisemitismus brandmarkte.

Als junger Mensch hatte Kittel als hebräischen Lehrer den jüdischen Gelehrten Issar Israel Kahan.[286] Als dieser gestorben war, widmete Kittel das Buch »Die Probleme des palästinischen Spätjudentums und das Urchristentum« seinem Andenken, mit dem Hinweis auf den Satz Joh. 1, 47 (»Siehe, ein echter Israeliter, an dem kein Falsch ist«).[287] Das mochte im Jahr 1926 nicht viel bedeuten; umso wesentlicher aber für die Frage, ob Kittel im Jahr 1933 eine andere Stellung bezogen habe, oder ob er seinen Grundsätzen treu geblieben sei, ist es, dass er noch 1934, also zur Zeit der NS-Herrschaft, in der 3. Auflage seiner »Judenfrage«, den Satz drucken ließ: »Als ich einst bei Issar Israel Kahan Hebräisch

---

[286] Israel Issar Kahan (1858–1924) vgl. Siegele-Wenschkewitz, Neutestamentliche Wissenschaft, 53 f.; Kahan war durch Franz Delitzsch an das Leipziger Institutum Delitzschianum gekommen, wo er seit 1908 als Lektor (nach 1920 als Professor) für »spätjüdische Wissenschaft« tätig war. In Leipzig half Kahan Delitzsch bei der Übertragung des NT ins Hebräische. Zu Kahan schrieb Kittel 1929 in der zweiten Auflage der »Religion in Geschichte und Gegenwart« (Art. »Kahan, Israel Issar«, Sp. 582 f): »Körperlich unscheinbar, gebrechlich und mit jahrelangem Leiden behaftet, persönlich von ängstlicher Bescheidenheit, literarisch vollkommen unproduktiv, als Lehrer höchst unbeholfen, war er doch für einen kleinen Kreis von Freunden und Schülern um der Lauterkeit seines Charakters willen und durch die immense Fülle seines Wissens, sowie die von ihm ausgehenden Anregungen mannigfachster Art von nicht geringer Bedeutung«. Siegele-Wenschkewitz gibt zu bedenken, dass solche Formulierungen für den Autor nach 1933 kompromittierend wirken konnten, der sich vor diesem Hintergrund auch deshalb antisemitisch radikalisierte, weil er glaubte, sich und seine Forschung verteidigen zu müssen. Dennoch wirkt Kittels Satz in einem wissenschaftlichen Nachschlagewerk – der Autor verteilt moralische Zensuren und kann »lautere« von »unlauteren« Juden unterscheiden, bemüht sich aber zugleich, einen herzlichen Ton anzuschlagen – befremdlich. Kittel bezieht sich auf Kahan auch in: Grundsätzliches und Methodisches zu den Übersetzungen rabbinischer Texte, in: Aggelos. Archiv für neutestamentliche Zeitgeschichte und Kulturkunde 1, Nr. 1/2 (1925), 60–64 (hier: 60); sowie in der dritten Auflage von Die Judenfrage (Kittel, Judenfrage ³1934, 92).

[287] In Die Judenfrage, 56, stellt Kittel diesem Bibelvers den von ihm oben bereits zitierten Satz an die Seite, das Neue Testament sei »das antijüdischste Buch der ganzen Welt«.

lernte (dessen Gedächtnis als einen Mannes nach Joh. 1, 47 mich für immer vor einer generellen Diffamierung des Judentums bewahren wird) ....[288]

Der längere Zeit in Tübingen lebende Volljude Chaim Horovitz[289], der 1933 nach Holland auswanderte, dem Kittel einen Empfehlungsbrief an den Amsterdamer Theologieprofessor Grosheide mitgab[290], sagte beim Abschied zu Kittel: »Sie haben eine tiefere Liebe zu Israel und kennen das Wesen dieses Volkes besser als viele Namensjuden.« [63]

Der judenchristliche Tapetenhändler Hugo Löwenstein[291] wurde, bis zu seiner Emigration nach der Schweiz (oder nach Palästina?)[292] im Jahr 1934, von Kittel regelmäßig freundschaftlich beraten. Am 1. 4. 1933, als zum ersten Mal ein Judenboykott durchgeführt wurde, hat Kittel das Geschäft von Löwenstein vor Sabotageakten und ihn selbst vor Insultierungen dadurch ge-

---

288 Dieses Jesuswort (Joh 1,47) wurde auch von Schlatter verwandt, wenn er in jüdischen Zusammenhängen lobende Akzente setzen wollte; vgl. Siegele-Wenschkewitz, Neutestamentliche Wissenschaft, 55; vgl. dazu oben Anm. 36 und 37.
289 Zu Charles (Chaim) Horowitz (1892–1969), der von September 1930 bis März 1933 Kittels wissenschaftliche Hilfskraft war und im Wintersemester 1930/31 eine »kleine Arbeitsgemeinschaft« über »rabbinische Texte« durchführte, vgl. Morgenstern, Otto Michel und Charles Horowitz. Horowitz ging auch bei Adolf Schlatter ein und aus, von dem er menschlich und theologisch so tief beeindruckt gewesen sein soll, dass er »zum Glauben an Jesus fand«, auch wenn die Entscheidung zur Taufe ausblieb (Neuer, Adolf Schlatter, 749). Vgl. dazu Morgenstern, Institutum Judaicum, 26–32.
290 Im Vorwort zum ersten Band des ThWNT (VI) dankte Kittel »FW Großheide, Amsterdam« für seine Hilfe; zu Kittels Kontakten in Amsterdam vgl. auch Deines, Pharisäer, 434. Zu Grosheide vgl. https://www.geheugen vandevu.nl/hoofdmenu/personen/grosheide-fw [04.04.2019].
291 Zu Löwenstein, der am 1886 im württembergischen »Judendorf« Rexingen geboren und am 23. März 1913 von Adolf Schlatter getauft wurde, vgl. Zapf, Tübinger Juden, 70, 73, 103, 120 und 150 f; vgl. auch Neuer, Adolf Schlatter, 748. Löwenstein war als Geschäftsführer der bekannten Tübinger Firma Schimpf tätig, die er nach dem Tode des Inhabers übernahm. Sein Geschäft befand sich in der Tübinger Wilhelmstraße 3 (dem heutigen »Museum«, gegenüber dem Tübinger »Schimpfeck« am Lustnauer Tor).
292 Löwenstein emigrierte 1936 mit seiner nichtjüdischen Frau nach Palästina vgl. Zapf, Tübinger Juden, 83 und 97. Zu Tübinger Juden, die Zuflucht in der Schweiz suchten, vgl. Morgenstern, Württembergische Juden, 89 und 96–98.

schützt, dass er lange Zeit mit Löwenstein vor dem Geschäft auf der Tübinger Wilhelmstrasse auf- und abging.[293]

Der in Hechingen, später in Koblenz lebende judenchristliche Pfarrer Dr. Peter Katz[294] wurde gleichfalls von Kittel zwischen 1933 und 1939 regelmäßig beraten. Er kam oftmals zu Kittel. Kittel hat ihm mehrfach, auch noch zuletzt nach Koblenz, wissenschaftliche Bücher aus seiner Privatbibliothek geliehen. Ende 1938, nach dem Sturm auf die Synagogen, war ihm Kittel bei der Emigration nach England behilflich, indem er bei Professor Creed-Cambridge[295] mündliche Fürsprache für ihn einlegte, dass ihm eine Stelle bei dem Cambridger Septuaginta-Unternehmen übertragen wurde.[296] Er konnte noch kurz vor dem Krieg auswandern. Die Unterredung, die Kittel mit Creed hatte, ist insofern denkwürdig für ihn, als es das *letzte* Gespräch überhaupt gewesen ist, das Kittel auf englischem Boden mit einem englischen Freund hatte: es betraf die Fürsorge und Hilfeleistung für einen Juden.

Einem halbjüdischen Enkel des in Frankfurt/Oder lebenden – inzwischen verstorbenen – Pastors D. Paul Billerbeck[297] vermit-

---

293 Als »Judenboykott« wurde der von den Nationalsozialisten ausgerufene Boykott jüdischer Geschäfte, Warenhäuser, Banken, Arztpraxen und Rechtsanwaltskanzleien bezeichnet, zu dem Joseph Goebbels am 29. März 1933 im *Völkischen Beobachter* für den 1. April aufgerufen hatte. Zur Durchführung dieses Boykotts in Tübingen vgl. Zapf, Tübinger Juden, 77 f.
294 Katz (1886–1962), dessen jüdische Eltern ihn im Alter von zwei Jahren hatten taufen lassen, war von 1931–1934 Pfarrer in Hechingen; am 1. März 1934 versetzte der altpreußische Landesbischof Ludwig Müller ihn in den einstweiligen Ruhestand; nach dem Novemberpogrom 1938 nahm Katz eine Einladung des britischen Bischofs Bell an und emigrierte mit seiner Familie nach England; Kittel hatte in Erfahrung gebracht, dass Katz am 17. März 1945 für den ersten Band seiner Septuagintastudien den philosophischen Doktor (PhD) erhalten hatte; vgl. Lekebusch/Ludwig, Artikel »Peter Katz«.
295 Gemeint ist John Martin Creed (1889–1940), seit 1926 Ely Professor der *Faculty of Divinity* in Cambridge.
296 1961 wurde Peter Katz, der 1954 den Nachnamen Walters angenommen hatte, für seine Arbeiten über die Septuaginta von der Theologischen Fakultät der Universität Heidelberg der Ehrendoktortitel verliehen.
297 Zu Billerbeck (1853–1932), der in den neumärkischen Gemeinden Zielenzig und Heinersdorf als Pfarrer wirkte und nebenbei seinen *Kommentar zum Neuen Testament aus Talmud und Midrasch* schrieb, den er mit Hilfe seines Berliner Mentors Hermann Leberecht Strack herausbrachte, vgl. Jeremias, TRE 6, 1980, 640–642. Aufgrund seiner wissenschaftlichen Ver-

telte Kittel ca. 1935 einen Geldbetrag von mehreren hundert Mark für die Auswanderung.

In Herrlingen bei Ulm leitete die junge jüdische Philanthropin Käthe Hamburg ein von ihr selbst geschaffenes und unterhaltenes kleines Kinderheim. Sie wandte sich 1933 um Hilfe an Kittel, der durch Schritte bei Stuttgarter und bei Herrlinger Stellen erreichte, dass sie zunächst in ihrem Heim unangefochten blieb, und dass später, als dieser Zustand sich nicht mehr halten ließ, ihrer Emigration keine Schwierigkeiten in den Weg gelegt wurden.[298]

Kittel hatte als Mitherausgeber der früher erwähnten »Rabbinischen Texte« den in London lebenden jüdischen Professor A. Marmorstein.[299] Kittel hat ihn als Mitherausgeber noch 1933 unter der NS-Herrschaft gehalten und seinen Namen auf dem Ti-

---

dienste war Billerbeck von der Universität Greifswald und von der Königsberger Universität der Ehrendoktor verliehen worden. Die Anregung auf die Verleihung der Greifswalder Ehrung ging 1923 auf Gustaf Dalman zurück, der den entsprechenden Antrag gemeinsam mit Gerhard Kittel und Kurt Deißner, damals der zweite Vertreter des Neuen Testaments in Greifswald, stellte; zum Dank ließ Billerbeck Kittel den ersten Band seines *Kommentars zum Neuen Testament* persönlich zukommen (Männchen, Ernst Friedrich Paul Billerbeck, 244–245). Zu Kittels Rezension von Billerbecks Kommentar vgl. Biere, Billerbeck rezensiert, 294 f. – Wer der »halbjüdische Enkel« war, auf den Kittel sich bezieht, war nicht zu ermitteln; Billerbecks Ehefrau Martha geb. Bartholdy hatte angeblich jüdische Vorfahren und war mit Felix Mendelssohn-Bartholdy verwandt (Männchen, a. a. O., 219 f.); ob eines der aus der Ehe hervorgegangenen insgesamt neun Kinder einen Juden oder eine Jüdin heiratete, ist ebenfalls nicht bekannt. Fritz Waschinsky, der spätere Ehemann der zweitjüngsten Tochter Billerbecks Johanna (geb. 1894) hatte sich immerhin 1917 in Palästina aufgehalten. Einige der Kinder Billerbecks waren auch mehrfach verheiratet (vgl. Männchen, a. a. O., 240–242).

298 Zum reformpädagogischen Landschulheim Herrlingen, das 1926 von den Schwestern Clara Weimersheimer und Anna Essinger gegründet worden war, vgl. Schachne, Erziehung. Nach den Sommerferien 1933 wurde das Landschulheim nach England verlegt.

299 Arthur Marmorstein (1882–1946) war 1906 von Wien aus nach London gewechselt, wo er als *Principal* am *Jews' College* amtierte; gemeinsam mit Kittel gab er die *Rabbinischen Texte* heraus. 1929 galt die Zusammenarbeit Kittels mit Marmorstein als so etabliert, dass dieser als »jüdischer Theologe« und »Gemeinderabbiner« einen eigenen Eintrag in der zweiten Auflage der in Tübingen herausgegebenen »Religion in Geschichte und Gegenwart« erhielt, der von Kittels Assistenten Karl Heinrich Rengstorf verfasst wurde (RGG, Bd. 3, 1929, Sp. 2022).

telblatt der Lieferungen – allen Anfeindungen zum Trotz – weiter gedruckt; das heißt: er hat noch damals öffentlich den Juden anerkannt, was ein gefährliches Wagnis war. Marmorstein selbst verlangte im Jahr 1933 oder 1934 sein Ausscheiden.[300] Kittel hat auch dann zunächst noch versucht, ihn zur Rückgängigmachung dieser Forderung zu bestimmen und betont, dass von ihm – Kittel – aus dieser Entschluss keineswegs nötig sei, dass er vielmehr Marmorsteins Mitarbeit decken werde. Erst als Marmorstein bei seinem Willen, auszuscheiden blieb, hat Kittel notgedrungen seinen Namen gestrichen.

Als 1933 der Tübinger Philosophieprofessor Dr. Konstantin Österreich[301], der mit einer Jüdin verheiratet ist, abgesetzt wurde, hat sich Kittel bei dem Referenten des Stuttgarter Kultusministeriums, Dr. Keller[302], für ihn verwendet – ebenso wie für den abgesetzten Privatdozenten Dr. Winkler[303] –. Eine Aufhebung

---

300 In der Erwartung, dass Kittel seine jüdischen Mitarbeiter und das Judentum verteidigen werde, hatte Marmorstein 1933 ein Exemplar von Kittels *Judenfrage* bestellt, wurde bei der Lektüre aber bitter enttäuscht. Daraufhin wandte er sich an den Stuttgarter Kohlhammer-Verlag und verlangte die Streichung seines Namens aus der Herausgeberliste. Kittel schrieb ihm daraufhin zwei längere Briefe, in denen er von einem Missverständnis sprach, da er in seinem Text nicht der Minderwertigkeit Israels das Wort geredet, sondern die Unterschiede zwischen Deutschen und Juden dargelegt habe. Bemerkenswerterweise bat Kittel seinen Kollegen noch in diesem Stadium, seine Entscheidung zum Rückzug zu überdenken, doch Marmorstein antwortete zornig und ablehnend. Vgl. Rabbinowitz, Memorial Volume, XXII. 1937 stellte Kittel in einem Antrag an die Deutsche Forschungsgemeinschaft aber heraus, die Reihe der *Rabbinischen Texte* sei »das einzige Projekt auf der Welt, das die Schriften des Talmuds ohne die Beteiligung von Juden herausbringe« (Junginger, Verwissenschaftlichung, 147). Zu den Umständen des Ausscheidens Marmorsteins aus der Herausgeberschaft der *Rabbinischen Texte* vgl. Morgenstern, Institutum Judaicum, 55.
301 Traugott Konstantin Österreich (1880–1949) war mit der Jüdin Dr. Maria geb. Raich verheiratet und wurde, auch wegen seiner pazifistischen Gesinnung, 1933 denunziert und zwangsweise emeritiert; 1945 wurde er mit dem Titel eines persönlichen Ordinarius wieder in sein Amt eingesetzt; vgl. Bauer, Traugott Österreich, 461 f.
302 Württembergischer Kultusminister und Ministerpräsident war Christian Mergenthaler (1884–1980) vgl. Klee, Personenlexikon, 404; vgl. auch Kieß, Christian Mergenthaler.
303 Zur Entlassung des Religionswissenschaftlers und Orientalisten Hans Alexander Winkler und seiner Ehefrau, der armenischen Russisch-Lektorin Hayastan Winkler, im Frühjahr 1933 vgl. Scherb, Tübinger Studentinnen,

der Absetzung kam nicht in Frage, wohl aber wurde Kittel zugesagt, dass die Regelung der Pensionsbezüge Österreichs einer wohlwollenden Revision unterzogen werden solle.

Als im Jahr 1933 die Ausmerzung der jüdischen Hochschullehrer aus den Hochschulen vorgenommen wurde, hat Kittel aus [64] freier Initiative in einem Privatbrief an den damaligen Referenten des Preußischen Kultusministeriums, Professor Achelis[304], sich für die Erhaltung der Lehrtätigkeit Martin Bubers in Frankfurt [am] Main eingesetzt.[305]

Kittel hat Walter Frank[306] gebeten, dafür zu sorgen, dass der über achtzigjährige Greifswalder Historiker, der Volljude Prof. E. Bernheim unangefochten bleiben möchte, was, soviel bekannt wurde, bis zu dessen Tode geschah.[307] In Wien hat sich Kittel zu-

---

760 f. H. A. Winkler hatte in den 1920er Jahren eine Zeitlang der KPD angehört. Für Winkler hatte sich offenbar auch der spätere Universitätsrektor Focke eingesetzt; vgl. Daniels/Michl, Strukturwandel, 40–41; vgl. auch oben Anm. 60.

304 Daniel Achelis (1898–1963) war Ministerialrat im preußischen Kultusministerium und galt dort als »Architekt der Säuberung der Hochschulen«; vgl. Klee, Personenlexikon, 10. Kittel schrieb einen »Privatbrief«, weil er offensichtlich vermeiden wollte (oder musste), einen dienstlichen Briefkopf zu verwenden.

305 In seiner Schrift »Die Judenfrage« hatte Kittel dagegen polemisiert, dass es in der »hinter uns liegenden intellektualistischen Zeit [...] Fakultäten in Deutschland geben konnte, deren Professoren zur größeren Hälfte Juden waren.« Freilich möge es auch »Fälle geben, in denen die überragende fachliche Bedeutung eines in Deutschland lebenden Fremden so groß ist, daß man überlegen kann, ob nicht der Gewinn einer durch ihn deutschen Studenten gegebenen Ausbildung den Mangel der ihm als Nichtdeutschen gegebenen Begrenztheit überwiege« (Die Judenfrage, 46). In Bubers Antwort heißt es dazu: »Von der Lehrer- und Hochschullehrer-Frage [...] will ich schweigen; Sie können sich gewiß vergegenwärtigen, daß ich selbst mich lieber in der Rechtmäßigkeit meiner akademischen Berufung bestritten, denn als ›ganz außergewöhnlicher Fall‹ angesehen wissen möchte (Buber, Briefwechsel, 488). – Zum Verhältnis zwischen Kittel und Buber vgl. oben Anm. 110 und 124–125 sowie Morgenstern, Institutum Judaicum, 58 f.

306 Zu Frank vgl. oben. Anm. 167, 171 und 174.

307 Zu Ernst Bernheim (1850–1942), der sich als junger Mann taufen ließ, vgl. Blechle, »Entdecker« der Hochschulpädagogik, 332–341. Opitz, Ernst Bernheim, gibt als sein Geburtsdatum das Jahr 1859 an. Entgegen den Vorschriften des Reichsbürgergesetzes vom 4. Dezember 1935 (»Nürnberger Gesetze«) durfte Bernheim sein Reichsbürgerrecht behalten (Blechle, a. a. O., 334).

sammen mit Bischof Eder dafür eingesetzt und durch persönliche Intervention bei zuständigen Stellen mit dazu geholfen, dass innerhalb des jüdischen Ghetto[308] für die getauften Juden regelmäßig durch einen christlichen Gelehrten Andachten gehalten werden durften.

Die halbjüdische Schauspielerin am Wiener Burgtheater, Frau Elisabeth Kallina[309][,] ist mit Kittel und dessen Frau eng befreundet. Sie hat in vielen Briefen ihm ihren Dank für seine menschliche und seelsorgerische Hilfe ausgedrückt. Kittel hat sie in jeder Weise zu schützen und zu fördern gesucht, sie auch mehrfach vor Gefahren, die ihr drohten, gewarnt. Frau Kallina ist gläubige Katholikin.

Der judenchristliche Theologe Dr. Wilhelm Dittmann und seine Braut, die Gemeindehelferin Grete Leitner[,] haben Kittel in Briefen bis in die allerletzte nationalsozialistische Zeit immer wieder für seine Anteilnahme an ihrem Schicksal gedankt.[310] Schon Anrede und Ton der Briefe zeigen den herzlichen Charakter des gegenseitigen Verhältnisses. Besonders eine Postkarte vom 20. 12. 44, die auf ein seelsorgerliches Gespräch vom Januar 1939 und auf den Spruch Joh. 11, 40 zurückgreift, zeigt besser

---

308 Gemeint sind wohl die Judenhäuser im zweiten Gemeindebezirk, der Leopoldstadt. Das Wiener jüdische Ghetto wurde 1848 aufgehoben.

309 Zu Elisabeth Kallina (1910–2004), die 1930 den (seit 1933 der NSDAP angehörigen) Schriftsteller Hermann Heinz Ortner (1895–1956) geheiratet hatte, von dem sie 1938 (möglicherweise aus »rassischen« Gründen) geschieden wurde, vgl. Danielczyk, Ästhetik, 83–88. Kallina, die katholischen Glaubens war, galt wegen ihres außerehelichen Vaters als »Halbjüdin«. In UAT 162/31, Beilage VI (unpaginiert) sind einige Briefe Kallinas an Kittel dokumentiert.

310 Nach einem Erlass vom 15. April 1937 durften Juden mit deutscher Staatsangehörigkeit nicht mehr zur Doktorprüfung zugelassen werden, die Promotion von »Mischlingen« war aber weiterhin zulässig; vgl. BArch R 4901/770, B. 84 (Berg, Promotionsrecht, 219). Zu Wilhelm Dittmann (1915–1996), der als »Halbjude« galt, und der Nichtjüdin Grete Leitner vgl. Ludwig, Artikel »Wilhelm Dittmann«, 84 f. Dittmann promovierte im Juli 1939 in Tübingen über das Thema »Die Auslegung der Urgeschichte (Genesis 1–3) im Neuen Testament«; dies wurde ermöglicht durch eine von Kittel beim Reichswissenschaftsministerium erwirkte Sondergenehmigung. Da das Zusammenleben von Dittmann mit seiner Braut als »Rassenschande« galt, lebten beide in ständiger Angst und konnten erst nach dem Krieg heiraten. In UAT 162/31, Beilage VI (unpaginiert) ist ein Dankesbrief Dittmanns und seiner Braut an Kittel dokumentiert.

als vieles Andere, wie Kittel sich der jungen Leute und ihres harten Schicksals auch seelsorgerlich angenommen hat.

Der halbjüdische Pfarrer Majer-Leonhardt in Stuttgart, der einige Jahre vor dem Krieg in Tübingen studierte, stand bis in die jüngste Zeit in enger Verbindung mit Kittel. Noch als jener bei Kriegsende in der Organisation Todt eingesetzt war, hat Kittel mit ihm in Briefwechsel gestanden. Er hat stets, wenn er nach Tübingen kam, Kittel besucht und diesem dabei nicht nur von seinem eigenen, sondern auch von den Schicksalen anderer judenchristlicher Theologen berichtet.[311]

Um einen judenchristlichen Theologiestudenten Adalbert Fischer[312] aus Frankfurt/Main, der einige Jahre vor dem Krieg in Tübingen studierte, hat sich Kittel angenommen, als sich ihm Schwierigkeiten besonderer Art ergaben.

---

311 Zu Fritz Majer-Leonhard (1915–1995), der wegen seiner jüdischen Mutter als »Mischling ersten Grades« galt, vgl. Röhm, Fritz Majer-Leonhard; Hermle, Schicksale ›nichtarischer‹ Christen, 286 f.; vgl. auch UAT 162/31, Beilage I, 5. Majer-Leonhard hatte in Gießen, Bethel und Tübingen evangelische Theologie studiert, wo er 1937 das Fakultätsexamen ablegte. Nach dem Frankreichfeldzug wurde er 1940 aus der Wehrmacht entlassen; 1944 musste er sich zum Arbeitseinsatz bei der »Organisation Todt« (OT) melden, einer nach ihrem Gründer Fritz Todt (1891–1942) benannten paramilitärischen Bautruppe, die dem Reichsministerium für Bewaffnung und Munition unterstand (vgl. Klee, Personenlexikon, 627). In einem Arbeitslager in Wolfenbüttel lebte Majer-Leonhard in dieser Zeit gemeinsam in einer Baracke mit Hansrudolf Hauth und Arthur Schaller, zwei anderen »nicht-arischen« Theologen, die ebenfalls in Tübingen studiert hatten und wegen ihrer Herkunft nicht zum Pfarrdienst in der württembergischen Kirche zugelassen wurden. Offenbar war in Kittels Gesprächen mit Majer-Leonhard von diesen Schicksalen die Rede. Vgl. dazu Röhm, Hansrudolf Hauth; Röhm, Arthur Schaller. – 1946 wurde Majer-Leonhard, zunächst als Vikar, in den württembergischen Kirchendienst aufgenommen.
312 Näheres zu Adalbert Fischer ließ sich nicht ermitteln. Vielleicht ist auch der in Frankfurt M. gebürtige Theologe Hellmut Fischer (1907–1986) gemeint, der u. a. in Tübingen studiert hatte, im Juni 1933 Mitglied der NSDAP geworden war (1935 wurde er aus der Partei ausgeschlossen) und bis 1936 den »Deutschen Christen« angehörte. Fischer stand seit 1932 im Dienst der bayrischen Landeskirche, konnte aber 1938 den »Ariernachweis« nicht erbringen – seine Großmutter mütterlicherseits war Jüdin, die sich aber bereits vor ihrer Eheschließung hatte taufen lassen. Fischer wurde zum 1. Januar 1939 aus dem kirchlichen Dienst entlassen und kurze Zeit später zur Wehrmacht eingezogen. Im Krieg geriet er in russische Kriegsgefangenschaft, aus der er 1948 zurückkehrte; vgl. Röhm, Hellmut Fischer.

Die jetzige Theologiestudentin Annemarie Tugend[313] hat berichtet, wie Kittel kurz nach dem Synagogensturm und der Verhaftung ihres jüdischen Vaters sich um sie angenommen habe.

Es darf zum Schluss dieser Aufzählung, die sich vermehren ließe, daran erinnert werden, dass es einen ausdrücklichen Parteibefehl gab, der nicht nur jeden Umgang mit einem Juden oder Halbjuden, sondern auch jedes Eintreten für einen solchen auf das strengste bedrohte. Zu den meisten der im Vorstehenden beschriebenen Akte gehörte ein nicht ganz geringes Maß von persönlichem Mute: etwa dazu mit einem stadtbekannten Juden am Tag des Judenboykotts auf der Tübinger Wilhelmstrasse eine Stunde lang auf und abzugehen; oder mit einem anderen, gleichfalls stadtbekannten Juden an einem Sonntag Nachmittag in einem öffentlichen Lokal zu sitzen. Dergleichen war, wie [65] Majer-Leonhardt betont, »gar keine Selbstverständlichkeit«[314]; oder wie Frl. Tugend bezeugt »obwohl es in diesen Tagen für jedermann gefährlich war, auch nur durch einen Gruß seine Bekanntschaft mit einem Juden zu bezeugen«.[315] Kittel hat all dies mit

---

313 Zu Annemarie Tugendhat, zuvor Annemarie Tugend (1922–2013), die als »Halbjüdin« während der Nazizeit nicht studieren durfte und erst 1945 das Studium der evangelischen Theologie aufnahm, vgl. Pithan, Religionspädagoginnen, 423 f. Annemarie Tugendhat trat 1950 zur römisch-katholischen Kirche über. Vgl. Ericksen, Theologian, 596, 599, 617–18 sowie ein Brief Tugendhats an Kittel (in UAT 162/31, Beilage I, 5).
314 Zitat aus einem Schreiben des Stadtvikars und »Halbjuden« Fritz Majer-Leonhardt vom 6. Juni 1945; es heißt dort, Kittel habe sich um ihn wie um seine Schicksalsgefährten – genannt werden die Namen Dr. Schweitzer und Adalbert Fischer – »ehrliche Mühe« gegeben. Ihn (Majer-Leonhardt) habe er wissen lassen, »dass wir trotz der nun einmal vorliegenden Art- und Meinungsverschiedenheiten im Letzten eins sind.« In einem zweiten Schreiben vom 30. November 1946 bezeugt Majer-Leonhardt, er habe Kittels »Gedankengänge über die Judenfrage teilweise« abgelehnt. »Trotzdem hat er mich nicht nur tadellos anständig behandelt – das war in jener Zeit keine Selbstverständlichkeit – sondern er hat sich meiner jederzeit persönlich angenommen und mich persönlich beraten.« (Beglaubigte Abschriften, UAT 162/31, Beilage VI, unpaginiert).
315 Zitat aus einer Erklärung von »Frl. Annemarie Tugendhat, Halbjüdin« (Beglaubigte Abschrift, UAT 162/31, Beilage VI. unpaginiert). Die Erklärung beginnt mit dem Satz: »Es ist mir ein Bedürfnis, zu der gegen Herrn Professor Gerhard Kittel, Tübingen, erhobenen Anklage des Antisemitismus und zu seiner aus diesem Grunde erfolgten Inhaftierung nachstehende Erklärung abzugeben.« Am Ende heißt es: »Diese persönliche Achtung von Mensch zu Mensch hat Herr Prof. Kittel auch in den Jahren der grössten

Bewusstsein getan, weil es für jene von den meisten gemiedenen Menschen eine Wohltat war, wenn jemand sich des Umgangs mit ihnen nicht schämte. Nach den Folgen hat Kittel in allen diesen Fällen nicht gefragt. Er darf fordern, dass auch dieser Zug seinem Gesamtbilde eingefügt wird.

Die Beispiele beweisen, wie fern jeder »Judenhass« Kittel zu allen Zeiten lag, wie vielmehr die ganze Frage für ihn in einer völlig anderen Ebene war. Sie sind nicht zufällige Einzelheiten etwa aus sentimentalen Anwandlungen erwachsen und mehr oder weniger willkürlich, aus Gründen der Apologetik, etwa um Kittel in einem günstigeren Lichte erscheinen zu lassen, zusammengetragen. Sie geben vielmehr das Bild einer indeliblen, niemals verleugneten Grundhaltung Kittels. Sie stellen wesenhaft die eine Hälfte seiner Gesamthaltung dar. So ernst er in allen Stadien seiner Beschäftigung mit dem Judentum die biblisch-urchristlich-altkirchliche Grundhaltung und die aus diesem sich ergebende Folgerung eines christlichen Antijudaismus vertrat, so ernst hat er *gleichzeitig* in jedem Augenblick und für jeden Einzelfall die für jede biblisch-christliche Einstellung gleichfalls unaufgebbaren Grundsätze der Gerechtigkeit und der Barmherzigkeit in die Tat umzusetzen sich bemüht. Wer nicht *beides zusammensieht*: die prinzipielle scharfe Abgrenzung und die ebenso prinzipielle Handlung der Menschlichkeit, sieht Kittels Gesamthaltung nicht in ihrer Ganzheit und ist schon deshalb außerstande, sie gerecht und sachgemäß zu beurteilen. [66]

XVI. Einzelne Beschuldigungen

Die Hauptbeschuldigung gegen Kittel ist, dass er direkt oder indirekt mit dem Antisemitismus der Partei und dessen Taten verquickt gewesen sei. Daneben steht eine ganze Reihe von einzelnen Vorwürfen, die gegen ihn erhoben worden zu sein scheinen und die, meist nur gelegentlich, ihm selbst oder seinen Angehörigen u. Freunden

---

Anfeindungen gegenüber uns Juden bewahrt. Wenn Herr Professor Kittel nach Stuttgart kam, so erkundigte er sich immer wieder nach meinem und dem Ergehen meiner Eltern und hielt so die Verbindung mit uns aufrecht. Es war unter uns kirchlichen Juden bekannt, dass man zu ihm kommen und Hilfe und Rat bei ihm finden durfte.«

gegenüber zur Sprache gebracht worden sind. Es dürfte sachgemäß sein, sie an dieser Stelle der Reihe nach Punkt für Punkt kurz zu besprechen, wobei in einigen Fällen schon Gesagtes noch einmal kurz resumiert wird. Es kann selbstverständlich sein, dass es wesentliche weitere Vorwürfe gibt, die hier nicht erwähnt sind, – lediglich deshalb, weil sie dem Beschuldigten nicht bekannt geworden sind.

1. Kittel sei »Direktor des antisemitischen Instituts« gewesen.

a) Kittel war Mitglied des über 50 Professoren usw. umfassenden Sachverständigenbeirats des »Reichsinstituts für Geschichte des Neuen Deutschlands«, mit dem speziellen Auftrag als Referent für Palästina u. Religionswissenschaft. Irgendeine direktoriale oder sonstige leitende Stellung im Reichsinstitut hat er niemals innegehabt. Innerhalb des Reichsinstituts war die Judenfrage ein Zweig, der neben anderen historischen Gegenständen behandelt wurde.[316]

b) Der Ausdruck »*Das* antisemitische Institut« weist darauf hin, dass ein bestimmtes hervorgehobenes Institut gemeint ist. Tatsächlich gab es nur ein einziges offizielles antisemitisches Institut der Partei, nämlich das von Rosenberg im Jahr 1941 als »Außenstelle der Hohen Schule der Partei« in Frankfurt/Main gegründete »Institut zur Erforschung der Judenfrage«, das seinerseits gleichfalls einen wissenschaftlichen Beirat hatte, in dem Professoren tätig waren. Mit diesem Institut hat Kittel niemals irgendeine Berührung in Form sei es einer leitenden Stellung, sei es einer noch so geringfügigen Mitarbeiterschaft gehabt.

c) »Direktor« oder »Vorstand« war Kittel nur in einem einzigen »Institut«, nämlich in dem »Neutestamentlichen Seminar« seiner theologischen Fakultät. Im Rahmen desselben hat er auch einmal als Semesterthema angekündigt: »Die Rassenfrage im Neuen Testament«.[317] Der Inhalt dieses Seminars war die Auseinandersetzung mit den Irrtümern und Unsinnigkeiten der »Deutschen Christen« und der Vulgärantisemiten in bezug auf Bibel

---

316 Vgl. oben Kap. IX, 1 (S. 33 – hier S. 72).
317 Im Wintersemester 1944/45 hatte Kittel in Tübingen mittwochs (8.30–10 Uhr) ein Seminar zum Thema »Die Rassenfrage der antiken Welt und das Urchristentum« angekündigt (Namens- und Vorlesungsverzeichnis der Eberhard Karls-Universität Tübingen, Wintersemester 1944/45, 64). Zu diesem Seminar vgl. die Aussage des Seminarteilnehmers Walter Rey (vgl. unten Nachbemerkungen zu Gerhard Kittels *Meine Verteidigung*, Anm. 8).

und Christentum, und der Versuch, den Studenten als künftigen Pfarrern das Material zur Abwehr dieser Angriffe an die Hand zu geben.

2. Kittel habe im Radio antisemitische Propagandareden gehalten. [67]

a) Als Kittel 1937 oder 38 in einem Vortrag in der Universität Berlin über »Die historischen Voraussetzungen der jüdischen Rassenmischung« sprach (gedruckt 1939[318]) und dabei, wie in vielen seiner Arbeiten, das Verhältnis Israel-Judentum-Christentum gegenüber den Verwirrungen der Parteipropaganda klarstellte, wurde er von einer Radiostelle um ein Exzerpt von maximal 3–5 Minuten über diesen rein historisch-wissenschaftlichen Vortrag gebeten. Ob das Exzerpt verwendet wurde, weiß er nicht, hält es aber für wahrscheinlich; es war, soviel er sich erinnert, für die Rubrik »Zeitspiegel« bestimmt, in der Kurzberichte über neu erschienene Bücher, Vorträge usw. gegeben wurden.

b) Im übrigen hat Kittel mit dem Radio nie in seinem Leben, weder vor noch nach 1933, je irgend etwas zu tun gehabt.

3. Kittel habe im März 1933 eine politische Erklärung der Nationalsozialisten zur Reichstagswahl unterschrieben.

a) Kittel hat niemals eine nationalsozialistische Erklärung zu einer Wahl unterschrieben.

b) Jene Erklärung, um die es sich handelt[319], war im *Gegensatz* zu einer aus München nach Tübingen geschickten nationalsozialistischen Erklärung mit der die Tübinger radikalen Parteielemente die Anderen zu tyrannisieren versuchten, entstanden. Sie sollte – über den Parteirahmen irgendeiner Partei hinaus – eine möglichst breite Einheit vieler herstellen. Erst nach langen, erbitterten Verhandlungen (an denen Kittel übrigen selbst nicht beteiligt war, über die er aber durch zwei Freunde unterrichtet wurde) gelang es, die Parteielemente zu zwingen, auf jene Parteierklärung zu verzichten.

---

318 Vgl. unten das Literaturverzeichnis sowie oben Kapitel XII, 5 (hier S. 111).
319 Gemeint ist eine Erklärung, die Kittel mit seinem Mitarbeiter Karl Georg Kuhn und etwa hundert Personen des öffentlichen Lebens (unter ihnen Adolf Schlatter) am 1. März 1933 in der Tübinger Chronik veröffentlichte, indem er »ein politisches Bekenntnis für die neue Reichsregierung« ablegte; vgl. Junginger, Verwissenschaftlichung, 41; Theißen, Neutestamentliche Wissenschaft, 114 f; Morgenstern, Tübinger Institutum Judaicum, 40–41.

c) Tatsächlich standen unter der veröffentlichten Erklärung neben dem Namen Kittels viele Namen von Männern, die weder damals noch später Nationalsozialisten waren, deren Unabhängigkeit der Partei gegenüber *auch heute niemand* bezweifelt.

4. Einem Theologen sei in besonderer Weise übelzunehmen, dass er nicht schon im Jahre 1933 den verbrecherischen Charakter der Partei erkannt und diese abgelehnt habe.

a) Kittel hat auch damals schon die demagogischen Kräfte deutlich gesehen, die am Werk waren. Er vertraute aber auf die Lauterkeit der Motive der obersten Führung, vor allem Hitlers selbst. Aus diesem Grunde glaubte er hoffen zu dürfen, mit seinem Beitritt die guten Kräfte zu stärken, den demagogischen entgegenzuwirken, damit aber in dem Kampf um die Rettung u[nd] Erhaltung seines Vaterlandes mitzuhelfen. In seiner Erklärung vom 3. 12. 45 hat er ausgesprochen: »Ich habe nicht gewusst, in welchem Maße der jedem Volke innewohnende echte nationale Gedanke zu einem System der imperialistischen und größenwahnsinnigen Brutalitätspolitik[320] umgefälscht und das soziale und sozialistische Ideal zur Tarnung für Lüge und Korruption missbraucht wurde.[«]

»Heute weiß ich, dass mein Versuch auf der wohl bittersten Täuschung meines Lebens beruhte.«[321]

b) Es wäre die Gegenfrage zu stellen, ob jemand Kittel irgendein anderes Motiv seines Beitritts nachsagen kann; etwa der Gewinnsucht, des Ehrgeizes, des Wunsches, eine Rolle zu [68]spielen. Er glaubt, angefangen von der Ablehnung des Tübinger Rektorates im April 1933, genug Beweise für seine Gesinnung gegeben zu haben.

c) Es bedeutet keinerlei Abschwächung des zitierten Zugeständnisses Kittel[s], wenn er darauf hinweist, dass auch hohe

---

320 Kittel nimmt hier einen Begriff auf, der am Anfang seiner Schrift *Die Judenfrage* in die rhetorische Frage gekleidet war, ob die »radikale [nationalsozialistische] Gesetzgebung gegen das Judentum [...] wirklich, wie man in der Welt über uns sagt, eine barbarische Brutalität« sei (a. a. O., 7).
321 UAT 162/31, 119 (Erklärung des Professors Gerhard Kittel vom 3. Dezember 1945 (dort: »Politik der Brutalität« statt »Brutalitätspolitik«; »nationale Gedanke« statt »echte nationale Gedanke«).

Kirchenfürsten nicht nur der evangelischen, sondern auch der katholischen Seite, jener Täuschung unterlegen sind, Männer, die heute niemand anzutasten wagt, die öffentlich demselben Vertrauen Ausdruck gaben, das Kittel beseelte: sowohl 1933 wie auch später, etwa bei der Wahl 1938, ja noch während des Krieges 1940. Kittel hat nicht die geringste Absicht, sich hinter solchen Tatsachen zu verstecken. Aber er glaubt auf sie hinweisen zu dürfen, weil sie zeigen, wie wenig sein und seinesgleichen Verhalten als leichtfertige Vertrauensseligkeit und Kurzsichtigkeit abgetan werden kann.

d) Auch ein so scharfer Gegner des Nationalsozialismus wie Karl Barth hat in seinen Kampfschriften des Jahres 1933 zwar den kirchlichen Missbrauch, vor allem durch die DC, angegriffen, dagegen die politischen Stellen des NS-Staates und vor allem Hitler selber eindeutig davon unterschieden und von diesem Angriff ausdrücklich ausgenommen. Belege: Karl Barth, Theologische Existenz heute (1933, unveränderter Neudruck 1934), S. 10 f.: »Der neue Staat hat am 23. März 1935 durch den Mund des Reichskanzlers Adolf Hitler eindeutig erklärt: ›Die Rechte der Kirchen werden nicht geschmälert, ihre Stellung zum Staate nicht geändert.‹ Von einem »aufrichtigen Zusammenleben zwischen Staat und Kirche« wurde an derselben Stelle gesprochen ...[322] Und abgesehen von vereinzelten Übergriffen und Missgriffen wird man dem Staat bzw. der Führung des Staates in dieser Sache bis jetzt auch sonst nichts vorzuwerfen gehabt haben. Ich darf hier noch erinnern an die sehr korrekte Erklärung des preußischen Kultusministers Dr. Rust ...«[323] Karl Barth, Für die Freiheit des Evangeliums (Oktober 1933), S. 8 f.: »Sie (die Kirche) ist nicht bedroht vom heutigen nationalsozialistischen Staat her[324]... Feierlichste Erklärungen von hoher und höchster Stelle stellten es in Abrede ... Wir halten uns an diese Erklärungen.«[325]

---

322 Theologische Existenz heute! Schriftenreihe hg. von Karl Barth und Eduard Thurneysen, Heft 1, München 1933/34, 10.
323 A. a. O., 11. Zu Bernhard Rust, seit dem 4. Februar 1933 Preußischer Minister für Wissenschaft, Kunst und Volksbildung, vgl. Stockhorst, 5000 Köpfe, 355.
324 Theologische Existenz heute!, Heft 2 (Oktober 1933), 8.
325 A. a. O., 9. Die Auseinandersetzungen Kittels mit Barth sind dokumentiert in: Barth/Kittel: Briefwechsel; zu einer Diskussionsveranstaltung, in der

5. Kittel habe in seinem Vortrag »Die Judenfrage« von 1933 in sehr positiver Weise auf Hitler und das Parteiprogramm sich berufen und damit für den NS Stimmung gemacht.

a) Der Vortrag wurde gehalten und gedruckt wenige Wochen nach Kittels Eintritt in die Partei. Die Voraussetzung dieses Eintritts war, wie dargelegt, Kittels volles Vertrauen in Hitlers Loyalität. Ohne dieses Vertrauen wäre Kittels Beitritt die Handlungsweise eines Schuftes gewesen. Nichts anderes aber als eben dieses Vertrauen drückt sich, als in einem Niederschlag, in den Sätzen über Hitler und in den Berufungen auf das Parteiprogramm aus, die Kittel in jenen Monaten drucken ließ. Beides, der Eintritt in die Partei und die betreffenden Sätze der »Judenfrage« sind eine einheitliche Handlung.

b) Kittels – wie er heute sieht, irrige – Meinung war, dass man sich mit Fug und Recht gegenüber den wilden demagogischen Elementen der Partei auf eine besonnene und verständige [69] Politik Hitlers selbst berufen dürfe. Diese Meinung wurde dadurch genährt, dass Hitler gerade in jenen Anfängen der Staatsführung sich vielfach ausdrücklich von jenen Radikalen distanzierte und sich damit den Anschein gab, er missbillige sie und lehne sie ab. In welchem Maße er damit seine gutgläubigen Zeitgenossen betrog, haben wenige geahnt. Auch Karl Barth in den vorhin zitierten Äußerungen glaubte – genau wie Kittel – gegen die rabiaten Elemente im Kirchenkampf sich auf Hitler, Rust und andere Stellen der Staatsführung berufen zu können.

6. Warum Kittel nicht aus der Partei ausgetreten sei, als er deren wahren Charakter erkennen musste?

a) Kittel hat lange gehofft, dass es doch noch gelingen werde, die guten Kräfte zu sammeln und in zäher Arbeit durchzusetzen. Männer wie Gördeler[326] u. a. haben es durch Jahre hin nicht

---

am 24. Januar 1934 Barth und Kittel aufeinandertrafen, vgl. Wurm, Erinnerungen, 91.

326 Carl Friedrich Goerdeler (1884–1945), von 1930 bis 1937 Oberbürgermeister der Stadt Leipzig, der zu den führenden konservativen Mitgliedern des Widerstands gegen das NS-Regime gehörte und im Falle eines Gelingens des Attentates auf Hitler vom 20. Juli 1944 für das Amt des Reichskanzlers in Frage kam, wurde am 2. Februar 1945 in Berlin-Plötzensee hingerichtet; vgl. Klee, Personenlexikon, 189.

anders gehalten. Während des Krieges war es lange die Überzeugung Kittels, dass, wenn es gelänge, den Krieg ohne vollen Zusammenbruch zu beenden, es nach dem Kriege zu einem Kampf auf Leben und Tod zwischen den anständigen und den verbrecherischen Elementen in deutschen Volke kommen werde.

b) Was seinen Nicht-Austritt aus der Partei an[be]langt, so verschmäht es Kittel, die billige Ausflucht zu gebrauchen, dass ein solcher unmöglich gewesen sei bzw. die Selbstvernichtung bedeutet hätte. Wahrscheinlich würden die Parteistellen seinen Austritt lediglich mit Befriedigung zur Kenntnis genommen haben, da sie sich in jenen Jahren sowieso bemühten, die Theologen aus der Partei auszumerzen. Die Theologieprofessoren gewaltsam, wie dies bei vielen Pfarrern geschah, auszumerzen, hatte man wohl noch eine gewisse Scheu; man hätte aber bestimmt nichts dagegen unternommen.

c) Eben dies war Kittels Grund, *nicht* auszutreten. Er hat Freunden und Angehörigen gegenüber oftmals ausgesprochen, er werde nicht freiwillig aus der Partei herausgehen, sondern er wolle so lange mit seinem offenen christlichen Bekenntnis ein »Pfahl im Fleische« für die Partei sein, bis man den Mut habe, ihn hinauszuwerfen. Er werde sich hüten, den Parteistellen innerhalb wie außerhalb der Universität diese peinliche Initiative abzunehmen.

d) Als Kittel, im Herbst 1944 »auf höhere Weisung« und[,] »weil er Theologe sei«[,] aus dem Volkssturm ausgeschlossen wurde, hat er auf offener Straße sein Parteizeichen abgerissen und von sich geworfen.

7. Die Veröffentlichung der als »Trierer Terrakotten« bekannten antiken Judenkarikaturen in seinem Buch über »Das antike Weltjudentum« wirke besonders propagandistisch antisemitisch.

a) Die »Trierer Terrakotten« sind erstmalig ca. 1930 von dem Rabbiner Altmann veröffentlicht worden.[327] Nach 1933 – längst vor Kittels Buch – hat sie der »Völkische Beobachter« propagandistisch abgebildet und ausgeschlachtet.

---

327 Vgl. oben S. 78–81.

b) Dass es sich bei den Trierer Stücken um Juden handelt, hat gleichfalls der Rabbiner Altmann längst vor Kittel einwandfrei festgestellt. Kittel hat dessen Beweis nachgeprüft und bestätigt. [70]

c) Kittel hat die Bilder als Erster mit anderen, vor allem mit alexandrinischen Stücken zusammengestellt: mit Grotesk- u. Sklavenköpfen, mit Theatermasken und Mimenbildern. Er hat sie in die wissenschaftliche Diskussion eingefügt, wie sie durch Joseph Vogt[328], Perdrizet[329], Flinders Petrie, Margarete Bieber[330], Oroszlan Soltan[331] u. a. um die antiken Terrakottenköpfe, Theater- und Groteskbilder geführt worden war. Er hat an alledem den Nachweis geführt, dass die Stücke aus dem alexandrinischen Mimus stammen und die dort übliche Verspottung des Juden abbilden. Er hat das alleinige Verdienst, die Trierer Bilder durch die Zusammenstellung mit anderen Bildern der propagandistischen Isolierung entnommen und der wissenschaftlichen Erörterung zugeführt zu haben.

d) Irgendeinen propagandistischen Nebenton zum Thema Judenverspottung wird man in der Abhandlung über die Terrakotten vergeblich suchen. »Kein Laut aus der ›Stürmer‹-Propaganda ist bei der Behandlung dieser Dinge zu vernehmen« (Martin Dibelius).[332]

e) Wer Kittels Abhandlung über die Trierer Terrakotten beanstandet, wird nicht umhin können, jede wissenschaftliche Erörterung des antiken Antisemitismus als strafwürdig zu brandmarken.

8. Wie sehr Kittel der Partei verhaftet gewesen sei, gehe daraus hervor, dass er noch im Herbst 1943 in Schorndorf auf der Kreisleiterkonferenz in Gegenwart des Gauleiters Murr einen Vortrag gehalten habe.

---

328 Auf Vogt beruft sich Kittel auch in seinem Vortrag *Die Entstehung des Judentums* (maschinenschriftlich, UAT 162/31, 12).
329 Vgl. oben Anm. 183.
330 Vgl. oben Anm. 185.
331 Vgl. oben Anm. 186.
332 UAT 162/31, 102.

a) Über diesen Vortrag geben die eidesstattlichen Erklärungen Gutbrod und Gesler alle notwendigen Aufschlüsse.[333]

b) Kittel stellt die Gegenfrage, wozu mehr Mut und Charakter gehörte; den Vortrag unter irgendeinem Vorwand abzulehnen oder ihn so zu halten, wie er, Kittel, ihn gehalten hat? Im Herbst 1943 wusste man, dass jedes offene und freie Wort nicht nur die Existenz, sondern das Leben kosten konnte. Kittel hat auch durch die Gegenwart des Gauleiters und des Gauschulungsleiters sich nicht abhalten lassen, von der Wahrheit Zeugnis zu geben. Wie stark der Eindruck gewesen sein muss, den Kittel hinterließ, geht daraus hervor, dass der Gauschulungsleiter noch nach 3 Jahren im Balinger Lager den dortigen Kameraden berichtete, wie er sich damals »gezwungen gesehen habe, das Wort zu ergreifen und den von den Ausführungen Kittels völlig abweichenden Standpunkt der Partei klar und eindeutig herauszustellen.«[334]

9. Kittel sei insofern in einer besonderen Weise Nutznießer des NS-Systems gewesen, als er, wohl als einziger Professor, eine Zeitlang Inhaber zweier Professuren gewesen sei, einer in Tübingen und einer in Wien.

a) Bei Kriegsbeginn wurden zunächst nur wenige Universitäten eröffnet, darunter Wien; Tübingen blieb im ersten Kriegssemester geschlossen.[335] Von den geschlossenen Universitäten wurden teilweise Professoren in eine der geöffneten abgeordnet, was mit politischen Gesichtspunkten nichts zu tun hatte, sondern sich allein nach dem Bedarf richtete. So erhielt Kittel Mitte [71] September 1939 den telegraphischen Auftrag aus Berlin, die vakante Professur für Neues Testament in Wien vertretungsweise zu verwalten.[336]

---

333 Kittels Vortrag auf dieser Konferenz ist in den Beilagen zu seiner Verteidigung (UAT 162/32, Beilage V, unpaginiert) dokumentiert; dort finden sich auch Abschriften der genannten eidesstattlichen Erklärungen.
334 Verkürztes Zitat aus einer Erklärung Dr. Helmuth Geslers im Internierungslager Balingen vom 4. Oktober 1946 (beglaubigte Abschrift); UAT 162/31, Beilage V (unpaginiert).
335 1940 wurden die theologischen Fakultäten, die im Wintersemester 1939/40 geschlossen worden waren, wieder geöffnet; vgl. Rieger, Entwicklung, 96.
336 UAT 126/326c, 32 (Personalakte Kittel, Generalakten; Schreiben des Reichsministers für Wissenschaft, Erziehung und Volksbildung an Kittel vom 15. September 1939); dazu: Merk, Evangelische Kriegsgeneration, 29.

b) Gleichzeitig war er von der Mehrheit der Wiener Fakultät (gegen einen Widerspruch von DC-Seite) or[d]nungsgemäß für diese selbe Professur vorgeschlagen [worden]. In Verfolg dieses Vorschlages erhielt er, während er schon kommissarisch in Wien tätig war, den Ruf zur endgültigen Übernahme des Wiener Lehrstuhls. Diesen Ruf hat er nach längeren Verhandlungen abgelehnt.

c) Dagegen hat Kittel sich bereit erklärt, für eine gewisse Übergangszeit, höchstens bis zum Kriegsende, gastweise, in Fortsetzung der kommissarischen Verwaltung des Wiener Lehrstuhls, in Wien zu bleiben. Er kam zu diesem Entschluss vor allem auf die heißen Bitten der leitenden Männer der Kirche hin, besonders des Bischofs D[r]. Eder, sie in diesen für die Konsolidierung der österreichischen Kirche besonders kritischen und entscheidungsreichen Zeiten nicht zu verlassen. So hat er tatsächlich von September 1939 bis März 1943 als mit der Vertretung des Wiener Lehrstuhls beauftragter Tübinger Professor in Wien gewirkt. Sein Tübinger Lehrstuhl wurde in der Zwischenzeit durch einen mit seiner Vertretung beauftragten Privatdozenten – Lic. Michel-Halle – verwaltet.[337]

d) Mit dem Ende des Wintersemesters 1942/43 ist Kittel auf seinen eigenen Antrag hin von dem Wiener Vertretungsauftrag entbunden worden. Zum Sommersemester 1943 hat er seine Tübinger Professur wieder übernommen.

e) Da der für die Wiener Professur in Aussicht genommene neue Vertreter, Lic. Stählin[338][,] wegen militärischer Einberufung nicht sofort verfügbar war, hat Kittel, wiederum auf dringende Bitten hin, im Sommersemester 1943 neben seiner Tübinger Professur den Wiener Lehrstuhl noch weiter vertretungsweise verwaltet, indem er zwischen Tübingen und Wien so hin- und herfuhr, dass er je 10 Tage in Tübingen und 3 in Wien lehrte. Es bedeutete für Kittel jedesmal 2 Nachtfahrten und in Wien eine

---

337 Haacker, Otto Michel, 342. Der distanzierte Ton, den Kittel gegenüber Michel anschlägt, zeugt von der Entfremdung, die zwischen ihm und seinem Nachfolger herrschte (vgl. oben Anm. 282).
338 Zu Gustav Stählin (1900–1985), der 1941 die Lehrstuhlvertretung für Neues Testament in Wien übernahm, aber anschließend eingezogen wurde, vgl. Böcher, Stählin. Stählin war u. a. Mitarbeiter am ThWNT.

Zusammendrängung der Vorlesungen von 2 Wochen auf 3 Tage, an denen er vor- und nachmittags je 3–4 Stunden Vorlesungen hielt. Er brachte dieses persönliche erhebliche Opfer, um der Wiener Fakultät aus ihrer Verlegenheit zu helfen.

f) Über die Hintergründe und Erfolge der Wiener Tätigkeit Kittels gibt der Brief des Bischofs D. May vom 7. November 1946 wesentliche Aufschlüsse.[339]

g) Da Kittel nicht für mehrere Jahre ohne seine Bibliothek sein konnte, er auch nicht so lange in Wien »möbliert« wohnen wollte, hat er einen Umzug seiner Bibliothek und eines Teils seiner Möbel zuerst von Tübingen nach Wien und danach von Wien nach Tübingen vollzogen. Er hätte wahrscheinlich, wenn er es versucht hätte, vom Ministerium einen Umzugsbefehl und damit Übernahme der Umzugskosten erlangen können. Er hat dies bewusst unterlassen, um die volle Freiheit seiner Entschlüsse unbedingt zu wahren. So hat er beide Umzüge selbst aus eigenen Mitteln bezahlt; abgesehen von einem ihm später, nach der endgültigen Rückkehr nach Tübingen, erstatteten Unkostenzuschuss von ungefähr 1/6 der Umzugskosten.

h) Da Kittel nicht über die nötigen Barmittel verfügte, hat er die Finanzierung des Umzugs so durchgeführt, dass er sich zunächst von der österreichischen Kirche ein Darlehen [72] von mehreren tausend Mark geben ließ, dass er dann einen Teil seines Tübinger Gartens verkaufte, und dass er aus dem Erlös jenes Darlehens zurückzahlte. Daran dürfte deutlich sein, wie sehr Kittel es verschmäht hat, Nutznießer einer Konjunktur zu sein; er brachte lieber persönliche Opfer, auch an Geld, als dass er Bindungen einging, die möglicherweise die Unabhängigkeit seiner Entschlüsse und seines Handelns beeinträchtigen konnten.[340]

---

339 UAT 162/31, Beilage II (unpaginiert); der Brief des Wiener Bischofs ist auf den 29. November 1946 datiert.
340 Die Personalakte Kittels (UAT 126/326c, 144) enthält ein Schreiben Kittels an das Stuttgarter Kultministerium vom 19. Juli 1943, in dem Kittel ankündigt, eine staatliche Beihilfe zu einer geplanten Dienstreise nach Wien in Anspruch nehmen zu wollen.

10. Ein wie fanatischer Nazi Kittel gewesen sei, dafür sei ein Beweis, dass er noch im Februar 1945 bei einer Bibelstunde, die er in der Tübinger Studentengemeinde hielt, das Parteiabzeichen getragen habe.

a) Dieser Vorwurf kann sinngemäß nur heißen, dass Kittel sogar die religiöse Verkündigung politisch durchsetzt und zu einer politischen Wirkung benützt habe. Eine Antwort geben die in den Anlagen mitgeteilten Äußerungen über so gut wie alle religiösen Vorträge und Ansprachen, die Kittel in den letzten Jahren gehalten hat.

b) Im Februar 1945 hat Kittel überhaupt keine Bibelstunde gehalten, da er damals zu einer Herzkur im Tropenheim lag.[341] Die letzte Studentenbibelstunde hat er nach seiner Erinnerung im Herbst 1944 gehalten.

c) Das Parteiabzeichen hat er bis zu seinem Ausschluss aus dem Volkssturm im alltäglichen Leben ohne besonderes Prinzip (meist je nach dem Anzug, den er g[e]rade anhatte) getragen oder nicht getragen. Er ist sogar einmal, 1943, oder 1944 von einer offiziellen Universitätsstelle darauf hingewiesen worden, dass seine Laxheit im Tragen des Parteiabzeichens auffalle.

d) Bei religiösen und kirchlichen Funktionen hat er das Abzeichen schon in früheren Jahren so gut wie immer abgelegt. Es kann aber sein, dass er dies einmal vergessen hat.

e) Wie unsinnig es ist, aus dem Tragen oder Nichttragen des Parteiabzeichens auf die Gesinnung des Trägers zu schließen, dafür mag als Beispiel dienen: Professor Gerhard Ritter-Freiburg[342] war als Freund Gördelers einer der Mitbeteiligten am 20. Juli 1944. Er hat wenige Wochen vor diesem Tage in Tübingen vor der Theologenschaft einen Vortrag gehalten, bei dem er das Partei-

---

341 Vgl. UAT 126/326c, 47 (Brief Kittels – mit beigefügtem ärztlichem Attest über eine Herzmuskelschädigung – an den Rektor der Universität vom 18. Januar 1945).

342 Zu dem Freiburger Historiker Gerhard Ritter (1888–1967), der bereits 1934 auf Distanz zur NS-Ideologie gegangen war, vgl. Cornelißen, Geschichtswissenschaft und Politik, 237; Bayer, Gerhard Ritter; auch Ritter wertete seine wissenschaftliche Tätigkeit in der NS-Zeit als »Widerstand«; Sabrow (Zeitgeschichte, 118) betont aber, dass seine Veröffentlichungen »neben einer subversiven auch eine herrschaftsaffirmative Lesart zulassen.« 1954 erschien eine Biographie Goerdelers, die Ritter auf Bitten der Familie des Hingerichteten geschrieben hatte (Ritter, Goerdeler).

abzeichen trug. Wieder einige Wochen vorher besuchte ihn Kittel in seiner Wohnung in Freiburg, um mit ihm den Termin des Vortrages zu besprechen; auch dabei, in der Wohnung, trug Ritter das Parteiabzeichen. [73]

XVII. Die Hauptanklage gegen Kittel

Die eigentliche und Hauptbeschuldigung gegen Kittel betrifft seine Stellung und Haltung in der Judenfrage, die unbestrittene Tatsache des von ihm vertretenen christlichen Antijudaismus, seine Veröffentlichungen auf diesem ganzen Gebiet. Ob und wieweit hier ein moralisch anfechtbares, schuldhaftes Verhalten Kittels vorliegt, müsste unter folgenden Fragestellungen geprüft und klargestellt werden;

1. Kann die Anklage den Nachweis eines persönlich einwandfreien Verhaltens Kittels geg[en]über denjenigen Juden, Halbjuden[,] Judenchristen, mit denen er zu tun hatte, entkräften? Kann sie einen einzigen Fall aufzeigen, in dem Kittel einen Juden, Halbjuden, Judenchristen verfolgt, der Verfolgung preisgegeben oder ihm sonst Übles zugefügt hätte?

2. Kann die Anklage Kittels Behauptung widerlegen, dass seine Arbeiten, Materialien und Ergebnisse vom Vulgärantisemitismus *nicht* ausgenützt wurden; oder umgekehrt: kann die Anklage an irgendeiner Stelle einen glaubhaften Beweis führen, dass durch jene Arbeiten die offizielle Judenpolitik gestützt, gestärkt oder intensiviert oder dass das Schicksal auch nur eines Juden durch sie zum Bösen beeinflusst wurde?

3. Ist Kittels Behauptung glaubhaft, dass er seit 1933 und weiterhin nicht aufgehört hat, im Rahmen der ihm gegebenen Möglichkeiten zu versuchen, die Gewaltpolitik des Unrechts gegen die Judenschaft zu verhindern, vor ihr zu warnen, auf ihre nach göttlichen Gesetzen unweigerlichen Folgen hinzuweisen, sowie, wo immer er konnte, einzelne Juden vor den Folgen dieser Gewaltpolitik zu retten und ihnen in ihrem Unglück menschlich beizustehen.

4. Ist die Behauptung Kittels glaubhaft, dass seine Äußerungen zur Judenfrage ausschließlich aus der besonderen Verantwortung erfolgten, die er sich persönlich in einzigartiger Weise als Christ u[nd] als Theologe von Gott auferlegt wusste.

5. Entsprechen die theologischen und historischen Veröffentlichungen Kittels der wissenschaftlichen Verantwortung und Würde, [74] die von einem Manne in seiner Stellung gefordert werden können, oder hat er je diese Würde um einer Konjunktur willen preisgegeben und befleckt?

6. Hat Kittel je sein ihm anvertrautes Lehramt, seine theologisch-wissenschaftliche Unterweisung, seine religiös-kirchliche Verkündigung zu irgendwelchen politischen Zwecken oder Nebenzwecken, direkt oder indirekt, missbraucht oder missbrauchen lassen?

7. Kittel ist Vertreter eines christlichen Antijudaismus. Die daran entstehende sehr grundsätzliche Frage lautet: ob es in der christlichen Kulturwelt als Verbrechen gilt und mit Gewaltmaßnahmen verhindert werden muss, eine an die Weisungen Jesu Christi und seiner Apostel anknüpfende und von dort her normierte Stellung zur Judenfrage zu vertreten? Wer diese Stellung Kittels für verwerflich erklärt, wird nicht umhin können, zuerst die Stellungnahme Jesu Christi, seiner Apostel Paulus u. Johannes, der Kirchenväter, der altkirchlichen Synoden, ebenso die Martin Luthers[343] und Goethes[344] als Verirrung zu brandmarken und zu verwerfen.

Des weiteren ist zu fragen, ob Kittels Behauptungen glaubhaft sind oder nicht:

8. dass er ohne Menschenfurcht[345] und ohne nach den Folgen zu fragen, auch in gefährlichen Situationen, den Umgang mit Juden und anderen verfemten Personen, auch in der Öffentlichkeit aufrecht erhalten hat?

9. dass er niemals gezögert hat, auch nicht vor hohen Parteistellen, in Schriften, Reden und Handeln unerschrocken von der Wahrheit Zeugnis zu geben?

10. dass er an seinem Platz, mit den ihm gegebenen Mitteln und Möglichkeiten, vor allem in Württemberg im Jahr 1934 und in Österreich in den Jahren 1939–43, wirksamen Anteil daran hatte, den kirchlichen Widerstand gegen die Kirchenzerstörung durch die Partei und die ihr hörigen Elemente zu stärken, damit aber den Totalitätsanspruch der Partei zu durchbrechen?

11. dass er der politisierenden Verfälschung des Evangeliums und der kirchlichen Verkündigung, wo immer sie ihm begegnete, [75]

---

343 Zur Berufung Kittels auf Martin Luther vgl. oben S. 71.
344 Zu Goethes Äußerung gegen die Judenemanzipation vgl. oben S. 53.
345 Vgl. oben Anm. 220.

entgegengetreten ist und an wesentlichen Punkten die Irrlehren der »Deutschen Christen« unwirksam gemacht hat?

12. dass in dem Kampf auf Leben und Tod, den die Kirche um die Grundlagen ihrer Gesamtverkündigung und ihrer Unterweisung, nämlich um die Heilige Schrift und um die Person Jesu Christi und Seiner Apostel, zu führen hatte, seine Arbeiten in ihrer sachlichen Unbestechlichkeit eine wirksame Abwehrposition darstellten, zugleich aber einen für die Gegner gefährlichen (und als gefährlich erkannten) Gegenangriff gegen die NS-Weltanschauung?

13. Kittels uneingeschränktes Eingeständnis liegt vor und wird an dieser Stelle ausdrücklich wiederholt, dass sein hoffnungsvolles Urteil über den Nationalsozialismus und insbesondere über die Person und den Charakter Adolf Hitlers auf der wohl bittersten Täuschung seines Lebens beruhte. Darin liegt sein Irrtum, mit dem er teilhat an dem Irrtum und der Schuld seines Volkes.

Es darf aber als die letzte Frage gestellt werden, ob nicht sein Handeln, unbeschadet dieses Irrtums und dieser Mitschuld sein volles Licht erst gewinne durch die Art und den Charakter seiner persönlichen Haltung und ob es nicht daraus seinen Sinn und, bis zu einem gewissen Grade, seine Rechtfertigung erhalte? Dies ist die Meinung der Worte, die er am 3. Dezember 1945 niedergeschrieben und der Militärbehörde übergeben hat:

»Ich glaube. dass ich mein Handeln und meinen Irrtum mit dem Handeln und dem Irrtum des ehrlichen und tapferen deutschen Soldaten vergleichen kann und darf. Er weiß heute, dass er sich geopfert hat, nicht nur, wie er meinte, für die Existenz seines Volkes, sondern für eine Sache, in der er verraten und belogen worden ist und deren er sich heute als einer Beschmutzung des deutschen Namens schämen muss. Genau ebenso weiß ich heute, dass die Sache, mit der meine redliche wissenschaftliche Arbeit verquickt worden ist, eine verruchte Sache war.«[346] [76]

---

346 UAT 162/31, 119 (Erklärung des Professors Kittel, 3. Dezember 1945). – Diese Erklärung erinnert an Ausführungen Walter Grundmanns, der seine akademische Tätigkeit im März 1943 als »Kampf des Geistes« stilisiert und dem »Kampf der Waffen« an die Seite gestellt hatte: Beide Kämpfe richteten sich »gegen die zersetzenden und zerstörenden Mächte auf allen Gebieten des Lebens«, hinter denen überall »der Jude« sichtbar werde (Grundmann, Germanentum, Christentum und Judentum III, 25. März 1943, zitiert in: Deines, Jesus der Galiläer, 127). Grundmanns Pathetik war 1943 noch ungebrochen militaristisch, während Kittel im Rückblick von Lüge

XVIII. Abschluss

Kittel hat weder Absicht noch Neigung, weder etwas an seiner Haltung zu verhüllen noch irgendeiner Verantwortung sich zu entziehen. Die vorstehende Darstellung wird dies auch den, der Kittel nicht kennt, haben spüren lassen. Er wird, wie er es immer in seinem Leben getan hat, für seine Worte und Taten einstehen. Er weiß, dass es um die Glaubwürdigkeit seiner gesamten wissenschaftlichen und theologischen Lebensarbeit geht, wenn er fordert, es möge unzweideutig klargestellt werden, ob der Schild seiner menschlichen und wissenschaftlichen Ehre befleckt oder rein ist, ob er in der Verantwortung seines Auftrages geredet und gehandelt und dessen Würde gewahrt hat oder nicht? Er meint zugleich, diese Klarstellung dem Namen seines Vaters Rudolf Kittel und dem Andenken seiner gefallenen Schüler, die ihm vertraut haben, schuldig zu sein. Und ebenso müssen und sollen seine Kinder und Enkel und die Lebenden unter seinen Schülern und Freunden innerhalb und außerhalb Deutschlands, diesseits wie jenseits des Ozeans, wissen, ob sie sich seiner zu schämen haben oder nicht!

Abgeschlossen
am Sonnabend vor dem dritten Sonntag
im Advent,
14. Dezember 1946.[347]

---

und Verrat spricht; beide sehen sich aber als ehrenhafte Geistessoldaten. Auch jetzt noch ist Kittel der Meinung, die deutschen Soldaten hätten zwar »nicht nur«, aber immerhin auch »für die Existenz« ihres Volkes gekämpft. – Auch in Karl Jaspers Heidelberger Vorlesungen zur Schuldfrage im Wintersemester 1945/46 ist von einer *soldatischen Ehre* die Rede, die »unbetroffen von allen Schulderörterungen« bleibe: »Wer in Kameradschaftlichkeit treu war, in Gefahr unbeirrbar, durch Mut und Sachlichkeit sich bewährt hat, der darf etwas Unantastbares in seinem Bewußtsein bewahren. Dies rein Soldatische und zugleich Menschliche ist allen Völkern gemeinsam.« Jaspers stellte aber fest, dass »soldatische Bewährung« nicht »mit der Sache, für die gekämpft wurde«, identifiziert werden dürfe und beschäftigt sich ausführlich mit dem Problem des durch Täuschung in die Irre geführten Gewissens (Jaspers, Schuldfrage, 43).

347 Auf der folgenden letzten Seite (77) zitiert Kittel noch den für den dritten Advent vorgesehenen Predigttext 1. Kor. 4, 1–4.

Matthias Morgenstern
Dreistigkeit, Verstocktheit und Selbstbezichtigung
Der »christliche« Antisemitismus des Tübinger Theologen Gerhard Kittel

1. Zu den Zeitumständen – Kriegsende und »Säuberung« der Universität Tübingen

Die Lage im Mai 1945

Die letzten Kriegstage im Südwesten Deutschlands waren von Chaos und einem schwer durchschaubaren Neben- und manchmal auch Gegeneinander lokaler französischer und amerikanischer Truppenkommandanten geprägt. Die 1. Französische Armee war im März/April in das Gebiet einmarschiert und hatte am 19. April Tübingen eingenommen; dort schlug das 5. marokkanische Schützenregiment sein Quartier auf. Am 21. April besetzten die Franzosen – entgegen ursprünglicher Absprachen mit den Amerikanern – auch Stuttgart. Formal waren die französischen Truppen in die 6. US-Armeegruppe integriert; doch wurde schnell spürbar, dass die Alliierten durchaus teilweise unterschiedliche Interessen verfolgten. Am 3. Mai 1945 wurde Gerhard Kittel – offenbar aufgrund einer Verfügung, die der Tübinger Landgerichtsrat Renner von der Besatzungsmacht erhalten hatte – auf das Tübinger Rathaus einbestellt. Dort wurde er festgenommen und ohne Anhörung unter Bewachung zur Untersuchungshaft in das Tübinger Gefängnis eingewiesen.[1] Zu diesem Zeitpunkt teilte Kittel sein Schicksal mit sieben weiteren Tübinger Universitätsprofessoren, die ebenfalls in Haft kamen.[2] Die anderen Festgenommen waren Gustav Bebermeyer (1890–1975), Inhaber des Lehrstuhls für deutsche Volksforschung und deutsche Volkskunde[3], der evangelische Theologe und Ephorus des Tübinger Stifts Karl Fezer (1891–1960)[4], der Anthropologe Wilhelm Gieseler (1900–1976)[5], der Indologe, Religionswissenschaftler und Mitbegründer der

---

1 So die Schilderung der Ereignisse bei Dierks in ihrer Biographie Jakob Wilhelm Hauers (334).
2 Zauner, Entnazifizierung, 941.
3 Zu Bebermeyer, der 1949 als »Mitläufer« in den Ruhestand versetzt wurde, vgl. Besenfelder, Staatsnotwendige Wissenschaft, 492; Klee, Personenlexikon, 33.
4 Zu dem praktischen Theologen Fezer vgl. Siegele-Wenschkewitz, Karl Fezer; Kretzschmar, Tübinger Exempel.
5 Zu Gieseler, der während der NS-Zeit ein Extraordinariat für »Rassenkunde« innehatte (das in dieser Zeit an die Stelle des Ordinariats für Altes Testament an der Katholisch-Theologischen Fakultät trat!), vgl. Potthast, Vererbungs-und Entwicklungslehren; Klee, Personenlexikon, 184.

»Deutschen Glaubensbewegung«, Jakob Wilhelm Hauer (1881–1962)[6], der Spezialist für anorganische Chemie Hans Reihlen (1892–1950), der Chirurg und SA-Führer Willy Usadel (1894–1952)[7] und der Althistoriker Joseph Vogt (1895–1986).[8] Insgesamt wurden in den ersten Besatzungswochen im Landkreis Tübingen etwa 200 NS-Funktionäre inhaftiert.[9] Da die Abgrenzung der künftigen Besatzungszonen noch nicht sicher war und es zu Überstellungen von einer Besatzungsmacht zur anderen kam, müssen die Inhaftierten ihre Lage zu diesem Zeitpunkt als unsicher und prekär empfunden haben; hinzu kam, dass sich die Haftbedingungen nach Vorgaben, die von ihnen teilweise als willkürlich wahrgenommen wurden, immer wieder änderten.[10]

In diesen Wochen war auch unklar, von welcher Stelle aus künftig Anweisungen ergehen würden. Die Franzosen hatten anfangs versucht, von Stuttgart aus einheitliche Regelungen für alle französisch besetzten Gebiete Württembergs durchzusetzen. Später zogen sie sich aber aus der württembergischen Hauptstadt zurück und verlegten ihr Hauptquartier nach Freudenstadt in den Schwarzwald und anschließend nach Tübingen. Erst im Sommer – Kittel saß inzwischen gemeinsam mit 24 weiteren Tübinger Bürgern im Fünfeckturm des als Gefängnis für politische Häftlinge verwendeten

---

6 Zu Hauer vgl. Nanko, Jakob Wilhelm Hauer; Besenfelder, Staatsnotwendige Wissenschaft, 493.
7 Zu Usadel vgl. Klee, Personenlexikon, 637. Ab 1944 war Usadel NS-Dozentenbundführer in Tübingen.
8 Zu Vogt vgl. Königs, Ein Althistoriker.
9 Timm, Tübingen, 200; Zauner, Entnazifizierung, 941.
10 Zur französischen Besatzungspolitik vgl. Baginski, Kirchenpolitik, 7–13. – Ein Beispiel für die unklare Lage viele Häftlinge ist das Schicksal J. W. Hauers, der am 7. Juli 1945 aus Tübingen abtransportiert und nach mehreren Zwischenstationen im französischen Lager Theley (Saarland) interniert wurde; von dort wurde er erst 1948 entlassen (Dierks, Jakob Wilhelm Hauer, 334). Robert Friedrich Wetzel, der vormalige Tübinger Dozentenführer, der zunächst als französischer Kriegsgefangener in einem Lazarett bei Sigmaringen lag, wurde im Juni 1945 nach Göppingen in die amerikanische Zone überführt und von dort in ein bayrisches Internierungshospital gebracht. Der Orientalist und Afrikanist Otto Rössler, der 1940 als Assistent Jakob Wilhelm Hauers nach Tübingen gekommen war und zuletzt den Rang eines SS-Unterstumführers bekleidet hatte, kam am 19. Mai 1945 vom Lazarett Gammertingen in das Internierungslager Sigmaringen. Von dort aus wurde er nach Saarbrücken überstellt, wo er als politischer Häftling einsaß; vgl. Zauner, Entnazifizierung, 941.

Schlosses Hohentübingen ein[11] – kam es zum Aufbau einer zivilen Militärregierung für die gesamte französische Zone (gouvernement militaire de la zone française d'occupation/GMZFO) mit Sitz in Baden-Baden. Auch nach der sich nun abzeichnenden Teilung Württembergs war noch längere Zeit unsicher, ob und in welchem Maße gesamtwürttembergische Regelungen in Geltung standen. Inwieweit würden die von den Amerikanern oder unter amerikanischer Aufsicht in Stuttgart veranlasste Maßnahmen für den südlichen, von den Franzosen besetzten Landesteil relevant sein?

Da die Franzosen anfangs befürchtet hatten, mit nationalsozialistischen Partisanen konfrontiert zu werden, nahmen sie im Mai 1945 vor allem potentiell gefährliche Personen in Arrest.[12] Würden diejenigen, die für die Sicherheit der fremden Truppen und ihres Personals keine Gefahr darstellten, nun bald freikommen? Waren spontane Racheaktionen von inländischen oder ausländischen Nazigegnern zu befürchten? Standen politische Säuberungen oder eine strafprozessuale Aufarbeitung des geschehenen Unrechts bevor? Was die nahe Zukunft bringen würde, konnten die Inhaftierten zu diesem Zeitpunkt ebenso wenig wissen wie ihre Landsleute und die neuen Verantwortungsträger.[13] Vor dem Hintergrund seiner deutsch-nationalen Grundüberzeugung musste Kittel das Verständnis für die administrativen Maßnahmen, die notwendig sein würden, um auf deutschem Boden den Aufbau eines neuen demokratischen Gemeinwesens auf den Weg zu bringen, jedenfalls schwer fallen.

Hoffnung auf baldige Entlassung

Kurzfristige Hoffnung geweckt haben dürfte in dieser Situation zunächst einmal die Tatsache, dass vier der acht inhaftierten Professoren wenige Tage später wieder freigelassen wurden, unter anderem der für den medizinischen Betrieb als unabkömmlich geltende Klinikdirektor Willy Usadel und der Naturwissenschaftler Hans Reihlen.[14] Von besonderer Bedeutung war offenbar für Kittel, dass

---

11 Vgl. Besenfelder, Staatsnotwendige Wissenschaft, 493.
12 Vgl. Schick, Internierungslager, 301 ff.
13 Vgl. Henke, Trennung vom Nationalsozialismus, 23–32.
14 Vgl. Zauner, Entnazifizierung, 951, Anm. 20. Usadel wurde im Juli 1945 aber von seinem universitären Amt suspendiert und am 15. Oktober endgültig

sein Kollege an der Evangelisch-Theologischen Fakultät, der praktische Theologe Karl Fezer (1891–1960), freikam. Fezer, mit dem Kittel im Mai 1933 gemeinsam in die NSDAP eingetreten war, hatte einflussreiche Fürsprecher auf französischer Seite, vor allem den protestantischen Militärgeistlichen Marcel Sturm; auf diese Weise gelang es ihm auch, das Tübinger evangelische Stift von der Belegung durch französische Soldaten freizuhalten.[15] Auch von der Freilassung des Spezialisten für römische Geschichte Joseph Vogt muss Kittel erfahren haben; vielleicht wird er in *Meine Verteidigung* aus diesem Grund mehrfach genannt.[16]

Die vier in Haft verbliebenen Professoren blieben aber einstweilen weiter in Untersuchungshaft; im Juli 1945 wurden sie in das Tübinger Schlossgefängnis überstellt und in Unkenntnis über ihr weiteres Schicksal gelassen. Anstelle der erwarteten Entlassungen kam es nun zu weiteren Inhaftierungen von Universitätsangehörigen. Dies betraf neben dem zeitweiligen Prorektor der Universität, dem Anatomieprofessor und Führer des NS-Dozentenbundes Robert Wetzel (1898–1962)[17], den Psychologen und Erziehungswissenschaftler Gerhard Pfahler (1897–1976) und den Hochschuldozenten für Orientalistik Otto Rössler (1907–1991).[18] Im Sommer des Jahres 1945 befanden sich im gesamten Besatzungsbereich der Westmäch-

---

entlassen; nach 1946 amtierte er als Chefarzt am Krankenhaus in Freudenstadt; im Januar 1950 gelang es ihm, als Tübinger Professor in den Wartestand versetzt zu werden; sein Spruchkammerurteil ließ sich nicht ermitteln; vgl. Zauner, Entnazifizierung, 948 und 974. Hans Reihlen nahm im Wintersemester 1945/46 seine Lehre an der Universität Tübingen wieder auf (Besenfelder, Staatsnotwendige Wissenschaft, 492).

15 Vgl. Zauner, Entnazifizierung, 963; Baginski, Kirchenpolitik, 29. Bereits am 12. Oktober 1945 wurde Fezer wieder Mitglied der Tübinger Evangelisch-Theologischen Fakultät. Zu seiner Biographie vgl. auch Kretzschmar, Karl Fezer, 136 f. Zur Rolle Sturms vgl. Baginski, Kirchenpolitik, 51–53.

16 Vogt war offenbar irrtümlich inhaftiert worden; gesucht wurde an seiner Stelle der Gerichtsreferendar Walter Vogt (Besenfelder, Staatsnotwendige Wissenschaft, 493). Wahrscheinlich handelt es sich bei Josef Vogt um denjenigen Kollegen, an den Kittel während seiner Abwesenheit in Wien sein Tübinger Haus vermietet hatte (der Vorname wird in der Korrespondenz zu diesem Vorgang betreffenden Korrespondenz nicht genannt; vgl. UAT 126/326c, 45).

17 Zu Wetzel vgl. Klee, Personenlexikon, 673; Scharer, Robert. F. Wetzel. Wetzel wurde durch Erlass des Tübinger Staatsministeriums am 21. Oktober 1949 endgültig aus seinem Amt entfernt.

18 Vgl. Zauner, Entnazifizierung, 941.

te etwa 200.000 Personen in Internierungslagern, in denen sie meist monatelang ausharren mussten.¹⁹

Auch bei den deutschen Stellen kam es im Mai 1945 zu Entwicklungen, die für Kittel und die anderen Häftlinge schwer einzuschätzen waren. An der Universität Tübingen führte die Verhaftungsaktion vom 3. Mai dazu, dass der zuvor amtierende Rektor Otto Stickl am 7. Mai sein Amt niederlegte und auf Bitten der Dekane der Germanist Hermann Schneider das Rektorat übernahm. Am 11. und 17. Mai traten dann erstmals nach zehn Jahren die universitären Gremien (Großer und Kleiner Senat) wieder zusammen. Schneider bereitete nun die Bildung eines internen Ausschusses zur »Säuberung« der Universität vor, offenbar um auf diese Weise eigene Initiative zu zeigen und den erwarteten Maßnahmen der Besatzungsmacht zuvorzukommen.²⁰ Die Beratungen dieses Gremiums führten zu einer Begutachtung von 46 als »gefährdet« geltenden Hochschullehrern, die in unterschiedliche Belastungskategorien (intern war nicht von »Belastung«, sondern von »Gefährdung« die Rede) eingestuft wurden. Kittel wurde mit elf seiner Kollegen in die Kategorie der höchsten Gefährdungsstufe derer eingeordnet, die »als überzeugte und aktive, ja militante Nationalsozialisten oder *Protégés* des Regimes beziehungsweise offensive Exponenten nationalsozialistischer Interessenpolitik an der Universität« galten.²¹

Die erste Fassung von Kittels *Verteidigung*

Dies war der Stand, als der in Haft sitzende Tübinger Neutestamentler im Juni 1945 die erste Fassung seiner *Verteidigung* niederschrieb.²²

---

19 Henke, Trennung vom Nationalsozialismus, 33.
20 Vgl. auch die Schilderungen bei Carlo Schmid, Erinnerungen, 226 f. und Fassnacht, Universitäten, 62 f.
21 Neben Kittel wurden in dieser Kategorie die Professoren Bebermeyer, Gieseler, Hauer, Pfahler und Wetzel sowie der Prähistoriker Gustav Riek (1900–1976), der Physiker Heinz Verleger (Extraordinarius), der Anglist Carl August Weber (1895–1955), der Ordinarius für Völkerkunde Ludwig Kohl-Larsen (1884–1969) und der Ordinarius für Botanik (und Nicht-Parteigenosse) Ernst Lehmann genannt; vgl. Zauner, Entnazifizierung, 944. Zu Riek vgl. Klee, Personenlexikon, 497.
22 Diese erste Fassung von *Meine Verteidigung* ist in den Unterlagen im UAT nicht erhalten; Anhaltspunkte für die Rekonstruktion von Vorformen des

Wir können nicht sicher wissen, welche Informationen Kittel in dieser Zeit erhielt; die umfangreichen Beilagen zu seinem Text (s. dazu unten) lassen aber vermuten, dass den Gefangenen in einem gewissen Umfang postalischer Kontakt mit der Außenwelt erlaubt wurde. Auch mag das kleinstädtische Tübinger Milieu es ihm ermöglicht haben, über jeweils aktuelle Entwicklungen im Bilde zu sein. Von daher kann vermutet werden, dass es ihm mit seinem Text darauf ankam, dem neuen Rektorat Argumentationshilfen an die Hand zu geben, die helfen sollten, ihn intern und dann auch vor der Besatzungsmacht zu verteidigen. Immerhin versicherte die Universitätsleitung am 23. Juni 1945 vor dem Großen Senat, sich nicht als Erfüllungsgehilfe der Franzosen zu verstehen. Jedem Kollegen sollte geholfen werden, der dies nicht selbst »ganz unmöglich gemacht habe.«[23]

Vier Tage zuvor hatte das *Gouvernement Militaire* die deutsche Landesverwaltung instruiert, wie bei politischen Säuberungen im öffentlichen Dienst vorzugehen sei. Danach sollten u. a. alle bis 1933 der NSDAP oder der SA beigetretenen Mitglieder und alle Landräte, alle Oberbürgermeister sowie Beamte im Rang eines Ministerialrats aus ihren Ämtern entfernt werden.[24] Diese Regeln waren gängige Praxis der Militärregierungen in den drei Westzonen, die sich auf diese Weise kompromittierter Personen entledigen und die neue Ordnung sichern wollten. In zweierlei Hinsicht unterschied sich das in bestimmter Hinsicht »mildere« französische Verfahren aber von den schärferen Richtlinien im amerikanisch besetzten Nordwürttemberg: Zum einen wollten die Franzosen, sofern es aus pragmatischen Gründen geboten erschien, *Ausnahmen* von der Entlassung möglich machen; zum andern beteiligten sie durchgängig vertrauenswürdige *einheimische Kräfte* an der Säuberung.

Auf deutscher Seite war seit dem 18. Juni 1945 der von den Franzosen als Landesdirektor für Kultus, Erziehung und Kunst einge-

---

Textes ergeben sich aus dem Inhalt seiner Erklärung vom 3. Dezember 1945, auf die Kittel in der jetzt vorliegenden Fassung verweist.
23 Schmid/Schäfer, Wiedergeburt des Geistes, 107. Am 20. Juli 1945 wandte sich Adolf Köberle, der Dekan der Evangelisch-Theologischen Fakultät, brieflich an seinen Zürcher Kollegen Brunner mit der Bitte, seine internationalen Kontakte zugunsten Kittels einzusetzen. Diesem Brief lag offenbar die erste, im Juni 1945 verfasste Verteidigungsschrift Kittels bei (UAT 162/31, 144).
24 Zauner, Entnazifizierung, 946.

setzte sozialdemokratische Landgerichtsrat und Privatdozent Carlo Schmid zuständig. Unterstützt wurde Schmid von seinem engen Vertrauten und Mitarbeiter für den Hochschulbereich, Ministerialrat Hans Georg Rupp (1907–1989).[25] Die Militärregierung behielt sich zwar das letzte Wort vor, doch waren es diese beiden deutschen Beamten, die im Frühsommer 1945 insgesamt 35 Amtsenthebungen an der Universität Tübingen in die Wege leiteten. Diese Maßnahme traf auch Kittel, der am 7. Juli 1945 mit sofortiger Wirkung von seinem Amt suspendiert wurde.[26] Kittel war aber von Anfang an entschlossen, um seine Rehabilitierung zu kämpfen; seine in Freiheit befindlichen Freunde hielten es aber schon zu diesem Zeitpunkt für unwahrscheinlich, dass er je an seinen Lehrstuhl zurückkehren würde. Der Neutestamentler Martin Dibelius (1883–1947), der an der Universität Heidelberg mit der Frage des Umgangs mit nationalsozialistischen Professoren befasst war und bei der amerikanischen Besatzungsmacht einiges Renommee besaß, wandte sich daher direkt an Carlo Schmid mit der Bitte, Kittel wenigstens die Weiterarbeit als Herausgeber des *Theologischen Wörterbuches zum Neuen Testament* zu ermöglichen.[27]

Als die Stuttgarter Landesverwaltung am 23. August 1945 mitteilte, dass Staatsbedienstete, die vor dem 1. Mai 1933 der NSDAP beigetreten waren oder politische Funktionen in ihr übernommen hatten, keine Dienstbezüge mehr erhalten durften, blieb anfangs durchaus unklar, inwieweit von Nordwürttemberg ausgehende Regelungen auch für die französische Besatzungszone gelten würden.[28] Für Kittel war diese Frage von einigem Belang; immerhin war sein gesamtes Vermögen konfisziert worden, und er wusste einstweilen

---

25 Vgl. Fassnacht, Universitäten, 62–66; 124–130. Rupp wurde 1951 zum Richter des Bundesverfassungsgerichts gewählt. Der in Perpignan (Südfrankreich) geborene Carlo Schmid, der eine französische Mutter hatte, galt als »ami de la France« (Brief des französischen Offiziers René Cheval, dem die Verbindungen zur Universität Tübingen oblagen, vom 6. September 1945 an Raymond Schmittlein, den Generaldirektor für kulturelle Angelegenheiten in der französischen Besatzungszone (zitiert in: Osmont, René Cheval).
26 Die Suspendierungen wurden in zwei Schüben (am 4. und 7. September 1945) bekanntgemacht; vgl. Fassnacht, Universitäten, 125.
27 So Dibelius in einem Brief an Theodor Heuss vom 15. September 1945 (zitiert im Nachwort des Herausgebers [Friedrich Wilhelm Graf], in: Dibelius, Selbstbesinnung der Deutschen, 77–78).
28 Zauner, Entnazifizierung, 948 f.

nicht, wie er seine Familie ernähren sollte.²⁹ Für ihn kam die Stuttgarter Regelung jedenfalls einstweilen zur Anwendung. Erst im Oktober 1946 sollte er Bescheid bekommen, dass er künftig einen kleinen Unterhaltszuschuss erhalten würde. Bis zu diesem Zeitpunkt spielten bei seinen Schritten die finanziellen Aspekte daher eine große Rolle. Grundsätzlich bemühte sich der französische Oberkommandierende, General Marie-Pierre Koenig (1898–1970), in besatzungsrechtlichen Fragen um eine gemeinsame Linie mit den amerikanischen Alliierten. Aufgrund des verbesserten Verhältnisses von Franzosen und Amerikanern kam es im September 1945 in Südwürttemberg zu einer Verschärfung der Reinigungsmaßnahmen und einer zweiten Entlassungswelle.³⁰ Zugleich erhielten alle Entlassenen oder Suspendierten aber die Mitteilung, dass sie die Militärregierung über die Universitätsleitung und über die von den Franzosen demnächst wieder einzusetzende deutsche Landesverwaltung um ihre Wiedereinsetzung bitten konnten, dass ein solches Gesuch aber nur im Ausnahmefall Aussicht auf Erfolg haben würde.³¹ Am 10. September legte Rektor Schneider den Betroffenen schriftlich nahe, gegebenenfalls die Beweggründe für ihren NSDAP-Beitritt offenzulegen; dabei sollten auch politisch entlastende Aspekte namhaft gemacht werden.³² Die Gesichtspunkte, die darüber hinaus für die Genehmigungsfähigkeit eines Wiedereinsetzungsgesuchs sprechen würden – herausragende wissenschaftliche Leistungen³³ und eine nur formale oder verhältnismäßig geringe Belastung – spielten in den Verteidigungstexten, die Kittel in den folgenden Monaten verfasste³⁴, eine besondere Rolle. Offenbar reichte Kittel im Herbst 1945 das vom Rektor angeregte Gesuch um Wie-

---

29 Zu den Konfiszierungen in Tübingen durch die Besatzungsmacht vgl. Dierks, Jakob Wilhelm Hauer, 335.
30 Diese zweite Suspendierungswelle im Herbst 1945 führte dazu, dass kurzzeitig 53% aller Universitätslehrer in Tübingen von dieser Maßnahme betroffen waren; vor Beginn des Wintersemesters wurde diese Quote aber auf etwa die Hälfte abgesenkt (Zauner, Entnazifizierung, 950).
31 Zauner, Entnazifizierung, 949.
32 Zauner, Entnazifizierung, 951; vgl. auch Dierks, Jakob Wilhelm Hauer, 334. Vgl. dazu oben Kap. IV und XII von Kittels Verteidigungsschrift.
33 Vgl. Kapitel II–III und IX–X von *Meine Verteidigung*.
34 Neben den beiden Fassungen seiner *Verteidigung* ist dies vor allem ein dreiseitiges Schriftstück vom 3. Dezember 1945, das Kittel der französischen Militärbehörde übergab (UAT 162/31, 119–121).

dereinsetzung ein und fügte die erste Fassung seiner Verteidigungsschrift bei.[35]

Das französische System der Säuberung (»épuration«)

Ungeachtet der grundsätzlichen Verschärfung des Entnazifizierungskurses behielten die Franzosen, was ihren Umgang mit diesen Anträgen anbelangt, ihre pragmatische Linie aber bei – dies vor allem im Hinblick auf die durchgängige Mitwirkung deutscher Stellen. Zu nennen ist hier insbesondere das am 16. Oktober 1945 in Tübingen unter Carlo Schmid etablierte »Staatssekretariat«, also die provisorische Landesregierung des in Entstehung befindlichen Landes Württemberg-Hohenzollern.[36] In einem internen »rapport général sur l'Université [de Tübingen]« vom 1. Februar 1946 legte der junge französische Germanist René Cheval (1918–1986), dem seitens der Besatzungsbehörde die Verbindung mit der Universität Tübingen oblag, dar, dass die Franzosen sich bei ihren Entscheidungen »weitestgehend an die Empfehlungen der deutschen Behörde gehalten hatten.«[37] Kittel wurde nun zum 25. Oktober 1945 ohne Pensionsanspruch aus dem Staatsdienst entlassen und zum 12. November 1945 in ein Interniertenlager in Balingen eingewiesen.[38] Bei-

---

35 Dies ist nach den Akten des Universitätsarchivs und unter Berücksichtigung der in der Untersuchung Zauners genannten Umstände zu vermuten; eine Erklärung Kittels vom 3. Dezember 1945 (UAT 162/31, 119), deren Abschrift am 11. Dezember 1945 vom Tübinger Dekan beurkundet wurde, nimmt jedenfalls bereits auf die frühere »Verteidigungsschrift« Bezug. Die Bestätigung der Korrektheit der Abschrift dieses Dokuments durch Dekan Köberle hängt wahrscheinlich damit zusammen, dass (obwohl Kittel ja nicht mehr »im Dienst« war) der Dienstweg über den Dekan zum Rektor eingehalten wurde. Zu den Vorgängen vgl. Zauner, Entnazifizierung, 953; Fassnacht, Universitäten, 125 f. Im Falle Hauers war es seine Frau, die stellvertretend für ihn von dem Einspruchsrecht Gebrauch machte (Dierks, Jakob Wilhelm Hauer, 334).
36 Vgl. Carlo Schmid, Erinnerungen, 229 f. und 238 f.
37 Zauner, Entnazifizierung, 952; zu Cheval vgl. Osmont, René Cheval.
38 In Adolf Köberles Grabrede auf Kittel vom 14. Juli 1948 heißt es, mit Blick auf »den guten, starken, tröstlichen Einfluß, der von Gerhard Kittel als Bruder und Lagerseelsorger in echter Schicksalsgemeinschaft auf seine Kameraden« in Balingen ausging, es habe dort, anders als in anderen Lagern, keine »Selbstmorde der Verzweiflung« gegeben, was selbst »die Lagerleitung dort« zugegeben habe (Köberle, Grabrede, 542).

de Maßnahmen waren wohl Resultat des gescheiterten ersten Wiedereinsetzungsgesuchs. Es ist zu vermuten, dass ablehnende Stellungnahmen der Landesverwaltung und auch Carlo Schmids selbst, an den Martin Dibelius offenbar vergeblich appelliert hatte, den Ausschlag gaben.[39] Andererseits ist nicht auszuschließen, dass die letztentscheidenden Franzosen[40] sich im Einzelfall über Handlungsempfehlungen hinwegsetzten, die – wie Rektor Schneider versprochen hatte – auch für die Wiederanstellung plädiert haben mochten. Das umfangreiche Dossier von Unterstützungsbriefen früherer Kollegen und Studenten, von eidesstattlichen Erklärungen und anderen entlastenden Dokumenten, das Kittel in diesen Wochen und Monaten anlegte, lässt sich jedenfalls so erklären, dass der Inhaftierte mit *deutschen* Aussagen und Stellungnahmen zu seinen Ungunsten rechnete. Die Sympathiebekundungen aus dem Ausland, die Kittel erreichten und die er in seiner *Verteidigung* ausführlich zitiert, waren offenbar dazu bestimmt, in diesem Kontext einen besonders positiven Eindruck erzeugen.[41]

---

39 Der entsprechende Bescheid, der am gleichen Tag an Hauer ging, war von Schmid selbst unterzeichnet (Dierks, Jakob Wilhelm Hauer, 334). Zur Rolle Schmids, dem die seitherige Entnazifizierung nicht weit genug ging: Fassnacht, Universitäten, 126 und Schmid, Erinnerungen, 261. Neben Schmid selbst und seinem Mitarbeiter Ministerialrat Hans Rupp setzte sich vor allem der im »Dritten Reich« entlassene Tübinger Mathematikprofessor Erich Kamke dafür ein, die Abrechnung mit den Vertretern der NS-Diktatur nicht aufzuschieben (Zauner, Entnazifizierung, 954). Von Rektor Schneider ist anzunehmen, dass er meist zugunsten der Betroffenen votierte. Hauer gegenüber brachte Schneider am 11. Oktober 1945 sein Bedauern zum Ausdruck, dass er im bevorstehenden Wintersemester nicht auf seinen Lehrstuhl zurückkehren konnte; zu zwei Gegenbeispielen, wo sein Votum den Ausschlag dafür gab, dass ein Betroffener entlassen wurde, oder wo Schneider die Verstrickung in nationalsozialistisches Unrecht beim Namen nannte, vgl. Zauner, Entnazifizierung, 959 und 984.
40 Ausschlaggebend war das Votum der *Direction de l'Éducation Publique* in Baden-Baden (Fassnacht, Universitäten, 126).
41 Es lässt sich nur spekulieren, ob und in welchem Umfang Kittel diese Unterstützungsbriefe und Sympathiebezeugungen spontan oder auf Anfrage (sei es aufgrund eigener Bitten oder aufgrund von Bitten seiner Familie und Freunde) erhielt. Was Kittels Reputation im Ausland anbetrifft, so bahnte sich nach der Publikation von Max Weinreichs Schrift *Hitler's Professors* in New York (1946 in englischer, 1947 in jiddischer Sprache) bereits kurz nach Kriegsende eine Wende an. Um das internationale Echo auf die Verhaftung und Amtsenthebung Kittels nach Kriegsende einzuordnen, sollte man es mit den Reaktionen vergleichen, die die Diskussion um die Einführung des

Aufgrund von Diskussionen in der französischen Presse und im Pariser Parlament über die Modalitäten der Besatzung kam es zu Beginn des Jahres 1946 zu einer Verschärfung der säuberungspolitischen Bestimmungen in der französischen Zone.[42] Im Zuge dieser Maßnahmen entließ die Militärregierung im Januar 1946 zusätzlich noch den Kittelschüler und außerplanmäßigen Professor Karl Georg Kuhn (1906–1976), der sich als »antisémite par excellence de Tübingen« ausgezeichnet habe und nicht mehr tragbar sei.[43] Die Universität hatte nun auch jeden Kontakt der entlassenen Lehrkräfte mit ihren früheren Mitarbeitern strikt zu unterbinden. Neben der Weiterbetreuung von Doktorarbeiten wurde den Entlassenen insbesondere das Betreten der Bibliotheken und der Arbeitsplätze ihrer früheren Wirkungsstätten untersagt.[44]

Da Kittels Lehrstuhl einer der ersten Lehrstühle der Universität war, der neu besetzt wurde – bereits zum 1. Mai 1946 wurde Otto Michel als Nachfolger berufen[45] –, war die Rückkehr in sein Amt zu

---

Arierparagraphen in der Kirche im Herbst 1933 auf internationaler Ebene hatte. Auf der (recht umfangreichen) Liste der Dozenten des Neuen Testaments in Europa und Amerika, die die Marburger Erklärung vom September 1933 unterstützten, fehlen bezeichnenderweise diejenigen Fachkollegen (etwa Creed aus Cambridge und Großheide aus Amsterdam), auf die Kittel in seiner Verteidigung verweist; vgl. dazu Dinkler, »Neues Testament und Rassenfrage«, 74–76. Andererseits zeigt diese Liste, wie genau die Diskussionen in Deutschland im Ausland beobachtet wurden. Kittel, dessen Tübinger Gutachten vom 1. November 1933 auf das Marburger Gutachten reagierte, wurde bereits damals auch in der außerdeutschen Theologie kritisiert.

42 Vgl. Zauner, Entnazifizierung, 960 f.

43 Zauner, Entnazifizierung, 954. – In seiner *Verteidigung* distanziert Kittel sich vom (in der sowjetischen Zone liegenden) Eisenacher Institut – und damit von seinem Schüler Walter Grundmann (1906–1976) –, nicht aber von Kuhn, dem er mit seiner Aussage direkt hätte schaden können. Zu Kuhn, dessen Judenfeindschaft als radikaler einzuschätzen ist als die Kittels, vgl. Morgenstern, Institutum Judaicum, 70–85.

44 Zauner, Entnazifizierung, 961. Diese Maßnahmen standen im Einklang mit einer Verschärfung der Säuberungspraxis in allen drei Westzonen. In einer Statistik des Alliierten Kontrollrats aus dem ersten Halbjahr 1946 ist von insgesamt 150.000 Entlassungen aus dem Staatsdienst die Rede; davon entfielen etwa 36.000 Entlassungen auf die französische Zone; Rechtsgrundlage der Entfernungen aus dem Amt war die alliierte Kontrollrats-Direktive Nr. 24 vom 12. Januar 1946, die die Kriterien der Entlassungen definierte; vgl. Henke, Trennung vom Nationalsozialismus, 34 und 42.

45 Braun, Otto Michel – Lebenslauf, 28.

diesem Zeitpunkt auch aus diesem Grunde unrealistisch geworden.[46] Umso energischer setzte Kittel sich nun in anderer Weise für seine Rehabilitierung ein und versuchte, die Genehmigung zur Wiederaufnahme seiner wissenschaftlichen Arbeit in anderen Kontexten zu erhalten, vor allem als Redakteur des Wörterbuchs zum Neuen Testament. Die Unterstützung seiner früheren akademischen Kollegen im In- und Ausland und der Stuttgarter Kirchenleitung war ihm dabei sehr willkommen. Möglicherweise wurde er auch durch die Tatsache ermutigt, dass es in der deutschen Bevölkerung inzwischen teilweise zu einem Stimmungsumschwung gekommen war, der in zunehmendem Maße Bekundungen der Solidarität mit den Entlassenen zuließ.[47] Dies hing damit zusammen, dass die Kriterien, die vor allem in der amerikanischen Zone zu einer »Rundum-Entlassungspolitik« geführt hatten[48], offenbar nicht immer der Lebenswirklichkeit in der NS-Diktatur gerecht wurden. Zudem waren sie häufig impraktikabel und führten zu administrativen Schwierigkeiten, an einigen Stellen auch zum partiellen Zusammenbruch der Verwaltung.

Die zweite Fassung von Kittels *Verteidigung*

In der zweiten Hälfte des Jahres 1946 verfolgte Kittel sein Anliegen auf Grundlage einer Ende Mai 1946 erlassenen Rechtsanordnung, durch die die französische Besatzungsmacht eine grundlegende Neuorganisation des Entnazifizierungsverfahrens in die Wege geleitet hatte. Von nun an sollte ein unmittelbar dem Staatssekretariat unterstehender »Staatskommissar für die politische Säuberung« für sämtliche Maßnahmen der *Épuration* zuständig sein und dabei letztinstanzlich entscheiden. Damit wurde ein administratives Verfahren etabliert, das politisch gesteuert war und strafrechtliche Formen wie öffentliche Anklageerhebungen, Schuld- oder Unschulds-

---

46 Zu Rückberufungen von Tübinger »Amtsverdrängten«, wie sie in den 1950er Jahren tatsächlich vorkamen, vgl. Zauner, Entnazifizierung, 986 f. Eine übliche Praxis war es in dieser Zeit auch, die entlassenen, aber nun »entnazifizierten« Professoren mit sonstigen Dienst- oder Forschungsaufträgen zu versehen und sie so zu versorgen.
47 Henke, Trennung vom Nationalsozialismus, 37.
48 Ebd.

vermutungen oder auch bestimmte rechtsförmige Anforderungen zur Beweiserhebung außer Acht ließ und ohne Berufungsinstanz fungieren sollte. »Die Entnazifizierung wurde so als politische Frage, nicht als Rechtsproblem behandelt, und das Staatssekretariat sicherte sich die Prärogative der eminent politischen Entscheidung, wer für den Neuaufbau des Landes in Frage kam und wer nicht.«[49] Kittel, der sich bis zum 6. Oktober 1946 im Balinger Lager aufhielt, sah hier offenbar einen Hoffnungsschimmer, sein Schicksal wenden zu können. Als er nach seiner Entlassung aus dem Interniertenlager und seiner Ankunft in Beuron im November/Dezember 1946 mit der Niederschrift der zweiten erweiterten Version des hier edierten Textes begann[50], hatte er offenbar dieses neu geschaffene Verfahren vor Augen. An den »Staatskommissar für die politische Säuberung«, den sozialdemokratischen Verwaltungsreferenten und stellvertretenden Reutlinger Oberbürgermeister Otto Künzel[51], adressierte Kittel am 12. Februar 1947 einen von ihm am 10. Februar 1947 unterzeichneten Fragebogen (»Questionnaire du gouvernement militaire en Allemagne«) und fügte seine neuredigierte und erweiterte *Verteidigung* bei.[52]

Das Konvolut, das Kittel in seinem Verfahren verwenden wollte (von dem freilich nicht sicher ist, ob oder in welchem Ausmaß es tatsächlich Verwendung fand), enthält auch Gutachten über seine wissenschaftliche Arbeit. Hinzu kommen persönliche Stellungnahmen zu seinen Gunsten von den Neutestamentlern Martin Dibeli-

---

49 Zauner, Entnazifizierung, 968.
50 Die Zeitangaben finden sich neben den ausgeschriebenen Titeln Kittels (»Doktor und Professor der Theologie«) auf dem Deckblatt des Textes im Tübinger Universitätsarchiv. In Beuron wurde Kittel von Tübinger Theologiestudenten besucht, die dort bei ihm Hebräisch lernten (telefonische Auskunft von Dr. Reinhold Mayer, Tübingen, ca. 2007).
51 Zauner, Entnazifizierung, 968. Zu Künzel vgl. auch Carlo Schmid, Erinnerungen, 245.
52 UAT 162/31, 29. Eigentlich sollte der Staatskommissar nicht für Universitätsprofessoren zuständig sein; im Oktober 1946 war daher ein gesonderter Säuberungsausschuss für den Lehrkörper der Universität gegründet worden. Dieser tagte unter dem Vorsitz des Ministerialrates Rupp, sollte nach den gleichen Grundsätzen wie der Staatskommissar arbeiten und nahm im Februar 1947 seine Tätigkeit auf. Dieser universitäre Ausschuss durfte bereits ausgesprochene Entlassungen aber nicht rückgängig machen, weshalb Kittel sich wohl direkt an den Reutlinger Staatskommissar wandte.

us (Heidelberg) und Joachim Jeremias (Göttingen)[53], den Alttestamentlern Albrecht Alt (Leipzig) und Friedrich Baumgärtel (Erlangen), dem Orientalisten Hans Heinrich Schaeder (Berlin) sowie dem Althistoriker und klassischen Archäologen Josef Keil (Wien).[54] Tenor der auch konfessionsübergreifenden[55] und internationalen[56]

---

53 Bei Dibelius heißt es zusammenfassend: »Die fraglichen Arbeiten Kittels sind einwandfreier wissenschaftlicher Haltung, dienen nicht der Parteiauffassung vom Judentum, haben theologische Besinnung als Voraussetzung und werden hoffentlich nicht irgendeinem Verdammungsedikt zum Opfer fallen, sondern die Wissenschaft weiter befruchten. Ihrem Verfasser gebührt – in welchem Grade man ihm auch immer zustimmen mag – der Dank aller, die an der wissenschaftlichen Erforschung des Judentums interessiert sind« (Zitat in: Siegele-Wenschkewitz, »Meine Verteidigung« ..., 156).
54 Teil des Dossiers sind auch Aussagen ehemaliger Studenten Kittels. Der Bonner Theologiestudent Walter Rey zitiert am 27. Dezember 1946 Kittelworte aus einem Seminar-Mitschrieb im Wintersemester 1944/45 in Tübingen: »Das in der Gegenwart vergossene Blut der unschuldigen Juden schreit gen Himmel und klagt nicht nur die Mörder an, sondern auch uns unseligen sogen. christlichen Schläfer.« Rey urteilt abschließend: »Ich hatte dieses Seminar als Antisemit besucht, erwartete allerlei propagandistische Parteitendenzen, und war überrascht, keinerlei säkulare Nazipolemik zu hören, sondern nur und ganz sachlich vom Worte Gottes aus die Judenfrage beleuchtet zu sehen, sodass ich von Stund an den Nazismus sachlich und nicht nur persönlich überwunden hatte« (UAT 162/31, Beilage IV, unpaginiert).
55 Neben zahlreichen Stellungnahmen von katholischen Hörern seiner Vorlesungen (vor allem in Wien) steht z. B. das Zeugnis des griechischen Professors Dr. Constantin Merentitis: »Meine Heimat ist von Hitlersoldaten ruiniert; die Häuser meiner Angehörigen sind zu Asche geworden. Infolgedessen habe ich genug Grund jene hitlerische Politik zu verfluchen. Ich fühle mich aber menschlich verpflichtet, einer unehrlichen Anklage entgegenzutreten, deren böswillige und verleumderische Art die Schädigung von Professor Kittel bezweckt« (UAT 162/31, Beilage IV, unpaginiert).
56 Neben Briefen bzw. Gutachten von Emil Brunner (Zürich) und Albert Debrunner (Bern) enthält die Sammlung (Beilage II) Unterstützungsschreiben von Karl Heim, Karl Adam (katholisch-theologische Fakultät Tübingen), Enno Littmann (Tübingen) und einen Text von Père S. Lyonnet SJ: »Parmi les ouvrages sur la théologie du Nouveau Testament parus ces dernières années, nul ne sans doute offrent autant d'intérêt que le ›Theologisches Wörterbuch zum Neuen Testament‹, édité sous la direction de Gerhard Kittel. La faveur, parfois très marquée, dont l'ont accueilli les milieux les plus divers, tant catholiques que protestantes, et plus encore l'empressement qu'on a mis de tout côtés à l'utiliser – à preuve des innombrables références au bas de pages des articles des revues et des commentaires – montrent suffisamment l'influence qu'un tel ouvrage exerce déjà visiblement et sans

Fürsprache war die Betonung des außerordentlichen akademischen Ansehens des Tübinger Neutestamentlers und das Lob für die wissenschaftliche Qualität seiner Forschungen, bei denen er sich allein von theologisch-fachlichen Erwägungen habe leiten lassen.[57]

Das Spruchkammerverfahren und Kittels Tod

Auf eine positive Entscheidung warteten Kittel und mehrere Dutzend andere Petenten aber vergeblich – in keinem einzigen Fall der entlassenen Lehrkräfte kam es in den folgenden Monaten zu einer endgültigen Entscheidung. Stattdessen wurde das neue Verfahren bereits im Juli 1947 wieder abgeschafft, als die Landesverfassung des neugebildeten Landes Württemberg-Hohenzollern in Kraft trat und die erste reguläre Landesregierung unter Führung des Christdemokraten Lorenz Bock (1883–1948) die Amtsgeschäfte aufnahm. Nun wurden auch in Südwürttemberg nach dem Vorbild der amerikanischen Besatzungszone Spruchkammern eingeführt. Das neue Verfahren erwarb sich schnell den Ruf, im Grunde eher ein Verfahren zur Rehabilitierung vorher Belasteter zu sein – im Schatten des einsetzenden Kalten Krieges hatten die politischen Bedingungen sich gründlich verändert.[58] Zur Atmosphäre des »Tauwetters« passte eine Verordnung der französischen Militärregierung vom 17. November 1947, die Säuberungsmaßnahmen gegen »einfache« oder nur »nominelle« NSDAP-Mitglieder verbot, sofern diese weder einen Ti-

---

aucun doute exercera dans l'avenir sur toutes les études bibliques.« – »Un catholique ne saurait que s'en réjouir et souhaiter qu'en dépit des circonstances adverses, l'équipe – hélas décimé par la guerre – réunie par G. Kittel, puisse mener à bonne fin l'œuvre entreprise.« Der letztere Text ist der Zeitschrift *Biblica* (Commentarii editi cura Pontifizii) des Jahresganges 1945 entnommen. Der Sekretär der SNTS Dr. Booboyer schrieb am 20. Dezember 1946 an Kittel: »[w]e have heard of your misfortune that have befallen You, & writing purely as a private person, let me express my sympathy & say how ready I should be to hear You state Your case & give Your side of the story.«

57 Keiner der Fürsprecher Kittels machte sich dessen Formel eines »christlichen Antisemitismus« zu eigen, der im Gegensatz zum (oder gar im Widerstand gegen den) rassischen Antisemitismus der Nationalsozialisten stehe oder gestanden habe. Die Beilagen konnten aber als Stützung einer Verteidigungsstrategie gelten, der es erkennbar darum ging, die mit dem »Fall« Kittel gestellten Fragen zu »vergrundsätzlichen« (vgl. dazu unten).

58 Vgl. dazu Niethammer, Mitläuferfabrik.

tel trugen noch ein Amt innegehabt hatten.⁵⁹ Die ebenfalls im November gebildete Universitäts-Spruchkammer arbeitete mit großer Geschwindigkeit; dennoch kam es im Fall Kittels nicht mehr zu einem Bescheid.⁶⁰ Immerhin erhielt der verbannte Neutestamentler im Februar 1948 die Erlaubnis, nach Tübingen zurückzukehren.⁶¹ Dort erkrankte er schwer und starb am 11. Juli 1948. Die Traueranzeige zitiert die Bergpredigt Jesu (Matth. 5, 8): »Selig sind, die reines Herzens sind, denn sie werden Gott schauen.«⁶² Die Verordnung Nr. 165 der französischen Militärregierung desselben Monats, die – über alle vorherigen Erleichterungen hinausgehend – eine Amnestie für alle »Mitläufer« mit sich brachte, kam für ihn zu spät.

2. Zum Text: Ein Verfahrens-Schriftstück – mit autobiographischen Zügen?

Der Titel

Der hier edierte und kommentierte Text war dazu bestimmt, bei einem Verfahren der administrativen Überprüfung der seinen Autor betreffenden politischen Säuberung (épuration) als ehemaliger Beamter in der französischen Besatzungszone Verwendung zu finden; offenbar wurde er – entweder eigens oder jedenfalls *vor allem* – zu

---

59 Die im Nebensatz enthaltene Einschränkung wurde mit einer weiteren Verordnung vom 13. Juli 1948 aufgehoben; vgl. Zauner, Entnazifizierung, 970.
60 Zauner, 973.
61 Kittel durfte wie alle aus ihren universitären Ämtern Entlassenen seine früheren Arbeitsräume weiterhin nicht betreten; vgl. Wischnath, Eine Frage des Stolzes und der Ehre, 112.
62 UAT 126/326c; Kittel wurde auf dem Tübinger Stadtfriedhof begraben, wenige Meter vom Grab seines Lehrers Schlatter und in unmittelbarer Nähe zum heutigen Sitz der Evangelisch-theologischen Fakultät. Die Grabrede wurde von Adolf Köberle gehalten. Der Grabstein, unweit des Grabes Hölderlins, trägt die Inschrift »Wenn der Herr die Gefangenen Zions erlösen wird, so werden wir sein wie die Träumenden« (Ps. 126, 1) sowie in hebräischen Buchstaben ein Zitat aus Ps. 36, 10 (»In deinem Lichte sehen wir das Licht«). Sucht man, vom heutigen Tübinger Institutum Judaicum ausgehend, nach hebräischen Buchstaben im öffentlichen Raum, wird man hier an nächster Stelle fündig. Zum Lebensende Kittels vgl. auch Eltester 1949, VII.

diesem Zweck geschrieben. Dieses Verfahren war, wie oben ausgeführt, aber nur den Gesetzmäßigkeiten politischer und administrativer Zweckmäßigkeit unterworfen und nicht strafrechtsförmig angelegt. Deshalb bedurfte es hier – was Kittel aber vielleicht nicht verstanden hatte oder aber nicht wahrhaben wollte – im strengen Sinn eigentlich weder einer *Verteidigung* noch einer *Verteidigungsschrift*.⁶³ Eine solche will dieser Text aber sein. Auch der *Inhalt* des Textes gibt zu erkennen, dass keine Unparteilichkeit beansprucht werden kann und auch nicht beansprucht wird. Dem steht nicht entgegen, dass der Autor eingangs auf seine Arbeit als Historiker verweist. Man kann erwägen, dass die Verwendung der dritten Person, in der er von sich spricht, den mit dieser Profession verbundenen Anspruch auf »Objektivität« und Seriosität unterstreichen soll; wahrscheinlicher ist aber, dass Kittel diese Sprachform für ein geeignetes Mittel in der ihm vor Augen stehenden forensischen Situation hielt.⁶⁴ Vielleicht rechnete er damit, dass dieser Text in seiner Abwesenheit verfahrensmäßig vorgelesen werden würde. Will man diesen Text verstehen und einordnen, so gilt es die Dissonanzen zwischen seiner Entstehungs- und ursprünglichen Verwendungssituation und einigen der für ihn charakteristischen Züge möglichst genau zu benennen und zu interpretieren.

---

63 Vgl. Henke, Trennung vom Nationalsozialismus, 42 f. und Zauner, Entnazifizierung, 968.

64 Diese Sprachform stößt sich eigenartig mit der ersten Person im Titel (*Meine* Verteidigung). Vielleicht wird hier im Textgenre ein gewisses Zögern erkennbar. Kittels Schreiben an die Militärbehörde vom 3. Dezember 1945 (UAT 162/31, Beilagen) war noch in der ersten Person formuliert. – Ein eigenartiges Beieinander von Formulierungen in erster und dritter Person findet sich auch in Martin Dibelius' etwa gleichzeitig niedergeschriebener *Selbstbesinnung des Deutschen*: Die reflektierende Person im Titel (im Singular), die ansonsten in der ersten Person Plural auftritt (vgl. S. 47: »wir alle, Parteigenossen oder Nichtparteigenossen ...«), ist hier auch Parteigenossen oder Nichtparteigenossen ...«), ist hier auch der Autor selbst. Dieses Beispiel (zu diesem Text s. weiter unten) zeigt im Übrigen, dass an eine Veröffentlichung – abgesehen von den wirtschaftlichen und praktischen Problemen – schon wegen der Militärzensur nicht zu denken war. Wenn das schon bei dem von den Alliierten geschätzten Dibelius der Fall war, so galt es *a fortiori* für den in Haft sitzenden Kittel. Dass *Meine Verteidigung* einmal veröffentlicht werden würde, lag 1946 außerhalb dessen, was man vernünftigerweise planen konnte. Abgesehen von dieser Frage ist offensichtlich, dass Kittel beim Schreiben noch ein anderes Forum vor Augen stand als der Reutlinger Staatskommissar.

Zur Gliederung des Textes

Auf die Situation einer *Verteidigung* ist bereits der Aufriss des Textes abgestimmt: Der Beginn mit knappen Bemerkungen zur gegenwärtigen Situation des Dienstentlassenen, zu Stellung und Lebenswerk, die Formulierung der »grundsätzlichen Frage«, der geordnete Durchgang durch einzelne Tatbestände (vor allem seine Mitgliedschaft in der NSDAP, seine Mitwirkung im *Reichsinstitut für die Geschichte des Neuen Deutschlands*, seine Publikationen in der NS-Zeit und sonstige öffentliche Äußerungen), die Erörterung der Frage, ob Kittel eine direkte oder indirekte Mitschuld an den »Judenverfolgungen« trägt[65], die Benennung entlastender oder mildernder Umstände und schließlich eine Art Schlussplädoyer, das auf »einzelne Beschuldigungen« und die »Hauptanklage« reagiert.

Auch die Einzelheiten der Gliederungspunkte stehen im Dienste einer verfahrensmäßigen Verteidigung: Kapitel IV mit der Nennung der Anklage (»Kittels Stellung zur Partei«) geht Kapitel V (»Kittels kirchliche Stellung«) voraus, das entlastende Gesichtspunkte nennt. Ein Text, der der Logik einer Autobiographie gefolgt wäre, hätte die Ausführungen zu Kittels kirchlicher Stellung vorangestellt. Dieses letztere Thema war dem Autor erklärtermaßen ja inhaltlich viel wichtiger; von ihm aus hätte er möglicherweise darlegen können, welche Überlegungen ihn 1933 zu seinem Parteiengagement führten. Ebenso folgen die Kapitel XII-XV (mit wiederum entlastenden Argumenten) auf die Kapitel VI-XI (mit unterschiedlichen Anklagepunkten). An einigen Stellen, wenn beispielsweise in Kapitel XIII gefordert wird, unbewiesene Behauptungen sollten »aus der Erörterung verschwinden«[66], gibt Kittel unmittelbaren Einblick in die Vorhaltungen, denen er in seinen Verhören ausgesetzt war oder die ihm aus den Stellungnahmen des Tübinger »Staatssekretariats« oder anderer deutscher Nazigegner bekannt geworden waren.

---

65 Der Massenmord an den Juden wird in Kittels Text nicht verschwiegen, aber auch nicht präzise benannt; in Kapitel XI ist aber von »Judenmisshandlungen« und »Judenmorde(n)«, »grauenvolle(n) Verhältnisse(n)« und danach noch einmal von »planmäßig durchgeführten Judenverfolgungen und – morden« die Rede; in Kapitel XIII wird bestritten, dass – wenn Kittel seine Äußerungen zur »Judenforschung« unterlassen hätte – »eine einzige Synagoge weniger verbrannt, ein einziger Jude weniger deportiert, ein einziger weniger umgebracht worden wäre« (vgl. oben S. 115).

66 Vgl. oben S. 122.

Zu diesem Setting passen auch ausführliche Darlegungen zur Motivation seines Handelns. Teil der damit zum Ausdruck kommenden Strategie ist die dämonisierende Darstellung der Nationalsozialisten – sie soll die »Verführung« des Autors und die Selbststilisierung als *Opfer* eines verruchten Systems glaubhaft machen.[67] Freilich harmoniert dies nicht so recht mit etwas prahlerisch vorgetragenen Schilderungen von Kittels wissenschaftspolitischen Errungenschaften (Auslandsreisen, seine Mitgliedschaft in der internationalen Neutestamentlervereinigung SNTS) und politischen Erfolgen (seine persönliche Einladung zum Reichsparteitag).[68]

Zur Strategie des Textes

Zur Strategie des Textes passen zahlreiche Schutzbehauptungen, die deutlich als solche zu erkennen sind. Manche Einlassungen sind so durchsichtig, dass es schwerfällt, sie einer anspruchsvollen literarischen Reflexion zuzuschreiben; offenbar sind sie nur für erhoffte kleinteilige Verfahrensvorteile berechnet. Aufgrund seiner Erkennt-

---

67 Hier deuten sich erste Spuren einer im antisemitischen Diskurs der Nachkriegszeit angewandten Strategie an, die Max Horkheimer als »Täter-Opfer-Umkehr« beschrieben hat: Unbewusst (oder bewusst) werden die Rollen vertauscht, wobei »Kampfhandlungen im Krieg« gegen die »administrative Ermordung von Millionen unschuldiger Menschen« aufgewogen wird (Adorno, Was bedeutet Aufarbeitung der Vergangenheit?, 556 f.). Die deutsche Zivilbevölkerung (mit Verweis auf die auch von Kittel erwähnten Bombardierungen, denen sein gemeinsames Buch mit Eugen Fischer zum Opfer fiel) werden als Opfer herausgestellt, während man nach einer »Mitschuld« der Juden an ihrem Ergehen sucht (Horkheimer, Über die deutschen Juden, 314).

68 Diese partiellen Erfolge und Auszeichnungen sieht Kittel vielmehr als Belege dafür, dass das NS-System sich – wie er betont, teilweise durchaus vergeblich! – um ihn *bemüht* habe. Er wäre demnach kein naiver »Mitläufer«, sondern ein Stratege gewesen, der sich dem NS-System nach eigenem Gutdünken selektiv entzogen, der aber auch immer wieder versucht hätte, dessen Ressourcen für eigene (theologisch bzw. christlich definierte) Interessen einzusetzen. Kittel war demnach ein *Akteur*: Er wollte »die Partei zwingen, an seiner Person offen sich zu entscheiden« (oben S. 39)! Zum Phänomen einer dämonisierenden Beschreibung des NS-Systems und der Selbstviktimisierung des Autors in autobiographischen Schriften mit Rückblick auf die NS-Zeit vgl. Sabrow, Zeitgeschichte schreiben, 99 und 122; ders., Zeitverhältnisse, 319. Für diesen Literaturhinweis und weitere nützliche Anmerkungen danke ich Christoph Markschies.

nis, dass »alle wirkliche Theologie [...] gegenwartsnahe Theologie« ist[69], war Kittel in die Partei eingetreten, doch gibt er zugleich an, zu »aktuellen Fragen der Judenpolitik« kaum »Stellung genommen«[70] und überhaupt selten öffentliche »Vorträge vor einer breiteren Öffentlichkeit« gehalten zu haben.[71] Besonders durchsichtig erscheint die Behauptung, Kittels »Methoden und Ergebnisse« seien nicht »im geringsten durch Kompromisse mit der Zeitströmung bedingt oder auch nur beeinflusst« worden.[72]

Auch sonst fehlt es nicht an Widersprüchen. Einerseits gibt der Autor an, als »so viele« schwiegen, »ohne Menschenfurcht«[73] für die Beachtung der Grundsätze von Gerechtigkeit und Redlichkeit eingetreten zu sein. Andererseits blieben seine Aktivitäten im Geheimen. Selbst seinen Familienangehörigen gegenüber bewahrte er Stillschweigen. So macht er nun Angaben, die nicht überprüft werden können – ganz abgesehen davon, dass er glaubt, Wert darauf legen zu müssen, dass seine Schriften von maßgeblichen Parteileuten *nicht* gelesen wurden und diese daher auch nicht beeinflusst haben können.

Einerseits wusste er bereits seit dem Sommer 1933, »beständig mit einem Fuß sich im KZ« zu befinden[74], andererseits glaubte er lange weiter an die guten Absichten des Systems, vor allem Hitlers, und fühlt sich im Nachhinein getäuscht.[75] Besonders makaber und dreist wirkt der Satz, durch seine Zusammenarbeit mit den Anthropologen – im Rückblick die wohl abstoßendste Episode seiner Tätigkeit im NS-Staat – sei der vulgäre Rassenantisemitismus »auf dem Wege« gewesen, »endgültig an der Wurzel« überwunden zu werden.[76]

---

69 Vgl. oben S. 51.
70 Vgl. oben S. 87.
71 Vgl. oben S. 50.
72 Vgl. oben S. 88.
73 Vgl. oben S. 94 und 50; trotz des Anklangs an Prov. 29, 25 ist der Sprachgebrauch soldatisch, gar martialisch; hier äußert sich ein Stratege, der bedauert, dass sein Plan gescheitert ist, kein Mensch, der, von seinem Gewissen geplagt, mit dem Problem seiner Schuld ringt.
74 Vgl. oben S. 94.
75 Kittel schreibt, er habe »nicht gewusst«, wie »der echte nationale Gedanke zu einem System der imperialistischen und größenwahnsinnigen Brutalitätspolitik umgefälscht« worden sei (oben S. 32 und 140).
76 Vgl. oben S. 87; vgl. auch S. 120. – Dass der Antisemitismus in Deutschland vor 1945 unterschiedliche und auch gegensätzliche Formen annahm und auch von ausgesprochenen Gegnern der christlichen Kirchen vertreten

Immerhin hatte der Autor in seinem gemeinsam mit Eugen Fischer herausgegebenen Buch über das antike Weltjudentum Vergleiche von Judenbildern aus dem Altertum mit modernen Porträtaufnahmen vorgenommen, die Mitarbeiter Fischers 1940 von Insassen des Ghettos Litzmannstadt (Łódź) gemacht hatten. Noch im Rückblick – mit einer für einen Theologen geradezu erschütternden wissenschaftspositivistischen Naivität – ist Kittel offenbar der Meinung, durch die Zusammenarbeit mit Fachkollegen, die die modernsten Mittel der Naturwissenschaft einsetzen, eine Methode gefunden zu haben, die in besonderer Weise die wissenschaftliche Zuverlässigkeit seiner Ergebnisse sichern kann.[77] Nicht zufällig schließt unmittelbar an die Behauptung von der beinahe erfolgten

---

wurde, ist unbestritten. Der israelische Historiker Uriel Tal – darauf hat Johannes Wallmann hingewiesen (Wallmann, Luthertum, 402) – spricht explizit von einem »antichristlichen Antisemitismus«; vgl. Tal, Religious and Antireligious Roots, 171–190 und Nowak, Evangelische Kirche, 244. Doch war Kittel mit seinen Forschungen offenbar auf dem Wege, die Gegensätze zwischen den unterschiedlichen Spielarten des Antisemitismus zu überbrücken. Der gemeinsam mit Fischer herausgegebene Band *Das antike Weltjudentum* (1943) ist, mitten im Krieg, recht aufwändig gestaltet und enthält zahlreiche Abbildungen und Fotos sowie zum Ausklappen eine Landkarte zur Verbreitung des Judentums in der römischen Kaiserzeit. Im Text weist Kittel darauf hin, dass die Juden »rassenmäßig [...] damals wie heute [...] eine Mischung orientalischer und vorderasiatischer Rasse« seien (S. 111). Da die Juden sich in der Spätantike – entgegen dem biblischen Gebot – mit anderen »Rassen« vermischt hätten, sollte, so rückblickende Kittels Deutung, eine rein »rassenmäßige« Betrachtung der »Judenfrage« unmöglich gemacht worden sein. Trotz aller Ausführungen über unterschiedliche jüdische »Typen« (»den sephardischen oder die Westjuden, und den askenasischen oder die Ostjuden«) bleibt der Diskurs 1943 aber ganz in rassischen (rassistischen) Klischees (z. B. über die Formen von Nasen und Nasenflügeln, konvexe und andere Krümmungen des Rückens, Schläfen- und Schädelformen, die Scheitelhöhe usw.) befangen (a. a. O., 112). Sofern man Gegensätze zu vulgäreren Formen des Rassenantisemitismus erkennen will, ist der Widerspruch zwischen den Zeilen versteckt. Dies ist in totalitären Systemen bekanntermaßen meist nicht anders möglich – doch nimmt Kittel (der auf die Veröffentlichung ja auch hätte verzichten können, zumal der komplette Erstdruck durch einen Bombenangriff vernichtet worden war) für sich in Anspruch, ohne jede »Menschenfurcht« Stellung genommen und gewarnt zu haben!

77 Kittel/Fischer, Das antike Weltjudentum, 116–117 und 120–121; vgl. Junginger, Verwissenschaftlichung, 278 f. Zu den antiken Mumienporträts, die Kittel wegen ihrer phallischen Darstellungen und aufgrund ihres Aussehens für »jüdisch« hielt: Haase, Mumienporträt, 251–255.

»Überwindung« des Rassenantisemitismus das Kapitel über die »Judenverfolgungen« an. Dieser Abschnitt, so ist wohl zu schließen, musste nach Überzeugung des Autors nur geschrieben werden, weil die Radikalen im NS-System seine Forschungen nicht ernstnahmen und er daher »auf dem Wege« blieb, aber nicht zum Ziel kam.

Zum leicht durchschaubaren apologetischen Diskurs gehören auch Sätze, die im Modus der Selbstbezichtigung verfasst sind, den Autor in Wirklichkeit aber *entlasten* sollen. Kehrseite des nach dem Krieg geläufigen Selbstvorwurfs, einer Illusion aufgesessen und auf einen Betrüger hereingefallen zu sein, war ja die Behauptung der Unwissenheit und Unschuld. Geradezu grotesk ist das in der Form des Bedauerns vorgetragene rechthaberische Argument zu nennen, Kittel habe »vor 1933« leider versäumt, »schon klarer gewarnt«[78] zu haben. Gemeint ist allen Ernstes die Warnung vor den Gefahren der jüdischen Emanzipation und Assimilation im Europa des 19. Jahrhunderts – Entwicklungen, die Kittel auch jetzt noch für das Unheil der vergangenen Jahre verantwortlich macht.[79]

Teil der Darstellungsstrategie ist sodann die Sammlung von Dokumenten und die Benennung von Zeugen, die zu seinen Gunsten aussagen sollen. Kittel geht es hier um die Herausstellung seiner wissenschaftlichen Leistungen, die ihn als herausragendes Mitglied der internationalen *scientific community* ausweisen, auf dessen Mitarbeit die Forschung auch künftig nicht verzichten könne. Da er sich nach eigenem Dafürhalten in seiner »theologisch-historischen Gesamtarbeit«[80] nichts hat zu Schulden kommen lassen, erstrebt er auf seinem Arbeitsgebiet nicht einmal einen veritablen »Neuanfang«; er will nur Unbedenklichkeit bescheinigt bekommen und die Möglichkeit wissenschaftlichen Arbeitens und weiterer Publikationen erhalten.[81] Die mehrfach wiederholte Erzählung von vergeblichen Abwerbeversuchen der Nationalsozialisten, die ihn von seiner

---

78 Vgl. oben S. 27.
79 Vgl. oben S. 27–28.
80 Vgl. oben S. 14.
81 Der Widerspruch, der darin liegt, dass einige Fürsprecher im Verteidigungsdossier dafür plädieren, Kittel in »unverdächtigen«, »rein wissenschaftlichen« Forschungsgebieten Arbeitsmöglichkeiten zu gewähren und die »Judenforschung« auszuklammern, während er selbst seine »Gesamtarbeit« als wissenschaftlich und theologisch legitimiert ansieht, ist Kittel möglicherweise nicht aufgefallen.

Heimatfakultät abziehen wollten[82], läuft dabei im Grunde auf die Unterstellung und den Vorwurf hinaus, in der Gegenwart seien es nun die *neuen* Autoritäten, die ihn an der Arbeit hinderten, zu der er sich von Gott beauftragt weiß.

Um dem entgegenzutreten, stellte der in Haft und Verbannung sitzende Autor unter erschwerten Bedingungen – abgesehen vom erst nach und nach wieder funktionierenden Postverkehr und von materieller Not musste er ja damit rechnen, dass seine Briefpartner in dieser Zeit mit anderen Dingen beschäftigt waren! – ein Dossier von teilweise recht ausführlichen Unterstützungsschreiben wissenschaftlicher und kirchlicher Autoritäten aus dem In- und Ausland, eidesstattlicher Erklärungen früherer Kollegen und Zeitzeugen, Abschriften entlastender Schriftstücke und Originaldokumenten zusammen.[83] Die ausländischen, vor allem die »nicht-arischen« Gewährsleute waren ihm dabei besonders wertvoll. Dementsprechend erhält seine »persönliche Stellung zu einzelnen Juden« ein eigenes Kapitel. Dass der Text sich selbst in diesem Kontext nicht entblödet, weiter von »Volljuden«, »Halbjuden« und »Mischehen« zu sprechen, mag man als Ungeschicklichkeit werten. Da Kittel nach 1945 an seinem »christlichen Antisemitismus« festhielt, dient die Weiterverwendung der NS-Terminologie – zu einem Zeitpunkt, zu dem eine Absage ihm hätte nützen können![84] – vielleicht dem Ziel, die inhaltliche Konsequenz und Konsistenz seines Standpunktes darzustellen.[85] Zugleich spricht viel dafür, dass Kittel vom Wahrheitsgehalt und von der Überzeugungskraft der hinter dieser Terminologie stehenden Weltanschauung weiterhin überzeugt war. Seine Ehrlichkeit in dieser Frage wollte er zu seinen Gunsten gewertet wissen.

---

82 Vgl. dazu Junginger, Gerhard Kittel – Tübinger Theologe, 93 f.
83 Vgl. den Überblick bei Siegele-Wenschkewitz, »Meine Verteidigung« …, 153–156.
84 Darauf macht Gerdmar (Roots, 502) aufmerksam.
85 Vgl. dazu unten; die Kapitel über die »Entlassung der fremden Frauen« im Esra- und Nehemiabuch waren, wie er in seinem Artikel über die Mischehe im Judentum und in der biblischen Religion dargelegt hatte (1937), Zentraltexte seiner Konzeption der jüdischen Unheilsgeschichte; vgl. Kittel, Rassenmischung.

Erörterungen zur »Schuldfrage«

Bemerkenswert ist, dass Kittel sich und sein Handeln »mit dem Handeln und dem Irrtum des ehrlichen und tapferen deutschen Soldaten« vergleicht, der sich »nicht nur [...] für die Existenz seines Volkes, sondern für eine Sache, in der er verraten und belogen worden ist«[86], geopfert hat. Dieser Vergleich spricht dafür, dass der Verfasser sich im Klaren darüber war, dass in dem für das Frühjahr 1947 in Aussicht genommenen Verfahren zunächst einmal *deutsche* Stellen über seinen Fall zu entscheiden haben würden.[87] Möglicherweise lag in diesem Umstand ein weiterer Anlass, das Thema der »Schuld« in den Vordergrund zu stellen. Ausführungen zu dieser Frage gehörten ja eigentlich nicht zu einem Verfahren vor dem »Staatskommissar für die politische Säuberung«. Dennoch setzte Kittel gleich auf der ersten Seite mit Erörterungen zu dieser »grundsätzlichen Frage« ein, die dann die ganze Schrift durchziehen.

Nun kann man fragen, ob der Autor die in der heutigen Forschung rückblickend gelobte »Épuration« verstand[88] und den Sinn und die Zweckmäßigkeit einer Prozedur einsah, die auf den Neuaufbau eines demokratischen Gemeinwesens gerichtet war. Auch ist in Rechnung zu stellen, dass *Meine Verteidigung* in mehreren Stufen entstand – Kittel war ja während seiner gesamten Haft und Verbannung mit dieser Problematik beschäftigt. In dieser Zeit waren die Modalitäten der Säuberungsverfahren, die in den Westzonen zur

---

86 Vgl. oben S. 151.
87 Diese Passage, in der Kittel aus einem Schreiben zitiert, dass er ein knappes Jahr zuvor an die *französische Besatzungsbehörde* gerichtet hatte, lässt vermuten, dass er ein Bild davon hatte, *wer* seine jeweiligen Texte lesen würde. Sein Schreiben vom 3. Dezember 1945 ist allerdings insofern als naiv zu bezeichnen, als es nicht in Rechnung stellt, dass ein *französisches* Gegenüber von dem Soldatenvergleich mutmaßlich wenig zu beeindrucken war. Wünschte Kittel etwa, als Soldat in französische Kriegsgefangenschaft zu kommen? Die Bedingungen als Kriegsgefangener im Ausland waren gegenüber dem, was der Tübinger Neutestamentler auf deutschem Boden erhielt (im Interniertenlager, und vor allem im Kloster Beuron), kaum vorzuziehen!
88 Vgl. Henke, Trennung vom Nationalsozialismus, 42 f. In seinen Vorlesungen zur Schuldfrage machte Karl Jaspers im Winter 1945/46 als Voraussetzung dieser Verfahren die »Ausschaltung« der Deutschen »als politischer Faktor« namhaft, denn: »Jeder Staatsbürger ist in dem, was der eigene Staat tut und leidet, mithaftbar und mitgetroffen. Ein Verbrecherstaat fällt dem ganzen Volk zur Last« (Jaspers, Schuldfrage, 33).

Anwendung kamen, immer wieder Änderungen unterworfen. Es ist unsicher, inwieweit die Inhaftierten von Einzelheiten Kenntnis hatten. Für ihn als Gefangenen und später Verbannten konnte es auch deshalb opportun sein, die Diskussion auf das Thema persönlicher Schuld oder Unschuld zu ziehen, weil zu erwarten war, auf diese Weise die Schwächen des gerade praktizierten Säuberungssystems aufzudecken.[89] Dieses Verfahren führte immer wieder zu uneinheitlichen Resultaten, und Entscheidungen in gleichgelagerten Fällen wichen weit voneinander ab.[90] Folge war ein Gefühl mangelnder Rechtssicherheit, zumal Berufungs- und Überprüfungsinstanzen nicht vorgesehen waren. In diesem Kontext hatte die Berufung auf die Umstände des je für sich zu prüfenden eigenen Falls eine gewisse Plausibilität. Auch Kittels Freunde und Kollegen, deren Sympathie- und Unterstützungsbriefe er seinem Dossier beifügte, schlossen sich dem Plädoyer für »Gerechtigkeit« an.

Vor allem aber dürfte die eigenartige Vermischung von Gesichtspunkten, die im französischen Verfahren zu beachten waren – das galt in vermehrten Maße für das ab dem Frühjahr 1947 in den drei Westzonen eingerichtete Spruchkammerverfahren –, Verwirrung gestiftet haben. Alle diese Verfahren, so unterschiedlich sie waren, legten eine wie auch immer vorzunehmende »Würdigung der Gesamtpersönlichkeit« nahe. Im Hinblick auf die erstrebte Säuberung

---

89 Sicherlich standen Kittel die Nürnberger Kriegsverbrecherprozesse vor Augen, die nach dem Willen der Amerikaner ja Resonanz nicht nur in der internationalen Öffentlichkeit, sondern vor allem in Deutschland finden sollten (Osterloh, Nürnberger Prozesse, 259). Als Kittel mit der Niederschrift der zweiten Fassung seiner *Verteidigung* begann, waren die Urteile im Prozess gegen die Hauptkriegsverbrecher bereits ergangen und die Todesurteile gegen Hans Frank und Julius Streicher – beide werden in *Meine Verteidigung* genannt – am 16. Oktober 1946 vollstreckt worden.

90 Vgl. Henke, Trennung vom Nationalsozialismus, 43. Kittel mag in diesem Zusammenhang an seinen wieder in Freiheit befindlichen Fakultätskollegen Fezer gedacht haben. Fezer ging in seinen Nachkriegsäußerungen dem Thema persönlicher Schuld und Verantwortung aus dem Weg. Als er 1947 als Abgeordneter der Evangelisch-Theologischen Fakultät in den württembergischen Landeskirchentag (Synode) gewählt wurde, verlas er am 2. September 1947 in Bad Boll immerhin eine Erklärung, in der allgemein von Fehlern »im Beurteilen einer Lage, einer Bewegung, einer Person« die Rede ist, »die nicht mehr« repariert werden könnten. »Hier sind wir vielmehr ganz darauf angewiesen, daß die andern uns vergeben. Im Wissen um diese Vergebung tue ich meine Arbeit auf dem Katheder in Tübingen, im Stift und auch hier« (Stählin, Zur Stellung, 135–136).

vom Nationalsozialismus setzte eine solche Einschätzung von Person und Oeuvre der betroffenen Personen neben administrativen und politischen eben auch moralische Erwägungen voraus. Diese aber konnten nicht getrennt von Fragen der *Schuld* behandelt werden – sei es in einem strafrechtlichen, politischen oder individuell-ethischen Sinn.[91] Für einen Dienstentlassenen, der seine Rehabilitierung anstrebte, lag es insofern durchaus nahe, eine geeignete Version seiner Lebensgeschichte vorzutragen und diese so in den zeitgeschichtlichen Horizont einzuordnen, dass der zur Entscheidung befugten Stelle eine Revision des Entlassungsurteils leichtfallen mochte.

Die »Schuldfrage« bei Martin Dibelius

In Kittels Text nehmen die Überlegungen zur Schuldfrage nun einen so breiten Raum ein, dass sich ein Vergleich mit den etwa zeitgleich entstandenen Ausführungen anbietet, die sein erster und (mutmaßlich) wichtigster Kollege und Fürsprecher, der Heidelberger Neutestamentler **Martin Dibelius**, etwa zeitgleich – zu Beginn des Jahres 1946 – unter der Überschrift *Selbstbesinnung des Deutschen* zu Papier brachte. In diesem Text, der aufgrund der alliierten Zensur nicht erscheinen durfte und 1997 erst postum von Friedrich Wilhelm Graf ediert wurde, legte Dibelius Einsichten nieder, die Kittel offenbar fehlten. Bei ihm findet sich die Formulierung, »daß wirklich aktive Parteigenossen nicht wieder an die politische Leitung von Stadt und Staat herankommen« dürften und dass die alten Eliten als »eine Forderung der Politik« eine »Ausnahmestellung« erhalten und politisch entrechtet werden müssten. Dibelius' anschließendes Verdikt, es sei »ein Unglück«, dass in den Diskussionen über diese Frage »die moralische Kategorie der Schuld verwendet wird«[92], wirkt fast wie ein Tadel der in *Meine Verteidigung* zum Ausdruck kommenden Argumentationsstrategie. Im Vergleich mit **Dibelius**

---

91 Erwägungen zur Schuldfrage in diesem Sinn nahm Karl Jaspers in seiner Vorlesungsreihe über die geistige Situation in Deutschland vor, die er im Wintersemester 1945–46 an der Universität Heidelberg hielt; diese Vorlesungen wurde 1946 unter dem Titel »Die Schuldfrage« veröffentlicht; vgl. dazu auch Mehlhausen, Wahrnehmung von Schuld; Beintker, Schuld.
92 Dibelius, Selbstbesinnung, 34.

wird auch offenkundig, dass Kittel sich einer Erörterung der wie auch immer zu definierenden »Schuldfrage« eher gewachsen gefühlt haben muss als einer politischen Auseinandersetzung. Eine solche wäre für ihn im Einflussbereich der der Verantwortung Carlo Schmids etablierten Verwaltung im Übrigen schon deshalb prekär gewesen, weil er weiterhin deutsch-national dachte und argumentierte.

Abgesehen davon, dass Kittel vorgab, seine Unschuld sicher beweisen zu können, kann man erwägen, ob er beim Schuldthema auch als *Theologe* in seinem Element zu sein glaubte. Verglichen mit den reflektierten und geradezu skrupulösen Überlegungen, die **Dibelius** zur »Schuldfrage« zu Protokoll gab, wirken Kittels Aufzeichnungen aber gerade hier hohl und selbstgerecht. Dibelius, der der SPD nahestand und auch nach 1933 keinen Zweifel an seiner Distanz zum Nationalsozialismus ließ, beschließt seinen Text – in dieser Hinsicht vergleichbar mit *Meine Verteidigung* – mit einer Erinnerung an *Gottes Richterstuhl*. Auf den Seiten zuvor ist aber von der *Mitverantwortung* all jener die Rede, die »Nutznießer dieses Staates« waren, »seine Gehälter« bezogen und »seine Vorteile« genossen.[93] Im Unterschied zu Kittel, für den diese Option ganz außerhalb des Horizontes liegt[94], kommen bei Dibelius auch die »zur Emigration äußerlich oder innerlich Genötigten« vor.[95]

Seine Abwägungen unterschiedlicher Grade von Verstrickungen in das NS-Unrecht dienen nicht dem Zweck, sich selbst von Schuld freizusprechen oder den Kollegen gegenüber im rechten Licht zu erscheinen, sondern zielen auf die Selbstverständigung, die Selbstvergewisserung, schließlich die Klärung der eigenen Position vor Gott. In diesem Kontext, schreibt er, geht es »nicht um ein Gerichtsurteil, das unsere Schuld konstatiert, sondern um eine Befragung der Geschichte, aus der sich unsere Verantwortung ergibt«.[96] Der Begriff »Schuld«, so Dibelius weiter, sei für das, was ihn umtreibt, weniger passend als der der »›Sünde‹ im Sinne des Paulus«. »Wir fühlen, wie verstrickt in solche ›Sünde‹ wir sind, wir als Menschen, aber in diesem konkreten Fall wir als Deutsche [...] Und gerade die, die heute

---

93 A.a.O., 47.
94 Vgl. Siegele-Wenschkewitz, »Meine Verteidigung« ..., 167 f.
95 Dibelius, Selbstbesinnung, 47.
96 A.a.O., 38; zur Schuldfrage in theologischer Betrachtung vgl. Markschies, Nachwort, 249.

entrüstet jeden Gedanken an Schuld von sich weisen, gerade die sollen lernen, daß den vaterländischen Idealen, zu denen sie sich bekannten, der Keim des Bösen beigestellt war«.[97] Verglichen mit Dibelius' Bekenntnis zu einer in diesem Sinne verstandenen »Kollektivschuld«[98] wirken Kittels Beteuerungen (»rückhaltlos bereit, als Glied seines Volkes alle Folgen des furchtbaren Geschehenen mitzutragen ...«[99]) wie ein aus der Zeit gefallenes Echo pathetischer Formulierungen zur Volks- und Schicksalsgemeinschaft vergangener Jahre.[100]

Autobiographische Harmonisierung

Im Schlussteil von *Meine Verteidigung* stehen schließlich Passagen, die in noch größerer Spannung zum *Sitz im Leben* eines reinen Verfahrenstextes stehen. Der Aufruf des Andenkens an seinen Vater Rudolf Kittel und die Nennung der gefallenen Schüler und seiner Kinder und Enkel deuten an, dass Kittels Schrift noch für ein anderes Forum gedacht war. Dafür sprechen auch die in einer Textfassung auf einem Beiblatt angefügten drei Motti[101] (»an meine Freunde«, »an die anderen«, »an alle«). Die abschließenden Worte – sie sollen für den Autor die Gefahr bannen, die Angehörigen könnten sich seiner »zu schämen haben«[102] – machen Kittels *Verteidigung* vollends zu einer auch für die Nachwelt bestimmten, freilich beklemmenden Lektüre und drücken dem Text insgesamt den Stempel auf.

---

97 A. a. O., 45.
98 Ebd.; zu diesem Begriff vgl. Karl Jaspers in seinen Heidelberger Vorlesungen zur Schuldfrage im Wintersemester 1945/46 (Jaspers, Schuldfrage, 52–54). Jaspers stellt dort nüchtern fest, dass »die gesamte Bevölkerung tatsächlich die Folgen aller Staatshandlungen« trage, sei »bloß empirisches Faktum« (a. a. O., 52).
99 Vgl. oben S. 15.
100 Auch in seiner (gewissermaßen »untheologischen«) Diktion ähnelt Kittel sich den »im Felde« geschlagenen Soldatenkameraden an; dies fällt besonders im Vergleich mit dem Stuttgarter Schuldbekenntnis vom 19. Oktober 1945 auf, das sprachlich andere Register zieht; vgl. Besier/Sauter, Wie Christen ihre Schuld bekennen, 62.
101 Man kann freilich einwenden, dass die Motti und der Predigttext vermutlich nachträglich hinzugefügt bzw. vorangestellt wurden und in der dem Staatskommissar zugesandten Fassung gefehlt haben können.
102 Vgl. oben S. 152.

Leonore Siegele-Wenschkewitz (1944–1999), die diese Schrift als erste untersucht hat, nahm diese Hinweise besonders ernst. Für ihre Untersuchung führte sie Gespräche mit Kittels Kindern, von denen sie auch Bildmaterial erhielt. Aufgrund der biographischen und wissenschaftsbiographischen Ausführungen Kittels vermutete sie, die Zusammenstellung dieser Apologie sei möglicherweise bereits 1933 begonnen worden.[103] Angesichts der Umstände der Textentstehung – der Autor war aus Tübingen verbannt, saß nicht am eigenen Schreibtisch und hatte seine Unterlagen nicht oder nur teilweise zur Verfügung[104] – sprechen die klare Gliederung und auch die Details der Darstellung in der Tat gegen die Annahme einer *ad hoc*-Konzeption. Handelt es sich mit anderen Worten um ein von längerer Hand geplantes autobiographisches Projekt?

Gemeinsam ist Kittels *Verteidigung* und anderen Texten mit autobiographischem Bezug, wie sie die neuere zeitgeschichtliche Forschung untersucht hat, eine Strategie rückblickender narrativer »Harmonisierung«. Besonders nach den Wendeereignissen der Jahre 1945 und 1989 empfanden die Autoren der von Martin Sabrow und Christiane Lahusen analysierten Autobiographien eine solche Harmonisierung offenbar als notwendig, um die tiefgreifenden »Zäsuren in der eigenen Lebenszeit mit der Einheit des eigenen Ich-Bildes ganz zur Deckung zu bringen«.[105] Der Impuls zur Verwandlung von »Kontingenz in Bestimmung«, die Transformation der vorherigen »Offenheit der lebensgeschichtlichen Zukunft in die Geschlossenheit einer unumkehrbaren Ich-Geschichte«[106] äußert sich bei Kittel in der Tendenz, rückblickend Kontinuitäten herzustellen. Das Ich vom November/Dezember 1946 schaut auf einen Wissenschaftler und Theologen zurück, der vom Beginn seiner Wirksamkeit an konsistent und konsequent gehandelt hat.[107]

---

103 Siegele-Wenschkewitz, »Meine Verteidigung« …, 148.
104 In seiner Bibliographie zitiert Kittel die Titel eigener Schriften aus dem Kopf, und zeitliche Angaben (Daten und Jahreszahlen) bleiben häufig im Ungefähren.
105 Sabrow, Zeitgeschichte schreiben, 92. Mein Dank an Christoph Markschies für Literaturhinweise zu diesem Thema.
106 Sabrow, Zeitgeschichte schreiben, 90.
107 Eine ähnliche Strategie verfolgt Walter Grundmann in seiner dem Landeskirchenrat der Thüringer Evangelischen Kirche am 12. Dezember 1945 überreichten »Denkschrift über die Arbeit des ›Instituts zur Erforschung des jüdischen Einflusses auf das deutsche kirchliche Leben‹ in den Jahren

Antisemitische Konstanten

Die retrospektive Einebnung von Entwicklungslinien, die sich aus dieser Tendenz ergibt, führt bei Kittel aber zu einem überraschenden Ergebnis. Denn der nivellierende Rückblick macht in seinem Text nicht nur seine fortschreitende Radikalisierung im Laufe der späten 1930er Jahren unsichtbar; er betrifft auch seine Tätigkeit *vor 1933*. Diese wird in einer Weise als »antijüdisch« geschildert, wie Zeitgenossen dies in den 1920er Jahren jedenfalls nicht durchgängig so empfunden hatten. Durch all diese Jahre hindurch, nur wenig beeinflusst von politischen und gesellschaftlichen Veränderungen, sieht der Autor sich als einen aufrechten und ehrlichen »christlichen Antisemiten«. Als solcher habe er sich von Anfang an sowohl dem primitiven Radau-Antisemitismus als auch dem ideologischen Rassenantisemitismus der NS-Ideologie widersetzt; er habe vor den Gefahren gewarnt, die die Emanzipation und Assimilation des 19. Jahrhunderts für Juden und Christen mit sich gebracht hätten, und sei als Verteidiger des »echten«, frommen voremanzipatorischen Judentums aufgetreten.[108] Zu seiner Selbststilisierung als Verteidiger der jüdischen Orthodoxie passt, dass seine scharf antitalmudischen Ausfälle in der späteren NS-Zeit in der der *Verteidigung* beigefügten Bibliographie verschwiegen werden. Vor allem sein 1943 im Archiv für Judenfragen veröffentlichter Aufsatz *Die Stellung der Juden zu den Nichtjuden nach Talmud und Schulchan Aruch* – ein Pamphlet, das ganz in der Tradition des von Kittel verbal abgelehnten unwissenschaftlichen »Vulgärantisemitismus« eines August Rohling und Joseph Deckert steht[109] – hätte sich schlecht in die Komposition einer Widerstandserzählung gefügt.[110]

1939–1944«; zur Interpretation dieses Textes vgl. Siegele-Wenschkewitz, »Meine Verteidigung« …, 156–159.

108 In der Tat – hier ist Kittel recht zu geben – war ja noch im August 1933 eine halbwegs zustimmende jüdisch-orthodoxe Rezension seiner Schrift »Die Judenfrage« veröffentlicht worden; vgl. dazu oben S. 56.

109 Die Hetzschrift *Der Talmudjude* (1871) des Prager katholischen Theologen August Rohling (1839–1931) gehörte zu den prägenden antisemitischen Schriften seiner Zeit; in der Tradition Rohlings steht die Schrift *Das Christentum im Talmud der Juden* (1894) des Wiener katholischen Pfarrers Dr. Joseph Deckert. Deckert publizierte mehrere Texte, die den Ritualmord von Juden an christlichen Kindern im 15. Jahrhundert beweisen sollten.

110 Dass man nicht jede Abweichung von der radikalsten Linie der NS-Ideologie als »Widerstand« stilisieren musste, zeigt eine Bemerkung des His-

Das dominierende Interesse, die eigene Motivation als vom Nationalsozialismus losgelöst darzustellen, führt aber zugleich zur weitgehenden Leugnung jeder Relevanz der Geschehnisse des Jahres 1933 für sein Denken und Handeln in der »Judenfrage«. Unter dem Zwang seiner Homogenisierungsstrategie zitiert Kittel aus seinem Vortrag *Jesus und die Juden* (1925), dessen Druckfassung (1926) von dem Offenbacher Rabbiner Max Dienemann (1875-1939) beinahe überschwänglich gelobt worden war, nicht die Passagen, die nach 1945 seiner Verteidigung hätten zugutekommen können.[111] Stattdes-

---

torikers des Bauernkrieges, Günther Franz (1902-1992). Franz hatte 1943 in der Festschrift für Karl Alexander von Müller einen Aufsatz »Geschichte und Rasse« veröffentlicht, »der am Beispiel der deutschen Geschichte im Zeitalter der Glaubenskämpfe nachweist, dass für diesen Zeitraum mit dem Rassebegriff eigentlich nichts anzufangen ist.« Rückblickend schreibt Franz: »Diese Auseinandersetzung mit dem Rassebegriff war für mich eine Art Selbstbehauptung der Wissenschaft, aber, das möchte ich, um einen falschen Eindruck zu vermeiden, auch sagen, keine Sache des Widerstandes.« (Franz, Geschichtsbild, 106; zitiert in: Sabrow, Zeitgeschichte schreiben, 116). Der Reformations- und Frühneuzeithistoriker Franz war 1941-1945 Professor *zur Erforschung des deutschen Volkskörpers* an der Universität Straßburg; Klee, Personenlexikon, 161. Zur Charakterisierung der nach 1945 bzw. nach 1989 erschienenen Autobiographien als »Widerstandserzählungen« vgl. auch Sabrow, Zeitgeschichte schreiben, 96. – Zu den besonders scharfen antisemitischen Ausfällen, die das in *Meine Verteidigung* gezeichnete Bild eines »moderaten« christlichen Antisemitismus sprengen, gehört das Gutachten, das Kittel über Herschel Grynszpan schrieb, den Attentäter des deutschen Legationsrates von Rath vom November 1938 (dazu: Junginger, Gerhard Kittel – Tübinger Theologe, 102). Nicht zufällig fehlt in Kittels bibliographischer Aufstellung auch seine nicht mehr publizierte Wiener Abschiedsvorlesung vom 15. Juni 1944 (damals wusste der Autor nach eigener Angabe von den Massenmorden an den Juden) *Das Rassenproblem der Spätantike und das Frühchristentum*. Als belastend empfand er offenbar auch seine Kriegsschrift *Die Wurzeln des englischen Erwählungsglaubens*, in der von Parallelen zwischen Engländern und Juden und »Inselpharisäern« die Rede ist; vgl. Gerdmar, Roots, 495 f.

111 Bemerkenswert ist in diesem Text des Jahres 1926 eine persönliche Bemerkung, mit der Kittel darauf aufmerksam macht, dass er sich gezwungen sieht, sein Urteil über das rabbinische Judentum *in positiver Hinsicht* zu revidieren: »Ich habe vor 12 Jahren in der kleinen Schrift ›Jesus und die Rabbinen‹ versucht, durch Herausarbeiten einzelner, besonders hoher ethischer Maximen die eine Religion der anderen überzuordnen. In steigendem Maße, je länger ich mit den Quellen des Spätjudentums mich beschäftigt habe, hat sich mir die Unmöglichkeit aller solcher Versuche erwiesen«. Im Hinblick auf den Religionsvergleich fährt Kittel fort: »Spitzt man den Vergleich zu auf das für das Judentum *Mögliche, Erreichbare*, so

sen wiederholt er die scharf antijüdischen Abschnitte, die die langfristige Kontinuität seines Denkens und Handelns belegen.[112] Weder die eine noch die andere rückwirkende »Begradigung« von Kittels Denk- und Lebensweg wird das historisch-kritische Urteil so einfach nachvollziehen können. Die Züge des Textes, die bei Siegele-Wenschkewitz den Eindruck einer länger vorbereiteten Sammlung und Planung hervorrufen, erweisen sich vielmehr als Produkt einer Harmonisierung, wie der Autor sie zum Zeitpunkt der Niederschrift aus apologetischen Gründen für notwendig hielt.

Diese Harmonisierung, das unterscheidet *Meine Verteidigung* von literarisch ausgeführten und regelrechten Autobiographien, geschieht im Wesentlichen aber nicht narrativ, sondern *deklarativ*. Kittel *erzählt* nicht; er *stellt Argumente zusammen*.[113] Er lässt den Leser weder an der inneren Entwicklung seines Ichs teilhaben noch schildert er, unter welchen Umständen, in welchen Spannungen und mit welchen inneren Widersprüchen er zu seinen Entscheidungen kam. Er schildert keine Begebenheiten, er benennt Zeugen. Es ent-

---

    ergibt sich, daß *keine einzige unter den ethischen Forderungen Jesu als solche etwas schlechthin Singuläres wäre oder sein müßte* ... (M)an kann nahezu zu jedem der sittlichen Sätze Jesu, wenn man ihn als *Einzelsatz,* als *Einzelforderung* nimmt, irgend einen Satz aus dem weiten Gebiet des Judentums finden« (a. a. O., 96; i. O. gesperrt statt kursiv). Max Dienemann (Judentum und Urchristentum, 409 f.) resümierte, Kittels »Schriftchen ... könnte innerhalb der studentischen Kreise unendlich viel Segen stiften und schleichendes Gift unschädlich machen«. Zu positiven Stellungnahmen zu Kittels Forschungen von Juden in den 1920er Jahren vgl. Morgenstern, Institutum Judaicum, 49 f.
112 Vgl. oben S. 28 f.
113 Beispielsweise deklariert Kittel sich eingangs als Lutheraner, ohne zu erklären, welche Bedeutung die konfessionelle Prägung für seinen Weg als Theologe und Judentumsforscher hatte. Auch Schilderungen seiner erfolgreichen oder gescheiterten Begegnungen mit Personen der Zeitgeschichte, die seine Leser hätte interessieren können, und Beschreibungen, Charakterisierungen seiner Freunde, Weggefährten (etwa Karl Fezer) und Konkurrenten (z. B. Jakob Wilhelm Hauer) und sonstige Konkretionen sucht man vergeblich. Es bleibt auch bei Andeutungen, wie und wann er von den Massenmorden an den Juden erfuhr. Wie erlebte Kittel die Pogrome des 9. November 1938? Wie das Kriegsende? Versteht man Autobiographien als »aus eigener Initiative [...] mit dem Ziel der Veröffentlichung« verfasste »zusammenhängende Darstellungen eines Lebensweges« (Lahusen, Zukunft am Ende, 25), so kann dieser Text schon deshalb nicht als »autobiographisch« gelten, weil die Veröffentlichungsabsicht und wesentliche Elemente einer zusammenhängenden und plausiblen Darstellung fehlen.

steht das Bild einer unbeugsamen, konsequenten und eigentlich statischen Persönlichkeit, die unbeirrt von den Zeitläuften ihren Weg gegangen ist. Vor allem deshalb spricht der Autor so konsequent von sich in der dritten Person. So tritt dem Leser ein »Kittel« entgegen, der, vor den Trümmern seines Lebenswerkes stehend, nicht dazu in der Lage ist, seine Geschichte zu erzählen, geschweige denn, die gegenwärtige Lage zu deuten. Die Situation, in der er sich jetzt befindet, steht als bloßes *brutum factum* da. Die Deutungselemente, die ihm einfallen, sind die eines von der entkoppelten Umwelt *getäuschten* Ichs.[114] Neben die »Enttäuschung« tritt das Treiben der »Dämonen«[115] – eine Konstruktion, die den bloß menschlichen Akteur (der satanischen Kräften natürlich unterlegen war!) zugleich entlasten und bestätigen soll, seine Position aber vollends ad absurdum führt. Wie will der Autor – ist die Deutung mehr als ein exkulpierendes Sprachspiel – das geschichtsmächtige Wirken der »Dämonen« mit seiner christlich-theologischen (doch wohl theozentrischen) Konzeption von Heil und Unheil in der Geschichte in Einklang bringen? Hätte er, das Mythologem einmal ernstgenommen, nicht von der den Christen gegebenen Vollmacht zur Dämonenaustreibung (Mk. 16, 17) wissen können? Oder von den in der Heiligen Schrift zu lesenden Anforderungen, aber auch Verheißungen für die, die in der Nachfolge Jesu stehen? Ist, was der Neutestamentler, auf jede erzählend-explizierende Entfaltung verzichtend, dunkel raunend von sich gibt, in irgendeiner ausdeutbaren Weise theologisch ernst gemeint? Steht nicht alles nur im Dienste des überragenden Interesses an seiner Rehabilitierung?

Eine Strategie einer theologischen »Vergrundsätzlichung«

Gegen das Vorliegen einer im strengeren Sinne autobiographisch-narrativen Konzeption sprechen auch die dem Text zur Seite gestellten Beilagen. *Meine Verteidigung* erweckt in diesem Kontext den Anschein der Zusammenstellung von Stichworten zu einer Art theologischem Traktat, und in Umrissen erahnt man eine geistes-

---

114 Zur autobiographischen Schreibstrategie der Entkopplung von Ich und Umwelt vgl. Sabrow, Zeitgeschichte schreiben, 97.
115 Zur »dämonologischen« Deutung Hitlers vgl. auch Sabrow, Zeitgeschichte schreiben, 153.

geschichtliche und theologische Verteidigungsstrategie. Dem Autor ging es darum, die mit seinem »Fall« gestellten Fragen zu »vergrundsätzlichen«: Die »Judenfrage« sollte zu einer »Christen«- und »Christentumsfrage« gemacht werden. Kittel wollte damit offenbar nicht nur Anteil am auch im Ausland bestehenden Widerstandsnimbus der Bekennenden Kirche erhalten; dem Leser sollte auch ein Urteil über die Wahrheit oder Unwahrheit der – so Kittel – etwa 1700 Jahre lang unwidersprochen in Geltung stehenden antijüdischen Lehre des Christentums abverlangt werden. In einem früheren Plädoyer zu seiner *Verteidigung* hatte er selbstbewusst so formuliert: »Ich habe ein Recht, heute zu fordern, dass das von mir Gesagte und Vertretene als das Wort eines kirchlichen Theologen gewertet und beurteilt wird [...] Die an meiner Person gestellte Frage lautet als eine grundsätzliche: ob es in der christlichen Kulturwelt als Verbrechen gilt, wenn ein christlicher Theologe eine an die Weisungen und Lehren Christi und seiner Apostel und die Haltung der Alten Kirche anknüpfende und von dort her normierte Stellung zur Judenfrage vertritt?«[116]

Können die Dokumente, die dazu bestimmt waren, den Prozess seiner »Entnazifizierung« zu erleichtern oder zu beschleunigen, daher als Hinweis auf ein theologisches »Forum« gelesen werden? Anvisiert würde damit weder ein Urteil über die Verstrickung des Professors in die Machenschaften der NS-Diktatur noch über die Frage, ob und inwieweit er als langjähriger und offenbar überzeugter Nationalsozialist geeignet war, dem auf deutschen Boden neuentstehenden Gemeinwesen als Beamter zu dienen – dies war ja eigentlich die Frage, die der Reutlinger Staatskommissar prüfen sollte! –, sondern ein Urteil über Kittels Theologie und die (nach ihm) christliche Theologie überhaupt. Man kann vermuten, dass der Autor seine Hoffnung gerade in die Unmöglichkeit eines solchen Urteils setzte. In diesem Kontext bestreitet der als *Postscriptum* angefügte Predigttext für den dritten Advent (1. Kor. 4, 1–4) die Legitimität jeder irdischen Instanz, sich ein Urteil zu erlauben: »Dafür halte uns jedermann: für Diener Christi und Haushalter über Gottes Geheimnisse ... Der Herr ist's aber, der mich richtet.« Bei Lichte besehen, war dies weniger der Appell des am Ende seines Lebens stehenden Gelehrten an das letzte Gericht als der dreiste Versuch der Ein-

---

116 UAT 162/31, 31–32.

schüchterung eines Verwaltungsbeamten. Der mit der Überprüfung von Kittels Fall beauftragte Oberbürgermeister, der den Text offenbar lesen sollte, wäre – wie jede irdische Instanz – mit der Monstrosität eines solchen Gegenstandes überfordert gewesen. Stimmt diese Deutung, so hätte man einen zusätzlichen Grund, diesen Text nicht nur skandalös, grotesk und zudem peinlich, sondern auch in theologischer Hinsicht in höchstem Maße ärgerlich zu nennen.

3. Zur heutigen Bedeutung des Textes

Die Arbeiten von Leonore Siegele-Wenschkewitz

Leonore Siegele-Wenschkewitz hat die Abgründe dieses Textes mit feinem Gespür wahrgenommen und ist ihnen in ihren Forschungen zu Kittel nachgegangen. Auch deshalb kann eine Beschäftigung mit diesem »Fall« nicht stattfinden, ohne an diese Wissenschaftlerin zu erinnern, die sich als erste Tübinger Theologin kritisch mit der Geschichte der »Judenforschung« an ihrer Fakultät auseinandergesetzt hat.[117] Leonore Wenschkewitz, die sich zum Sommersemester 1965 in Tübingen immatrikuliert hatte, war im Juli 1972 mit der Arbeit »Partei, Staat und Kirchen im Dritten Reich. Materialien zur nationalsozialistischen Religionspolitik bis 1935« im Fach Kirchengeschichte promoviert worden.[118] Ihre Kompetenzen als Schülerin des Kirchengeschichtlers Hanns Rückert (1901–1974) und Assistentin Klaus Scholders (1930–1985), des Inhabers des Tübinger Lehrstuhls für Kirchenordnung, trugen dazu bei, dass sie im Herbst 1975 den Auftrag der Evangelisch-Theologischen Fakultät erhielt, im Vorfeld der Feierlichkeiten zum fünfhundertjährigen Bestehen der Tübinger Universität (1977) einen Beitrag über die Fakultätsgeschichte im Dritten Reich zu verfassen. Dies war für sie zweifellos eine »Auszeichnung«. Die Chance, die sie damit bekam, entpuppte sich, wie ihr Ehemann, der Musikwissenschaftler Ulrich Siegele, rückblickend schreibt, aber »als Falle«. Denn ihre Arbeiten förderten nicht

---

117 Ein Beispiel für einen Text zu Kittel, der die Auseinandersetzung mit den durch seinen »Fall« gestellten Problemen verweigert, ist Otto Michels Artikel zu Kittels zehntem Todestag (Michel, Vermächtnis).
118 Vgl. Siegele, Lebenslauf, 247–251.

die Geschichte zutage, »die die Fakultät sich vorgestellt hatte.« Nachdem andere in Aussicht genommene Bearbeiter des Themas – wohl infolge der Einsicht in die Schwierigkeiten – abgesagt oder ihre Zusage zurückgenommen hatten, wurde Siegele-Wenschkewitz offenbar mit Erwartungen konfrontiert, denen sie nicht gerecht werden wollte. Die Assistentin lehnte es aber ab, »Geschichtswissenschaft zu affirmativer Legitimation zu mißbrauchen. Sie forderte, wie sie später wiederholt bekräftigte, daß die historisch-kritische Methode auch auf die moderne Wissenschaft, gerade auch auf die Universitätstheologie anzuwenden sei.«[119] In der Reflexion ihrer damaligen Situation, in der die Fakultät ihr die Weiterführung ihrer Habilitationsschrift über die Geschichte der Evangelisch-Theologischen Fakultät der Universität Tübingen »von der Berufung Adolf Schlatters im Jahr 1898 bis zum Ende der Entnazifizierung« versagte[120], berichtet Siegele-Wenschkewitz von einem Gespräch mit Hanns Rückert. Dieser habe ihr gegenüber betont, »das Letztgültige« im Hinblick auf die Generation der Theologen während der NS-Zeit sei, »wenn wir das nachvollziehen können, was diese Leute selbst über ihr Verhalten gesagt haben.«[121]

---

119 Alle Zitate bei: Siegele, Lebenslauf, 253.
120 Siegele, Lebenslauf, 254.
121 Siegele-Wenschkewitz, »Meine Verteidigung« ..., 146; vgl. auch dies., Geschichtsverständnis. Noch im zweiten Jahrzehnt des 21. Jahrhunderts hat der Schreiber dieser Zeilen von einem inzwischen emeritierten Tübinger Fakultätsmitglied gehört: »Herr Morgenstern, was sie tun, das tut man nicht ... Sie waren doch nicht dabei!« Abgesehen vom heute außerhalb süddeutscher Universitäten vielleicht anachronistischen Korpsgeist, der in einem solchen Satz zutage tritt, der für die 1940er Jahre aber zur Erklärung der Entstehung des umfangreichen Konvoluts von Texten zur Unterstützung Kittels beitragen kann, hat Siegele-Wenschkewitz auf ein traditionelles Verständnis von Politikferne aufmerksam gemacht, wie es früher an theologischen Fakultäten üblich war und bis in die jüngere Vergangenheit kritische zeitgeschichtliche Forschungen behinderte: »[E]ine [Grundposition] ist dadurch charakterisiert, daß die Universität als ein autonomer, in sich ruhender, gleichsam politikfreier Raum gesehen wird, der geprägt ist durch die in Jahrhunderten gewachsene Kontinuität des Wissenschaftsbetriebs, der Wissenschaftstraditionen, der in ihr geführten Diskurse. In diesen ›Raum‹ hat das NS-Regime gewaltsam und unerlaubt eingegriffen und damit der Wissenschaft Probleme aufgezwungen, die ihrem Wesen fremd sind« (Siegele-Wenschkewitz, Problemanzeige, in: Theologische Fakultäten im Nationalsozialismus, 8).

Obwohl Siegele-Wenschkewitz zu den kritischen Nachwuchswissenschaftlerinnen der 1960er und 1970er Jahre gehörte, fällt beim Lesen ihrer in vieler Hinsicht weiterhin wegweisenden Untersuchungen auf, wie sorgfältig und differenziert (mit anderen Worten wie wenig kulturkämpferisch oder bilderstürmerisch) sie ihr Thema behandelt. So mahnte sie an, bei der Beurteilung Kittels nicht später gewonnene selbstkritische Sichtweisen von Theologie und Kirche zum Maßstab zu nehmen, sondern die zeitgeschichtlichen Lagen der 1920er und 1930er Jahre genügend zu berücksichtigen. Ihr Plädoyer dafür, bei der wissenschaftlichen Auseinandersetzung mit Kittels Lebenswerk nicht alles von vornherein auf das moralische Urteil abzustellen, sondern – als Historikerin, zumal als Theologin – mit der Wandelbarkeit von Menschen zu rechnen, verdankt sich einer aufmerksamen Lektüre von Kittels Schriften.[122] Ihre zentrale These, Kittel sei »erst durch die politischen Verhältnisse des Jahres 1933 und deren Einschätzung, die sich nachträglich auch ihm selbst als Fehler herausstellte, zu seinem antisemitischen Wirken gekommen«[123], wird zu einem Leitfaden, *Meine Verteidigung* gegen den Strich zu lesen und unterschiedliche »Entwicklungsstränge«[124] in Kittels Biographie wahrzunehmen.

Die Verdienste Kittels

Siegele-Wenschkewitz betont deshalb die besondere Rolle, die Kittel in den 1920er Jahren zukam, als es darum ging, im Hinblick auf das Verständnis rabbinischer Texte eine Zusammenarbeit mit jüdischen Wissenschaftlern zu etablieren.[125] Denkt man an die gemeinsame Herausgeberschaft der Reihe *Rabbinische Texte* mit dem Londoner Talmudgelehrten Arthur Marmorstein (1882–1946), konnte der Tübinger Neutestamentler in der Tat als Vorreiter und Pionier gelten. Dazu passt auch seine (in *Meine Verteidigung* mehrfach er-

---

122 Siegele-Wenschkewitz, Neutestamentliche Wissenschaft, 32. Zur Kontroverse zwischen Martin Rese und Siegele-Wenschkewitz in dieser Frage vgl. Siegele-Wenschkewitz, a. a. O., 34-37. Vgl. auch Gerhard und Johannes Friedrich Gerhard Kittel, in: TRE 19 (1990), 221–225 sowie die theologischen Erwägungen zur Schuldfrage bei Markschies, Nachwort, 249.
123 Siegele-Wenschkewitz, Neutestamentliche Wissenschaft, 36.
124 A. a. O., 79 f.
125 Vgl. dazu auch Morgenstern, Institutum Judaicum, 46–51.

wähnte) Zusammenarbeit mit Israel Issar Kahan (1858–1924) und die Tatsache, dass Kittel als Lehrstuhlinhaber jüdische Mitarbeiter beschäftigte, sie zur Mitarbeit an seinen Projekten heranzog und ihnen im Einzelfall auch Lehraufträge gab – bekannt sind die Namen Charles (Chaim) Horowitz[126], Gerschenowitz[127] und Gutel Tovia Leibowitz.[128] Wie ist vor dem Hintergrund des offenen geistigen und kulturellen Klimas der Weimarer Republik demnach die Wende, die das Jahr 1933 für Kittel bedeutete, zu erklären?

Die unterschiedlichen Anläufe bei Siegele-Wenschkewitz, den Weg Kittels näher zu ergründen, sind von ihren Kritikern zum Teil

---

126 Vgl. dazu unten S. 198 ff.
127 Über Gerschenowitz ist nichts Weiteres bekannt. In der Bibliothek des Tübinger Evangelisch-Theologischen Seminars findet sich unter der Signatur Ra VII b 28:6 aus dem Jahre 1929 eine Übersetzung des Traktates Nazir des palästinensischen Talmuds aus seiner Feder (das Titelblatt trägt die handschriftliche Eintragung »diktiert von Gerschenowitz«).
128 Leibowitz, der am 11. Juni 1899 in Ponswesch (Litauen) geboren wurde, war Kittel von dem an der Berliner Akademie für die Wissenschaft des Judentums lehrenden Ismar Elbogen (1874–1943) empfohlen worden. Im Wintersemester 1928/29 und Sommersemester 1929 war er als Hörer der Universität Tübingen zugelassen. In seinem Aufnahmegesuch für die Universität Tübingen ist der Besuch des Gymnasiums in Pahlbezys, Litauen, und das Studium der Rechte in Königsberg vom Februar 1922 bis zum Wintersemester 1923/24 sowie vom Sommersemester 1924 bis zum Sommersemester 1928 in Bern verzeichnet. Dort wurde Leibowitz im Mai 1928 zum Dr. iur. promoviert. Am 7. Januar 1928 beantragte er, an der Tübinger philosophischen Fakultät als Hörer zugelassen zu werden. In dieser Zeit schrieb er für das Lexikon *Religion in Geschichte und Gegenwart* Beiträge über die jüdisch-mittelalterlichen Autoren Jakob ben Ascher, Abraham Ibn Daud, Eleasar Kalix und Josef Karo (RGG, Bd. 3, 1929, Sp. 12, 43 f, 591 und 637; vgl. auch den Hinweis auf Leibowitz im Registerband des Jahres 1932, Sp. 68; dort ist als Geburtsjahr das Jahr 1898 angegeben). In seinem Aufnahmegesuch für die Universität Tübingen heißt es, »im Auftrage des hochverehrten Herrn Professor Dr. Kittel« besorge er »hier die Übersetzung etlicher älterer rabbinischer Texte« (UAT, Signatur: 578/1124). 1930 kehrte Leibowitz nach Litauen zurück und übernahm in den Schuljahren 1930/31 bis 1931/32 die Funktion des Rektors des hebräischen Gymnasiums in Ukmerge (polnisch *Wiłkomierz*, deutsch/hebräisch *Wilkomir*). Von dort wanderte er offenbar 1933 nach Palästina aus. Mit Blick auf die Massenmorde an den Juden in Litauen hat Horst Junginger darauf aufmerksam gemacht, dass der ehemalige Tübinger Student Erich Ehrlinger (1910–2004) am 28. Juni 1941 mit dem Sonderkommando 1b der Einsatzgruppe A in die lettische Stadt Daugavpils zog und dabei über Ukmerge kam; vgl. Junginger, Verwissenschaftlichung, 324.

als Versuch gedeutet worden, den Autor zu entlasten.¹²⁹ Siegele-Wenschkewitz hatte das Fadenscheinige und Vordergründige in Kittels Verteidigungsstrategie freilich durchschaut. Sie nahm das mit seinen Behauptungen gestellte Problem aber ernst und insistierte darauf, die Frage nach den antijüdischen Traditionen in der Christentumsgeschichte desto dringlicher zu stellen. Jenseits der Frage persönlicher Verstrickungen in die Verbrechen des NS-Systems und der nach dem Anteil von persönlicher und kollektiver Schuld – letztere wollte Kittel ja erklärtermaßen anerkennen und dafür Verantwortung übernehmen – steht für Siegele-Wenschkewitz »das Ganze des Christentums in seiner Selbstexplikation im Hinblick auf das Judentum zur Diskussion.« Indem die von Kittel formulierte »Judenfrage« als vielschichtiges Problem kenntlich wird, »geht die Judenfrage über die Zeit des Dritten Reichs hinaus ..., indem sie ins Zentrum dessen, was Christentum ist, trifft.«¹³⁰ Siegele-Wenschkewitz unterscheidet in dieser Hinsicht das mit der Rassentheorie des Nationalsozialismus gestellte *politische Problem*, das mit der Ausnahmegesetzgebung des NS-Staates gegebene *ekklesiologische Problem* (»Arierparagraph«) und das für die christliche Kirche seit ihrem Bestehen grundlegende *kontrovers-theologische Problem*.

Argumentative Widersprüche

Die damit angedeuteten Fragen waren in den vergangenen fünfzig Jahren in unterschiedlicher Weise Gegenstand der Bemühungen um eine erneuerte christliche Theologie in der Begegnung mit dem Judentum; all dies kann in diesem Nachwort nicht expliziert oder näher behandelt werden. Wohl aber ist hier der Ort, abschließend noch einen kritischen Blick auf die Argumentationsweise der *Verteidigung* zu werfen. Angesichts des Genres der Schrift wird man dem Autor nicht vorwerfen, dass er vor allem (aus seiner Sicht) *entlastende* Gesichtspunkte anführt und *belastende* Argumente und Tatsachen verschweigt. Freilich hat der Historiker keinen Anlass, darauf zu verzichten, die ersteren Gesichtspunkte kritisch zu gewichten

---

129 Vgl. Rese, Antisemitismus; vgl. auch Dinkler, »Neues Testament und Rassenfrage«.
130 Siegele-Wenschkewitz, Neutestamentliche Wissenschaft, 10.

und auf das Belastende und den Mangel an Logik in Kittels Argumentation hinzuweisen. So muss man es unzulässig nennen, aus dem Fehlen jeder Bezugnahme auf Kittel in bestimmten Sparten der nationalsozialistischen Agitationsliteratur zu schließen, die führende Kreise des Regimes hätten den Tübinger Neutestamentler boykottiert oder ihn gar als Gegner gesehen. Auch kann es nicht angehen – um auf ein anderes Gebiet einzugehen –, dem Talmud kasuistisches Denken vorzuwerfen und die rabbinische Literatur im Hinblick auf ihre (angebliche) Feindschaft den Nichtjuden gegenüber anzuklagen, während die zeitlich parallele und in sachlicher Hinsicht ganz ähnliche Literatur der frühen Kirche (die Canones der von Kittel zitierten Konzilien mit ihren judenfeindlichen Beschlüssen) *positiv* herangezogen wird. Unlogisch ist schließlich, dass Kittel die Verbindungen zwischen dem Alten Testament und dem rabbinischen Judentum einerseits kappen möchte – das nachbiblische Judentum sei durch die »Rassenmischung« der Spätantike grundsätzlich vom biblischen Israel geschieden – andererseits aber die *heutigen* (angeblich doch nicht mehr »rassereinen«!) Juden mit göttlichen Strafen belastet sieht, die dem *Alten* Israel angedroht worden waren. Abgesehen von der exegetischen, historischen und auch systematisch-theologischen Unhaltbarkeit der Aussage sinkt sein Urteil, mit dem er »das« Judentum für die Kreuzigung Jesu verantwortlich macht, zu einem eines Historikers unwürdigen Anachronismus herab.

Kittels Beziehungen zu Judenchristen, »Halbjuden« und »Volljuden«

Wie aber ist mit den entlastenden Angaben umzugehen? Das vollmundige Anführen seiner Kontakte mit den Verfolgten des NS-Regimes muss man im Nachhinein peinlich nennen. Immerhin ist dem Autor, der ja damit rechnen musste, dass Betroffene noch lebten und seine Aussagen bei einer Gegenüberstellung bestätigen oder auch abstreiten konnten, zumindest subjektive Ehrlichkeit zuzubilligen.[131] Ausweislich der Beilagen wurden Kittels Angaben zum gro-

---

131 Auch Hauer legte in seinem Spruchkammerverfahren eine Zeugenaussage vor – die Martin Bubers! –, in der es hieß, Hauer habe »wiederholt bedrohten Juden geholfen« (Dierks, Jakob Wilhelm Hauer, 345). – Vor dem

ßen Teil ja bereitwillig bestätigt! Schwerer wiegt die Vermutung, dass Kittel seine Begegnungen mit den in der Nazizeit gequälten (hauptsächlich getauften) »Volljuden« und »Halbjuden« offenbar weniger aus Interesse an dem humanitären Anliegen (das er im Übrigen ja auch nicht narrativ entfaltet) aufzählt. Von Belang ist vielmehr, dass sie die Konsistenz seines Denkens und Handelns seit 1933 zur Geltung bringen sollen: Bereits in seiner Schrift zur »Judenfrage« (1933) hatte er dazu aufgerufen, dem Kampf gegen das Judentum, wie er nach seiner Überzeugung im Bereich des Politischen unausweichlich war, private Maßnahmen der Menschlichkeit und Barmherzigkeit an die Seite zu stellen. Die von ihm so verstandene »Zwei-Reiche-Lehre« – hier wird offenbar der Lutheraner kenntlich! – hatte er nach eigener Überzeugung stets in die Praxis umgesetzt.[132] Das

---

Hintergrund der Wahrnehmung der Zeitzeugen der jüdischen Geschichte des 20. Jahrhunderts, wie sie sich in der neueren Zeitgeschichte etabliert hat, wirken diese Passagen – die Überlebenden sind nur Sprecher der Verteidigung, ihre Funktion ist es, »Persilscheine« auszustellen – heute grotesk. Stellt man die immense Entwicklung in Rechnung, die das Konzept jüdischer Zeugenschaft in den vergangenen Jahrzehnten erfahren hat, wird man bei der Beurteilung dieser Passagen aber anachronistische Urteile vermeiden müssen (vgl. Jockusch, Zeugenschaft). Auch ist in Rechnung zu stellen, dass Kittel in einer Zeit schreibt, in der die Art und Weise des privaten, öffentlichen oder halböffentlichen Sprechens über die Vergangenheit großen Veränderungen unterlag und eine neue »Meistererzählung« (»eine kohärente ... Geschichtsdarstellung, deren Prägekraft nicht nur innerfachlich schulbildend wirkt, sondern öffentliche Dominanz erlangt«) noch nicht etabliert war; vgl. Jarausch/Sabrow, Meistererzählung, 16 f. Immerhin geht, was heute sachlich und terminologisch unbeholfen und peinlich wirkt, auch auf das Konto einer gewissen Unbelehrbarkeit, Unverfrorenheit und mangelnder Reflexion.

132 Kittel hatte z. B. keine Einwände, bis in die späten dreißiger Jahre judenchristliche Studenten an seiner Fakultät zum Examen und zur Promotion zuzulassen. Der als »Halbjude« von den Rassegesetzen betroffene (später als Sozialethiker und Friedensaktivist bekannt gewordene) Wolfgang Schweitzer (1916–2009), der nach seiner Entlassung aus dem Wehrdienst 1940–1942 (wegen »Wehrunwürdigkeit«) in Tübingen Theologie studierte und bei Michel promovierte, berichtet in seinen Erinnerungen, Kittel habe ihn im Rigorosum »fast kollegial-freundlich behandelt« (Schweitzer, Dunkle Schatten, 114). Nach Schweitzer sollte ursprünglich Karl Fezer das Korreferat übernehmen. Dieser habe die Sache aber hinausgezögert, so dass diese Aufgabe im Sommer 1943 dem aus Wien zurückkehrenden Kittel übertragen wurde – ein Umstand, dem Schweitzer aufgrund des antijüdischen Engagements Kittels mit Sorge entgegensah. Seine Arbeit »Gotteskindschaft, Wiedergeburt und Erneuerung im Neuen Testament und in

Programm privater und diskreter »Nächstenliebe« war Pendant zu dem, was nach Kittel der Staat »tun muss«.[133] Der Gedanke, dass sein Verhalten dazu beitragen konnte, den Nationalsozialismus für die kulturelle Elite akzeptabel machen[134], kam ihm ebenso wenig in den Sinn wie die Möglichkeit, dass seine historisch-theologischen Herleitungen nach 1945 ein ihn *belastendes* Argument sein könnten.

Es gehört zu den Irritationen dieses »Falles«, dass der Tübinger Neutestamentler im Hinblick auf seine Radikalkritik an der jüdischen Assimilation seit der Französischen Revolution noch nach 1933 den Beifall zumindest eines Teils der jüdischen Orthodoxie erhielt.[135] So makaber es klingt – Kittel hatte sich, zumindest in der Frühphase des »Dritten Reiches«, eine gewisse Wertschätzung der rabbinisch-jüdischen Lebensformen bewahrt.[136] Seine verständnis-

---

seiner Umwelt« reichte Schweitzer im Dezember 1942 ein. Michel verfasste sein Gutachten noch vor Weihnachten, bevor er selbst zum Wehrdienst einberufen wurde. Am 28. August 1943 erhielt Schweitzer die briefliche Mitteilung Kittels, er habe seine Arbeit »mit steigendem Interesse und mit Freude« gelesen. Der in seiner späteren theologischen wie politischen Arbeit stark links engagierte Schweitzer hatte kein Interesse daran, rückblickend zu beschönigen.

133 Siegele-Wenschkewitz, Neutestamentliche Wissenschaft, 25–27. Vgl. Kittel, Judenfrage, 61: »Es wird Aufgabe aller rechtlich Denkenden sein, Härten zu mildern, soweit dies ohne Schwäche und ohne Durchbrechung der grundsätzlichen Notwendigkeiten möglich ist.«

134 Gerdmar, Roots, 509.

135 Vgl. oben Anm. 123; zu Kittels (nicht von vornherein grundsätzlich verfehlter) Einschätzung, er könne in bestimmter Hinsicht vielleicht auch mit der teilweisen Zustimmung Martin Bubers rechnen, vgl. oben S. 56 f.

136 Sein Gutachten vom Dezember 1941 über Herschel Grynszpan, der am 7. November 1938 den deutschen Legationsrat von Rath in Paris getötet hatte und seit dem Sommer 1941 in einem Berliner Gefängnis einsaß, gibt freilich eine scharf antitalmudische Gesinnung zu erkennen. Kittel, der in Berlin ein Gespräch mit Grynszpan geführt hatte, nennt als Tatmotiv »jene uralten talmudischen Grundsätze [im Hinblick auf das Verhältnis von Juden und Nichtjuden, MM], die Grynszpan von Vätern und Vorvätern und von Kind auf im Fleisch und Blut« gewesen seien. Zugleich bringt er es fertig, den angeblichen talmudischen Einfluss mit der Tatsache in Verbindung zu bringen, dass Grynszpan in der französischen Hauptstadt unter den Einfluss kommunistischer Tendenzen gekommen sei; zitiert nach: Junginger, Verwissenschaftlichung, 291 (vgl. Morgenstern, Institutum Judaicum, 64). Indem Kittel Juden sich historisch und logisch ausschließende Eigenschaften und Motive zuschreibt, bedient er sich eines der primitivsten judenfeindlichen Argumente. An diesem Schriftstück, dem Dokument seiner tiefsten Verstrickung in die NS-Verbrechen, werden die Folgen

vollen Ausführungen zum Gebot des rituellen Schächtens, implizit ein Plädoyer gegen das Schächtverbot, wie es durch das »Gesetz über das Schlachten von Tieren« vom 21. April 1933 reichsweit eingeführt worden war, zeigen, dass er die althergebrachten jüdischen Lebensformen geschützt sehen wollte. Dass Kittel sich in dieser Hinsicht, wie seine *Verteidigung* zu Recht geltend macht, von den radikalen *Deutschen Christen* und vom neuheidnischen Rassenantisemitismus unterschied, gehört zu den Details, die sich anhand seines Textes lernen lassen: sein Schüler Walter Grundmann wollte die Orthodoxie nicht schützen; nach den Vorstellungen der in Eisenach versammelten radikalen Deutschen Christen sollte es überhaupt keinen Platz mehr für Juden in Deutschland geben.[137]

Bei der Rekonstruktion der ideologiegeschichtlichen Vorgänge am Ende der ersten Hälfte des 20. Jahrhunderts in Deutschland kommt die Lektüre von Kittels Ausführungen so dem historischen Differenzierungsvermögen zugute: Man konnte Antisemit und Demokratiegegner und zugleich (in unterschiedlichen Abschattungen) »Gegner« des Nationalsozialismus oder »Mitläufer« sein und zugleich bestimmte NS-Bestrebungen bejahen und anderen widerstehen. Noch Walter Grundmann, gegen den sein Lehrer in diesem Text, ohne den Namen zu nennen, polemisiert, stilisiert sich in seinen Erinnerungen nicht ohne eine gewisse Glaubwürdigkeit als »Widerständler«; auch ihm ging es darum, »Schlimmeres zu verhüten«. Sein »Widerstand« richtete sich freilich gegen Nationalsozialisten, die die Kirchen generell als weltanschaulichen Gegner einstuften und das Ziel verfolgten, eine neuheidnische Religion zu begründen.[138]

---

von Kittels wissenschaftlicher wie politischer Selbstüberschätzung deutlich, mit der er über Jahre hinweg geglaubt hatte, in einem wie auch immer gearteten »christlichen« Sinne auf die Machthaber einwirken zu können. Aus seinem von Anfang an missratenen Versuch einer Vermittlung, die vorgab, auch jüdisch-orthodoxe Interessen berücksichtigen zu wollen, wurde offene Kollaboration.

137 Vgl. Siegele-Wenschkewitz, »Meine Verteidigung« ..., 163.
138 Grundmann, Erkenntnis und Wahrheit.

Die Perspektive der Opfer

Leonore Siegele-Wenschkewitz erinnert schließlich zu Recht daran, dass diese und andere Differenzierungen aus der Perspektive verfolgter Juden wenig oder nichts austragen. »Für die Verfolgten war die Frage entscheidend: Was half den Nationalsozialisten, was half den jüdischen Menschen?«[139] In dieser Hinsicht fällt auf, dass Kittel sich in seiner Schrift für die als »Nichtarier« Verfolgten nur insoweit interessiert, als sie in der Vergangenheit Objekte seines mildtätigen und humanitären Handelns waren und nun als Fürsprecher in Frage kommen. Ihr Leidensweg tritt nicht oder nur am Rande in den Blick.

Während Kittels Schüler Grundmann und Karl Georg Kuhn in der NS-Zeit das bei ihrem Lehrer Gelernte radikalisierten und auf unterschiedlichen Wegen Karriere machten, musste – um nur dieses Beispiel zu nennen – Grundmanns und Kuhns älterer Tübinger Kollege Charles Horowitz, der ehemalige »volljüdische« Mitarbeiter in Kittels Institut, der in Tübingen mit seinen Übersetzungen des Jerusalemer Talmuds begonnen hatte, sich während des Krieges in Frankreich verstecken. Sein 77 Jahre alter Vater, seine 75 Jahre alte Mutter und drei seiner Geschwister kamen »durch Deportation ums Leben«.[140] Seine Frau Lea wurde am 25. August 1942 in Labégude durch die französische Gendarmerie verhaftet, am 26. August 1942 ins Lager Drancy verbracht und schließlich nach Auschwitz überstellt.[141] Während Kittel sich mit einem Zitat aus Horowitz' Mund seiner »Liebe zu Israel« brüstete[142], stand der Vertriebene und Verjagte vor den Trümmern seines Lebens. Der Tübinger Theologe weiß inzwischen nichts vom Schicksal seines ehemaligen Mitarbeiters und kann nicht einmal seinen Namen richtig schreiben. Zur

---
139 Siegele-Wenschkewitz, »Meine Verteidigung« …, 167.
140 Landesarchiv Nordrhein-Westfalen, Abt. Rheinland, BR 2182 Nr. 2H 10793 (mein Dank an Katrin Dönges).
141 Vgl. ITS (Bad Arolsen), Dokument ID: 11181081 sowie Korrespondenzakte T/D 692 552.
142 Vgl. oben S. 129. Das Stichwort »Liebe zu Israel« erinnert an eine Kontroverse zwischen Franz Delitzsch und dem orthodox-jüdischen Gelehrten Abraham Berliner in den Jahren 1884/85; Berliner warf Delitzsch in Zusammenhang mit seinen judenmissionarischen Bestrebungen ein instrumentelles Verhältnis zur Wissenschaft des Judentums und eine fehlgeleitete Israelliebe vor; vgl. Wiese, Wissenschaft des Judentums, 99–106.

gleichen Zeit, am 13. August 1946, wandte sich Horowitz von Lyon aus brieflich an Kittels Nachfolger Otto Michel. Er stellte sich »als Mitarbeiter von Herrn Professor A. Schlatter und G. Kittel in den Jahren vor der Naziherrschaft« vor und fragte, »ob Herr Prof. Kittel sich zurzeit in Tübingen befindet« und »ob er an der ev. th. Facultät doziert«.[143] Im Bemühen, sein Leben zu ordnen und mit seiner persönlich wie wirtschaftlich prekären Situation zurechtzukommen, dachte Horowitz offenbar daran, an die Zeit vor der Katastrophe anzuknüpfen. Seine Briefe an Michel und auch ein Besuch in Tübingen, der offenbar in den ersten Monaten von Michels Tübinger Tätigkeit (möglicherweise im Winter 1946/47) stattfand, diente dem Ziel, Möglichkeiten zu finden, die in Tübingen begonnene Reihe der Übersetzungen rabbinischer Texte fortzusetzen.[144] Ob es zu einer erneuten Begegnung von Kittel und Horowitz kam, ist nicht bekannt und wenig wahrscheinlich.

Am Beispiel von Horowitz wird deutlich, was es bedeutet, wenn Siegele-Wenschkewitz darauf aufmerksam macht, dass Kittel, der sich als eine Art »Widerstandskämpfer« geriert, nie daran gedacht hatte, selbst ins Exil zu gehen.[145] Der letzte Satz seiner *Verteidigung* lässt in der Frage, ob »seine Kinder und Enkel und die Lebenden unter seinen Schülern und Freunden ... sich seiner zu schämen haben oder nicht«, eine leichte Unsicherheit erahnen. Demgegenüber strahlt das beigefügte Motto aus Goethes *Maximen und Reflexionen* (»was fremder und ungerechter Tadel für einen Geruch habe, dafür hat das Publikum keine Nase«) wieder professorale Sicherheit und

---

143 Vgl. die Edition der Briefe von Horowitz, in: Morgenstern, Institutum Judaicum, 129.
144 Erst unter Michels Nachfolger Martin Hengel (1926–2009), der im Tübinger Verlag Mohr Siebeck die Reihe der wissenschaftlichen Übersetzungen des *Talmud Yerushalmi* begründete, kam es zu einer bemerkenswerten Anknüpfung an die frühe Tübinger Tätigkeit von Horowitz. In der Bibliothek des Evangelisch-Theologischen Seminars in Tübingen befinden sich folgende Talmudübersetzungen aus dessen Feder: Traktat *Nedarim* des Jerusalemer Talmuds (Signatur Ra VII b 28a); Traktat *Ketubbot* des Jerusalemer Talmuds (Signatur Ra VII 116, mit der handschriftlichen Angabe »SS 1930–WS 1930/31«); Traktat *Sukkah* des Jerusalemer Talmuds (Signatur Ra VII A 114, mit der handschriftlichen Angabe »SS 1931–WS 1931/32– SS 1932«). Horowitz' Übersetzung des ersten Traktates *Berakhot* war 1975 der erste Band der von Hengel im Verlag Mohr (Siebeck) neu begründeten Reihe der Übersetzungen des Jerusalemer Talmuds.
145 Siegele-Wenschkewitz, »Meine Verteidigung« ..., 167 f.

Selbstgewissheit aus. Otto Michel wollte oder konnte – vielleicht auch aus Unsicherheit seinem zu diesem Zeitpunkt noch lebenden Vorgänger gegenüber – Chaim Horowitz weder mit der Erstattung von Reisespesen noch mit einer wissenschaftlichen Stelle oder Publikationsmöglichkeiten helfen.[146] Der berufliche Weg des letzten ehemaligen jüdischen Mitarbeiters Kittels führte nicht an den Neckar zurück.

Wenn Gerhard Kittels *Verteidigung*, mehr als 70 Jahre nach ihrer Niederschrift, hier erstmals ediert und mit Kommentar und in englischer Übersetzung der Öffentlichkeit zugänglich gemacht wird, so nicht – nach dem Gesagten sollte dies deutlich sein –, um den nach eigenem Eingeständnis antisemitischen Autor ein weiteres Mal zu diskreditieren. Die Sekundärliteratur zu seinem »Fall« ist ohnehin beträchtlich.[147] Einer weiteren »Enthüllung« seiner Judenfeindschaft bedarf es nicht. Die Veröffentlichung dieses Textes erweist sich aber als sinnvoll. Die mit diesem »Fall« gestellten Fragen sind weiterhin lehrreich für die christlich-jüdischen Beziehungen und speziell für das Verständnis der modernen christlich geprägten Judenfeindschaft.

Tübingen, im April 2019   Matthias Morgenstern

---

146 Angesichts der vielfältigen Vortragstätigkeit jüdischer Gastwissenschaftler in den Blütejahren von Michels Institut fällt die Abwesenheit von Horowitz von der Tübinger Bühne auf. Im Rückblick betonte Michel, es sei ihm darauf angekommen, »einen eigenen Mitarbeiterstamm [...] aus jungen Gelehrten heranzuziehen«, um »selbständig« zu werden (Tonbandmitschnitt eines Vortrags Michels vom 19. Mai 1989 – vgl. Morgenstern, Institutum Judaicum, 109, Anm. 539). In Wahrheit empfand er es aber wohl als heikel, an der Vorgeschichte des Tübinger *Institutum Judaicum* zu rühren; zur weiteren Biographie von Horowitz, der auf Initiative des damaligen Bonner katholischen Universitätslehrers Joseph Ratzinger ein Stipendium des Landes Nordrhein-Westfalen erhielt, mit dem er seine Arbeit fortsetzen konnte, und zum Verhältnis zwischen ihm und Michel vgl. Morgenstern, Institutum Judaicum, 108–112.

147 Zur weiteren Literatur über Kittel vgl. Ericksen, Theologians; ders., Christians and the Holocaust; ders., Genocide, 62–78; Gerdmar, Roots, 417–530.

Editionsbericht

Kittels Schrift liegt im Universitätsarchiv Tübingen (UAT 162/31) maschinenschriftlich in zwei Exemplaren (Durchschläge) vor: ein erstes Exemplar umfasst 76 paginierte Seiten mit zwei angehängten Seiten Bibliographie, ein weiteres Exemplar mit 79 (ebenfalls paginierten) Seiten enthält zusätzlich ein Deckblatt und eine Seite am Schluss mit jeweils einem Motto »an meine Freunde« (1. Kor. 4, 7), »an die anderen« (»Man sagt, Eigenlob stinke. Das mag sein./Aber was fremder und ungerechter Tadel für einen Geruch habe, dafür hat das Publikum keine Nase. – Goethe, Maximen und Reflexionen«) und »an alle« (»Geh einfach Gottes Pfad./ Lass nichts sonst Führer sein./ So gehst du recht und grad./ Und gingest du ganz allein. – von Christian Morgenstern«). – Der Text enthält einige wenige handschriftlichen Korrekturen und sonstige handschriftliche Anmerkungen. Er füllt bis auf einen linken Rand von ca. 1,5 cm und einen rechten Rand von ca. 1,5 cm die Blätter im Format DIN A 4 fast vollständig aus.

Im Text unterstrichene Teile sind kursiv gesetzt. Wo die Rechtschreibung offensichtlich der Tatsache geschuldet ist, dass Kittel eine Schreibmaschine benutzte, die kein ß hatte, wird die Doppel-S-Schreibung angepasst. Abkürzungen werden den heutigen Gepflogenheiten angepasst (»USA« statt »U.S.A.«, »NS« statt »NS.«; »DC«, statt »D.C.«, »KZ« statt »K.Z.«). Editorische Hinzufügungen (z. B. auch Kommas) stehen in eckigen Klammern. Offensichtliche Druckfehler (siehe der Nachweis unten) wurden berichtigt. Alle Fußnoten wurden vom Bearbeiter hinzugefügt.

Folgende Fehler wurden korrigiert:

S. 7, Z. 15: Klausner (statt: Clausner); S. 7, Z. 27: den [Gegensatz] (statt: dem [Gegensatz]); S. 7, Z. 31: metaphysischen (statt: metaphisischen); S. 13, S. 2: der (statt: den); S. 13, Z. 33: den (statt: dem [Kreisleiter]); S. 15, Z. 35: als (statt: aus); S. 22, Z. 4: Kittel (statt: Mittel); S. 24, Z. 3: andererseits (statt: anderseits); S. 25, Z. 25: ungeheuer (statt: ungeheurer); S. 30, Z. 26: worin (statt: wohin); S. 30, Z. 31: entgegen zu sein (statt: entgegenzusein); S. 33, Z. 20 und 35: Walter (statt Walther); S. 35, Z. 6: von (statt: vor); S. 35, Z. 41: sei (statt: seit); S. 36, Z. 1: Anthropologen (statt: Anthopologen); S. 43, Z. 4: eo ipso (statt: eon ipso); S. 45, Z. 35: Gauschulungsleiter (statt: Gaulschulungsleiter); S. 46, Z. 37: parteiamtliche (statt: parteiamtlichen); S. 47, Z. 37: Jeschiwa (statt: Jeschima); S. 47, Z. 39: Partien (statt: Partieen); S. 49, Z. 28 und 37: allmählich (statt: allmählig); S. 50, Z. 28: Verhältnis (statt: Verhältnise); S. 52, Z. 45: ebenso gut (statt: eben-sogut); S. 55, Z. 47: Hauer (statt: Hauser); S. 56, Z. 26 f.: zu zahllosen anderen Professoren Pg.s und Nicht-Pg.s – (statt: von zahllosen anderen Professoren Pg.s und Nicht-Pgs,); S. 60, Z. 11: Adjutanten (statt: Adjudanten); S. 60, Z. 29: den (statt »dem« [Ringen]); S. 62, Z. 27: hebräischen (statt: hebräischer); S. 62, Z. 41: Chaim Horovitz (statt: Chain Morovitz); S. 64, Z. 5: Walter (statt Walther); S. 65, Z. 2: bezeugt (statt: »hat bezeugt); S. 65, Z. 4: bezeugen (statt: bezeigen); S. 66, Z. 4: steht (statt: stehen); S. 67, Z. 45: größenwahnsinnigen (statt: grössenwahnsinigen); S. 71, Z. 56: Barmittel (statt: Baarmittel); S. 74, Z. 24: verfemten (statt: verfehmten); S. 72, Z. 32: kirchlichen (statt: krichlichen); S. 75, Z. 19: seinen (statt: seines).

Alon Segev
Gerhard Kittel's *Defense*
Apologia of a Tübingen Theologian
and New Testament Scholar,
December 1946

Alon Segev

Introduction

My Defense is Gerhard Kittel's apologetic statement concerning his engagement with National-Socialism in general and with the "Jewish Question" in particular. He composed it while sitting in prison and concluded it at the end of 1946. It is presented here for the first time in its original German and in English translation. Due to copyright restrictions, its publication became available only recently. The text is a precious historical document, for it provides us with a rare insight into the intimate ties between academia, the church and the Nazi regime as well as into the Christian-Jewish relationship in Germany.

It also gives us an insight into the human tragedy of a man under the Nazi regime whose life is torn between his conscience and loyalty to his profession and faith on the one hand, and the need to survive and to protect his family on the other. For the English reader, ties between intellectuals and the Nazi regime are automatically associated with Martin Heidegger, Carl Schmitt, Ernst Jünger, and lately Hans-Georg Gadamer. None of them had any firm, anti-Semitic doctrine, and none of them had such close ties with the highest echelon of the Nazi regime as did Gerhard Kittel. They were, at best, opportunists, and the story of their Nazi pasts, as told time and again in books, articles, and at conferences, consists mainly of piquant stories and rumors.

Kittel, on the contrary, had a full-fledged anti-Semitic doctrine, "Christian anti-Semitism" as he called it in opposition to "vulgar", "rowdy", and "racial" anti-Semitism. As Christhard Hoffmann notes, Kittel, more than any other scholar, contributed to the creation of the notion of ancient-Judaism which corresponded to the expectation of the National-Socialists.[1] He never renounced this doctrine after the war, but rather continued to support it. He maintained and mainly mediated contacts with the highest echelon of the Nazi regime such as Rudolf Hess, Hermann Göring, Alfred Rosenberg, and Baldur von Schirach. These men are mentioned in the present text along with Winifred Wagner, who was good friends with Hit-

---

1 Hoffmann, *Juden und Judentum im Werk deutscher Althistoriker*, p. 259.

ler. However, he personally supported Jews during the Nazi period, as he reports in the present text. We should trust his accounts, since some of them have been approved by Robert Ericksen.[2]

Kittel's anti-Semitic theory was based upon a lifetime of historical and philological research on ancient Judaism and Christianity. Likewise, it was part of the historical context and exchanges with contemporary scholars and members of theological seminaries, above all the one at Tübingen where he was professor. There are studies available in English which deal with Kittel such as Ericksen, Heschel,[3] Junginger,[4] Gerdmar,[5] and Segev.[6] Morgenstern's study is so far the only one which deals with the broad historical and theological aspects of Kittel's works.[7] It sheds light on their foundation in Kittel's research on the Jewish and Christian texts and presents them in their historical context. This study is indispensable for a full understanding of Kittel's anti-Semitic theory and work in all its aspects: theological, philosophical, and historical. Unfortunately, it is still unavailable in English translation.

By its nature, an apologetic statement, as such, cannot be accepted as objective. One should validate its content by comparison with other sources and perspectives. The first question which arises in this regard is to whom it was addressed. Who were the recipients Kittel had in his mind? For what purpose was it composed? This information is indispensable for a correct understanding of the text. As we shall see later, we do not have clear answers to these questions. Thus, we can only hypothetically complete the full picture.

1. The "Jewish Question"

Gerhard Kittel (1888–1948), the great German Protestant theologian, was one of the most influential New Testament scholars of the twentieth century, and was also the founder and co-editor of the *Theo-*

---

2   Ericksen, *Theologians under Hitler*, pp. 70–76.
3   Heschel, *The Aryan Jesus*.
4   Junginger, *The Scientification*.
5   Gerdmar, *Roots of Theological Anti-Semitism*.
6   Segev, *Religion, Race and Politics: Gerhard Kittel and the Jewish Question*.
7   Morgenstern, *Von Adolf Schlatter zum Tübinger Institutum Judaicum*.

logical Dictionary of the New Testament. Regarding this dictionary, the Swiss theologian Emil Brunner wrote that it was "the most significant achievement of Protestant theology since the time of the Reformation" (Segev, 2019). Kittel was removed from his position and sent to prison at the end of the war because of his alleged collaboration with the Nazis on the Jewish question. We shall return to this later.

In 1933, Kittel published a treatise called *The Jewish Question* based on his keynote address to the Association of German Students on its fiftieth anniversary, June 1, 1933. It sold 9,000 copies in three editions. Kittel dedicated the treatise to "my fraternity brothers in the association." This association had a long tradition of anti-Semitism. Kittel also noted that the association had traditionally opposed Jewish assimilation which he regarded as the main threat that Judaism posed to German culture, race, religion, and society (*Rasse, Religion, Gesellschaft*) (Segev, 2019). A second and third enhanced edition of the text appeared in 1934.[8] It contains two essays, one of which responds to an open letter that Martin Buber had published in the *Jüdische Rundschau* concerning Kittel's book. The "Jewish Question" occupies a central position in Kittel's apologetic statement, since in it Kittel unfolds his unique version of theological or "Christian anti-Semitism."

The title "Jewish Question" has an anti-Semitic and racist flavor. Many texts dealing with the Jews and their life in the diaspora bear this title such as, to name the most famous, Karl Marx' *Zur Judenfrage* (1843), Bruno Bauer's *Die Judenfrage* (1843), Eugen Dühring's *Die Judenfrage als Rasse, Sitten und Kulturfrage* (1881), and Theodor Fritsch's *Handbuch der Judenfrage* (1935). Kittel differs from all of them, because his dealing with the question is theological. Already at the first conference of the *Reichsinstitut* for the History of the New Germany in November 1936, Kittel unfolded his views of Judaism in his paper "The Emergence of Judaism and the Emergence of the Jewish Question."[9] Kittel defines Judaism through three characteristics:

---

8 Gerhard Kittel, *Die Judenfrage*. Stuttgart, 1934.
9 *Reichsinstitut für Geschichte des Neuen Deutschlands*: The Institute was founded at the instigation of Walter Frank and by decree of Bernhard Rust (1883–1945), the Reich Minister of Science, Education, and National Culture in 1935. The institute was intended to replace the *Reich Historical Commission* founded in 1928 by Friedrich Meinecke. "Die Entstehung des Juden-

(1) Diaspora: The dispersal of the Jews all over the world while maintaining their own identity led to the creation of World Jewry, racial mixture, and occupation of urban professions. (2) Talmud: The development of theocratic moral religion and casuistic way of thinking. (3) Claim to power: This includes global dominance, which stems from their conviction of being the chosen people. It follows that the Jewish question arises with the emergence of this kind of Judaism, i. e. (in Kittel's terminology) "Late-Judaism" (*Spätjudentum*). The more Jews assimilated in their non-Jewish surroundings, the more acute the Jewish question and consequently anti-Judaism became. Thus, the first major anti-Jewish movement started in Philo's Alexandria, the city of assimilated Judaism.[10] In this world view, only Christianity barred (or at least tried to) the influence of World Jewry. As Hoffmann notes, Kittel was interested in "antisemitic Christianity." His description of the development of Judaism, Hoffmann argues, is in line with the non-Jewish historiography of the late 19th century, i. e. Meyer and Wellhausen. Innovative in Kittel's research is his attempt to use it to bolster an anti-Jewish governmental policy.

The "Jewish question" derives, for Kittel, from salvation history which, according to the divine plan, as he sees it, has turned for the Jews into history of disaster (*Unheilsgeschichte*). Hence, only God can solve it. For the time being, Kittel discusses four *ad hoc* solutions, two of which might be labeled as "secular" and two "religious" solutions, to the Jewish question. The two "secular" solutions are the annihilation of all Jews or the foundation of a Jewish state. He sees both "secular" solutions as impractical. The idea of annihilating all Jews seemed to him undoable: neither the Spanish Inquisition nor the Russian pogroms managed to achieve that.[11] The foundation of a Jewish state in Palestine would lead to atrocities and injustice against the indigenous Arab population. The Jewish state would be an artificial entity dependent on the support and protection of the Great Powers. The two religious solutions are assimilation or granting a guest status or a status of alien residence (*Gast, Fremdling*) for the Jews. Since the Jews had breached the divine law, the covenant with God, they were cursed and thus became a home-

---

tums und die Entstehung der Judenfrage" in: *Forschungen zur Judenfrage*, I (1937), pp. 43–63.
10 Hoffmann (1988), p. 257.
11 Ibid, p. 256.

less people. Assimilation and the longing for equal rights mean *disobedience* toward God, both from a Christian and a Jewish point of view. Hence, from a Christian theological perspective, only a guest status for the Jews is acceptable. Following the divine decree, the Jews will be allowed to live among the nations only as guests, as a people with no homeland and without equal rights. In this guest status, the Jews should be protected against any injuries and attacks. Kittel writes:

> Anti-Semitic polemic against and mocking of the orthodox Jew (whose life is rooted in the tradition of his ancestors), even if he bears the most typical Jewish surname, should radically stop. A Jew is contemptuous only if he is ashamed of his old surname and changes it from Abrahamson to Otto Brahm, from Goldmann to Max Reinhardt, from Schlesinger to Bruno Walter, from Cohn to Max Conrat, or from Cohen to Georg Brandeis.[12] I call an assimilated Jew contemptuous for disguising and denying his Judaism and the lore (*Überlieferungen*) of history, religion and ethics of his people.[13]

The solution to the "Jewish question" must be a religious one, according to Kittel, and there are only two options: obedience, i. e. guest status in accordance with the divine decree, or disobedience, i. e. assimilation with equal rights. The solution is religious, but its implementation is secular, namely, worldly laws which deprive the Jews of equal rights. In 1937, Kittel cheers the Nuremberg Laws which applied his theological solution to the Jewish question, i. e. guest status, into reality.

> The Jewish problem arises always and everywhere with Judaism; it is thus an essential phenomenon (*Erscheinung*) of Judaism; only sentimental effeminacy can disregard it today. What the National-Socialist Germany has done through the Jewish legislation is not barbarism, but the cold consequence of a sober his-

---

12 Otto Brahm (1856–1912), originally Abrahmson, was a German critic, theater manager and director. Max Reinhardt (1873–1943), originally Maximilian Goldmann, was an Austrian theatre and film director, intendant, and theatrical producer. Bruno Walter (1875–1962), originally Bruno Walter Schlesinger, was a German conductor, pianist and composer. Max Conrat (1848), born Moise Cohn, was a German legal historian.
13 Kittel (1934), p. 44.

torical insight, for which the world will have Adolf Hitler to thank.[14]

Hitler, in other words, executes the divine plan as a tool of salvation history. As Hoffmann explains, Kittel hoped that, following Hitler's rise to power, the secularization would stop and Christian morality would be reestablished.[15] Not race theory but rather a theological understanding of salvation history can serve as the foundation and justification for the Nazi measures against the Jews. Theological understanding precedes any racial distinction. For Kittel, there are above all two distinct and separate groups of Jews: Early Judaism, referring to the religion of Moses and the Prophets, and "late Judaism" referring to the Judaism of the Pharisees and the Talmud. These two groups and their different lifestyles, and not race, created two different types of human beings. The modern type of the Jew, the assimilated Jew, originates from the second type. Yet, as Hoffmann argues, the "essence" of Judaism in Kittel's view corresponds to the Nazi cliché of Judaism as "international world Jewry" and moral corruption of the Jewish religion.[16]

Kittel sent a copy of the *Jewish Question* to Martin Buber from whom he expected sympathy and support. Buber published his response as an open letter in the December 1933 edition of *Theologische Blätter*. The open letter appeared also in the *Jüdische Rundschau* on September 9, 1933. In the archive of the National Library in Jerusalem there is a personal letter sent from Buber to Kittel of June, 13, 1933, in which Buber claims that discrimination against the Jews is by no means derived from the theological interpretation of the status of guest that Kittel assigns them. Buber contends that Kittel cites only those passages from Deuteronomy and Leviticus that serve his theory on the guest status of the Jews. Buber asks why Kittel does not cite Leviticus 24:22, where it is stated: "Ye shall have one manner of law, as well for the stranger, as for one of your own country: for I am the Lord your God." Moreover, why does Kittel not cite Numbers 15:15–16, which states the following commandment:

---

14 Cited in Gerdmar (2009), p. 63.
15 Hoffmann (1988), p. 255.
16 Ibid, p. 258.

One ordinance shall be both for you of the congregation, and also for the stranger that sojourneth with you, an ordinance forever in your generations: as ye are, so shall the stranger be before the Lord. One law and one manner shall be for you, and for the stranger that sojourneth with you.[17]

Gershom Scholem, who by that time was already in Jerusalem, wrote to Buber about the aggravation and indignation he felt as he read Kittel's book *The Jewish Question*. "It appears to me", Scholem writes, "to be definitely the most disgraceful document among all those disgraceful documents by obsequious professorships that keep surprising us again and again. What mendacity, what cynical play with God and religion. And he was one of those gentlemen who have been highly praised on our side."[18]

Assimilation is Kittel's sworn enemy. The case of Herschel Grynszpan is a very interesting one in this regard. On November 7, 1938, in Paris, Grynszpan assassinated the German diplomat Ernst von Rath. This assassination was used by the Nazis as a pretext to launch the *Kristallnacht*, the anti-Semitic pogroms which took place on November 9–10, 1938. Grynszpan was seized by the Gestapo after the fall of Paris in May 1940 and brought to Germany. The defense in the trial talked about homosexual motives. Kittel was sent by the regime to interrogate Grynszpan in prison, apparently in order to demonstrate that Grynszpan represented World Jewry, for which he worked, and thus enable the regime to conduct a trial and to take measures against World Jewry as a whole. In our present text, Kittel refers to this case and concludes:

> "But the conversation Kittel conducted with Grynszpan as well as the study of the files did not yield, firstly, the slightest indication of the assumption of a connection between Grynszpan and the organizations of World Jewry prior to the deed. Secondly, there was no indication of any connection between the mentality, which led to the deed, and the Talmud-schools in Frankfurt."

The report which Kittel composed on his interrogation with Grynszpan never came out. Horst Junginger published part of it in the *Süddeutsche Zeitung* (November 9, 2005) and later discussed it

---

17 Buber, *"Letter to Gerhard Kittel"*, June 3, 1933. Archive of the National Library in Jerusalem, file 367 I. 1.
18 Cited in Junginger, *Scientification*, p. 157.

in his books. There is a huge contradictory gap between what Kittel tells us in the present text on the case and Junginger's findings. In Kittel's view, as Junginger tells us, it was hardly a coincidence

> "that among these Jews in Paris, the one who sparked off and carried out the crime is a young Talmud Jew with just this ancient and general Jewish mentality. That the shot in the German embassy might be the beacon for a divinely ordained Purim over the enemies of the Jews is in fact the ulterior motive behind it."[19]

2. Understanding *Gerhard Kittel's Defense*

I. Forensic evidence

Any attempt to understand *My Defense*, Kittel's apologetic statement, must start by asking for whom it is intended, to whom it tried to reach. On May 3, 1945, Kittel was arrested at the Tübingen City Hall. This was the lot of other university professors: Gustav Bebermeyer (1890–1975), the chair of German ethnology; Protestant theologian Karl Fezer (1891–1960); the anthropologist Wilhelm Gieseler (1900–1976); the Indologist, religious studies scholar, and founder of the *German Faith Movement* Jakob Wilhelm Hauer (1881–1962); the expert of inorganic chemistry Hans Reihlen (1892–1950); the surgeon and SA-leader Willy Usadel (1894–1952); and the scholar of ancient history Joseph Vogt (1895–1986). In the first weeks after the end of the war, 200 NZ-functionaries were taken into custody in the Tübingen area. In the last phase of the war, the situation in South-West Germany was chaotic. Due to a conflict between the American and the French occupation forces, it was unclear to which jurisdiction the area would belong.[20] Kittel sat along with 24 other

---
19 Junginger (2017), p. 264.
20 Following the defeat of Nazi Germany, the Allies announced their joint authority and sovereignty over Germany as a whole. For administrative purposes, the four occupying powers divided Germany into four partitions known as Allied-Occupied Germany. This division, as agreed at the Yalta meeting in February 1945, was signed at the Potsdam Conference, which took place between July 17 and August 2, 1945. The American partition encompassed Bavaria and Hesse and the northern part of the present day state of Baden-Wurttemberg. The Ports of Bremen and Bremerhaven in the north

Tübingen townsmen in the Tübingen castle which was used as a prison for political detainees. Only in the summer was a civil military government established for the entire French zone with its main office in Baden-Baden. But even then, for months, it was not clear which regulations were in effect in this part of the state. The release of four professors should have raised hopes in Kittel. Especially significant was the release of his colleague, Karl Fezer. Likewise, Kittel must also have heard of the release of Joseph Vogt; this is perhaps the reason why his name is mentioned several times in *My Defense*. In the summer of 1945, 200,000 people in the entire occupation zone of the Western powers sat in detention camps in which most of them had to stay for months. In Tübingen, the new university rector, the professor of German studies Hermann Schneider, prepared the establishment of an internal committee for the "purification" of the university, probably in order to demonstrate initiative and to preempt the anticipated measures taken by the occupation forces. The proceedings of this committee led to the assessment of 46 professors as being "at risk" (*"gefährdet"*), because they were classified under various charge categories. Kittel was classified, along with 11 of his colleagues, under the category of "at highest risk", which referred to those who were "convinced and active, i. e. militant Nazis or protégés of the regime or offensive exponents of the Nazi interest-driven politics at the University."[21]

---

were also under American rule. Initially, although an ally, the French Republic has not received any share of occupied Germany. Later, the American and British governments ceded their control in some of the occupied areas in the West to France. In April and May 1945, the French army had seized Karlsruhe and Stuttgart, a territory reaching to Hitler's Eagle's Nest, and part of Austria. In July, the France ceded Stuttgart to the Americans. In return, she obtained control over Mainz and Koblenz. The initial plan of the Allies to control Germany as a unit by means of the Allied Control Council failed in 1946–1947 following the growing tension between the US and England striving for cooperation, France willing to break up Germany into many independent states, and Russia implementing the communist system. In practice, each occupying power managed to form an administration in the areas under its rule based on different policies toward the local population and its government. The three Western partitions were unified into the Federal Republic of Germany in May 1949. The occupation of the West lasted until May 1955. Yet, following the creation of the Federal Republic of Germany in 1949, the military governors were succeeded by civilian high commissioners.

21 Zauner, Die Entnazifizierung (*Épuration*) des Lehrkörpers, 944.

This is the situation in which Kittel, who was sitting in prison, started writing down the first version of *My Defense*. We do not know with certainty what information he received by that time. In view of the many documents which he appended to his text, we can assume that he could communicate by mail with the outside world, and the small town milieu of Tübingen enabled him to be informed about political developments. Thus, we can assume that with the present text he wanted to provide the rectorate with material to defend him within the university as well as in front of the occupation forces.

On June 19, the *Gouvernement Militaire* instructed the German state administration how to proceed with the political purification of the civil service: everyone who had joined the NSDAP until 1933 or SA-members and all the district administrators (*Landräte*), mayors, as well as all officials in the rank of assistant secretary should be removed from office. These orders diverged from the American orders in two respects: firstly, for pragmatic reasons, exceptions in the removal from office could be approved; secondly, local German authorities participated in the proceedings, as the French felt they lacked the personnel to do it. On the German side, from June 18, 1945, the State Minister of Culture, Education and Art, who was appointed by the French occupation force, was the assistant professor Carlo Schmid. He was supported by his close undersecretary and colleague in the high education branch, Hans Georg Rupp. These two officials brought about the removal of 45 people from Tübingen University. Kittel himself was suspended from his position at the university on July 7, 1945. Any thought that he might be able to return to his position at the university seemed hopeless.

Martin Dibelius, a New Testament scholar from Heidelberg, turned to Schmidt with the request to allow Kittel at least to return to his editorial work on the *Theological Dictionary*. On August 23, 1945, the state administration in Stuttgart announced that state officials, who had joined the NSDAP before May 1, 1933 or had a political function within it, were no longer allowed to receive any official emoluments. It was unclear to what extent this regulation by the American administration in North Württemberg applied also to the French occupation zone. For Kittel, it was a crucial question, since he did not know how to support his family. Only in October 1946, was he informed that he would receive in the future a small maintenance allowance. Up to this point, the financial aspect played a central role for him.

On September 10, 1945, Rector Schneider advised the affected people to reveal their motivations to join the NSDAP along with exculpating reasons. Reasons that could support an application for reappointment were outstanding academic achievements, presuming no major formal criminal charges. These excuses played a central role in the texts which Kittel composed for the purpose of his defense. Apparently, Kittel submitted to the rector an application for reappointment along with the first version of *My Defense*.

In an internal *"rapport général sur l'Université* [de Tübingen]" dated February 1, 1946, the French Germanist René Cheval, who was a representative of the French occupation forces in charge of liaison with the university, announced that in their decisions the French authorities would follow the recommendation of the German authorities. On October 25, 1945, Kittel was finally dismissed from his position at the university without a pension entitlement. On November 12, 1945, he was jailed in the Balingen detention camp.

Since Kittel's position was already occupied, he could only hope, by making huge efforts with the support from colleagues in Germany and abroad as well as from the church leadership in Stuttgart, to be allowed to return to his position as the editor of the *Theological Dictionary*.

In the second half of 1946, Kittel pursued this matter on the basis of the legal order which the French occupation forces issued in May 1946, through which they initiated a new organization of the denazification initiative. From now onwards, "A State Commissioner for Political Purging", who was subordinate to the German state secretary of the emerging Land Württemberg-Hohenzollern in Tübingen, would be in charge of the entire measures of the *Épuration* and make the final decisions.

Concerning the denazification initiative, Stefan Zauner writes: "The denazification initiative was conceived rather as a political and not as a moral problem, and the Secretariat of the State secured itself the prerogative in the political decision who is worthy and who is unworthy to be considered for the reconstruction of the state."[22] Kittel, who since October 6, 1946 had been sitting in the

---

22 Zauner (2010), p. 968.

Balingen detention camp, discerned here a glimmer of hope to change his lot. Kittel obviously had this newly created procedure in his mind as he started his work on the second version of *My Defense* after his release from the detention camp and his arrival in Beuron.[23] According to the reconstruction by Matthias Morgenstern, on February 12, 1947, Kittel submitted a signed questionnaire (*"Questionnaire du gouvernement militaire en Allemagne"*) along with the second version of *My Defense* to the State Commissioner for Political Denazification, the Social-Democratic Administrative Officer and an Acting Mayor of Reutlingen, Otto Künzel. Kittel, along with many other dozen applicants, waited in vain for a positive decision, but in no single case concerning dismissed faculty members did it come to any conclusive decision in the following months. Instead, the new proceedings were canceled already in July 1947, as the regional constitution of the new Württemberg-Hohenzollern state came into effect and the first regular provincial government under the leadership of the Christian-democrat Lorenz Bock took office.

The university *Spruchkammer* (i. e. the German court dealing with denazification), which was formed in November, worked very fast, but in the case of Kittel it did not come to any decision. In February 1948, Kittel obtained permission to return to Tübingen where he became severely ill and died in July 1948. Decree Number 165 of the French military government, an act of grace to all "followers" (*Mitläufer*), came too late for Kittel.

We are thus allowed to assume that Kittel's motivation behind writing *My Defense* was to appeal to those who made the decisions at the denazification committee. This is perhaps also the reason why Kittel emphasizes that he is a historian who is committed to objectivity and uses the third person in referring to himself. This use of the third person sounds odd in view of the text's title, *My Defense*. The main part of the text gives the impression of a forensic description: the present situation, his perspective and lifetime work, the "principle question", milestones during the Nazi era (membership at the NSDAP, collaboration with the *Reichsinstitut for the History of New Germany*, publications during the Nazi era, his public ap-

---

23 From 1946 to 1948, Kittel was assigned by the High Consistory to pastoral duties in Beuron.

pearances, humane attitude towards and support of "non-Aryan people"), discussion of the question whether he bears indirect responsibility for the persecution of the Jews, the mentioning of exonerating or mitigating circumstances, and finally a summation which refers to "individual accusations" and then to the "main accusation" against Kittel. In accounting for his support of the Nazi regime, Kittel portrays himself as a naive victim who was duped, as were the whole German people as well as prominent opponents of the Nazi regime such as the theologian Karl Barth, to have faith in Hitler's sincere and good intention. This portrayal does not fit well with his bragging about his outstanding academic achievements and his political connections (he was invited to the Nuremberg Party Convention of the NSDAP at 1938). Then, he also adds self-accusation: he did not warn strongly enough against the dangerous consequences of the Jewish assimilation and emancipation before 1933, and did not realize how the "genuine national idea – which resides within all peoples – had been degraded into a system of imperialistic and megalomaniac politics of brutality and that the socialist ideal had been misused as a disguise for lies and acts of violence and corruption."

Grotesquely, in detailing his humane attitude towards and support of "non-Aryans" during the Nazi era, Kittel uses Nazi terminology such as "half-Jews" (*Halbjuden*), "full-Jews" (*Volljuden*), and "mixed-marriages" (*Mischehen*).

The dossier, which Kittel prepared to support his case, contains *inter alia* reviews on his academic achievements by renowned experts. Kittel saw himself as an outstanding member of the international academic community, whose work will be indispensable in the future.

II. Autobiography

Yet, *My Defense* contains indications that Kittel may have aimed at recipients other than the members of the denazification committees: scholars, friends, and relatives, as we can infer from the concluding statement of *My Defense*: "Likewise, he believes that this clarification is owed to the name of his father Rudolf Kittel and the memory of his fallen pupils who trusted him. And likewise, his children and grandchildren and those still living among his friends and pupils within and outside Germany, on this as well as on the other side of the ocean, must and should know whether they ought to be ashamed of him or not!"

For Leonore Siegele-Wenschkewitz, who was the first to research *My Defense*, this concluding statement is of a great importance. On the basis of her research, which contains also conversations she conducted with Kittel's family members, she raised the possibility that he began writing *My Defense* before 1933 as a part of an autobiographical project. This suggestion may seem improbable in view of the circumstances in which Kittel composed it (in prison, away from his desk, banned from Tübingen), but also unlikely in view of the related events and the organization of the text.[24]

Martin Sabrow, who researched the autobiographical *"Wendeliteratur"* in Germany, pointed out common traits in this genre.[25] The most prominent trait, which we can discern also in the present text, is the "narrative harmonizing", that is to say, the attempt to overcome the caesurae of the 'I' (the 'I' before, during, and after the Nazi era) and establish an adequate consistency. The narrator of *My Defense* looks back, from the present in 1946, to the research which he conducted in his early career: throughout all these years, Kittel, entirely unaffected by the political circumstances, had always maintained the unblemished objectivity of a scholar and theologian who adhered to his original thesis of "Christian anti-Semitism", which he had already presented and supported long before 1933, and was always consistently opposed to racial as well as to ideological anti-Semitism. This Christian anti-Semitism, which he represents, he traces back to Jesus and St. Paul.

> "Declaring this position of Kittel to be reprehensible will have the unavoidable consequence of rejecting and denouncing, first of all, the position of Jesus Christ and his Apostles Paul and John, the Church Fathers, the Old Church Synods, as well as that of Martin Luther and Goethe." (cf. below p. 218).

Thus, he does not include his harsh anti-Talmudic statements from the late Nazi era in the bibliography, which he appended to *My De-*

---

24 Siegele-Wenschkewitz, *'Meine Verteidigung' von Gerhard Kittel*.
25 Sabrow, *Zeitgeschichte schreiben*, p. 92.

fense: his article "The Attitude of the Jews to the non-Jews according in Talmud and *Shulchan Aruch*" (*Die Stellung der Juden zu den Nichtjuden nach Talmud und Schulchan Aruch*), his report on Herschel Grynszpan, as well as his article, which could no longer be published, "The Problem of Race in Late Antiquity and Early Christianity" ("Das Rassenproblem der Spätantike und das Frühchristentum").[26]

However, contrary to the autobiographical genre, Kittel does not narrate, and refers only rarely to the feelings which accompanied his decisions. His view remains rather on the surface of the events about which he argues. As we mentioned earlier, he sees himself as a victim, who was duped to follow Hitler and was later disappointed. He describes his path mythologically as a struggle with demons and the devil:

> "He had to go his own way completely alone, in obedience and faith, leading truly through fields and abysses of demons, truly and in the literal sense, between death and the devil, that is, between the permanent danger to be liquidated by the radicals and the likewise permanent danger to become disloyal to himself and to his conscience and to become weak." (cf. below p. 297).

The recipient of this statement, whom Kittel had in mind, cannot have been the committee of the denazification proceedings, but rather the one who, in the future, may judge Kittel's conduct as a theologian and a pious man during the Nazi era. This statement conveys a complete dismissal of all the secular instances of the state and their judgment. It is in line with the postscript which Kittel appended to the text – an excerpt from Paul's first letter to the Corinthians, suggested for the sermon on the Second Advent (I Corinthians 4: 1–4):

> Let a man so account of us, as of the ministers of Christ, and stewards of the mysteries of God. Moreover, it is required in stewards, that a man be found faithful. But with me it is a very small thing that I should be judged of you, or of man's judgment: yea, I judge not my own self. For I know nothing by myself; yet am I not hereby justified: but he that judgeth me is the Lord.

---

26 Typewritten, Library of the Faculty of Protestant Theology, Tübingen.

Kittel is buried in the old municipal cemetery in Tübingen. Two Psalm verses are inscribed on the gravestone, one in Hebrew and one in German:

בְּאוֹרְךָ נִרְאֶה אוֹר
[*In thy light shall we see light*, Psalm 36: 10]

Wenn der Herr die Gefangenen Zions erlösen wird,
so werden wir sein wie die Träumenden

[*When the Lord turned again the captivity of Zion, we were like them that dream*, Psalm 126: 1].

Notes on the Translation

We maintained the indentations and quotations marks of the original. Words and sentences which Kittel underlined manually in the original are in italics. The page numbers of the original are within square brackets. Passages within broader margins are in the original. They do not refer to quotations. Kittel rather uses the broad margins to denote deviation from the main thread of his argument.

My Defense
by Gerhard Kittel

Translated and Annotated by Alon Segev

I. The Fundamental Question

Professor Dr. GERHARD KITTEL, born on September 23, 1888, was arrested on May 3, 1945 at the city hall in Tübingen. He was first held in the prison at the county court in Tübingen and then in the castle prison in Tübingen. Since November 1945, he has been held in custody at the detention camp in Balingen. All his belongings, including his academic library, have been confiscated. After 37 years of a career as professor, in the summer of 1945, he was suspended from his professorship without notice and without retirement compensation – obviously he no longer deserves it. In October 6, 1946, he was released from the Balingen camp with the prohibition against returning to Tübingen but with the explicit statement that his academic research should be allowed him. As a place for work, he was allocated the very accommodative monastery library of Beuron. Since October 1946, a modest subsistence payment has been approved for him and his family. It has not yet been decided whether and to what extent a scholarly publishing activity, especially the editorship of the *Theological Dictionary of the New Testament* [*Theologisches Wörterbuch zum Neuen Testament*], will be allowed in the future.

The measures taken against Kittel are substantiated on the basis of his position and attitude towards the Jewish question. It is clear and well-known all over the world through Kittel's numerous published works that Kittel has carefully and intensively studied the Jewish question and above all the history of the older Jewish question. Kittel carried out his research exclusively from a Christian perspective, as part of his comprehensive scholarly theological-historical task. He denies categorically that his activities have been ignoble, unfair and reprehensible in their forms.

Kittel is ready and willing to accept and bear everything befalling him: imprisonment and removal from office, disgrace and poverty, as part of the destiny of his people. He is deeply imbued with the solidarity of guilt which encompasses him as a German man and from which – as any conscientious German – he cannot and does not want to exempt himself. He is wholeheartedly ready, as a member of his people, to bear all the consequences of the terrible past events.

But this affirmation of solidarity with the enormous collective [2] guilt, to which he knows he is being submitted, does not deprive him of the right and duty – for the sake of truth and justice – to raise the question whether, in the same way, individual guilt, stemming from his personal activity, also implies his punishment as one who is unworthy of his office and task. [3]

II. Kittel's Position in the Academic World

Kittel became an assistant professor in 1913. In 1921, he became professor of New Testament Studies, at first in Kiel, Leipzig, Greifswald, and from 1926 onwards in Tübingen. Between 1939 and 1943, he was temporarily appointed, as replacement, to the position of professor of New Testament in Vienna. He is a Lutheran, both according to his denominational affiliation as well as according to his theological formation.

Kittel may claim to be a scholar of international rank in his field of study.

Kittel was – out of altogether two members from the Continent – the only German committee member of the International New Testament Society, *Studiorum Novi Testamenti Societas* (SNTS), founded in England in 1938–1939.

Until the outbreak of the war, theologians from England, the US, Scandinavia, and Switzerland came to Tübingen annually to study with Kittel.

Upon invitation, Kittel held guest lectures at the universities of Amsterdam, Copenhagen, Lund, Uppsala, and Cambridge. Due to health conditions, he had to turn down invitations to hold guest lectures at several American faculties and seminaries.

Kittel is the editor, along with Professor Albrecht Alt of Leipzig, of the book series *Contributions to Old and New Testament Studies* [*Beiträge zur Wissenschaft vom Alten und Neuen Testament*], consisting of many volumes.[1] Furthermore, he is the co-editor of

---

1 Albrecht Alt (1883–1956) was a German Protestant theologian, and professor of Old Testament in Greifswald, Basel, Halle, and Leipzig. His main areas were geography, social history and the law of Israel and the surrounding countries in biblical times. He introduced the territorial-historical method into theology.

the *Journal for New Testament Studies* [*Zeitschrift für Neutestamentliche Wissenschaft*]. These publications belong, indisputably, to those regarded as leading in the field.

Kittel is the founder and sole editor of the *Theological Dictionary of the New Testament*. This work encompasses 4,000 pages (in large quarto). It is distributed all over the world in an edition of 9,000 copies. This dictionary, according to the repeated statement by the famous Swiss theologian Professor Emil Brunner, is "the most significant achievement of Protestant theology since the time of the Reformation."[2] Kittel has managed, with considerable effort and sacrifice, to carry on this work throughout the entire war, surely as a unique work of this kind globally. He may claim that he accomplished this work with impeccable impartially and objectivity, notwithstanding all the ecclesiastical and political tumults between 1933 and 1945. The international significance of the work is evidenced also through the invitation which Kittel received in 1937 to hold guest lectures at Cambridge. [This invitation] contained the explicit wish of the faculty [at Cambridge] to talk about the theme "The Making of the Theological Dictionary of the New Testament." Also characteristic [of his fame] is the fact that the last letter which Kittel received in 1941 from an American colleague reported that an American-English translation of the voluminous work is in preparation.[3] [4]

Kittel is well known, not only in Protestant but also in Catholic circles. For years, there have been numerous Catholics among the attendants of all his lecturers on the New Testament. His *Theological Dictionary* is almost as prevalent on the Catholic side, and no less well received, as on the Protestant side.

All these statements are not brought up at this point in order to praise Kittel in general. They are, however, of considerable importance in assessing the charge raised against Kittel, since they are not

---

2   Heinrich Emil Brunner (1889–1966) was a Protestant-Reformed Swiss theologian. He was an early companion of Karl Barth and his dialectical theology.
3   The translation of Geoffrey W. Bromiley entitled *Theological Dictionary of the New Testament* appeared in 1964 in ten volumes by Eerdman in Grand Rapids (reprinted 1983–1985). The same publisher published in 1985 a shortened version in a volume.

limited to the earlier periods of his career, but refer to the most recent period. In other words, they encompass the entire period of his "anti-Semitic" expressions and actions.

> The invitation to guest lectures at Cambridge was sent in 1937. The election to be a committee-member of the SNTS took place in 1938. As late as in the summer of 1939, several students from England and the USA were still studying with Kittel. One of them – after two years of studies in Tübingen – received a doctorate in theology supervised by Kittel. English friends and fellow specialists invited him to come to England for September 1939. This invitation was extended again in the summer of 1946, while Kittel was sitting in the Balingen camp. The last letters from English friends to Kittel and his family were written with unaltered warmth shortly before the beginning of the war in August 1939. Letters of gratitude by his students and friends in the USA arrived until the autumn of 1941, and likewise immediately after the private postal traffic with the USA has resumed in 1946. Catholic theology students, monks and priests increasingly attended Kittel's lectures until the spring of 1945, that is, until his very last lecture before his arrest and removal from office. Several of them tried to get in touch with him during his arrest, assuring him of their loyalty, or did so immediately after his release from prison. As we will see later, the Protestant Church administrations in Vienna and Stuttgart worked with him closely. The Württemberg regional Bishop Dr. Wurm visited him personally in prison.[4] In Balingen, he [Kittel] served as a camp chaplain, and immediately after his release from prison, the High Consistory of Stuttgart entrusted him again formally with pastoral-spiritual duties in [the village of] Beuron.

All these facts, to which we will return later, demonstrate compellingly that Kittel's reputation did not decrease in any way due to his studies on Judaism. No one in the Christian academic world, in both denominations [Protestant and Catholic] and on both Continents, regarded his attitude as ignoble, as morally contestable, let alone as criminal [*nicht* als unwürdig, *nicht* als moralisch anfechtbar]. [5]

---

4   Theophil Heinrich Wurm (1868–1953) was a Protestant pastor. From 1929 to 1948, he was the Regional Bishop of the Protestant Church in Württemberg.

III. Kittel's Scholarly Lifetime Work in the Research on Judaism

The historical research on Judaism, contemporaneous with the New Testament, is part of the scholarly task of New Testament Studies. This is the Judaism with which Jesus Christ as well as the Apostles and the Church Fathers argued, and in its name Jesus Christ himself was crucified.

1. For over 30 years, Kittel has conducted historical, religious-historical, philological, archaeological-epigraphic research in this area. This research is known all over the world and acknowledged both on the Christian and the Jewish side.

His first publication, dated 1913, deals with the theme "Jesus and the Rabbis."[5] Shortly after the end of the First World War, he wrote, perhaps as the first Christian scholar in the world, a lengthy essay on the Jesus monograph written by the Zionist scholar Joseph Klausner of Jerusalem, which at that time was available only in Hebrew.[6] Later, when the English and German translations became available, it was much discussed. In both publications issued shortly before and after World War I, he sharply pointed out the basic relationship between Judaism and Christianity in terms of their opposition. His text *Rabbinica* appeared in 1920. Since 1922, he has edited *Rabbinical Texts* [*Rabbinische Texte*] in translations and text editions, and their scholarly quality and significance for the research on Judaism have been unreservedly acknowledged by all, including Jewish critics.[7] He continued this editorial work until the beginning of World War II, although this pure, objective, philological study was opposed to all propagandist dealings with Judaism and thus had to struggle with the greatest difficulties under Nazi rule.

---

5 This is his habilitation talk which appeared in 1914 under the title *Jesus and the Rabbis* (*Jesus und die Rabbinen*). The term "Rabbinen" refers to the sages of rabbinic Judaism in post-biblical times. The jurists of modern Judaism are called "Rabbiner" in German. This terminological confusion is perhaps intended here.
6 Joseph Gedaliah Klausner (1874–1958) was an Israeli scholar.
7 In 1922, the first part of Kittel's translation of the *Midrash Sifré* to Deuteronomy appeared.

From his first publication in 1913, and since then time and again in many essays and books, Kittel has always depicted the relationship of Judaism and Christianity – from its very beginnings up to the present – never otherwise than through the *double*-viewpoint of belonging *and* opposition. He has never ceased – not even as the propaganda and hatred towards the Old Testament reached their apex in Germany – to emphasize the close link between the early Christian religion and the religion and history of the people of Israel as well as the dignity of this people according to salvation history. Since his early academic days, he has likewise described the [6] deep, abysmal opposition between Christianity and that Judaism which crucified Jesus Christ and which carried out the transition from the religion of the Old Testament and the Prophets to the religion of the Pharisees and the Talmud. At all times, his thesis was that Judaism – as formed from postexilic times and extended gradually throughout the entire West and as seen from the perspective of the biblical revelations of the New and Old Testament – is "apostasy" [*Abfall*] and "disobedience" [*Ungehorsam*], and its history, theologically seen, is "curse" [*Fluch*] and "rejection" [*Verwerfung*]. Therefore, theology must consider seriously and also emphatically demonstrate both "salvation history" [*Heilsgeschichte*] and the "history of disaster" [*Unheilsgeschichte*] of Israel and of Judaism.

Kittel has applied these theological and historical studies to very diverse contexts: to the fact of the crucifixion of Jesus Christ by the Jews; to the meaning of his crucifixion for early Christian preaching; to the opposition between the doctrine of salvation resulting [from Christian preaching] and Jewish messianism; to the attitude of Jewish and early Christian theology towards the Old Testament; to the relationship between ethics and religion according to the Pharisees and in the Sermon on the Mount; to the question of assurance in Rabbinic and early Christian theology. He has demonstrated how the Fathers of the early Christian church – for example, Gregory the Great in the West or John Chrysostom in the East among many others – or how the early Christian synods since the Council of Elvira showed, without exception, a very determined, severe anti-Jewish position without exception. Wherever they treated Jews, they rigorously excluded any innocuous conviviality which ignored or trivialized this opposition by forbidding conviviality and threatening those engaged in it with excommunication.

This attitude, therefore, belongs not only to the early Christian [*urchristlich*] tradition but also to the genuine ancient Christian [*altchristlich*] tradition. *Long before 1933, he always* pointed at the unyielding and unbridgeable opposition between the Christian and Jewish view as an indication of a *metaphysical opposition and not of a historical-accidental one*. The Uppsala Olaus-Petri lectures "History of Religion and Early Christianity" (1932) [*Die Religionsgeschichte und das Urchristentum*] or [7] the Amsterdam guest lectures of 1926: "The Problems of Palestinian Late Judaism and Early Christianity" [*Die Probleme des palästinischen Spätjudentums und das Urchristentum*] are brought forward as examples. This programmatic book [i. e. the printed version of the last lecture] by Kittel concludes with a sentence whose programmatic character can already be seen in the fact that the author repeated it no less than *four* times between 1925 and 1928 in publications and essays:

> "As long as Judaism wants to remain Judaism, it cannot do otherwise than declaring war against the person of Jesus; whenever, on the other hand, the authority of Jesus is acknowledged as reality and truth, Judaism has come to its end."

The resonance, which Kittel found among the most serious people on the Jewish side, proves to what degree he was serious in his religious-theological argument with Judaism. According to Joseph Klausner: "Kittel's book *The Problems* [*of Palestinian Late Judaism and Early Christianity*], due to its objective research, deserves ... special consideration."[8] In the *Monthly Journal for History and Wissenschaft of Judaism* [*Monatsschrift für die Geschichte und Wissenschaft des Judentums*] we read: "... there is almost nobody in recent times working in this field who does so much justice to Judaism as Kittel ... how commendable, from the Jewish point of view, is this elaboration of the original difference."

Later on, in his work *The Jewish Question* [*Die Judenfrage*] and in other places, Kittel repeatedly made the statement that the New Testament is "the most anti-Jewish book in world history."[9] This sentence, as well, expresses nothing but the same programmatic view. Thus, the anti-Judaism of the New Testament is the most anti-Jew-

---

8   *Die Probleme des palästinischen Spätjudentums und das Urchristentum.* Stuttgart, 1926.
9   Kittel, *Judenfrage*, 56.

ish kind that exists, since it demonstrates an opposition at the ultimate and deepest level which can ever exist, an opposition deeper than all ethnic [*völkisch*] and racial laws in the entire world, an opposition rooted *in and emanating from metaphysical reality*. Never has a more awful judgment been made of the claim to power by so-called World Jewry than in the "woe" of Jesus Christ, Matthew 23:15; never a more devastating characteristic of the Jewish religion's claim to privileges [*Privilegierungsreligion*] than in John 8: 40–44!

Kittel's theological-exegetical research in the narrower sense reached a certain, provisional conclusion in this field in a lengthy treatise "The Jewish Question in the New Testament" [*"Die Judenfrage im Neuen Testament"*] not yet being printed because of the breakdown of Germany. [8] In this treatise, he brings forward the facts emerging out of individual statements in the New Testament and in Early Christianity – in Jesus, Paul, John, as well as in the entire early Christian use of language.

2. In one respect, there is a difference between Kittel's works before 1933 and those after 1933. In the works of the earlier years, no stand is taken towards contemporary, modern policies regarding the Jews[10] and the problems of the modern-day Jewish question are only occasionally heard. A superficial view may lead to the conclusion that Kittel's attitude had suddenly changed in 1933.

There are two things to say about this. *First of all*, Kittel did not consider it his task, as a theology scholar, to express his opinion on questions concerning actual politics, since he never joined any political party before 1933. Vulgar anti-Semitism[11] such as the kind found in the Hammer[12] and in other circles which later flowed into

---

10 Nazi policies regarding the Jews.
11 *"Vulgärantisemitismus"* and *"Radauantisemitismus"*, i. e. "Vulgar anti-Semitism" and "Rowdy anti-Semitism" refer to the racial or street anti-Semitism to which Kittel is opposed as false and unfounded anti-Semitism. Against them he sets his own "true anti-Semitism", founded upon "serious" research (theological, historical, philological, etc.) as well as on a religious reading of the Bible which Kittel calls "Christlicher Antijudaismus", i. e. "Christian anti-Judaism."
12 "Der Hammer" was a journal founded in 1902 by the publisher Theodor Fritsch (1852–1933). This journal was the basis of the *"Reichshammerbund"* (*Reich Hammer League*), a German anti-Semitic movement founded in 1912, also by Theodor Fritsch. The league argued that Jewish influences had polluted Germany and claimed that their racism had a biological basis.

National-Socialism, he considered by that time as too ridiculous and insignificant to argue against. Streicher,[13] for example, was a name he heard for the first time, as he precisely recalls, on April 1, 1933.

Today, he clearly understands that his reserve then was a mistake. He had completely underestimated the suggestive mass impact of the primitive demagoguery expressed by vulgar anti-Semitism. In 1933, he should have noticed with horror that those elements were about to shape the official policies towards the Jews [*Judenpolitik*] by the [Nazi] party. Only at that point of time did he realize clearly, as surely did most of his thoughtful contemporaries, to what extent the problems of the Jewish question ceased to be theoretical questions, but were questions to be dealt with in a concrete, physical manner. For this reason, now, in 1933, the vocation and duty emerging for him was to talk, to publicly take a stand as he did, for example, in his lecture "The Jewish Question."

This is the strongest accusation of culpable failure which Kittel makes against himself today in retrospect, and which he completely acknowledges: the accusation that already in those years before 1933, he did not warn more clearly against this outcome and thus, in fact, [9] promoted the belittlement and nebulization of the Jewish question in which almost everyone, Jews and Christians alike, lived. He should have warned both sides – with or without success (though this was in the hands of someone else and it was not his task to worry about it) – by relentlessly referring reasonable people on the Christian as well as on the Jewish side to the existence of the Jewish question which, if not seriously tackled but rather overlooked and belittled, would lead to a dreadful, violent, explosive solution. At the same time, by taking seriously the absurdities of vulgar anti-Semitism for the dangerous nature of its views, he should have denounced it in serious polemics and should have tried to overcome it by tracing the lines from the basic biblical-theological facts to the actual, current question, and by demanding a clear Christian anti-Judaism contrary to rowdy anti-Semitism.

The second argument to be raised against the claim that Kittel had changed in 1933, is that by no means did he ever make a secret

---

13 Julius Streicher (1885–1946) was a prominent member of the Nazi Party and the founder and publisher of the semi-pornographic and anti-Semitic newspaper *Der Stürmer* which became a main component of the Nazi propaganda machinery.

of his stance and position before 1933. The following comparison [*Konfrontierung*] between statements from 1933 and 1926 are brought here as a proof.

The leitmotif of Kittel's work *The Jewish Question*, 1933–1934, is the charge that the majority of Jewry today no longer has a living religion. This is "the most acerbic of all charges one can raise against Judaism."[14] In 1933, he indicated that the "key point of the current Jewish question" is that Judaism "should have the courage to turn back to the sources of the Jewish religion – not to modern philosophical principles, but to the living God whom Moses, and the prophets, and the Psalms announce."[15]

In the lecture "Jesus and the Jews", which Kittel held in Mannheim in front of an audience of about a thousand people – published in 1926 in *Voices from the German Christian Student Movement* [*Stimmen aus der deutschen christlichen Studentenbewegung*] – we read the following passage which may prove how unequivocally Kittel spoke about modern Judaism and its problematic nature, and also publicly, whenever the opportunity demanded it: [10]

> "We all know: there is a large part of Jewry which has nothing to do with religion. There is a type of the modern Jew – exactly the same type, by the way, existed already in ancient times – who according to the structure of his mind and worldview is nothing but a representative of a certain type of average Enlightenment, usually very shallow and superficial; as in most cases, the more it becomes flat, the more it becomes conceited and enjoys displaying its frivolity and lasciviousness. If reverence is one of the basic factors of every religion, then one cannot be wrong in calling this type the opposite of religion. Anyhow, this is a Jewry which has so little to do with religion as the so-called Christianity of many of those who only bear the name Christian; a Jewry in which it is, consequently, of course also unimportant whether one has outwardly converted to the Christian denomination or not. It is hardly incidental that exactly this type of Jew appears to us, the others, as the most alien and unpleasant. These irreligious Jews have something uprooted. They are like people who no longer have what innately made up their existence [*Bestand*].

---

14 Kittel, *Judenfrage*, 63 f.
15 Ibid., 66.

They are like people who have lost their soul – and of whom only the outward mask of humanity [*Menschentum*] has remained which is alien to us. If one wants to determine their relationship to Jesus, one can say nothing else of them but what is always to be said about the satiated irreligiosity of self-satisfaction, among all peoples and within all religions."[16][11]

IV. Kittel's Stance towards the Party

1. Until 1933, Kittel never belonged to any political party. The only political direction which in earlier years had left a strong impact on him was the Protestant-Social Movement which stemmed from the personality of Friedrich Naumann.[17] Kittel welcomed National-Socialism, since he believed he could regard it – as many people in Germany did – as a *völkisch* revival movement on a Christian-moral foundation. For this reason, he joined the party on May 1, 1933.

He hoped for the removal of unemployment and of the severe social crises, but above all, that the idea of the "ethnic community" [*Volksgemeinschaft*] – which the party promoted with special emphasis – would materialize, in the sense of a real overcoming of class antagonism. He relied, furthermore, on the commitment of the party platform and on the solemn promises by Adolf Hitler that Christianity and Christian culture would be one of the foundations of the reconstruction. Through this, he hoped, free thinking and the atheistic destruction of national life [*Volksleben*] would be overcome. He had already, by that time, surely seen the severe, demagogic dangers which existed within the party. However, he makes no secret of the fact that for a long time he retained the hope that healthy forces would finally succeed to push through, if many responsible people took part and opposed the demagogues. Above all, he had still, for a long time, let himself be misled in trusting the pu-

---

16 Kittel, *Jesus und die Juden*, p. 4. Siegele-Wenschkewitz notices that Kittel is not referring here to something "typically Jewish", but rather to the "morality of modern European cities." Siegele-Wenschkewitz, *Neutestamentliche Wissenschaft*, p. 69.
17 Friedrich Naumann (1860–1919) was a German liberal politician and Protestant parish pastor.

rity of Hitler's inner intentions and his will. He saw himself obliged to help, by means of the insights given to him, to promote that recovery on his part and to overcome those mischiefs, to preserve and restore the moral foundations of politics and public life. Like most of his German fellows [*Volksgenossen*], he did not know to what extent the genuine national idea, residing within every people [*Volk*], was degraded into a system of imperialistic and megalomaniac politics of brutality while the social and socialist ideal was misused as a disguise for lies and acts of violence and corruption.

Kittel does not hesitate to honestly confess today that [12] his attempt was based on the bitterest mistake of his whole life.

Kittel's wife and his (adult) children have never belonged to the party. He has never joined the SA or any other similar formation. Kittel has often intervened for the sake of oppressed members of left-wing parties, which shows how far he was from any fanaticism of party politics. Thus, before 1933, Kittel successfully defended Dr. Schröder, a judge in the Higher Regional Court in Dresden (and before that in Hamburg) – who had played a role in the 1918 November revolution in Cuxhaven (where he had served in the navy along with Kittel) – from severe attacks delivered by the right-wing press. After the discharge and firing of Dr. Schröder with no pension in 1933, he [Kittel] intervened successfully for him with the Saxon *Reichskommissar*.[18] From 1933 onwards, for five years, he intervened with special emphasis, in front of many state and party authorities in Stuttgart and Berlin, on behalf of the *Privatdozent* Dr. Winkler, who had been fired from Tübingen [University] following his membership in the Communist Party [KPD].[19]

During those twelve years [1933–1945], Kittel performed the following activities within the local party organization:

Approximately between 1934 and 1939: Assistance for the "damage prevention" [*Schadenverhütung*], one of the sub-organizations, completely non-political – supervised by the party – for

---

18 "Commissioner of the Reich" was an official gubernatorial title used for various public offices during the German Empire and the Third Reich.
19 Hans Alexander Winkler (1900–1945) was a German Orientalist, religious scholar, and ethnologist.

combating mishaps and other such matters; most of the staff were not party members.

September 1939: Assistance for the refugee welfare organization [*Flüchtlingsfürsorge*], which was likewise completely non-political, at the beginning of the war, along with almost all the university professors. As Kittel arrived in Vienna in the spring of 1939, he was obliged by a local group to collaborate somehow. By that time, in Vienna, every individual party member was personally summoned and enlisted to do some work, it was therefore nearly impossible to evade it without conflict (excuses and tricks were out of question for Kittel). There was no reason to provoke a conflict in those first months of the war, in which discord with the churches had obviously been postponed (until about the French campaign), and this already with regard to the theological and *church* tasks Kittel received by that time in Vienna. In order not to be positioned as a *Blockwalter* of the NVS or at the Anti-Aircraft Defense – which he tried to avoid due to health conditions and his difficulty in climbing stairs – Kittel took over mere office activity on behalf of another member of the *Wehrmacht* as "staff member in the human resources department" of the local branch [of the party].[20] In return, he received a general release from all party gatherings and similar events. In Vienna, too, he rejected additional activities pointing to his status as a theologian. Apart from that, the entire activity took place only intermittently. Since Kittel was always absent from Vienna during the semester break, it was limited to the semester. Sometime before the end of his service in Vienna, Kittel resigned from this activity. [13]

After his return to Tübingen, Kittel did not perform any activity corresponding to those mentioned above, even in a loose connection with the party. From the *Volkssturm* – the last group which the party established and to which Kittel had to enroll since he had not yet turned sixty – he was exempted in due form on the grounds that he was a theologian.[21]

---

20 "Block Ward" was a lower Nazi Party political rank in charge of the political supervision of a neighborhood."*Die Nationalsozialistische Volkswohlfahrt*", i. e. "National-Socialist People's Welfare", became a party organization of the NSDAP, following its recognition by Hitler in May 1933.

21 The "People's Storm", a national militia founded during the last months of the war, was not initiated by the German Army, but rather by the Nazi Party

He never performed any function in the NS-University Teachers' Association.

Kittel's relationship with the local party authorities can be illustrated by the example of his relationship with the *Kreisleiter* in Tübingen.[22] He went to see him [not more than] three times altogether during those years speaking to him in his capacity as *Kreisleiter*:

In the autumn of 1938, a party functionary had disparaged Jesus Christ and the church during a local group meeting. Kittel confronted the party functionary in the meeting itself, submitted a written protest, and went to see the *Kreisleiter* in order to convey his protest orally. The *Kreisleiter* promised to investigate and to prohibit similar incidents in the future.

In September 1939, as mentioned above, Kittel worked energetically [in Tübingen] for the organization of refugee welfare.[23] He was called away from this work to Vienna. He went to the *Kreisleiter* in order to resign from the work with the refugees. In parting, the *Kreisleiter* thanked him and said: "I will never forget your helpfulness!" Kittel responded: "Please pass on these thanks to the other theologians and pastors and to my church, and treat them properly!"

Upon his return from Vienna in the spring of 1943, Kittel went again to see the *Kreisleiter*, this time in order to explain to him that because of the change the party had undergone, in particular in its struggle against theology and the church, Kittel rejected any kind of collaboration.

During his years in Vienna, Kittel exchanged no words with any of the local *Kreisleiters*.

---

on the orders of Adolf Hitler. It was officially announced only on October 16, 1944.

22 *Kreisleiter* (County Leader) refers to a Nazi political rank. In June 1932, the NSDAP divided the Reich into *Kreise*, circles or districts. Initially, the Kreisleiter was a mere political representative of the NSDAP. He had the role of facilitator and political organizer of the Nazi Party. Attached to the Gauleiter, he finally became his representative in the borough. After providing a certificate of aryanity, the petitioner had to take classes in a *Landesführerschule*, a National Socialist school for training senior Nazi officials, before he was officially appointed by Hitler's Chancellery.

23 The winter semester in Vienna started (as was the case in all German universities) only in October.

2. Certain additional internal events at the university still need to be presented as a background for Kittel's joining the party on May 1, 1933.

In the first months of 1933, he had often been requested by friends already belonging to the party, to join it in order to strengthen the front of active people against radicalization. Up to that point, he had no relationship with the party, did not count as a National-Socialist, and had always rejected joining the party since he was afraid to relinquish his freedom and independence in this way.

In April 1933, responsible authorities of the National-Socialist administration in Stuttgart unexpectedly offered him the rectorship at Tübingen University [14], although he was, as mentioned above, neither a party member nor counted as a National-Socialist. It was probably thought effective to appoint someone at the top of the university who had the support of broad circles. Perhaps they also hoped that the "unworldly" theologian would become a submissive tool.

Kittel flatly refused the honour offered to him. He demanded that the professor of pathology, Albert Dietrich, who had earlier been freely elected as rector by the university itself, would be confirmed, and this was done in accordance with his own proposal.[24] The reason for his refusing the offer was, primarily, the clear understanding that bypassing Dietrich would mean bypassing the university, and thus strengthening demagoguery. By managing to push through his proposal he was able, on the contrary, to strengthen the autonomy of the university and force back demagoguery.

Now, after having turned down the rectorate, Kittel joined the party. He thought that thus he had sufficiently proved and secured his independence and freedom from any opportunistic [*konjunkturistisch*] and ambitious motive. Hence, he could perhaps hope to participate successfully in the struggle to be carried out.

Actually, now the great struggle began, at the university as well as within the church. We will talk later on about the struggle of

---

24 Albert Dietrich (1873–1961) was a German pathologist.

the church and Kittel's stance. At the university, the power-hungry radicals, mainly by means of underground intrigues, attacked the prudent rector Dietrich, who was not a party member. Kittel, now a party member, exerted his full influence for the sake of Dietrich and against the destroyers of the university. At this time, it worked out to eliminate, for a long time and to a large degree, these radical elements from the leadership of the university. From the autumn of 1933 until early in 1938, under the rectors Fezer and Focke, Tübingen University could continue leading its own academic life, in relative peace and without serious intervention by the party, thanks to that first, strong defeat of the radicals and of those who were submissive to the party within their own lines.[25] Only in 1938, a radical group of professors and students was able to seize power. They were assigned by the *Reichsdozentenführer*, Professor Schultze, a creature of Himmler sitting in the Brown House, and with the backing of Himmler himself, with carrying out a political and ideological "conquest" of Tübingen University.[26] In those circles, people said openly that Tübingen University had not yet had a revolution, that it had remained reactionary, that the revolution here should still be realized, and that National-Socialism still had to be introduced, etc. This was compelling proof that the university politics – which Kittel had represented and promoted unremittingly from the first instant – was opposed to the true goals of the party and led to its failure!

These events must be mentioned here, since they shed light on the immediate background of Kittel's joining the party. [15]

3. One may ask why Kittel did not at least leave the party after he definitely realized the pointlessness of his attempts to cleanse it.

---

25 Karl Fezer (1891–1960) was a German Protestant theologian and professor of practical theology. He was rector of Tübingen University between 1933 and 1935. Friedrich Focke (1890–1970) was a German classical philologist and professor of Greek at Tübingen University between 1925 and 1946.
26 The Brown House (*Braunes Haus*), located in Munich, served as headquarters of the NSDAP. Leading Nazis, including Hitler, maintained offices there. It was destroyed by Allied bombing raids in the war. Walter Schultze (1894–1979) was a German physician and Reich Leader of University Teachers (*Reichsdozentenführer*) in Nazi Germany between 1935 and 1943.

Many people answer that resignation was actually impossible, and that in any event it would have entailed severe personal risks. In his case, Kittel rejects this answer as too superficial. He would have been ready to meet all, even the bitterest, consequences. He believes he proved this many times through his conduct during these years. However, he doubts that the resignation of a theologian from the party would have had such consequences at all. In these later years, the party offices would probably have regarded it with great satisfaction. They would have seen it simply as a highly desired confirmation of the "ideological" stance they propagated. People had in these years very much the tendency to purge the party entirely of all theologians regarded as awkward; no more [theologians] were accepted into the party, and they tried to remove, with various fabricated excuses, those who were still in the party. There were certainly still inhibitions with regard to theology professors and entirely regarding someone with a reputation such as Kittel's. By a voluntary resignation, Kittel would have only spared the party of its own initiative in an embarrassing situation.

For Kittel, this was exactly the decisive reason *not* to take this step. He had often said directly to friends and even party members that he would not make it so comfortable for the party fanatics by leaving the party voluntarily. With his commitment as a Christian and a theologian, never hidden for a moment, he wanted to be, as it were, "a thorn in the flesh" of the party as long as possible, until it finally threw him out. In his case, he wanted to force the party to reveal its true face!

Actually, after he was excluded from the *Volkssturm*, as mentioned above, because he was a theologian, he regarded this as such a decision, and then tore off his party badge and threw it away on a public road. [16]

V. Kittel's Stance towards the Church

The attempt of essential cooperation [with the party] in order to overcome the confusions came into question for Kittel in two areas: the question concerning the Church and Christianity and the Jewish question. These two questions were closely bound up with Kittel's theological attitude, since he also conceived the Jewish question completely through the theological-Christian viewpoint. [The Jewish question] was and became more and more part of the Church question and the Christian question within the ideological struggle inaugurated by the party. Kittel made *all* of his statements regarding the Jewish question intentionally; both as theologian and as a member of his church. For this reason, if Kittel's attitude towards the Jewish question is to be seen correctly, it is essential to clarify his attitude and position towards the church.

In the ecclesiastical field, Kittel attempted for a short while, along with other friends, to influence the German Christian Movement (= DC) [*Deutsche Christen*].[27] However, he resigned from it in 1933, since it turned out that it was exclusively a politicization of Christianity.

Throughout the years, his opposition to the DC became always sharper, leading up to a discontinuation of personal relationships, the more the DC deteriorated to a growing radicalism and politicization of religion concerning the Church question and the Jewish question. When this group, circa 1938, founded the *Institute for the Study [and Elimination] of the Jewish Influence on German Church Life* [*Institut zur Erforschung (und Beseitigung) des jüdischen Einflusses auf das deutsche kirchliche Leben*] in Eisenach, and thus created considerable, propagandist agitation promoted by the party and the state, Kittel turned down once and for all any kind of collaboration or even the barest connection with it.[28] He saw himself in sharpest opposition to all activities of this institute. He thought that Biblical-Christian principles had been abandoned here, and therefore he could never have

---

27 A pressure group and a movement within the German Protestant Church which existed between 1932 and 1945. It supported Nazi ideology. Its main goal was to make German Protestantism as a whole support this ideology.

28 *The Institute for Research and Elimination of the Jewish Influence on German Church Life* was an establishment of German Protestant churches during the rule of National-Socialism. It came about at the instigation of the church movement *German Christians*. Despite extensive cooperation, it should not be confused with the *Institute for the Study of the Jewish Question* which since 1939 was called *Anti-Semitic Action* and since 1942 *Anti-Jewish Action*. The institute was founded on April 4, 1939 at the instigation of leading German Christians by 11 Protestant churches in Eisenach. The inauguration ceremony took place on May 6, 1939 at the Wartburg castle.

anything in common with this circle. His last studies, and above all his treatise "Israel-Judaism-Christendom", demonstrate in essential parts his confrontation with the claims emerging from this circle.[29]

Kittel's ecclesiastical stance was, at all the stages of the Church struggle and the ideological struggle, determined by a close connection with the two regional bishops, Dr. Wurm of Stuttgart and Dr. Eder of Vienna, both belonging to the *Confessing Church* (B.K.) [*Bekennende Kirche*].[30] His main concern was to support their authority against the attacks of the DC and the party authorities. [17]

In the autumn of 1934, Kittel, along with his faculty, intentionally risked his own existence and the existence of the faculty by openly declaring solidarity with the then ousted Bishop Wurm, although the NS-Minister Mergenthaler had explicitly and in the strongest terms ruled against it.[31] Essentially, this stance of the Tübingen faculty halted the demolishing of the Württemberg church at that time. Likewise, it caused the collapse of the church policies of the *Kirchenkommissar* Jäger appointed by Hitler.[32] This may have been perhaps the very *first* case in which the party, since its takeover [of the state], experienced an *open defeat*. It should be established as a historical fact that Kittel and his friends at the faculty contributed decisively to this through their intrepid stance. Kittel, as well as his colleagues, were punished with heavy reprimands. At the same time, the minister threatened them with removal [from office] in case of any recurrence. Despite this, Kittel was not afraid after this order was issued to show solidarity with Wurm once again

---

29 This text has been published. See the bibliography.
30 Hans Eder (1890–1944) was an Austrian clergyman and since 1940 bishop of the Austrian Protestant church. The *Confessing Church* was a movement within German Protestantism during the Nazi period. It originated in opposition to governmental attempts to unify all Protestant churches into a single pro-Nazi Protestant Reich Church.
31 Christian Julius Mergenthaler (1884–1980) was a German politician (NSDAP), a member of the Württemberg Landtag, the Reichstag, and Württemberg Minister President and Minister of Culture. From 1928 to 1932, as the only member of the NSDAP, he represented the goals of his party in the Württemberg State Parliament.
32 August Friedrich Jäger (1887–1949) was a German official during the Nazi time. In the Polish areas annexed by Nazi Germany (*Reichsgau Wartheland*), Jäger served as administrative chief to the regional leader Arthur Greiser. Earlier, Jäger led the mission to nazify the Evangelical Church in Prussia.

by visiting the bishop, a couple of days later, when he was under gestapo guard and was being held captive under house arrest in his apartment. In the summer of 1943, the Minister issued another explicit prohibition to the professors against communicating with the bishop, whereupon Kittel paid an ostensive visit at the apartment of Dr. Wurm on one of the following days.

For the Austrian Protestant Church, the risk of becoming dominated by the DC was immense in the years following the annexation [of Austria], 1938–1941. If this did not happen, it is thanks, in the first place, to the unrelenting and clear stance, based only upon the Gospel, by Bishop Eder and the High Consistory President Dr. Liptak of Vienna.[33] Nevertheless, both men were in a very difficult position. Eder especially was exposed to the severest attacks, so that for a while the risk of failure was very high. When Kittel arrived in Vienna in the autumn of 1939, the DC believed that victory was almost certain at their hands. Kittel's appointment, instead of one of the initially planned leading DC theologians, was their first great disappointment. Although Kittel [18] turned down the [final] appointment [for a regular and permament position] in Vienna, he held that position [temporarily] for three and a half years as a guest professor, because through his presence he wanted, in the first place, to prevent the appointment of a DC theologian. [Likewise, he wanted] to exert his influence in the faculty and church against the theology and politics of the DC. Actually, when Kittel left Vienna in 1943 and returned to his position in Tübingen, the Austrian Protestant Church was almost free of the DC. Now, concerning a new appointment to this cathedra, none of the DC-theologians was henceforth considered. [On the contrary,] only people belonging or being close to the BK came into question.

Bishop Eder often thanked Kittel for his support. After the death of her husband, Mrs. Eder made a special visit to Kittel to thank him again, personally, on behalf of her husband, and to inform him how often her husband had said *how* crucially Kittel had contributed to that outcome by taking an unequivocal stance toward the church, and thus, through his personal authority, had supported the endangered church. Eder's successor, Bishop Dr. May, wrote to Kittel:

---

33 Dr. of Law Heinrich Liptak (1898–1971) officiated since April 16, 1939 as Vienna *Oberkirchenratspräsident*.

"You have helped, through your decisive influence, to protect our Protestant Theological Faculty against the danger of German-Christian radicalization .... You have strengthened the leading people in our church in their stance approaching more and more the *Bekennende Kirche* and countering resolutely the activity of the NSDAP which was about to destroy the Church. By that means, you have helped to repel the NS invasion through your collaboration within the church. For this [support] our Austrian Protestant Church owes you continuous thanks."[34]

Also otherwise, Kittel has, at all times, continued to support those who were unjustly oppressed and attacked in the sphere of the church and confronted the distortions and abuses of [everything which is] holy. Examples:

When the Pastor Theodor Haug of Tübingen (now dean at Tübingen) was denounced in the spring of 1933 following a sermon on the Beatitudes, Kittel spoke up on his behalf.[35]

When the Pastor Steinbauer of Penzberg was sentenced to pay a fine for a sermon, Kittel compensated him with that sum of money. When the same pastor was later expelled from the parish by the party and sent to prison afterwards [19], Kittel tried several times to intervene [on his behalf] by pleading with the responsible *Kreisleiter*.

When Professor Dr. Otto Schmitz of Münster was fired following his participation in the Barmen Synod [*Barmer Synode*],[36] Kittel invited the professor to work with him immediately after he received the news about his removal from office.[37] Although

---

34 Gerhard May (1898–1980) was the bishop of the Austrian Protestant church. He became successor to the Viennese bishop Eder in 1944. The letter is documented in UAT 162/31, Supplement I, 2.
35 Theodor Haug (1895–1951) was a protestant pastor from 1923 to 1935 and from 1946 dean of the protestant church in Tübingen.
36 At the Barmen Synod (1934) theologians and members of Protestant churches in Nazi Germany adopted the *Barmen Theological Declaration* of 1934, a confessional document opposing the German Christian movement.
37 The New Testament scholar Otto Schmitz (1893–1957) was put into temporary retirement in 1934 because he had signed a declaration against the introduction of the Aryan paragraph in the Protestant church. Later, he led the training seminary of the Confessing Church in Bethel. After the shutdown of this seminary by the Gestapo in 1937, he became director of the *Jo-*

previously he had not been a contributor to the *Theological Dictionary*, he added his name demonstratively to the sleeve of the next installment of the dictionary. [He did that] essentially in order to support a colleague who was severely affected.

When Professor Dr. Julius Schniewind of Halle was about to be fired in 1938 because of his activity in the BK, Kittel pleaded for him with such a powerful report at the Disciplinary Process, that it contributed substantially to Schniewind's non-removal from office, as Kittel was later orally informed by the advisor at the Ministry of Science in Berlin.

In 1942, when Professor Hans von Soden of Marburg was academically and politically vilified by the DC, Kittel pleaded for him so effectively in repeated, long oral and written negotiations that the attack fell back on the attacker.[38]

In 1939, German professors intended to travel to an international conference on the New Testament in England. Two professors, Dr. Martin Dibelius of Heidelberg and Dr. Julius Schniewind of Halle, were denied permission to participate due to their ecclesiastical-political [*kirchenpolitisch*] and political stance.[39] Kittel forced [the authorities] to grant them permission by declaring categorically that he himself would not travel to England without these two colleagues, but would rather, on his part, likewise turn down [the invitation].

Around 1936, when *Privatdozent* licentiate Werner Foerster of Münster was about to be fired only because of his affiliation with the BK, Kittel managed, with the help of Walter Frank, president

---

hanneum in Wuppertal. The "Aryan paragraph" (*Arierparagraph*) refers to certain discriminatory rules in laws, regulations, and statutes of state and non-state bodies (e. g. in state civil servant laws or simply a discriminatory rule on membership in the regulatory framework of non-governmental associations), allowing only "Aryans" as members. In National-Socialism, regulations of this type were directed against the Jewish population and against the Roma minority. They had precursors in Germany and Austria since the last third of the 19th century.

38 Hans Freiherr von Soden (1881–1945) was a German Protestant theologian.
39 Martin Franz Dibelius (1883–1947) was a German academic theologian and New Testament professor at Heidelberg. Julius Schniewind (1883–1948) was a German Protestant theologian. He came to prominence in the 1930's as a leader of the Confessing Church (*Bekennende Kirche*).

[of the *Reichsinstitut for the History of New Germany*] to have this order revoked, and Foerster either received a teaching assignment or his teaching assignment was reinstated.[40]

The "German Christian Students' Alliance" (=DCSV) [*Deutsche Christliche Studentenvereinigung*] was dissolved about 1937.[41] The General Secretary then asked Kittel for help. He turned to the *Reichsstudentenführer* Dr. Scheel – whom Kittel knew personally as the son of a pastor and a former theologian – and obtained from him the promise that the property and the activity of the DCSV could be maintained through its incorporation into the church.[42] This promise was kept, at least in Tübingen. Accordingly, the house and property of the DCSV [in Tübingen] were transferred to the ownership of the church under the name of *"Schlatterhaus."* Thus, the work of the [Protestant] student community could continue as in the former DCSV, [but] with a broadened scope. Without Kittel's intervention, neither the acquisition of the *Schlatterhaus* nor the [existence of the Protestant] student community in Tübingen would have been possible in its later form.

40 Werner Förster (1897–1975) belonged initially to the SA and from the spring of 1933 to the spring of 1934 to the DC. He then felt affinity with the *Confessing Church*. Until his forced transfer to the Faculty of Arts in 1938, he was an adjunct professor of New Testament Studies in Münster. In 1949, he returned to his position as associate professor at the faculty of theology, where in 1959 he also held a professorship in New Testament Studies. Walter Frank (1905–1945) was historian and adviser at the Higher Education Commission of the NSDAP. He was appointed President of the Reich Institute for the History of New Germany in July 1935 by Bernhard Rust, Reich Minister of Science, Education and Culture. After personal arguments with Alfred Rosenberg, Frank was released from office at the end of 1941. On May 9, 1945, he committed suicide because "a life after Adolf Hitler became meaningless for him."

41 The *German Christian Students' Alliance* was founded in 1897 by Eduard Graf Pückler and actually dissolved in 1938.

42 The office of the *Reichsstudentenführer* was founded in November 1936 by Rudolf Hess in order to terminate the continuous power struggles between the *National-Socialist German Students' Association* [*Nationalsozialistischer Deutscher Studentenbund, NSDStB*] as a party organization, on the one hand, and the *German Student Union* [*DSt*], as the umbrella association of the local student unions, on the other hand. Gustav Adolf Scheel (1907–1979) was a German physician and Nazi politician. During the Nazi era, he served as a leader of both the *National-Socialist German Students' Association* and the *German Student Union*.

The *Calw Church Lexicon*, a voluminous theological work of reference compiled in accordance with the BK movement, was confiscated and its completion was severely endangered. With the help of Professor Fezer, members of the church turned again to Kittel, asking him for support. In a phone conversation with the undersecretary [*Ministerialrat*], Dr. Wilhelm Ziegler – whom he knew from the *Reichsinstitut* – Kittel [20] laid the groundwork for negotiations with the *Reichsschrifttumskammer,* upon which the work could be continued.[43] In 1939–1940, when the *Württemberg Bible Institute* was severely threatened, Kittel gave a detailed report on the importance of its work and in this way helped to avert the danger.

About 1941, when the Bible stocks of the *British and Foreign Bible Society* stored in Germany, which had been confiscated, were about to be shredded, Kittel worked with the responsible authorities in Vienna and Berlin which helped to prevent this.

During the autumn of 1936, the struggle over the Church and *Weltanschauung* reached one of its peaks. Kittel issued a public statement by holding, on his own initiative, a cycle of four open evening lectures at one of the churches in Tübingen entitled: "The Church of the New Testament." This was all the more important, since Kittel only rarely held lectures in front of a wide public.

Kittel was not afraid of demonstratively leaving events of the party or of closed circles in which Christ or other biblical figures or the church were reviled, thereby causing a great sensation through such protests. This occurred about 1934, at the lecture of a certain high SA-Führer [by name of] Daiber in the Knight's Hall [of the Tübingen castle] which hosted about 1,000 men of

---

43 After the closure of the "Historical Reich Commission", the Reich Institute for the History of New Germany, based in Berlin, was established with effect from July 1, 1935. The 1936 created research department "Jewish Question" was based in Munich. *The Reich Chamber of Culture* was a government institution. It was founded by law in September 1933 as part of the *Gleichschaltung* process, at the instigation of Joseph Goebbels, as a professional organization of all German creative artists. Wilhelm Ziegler (1891–1962) was, since 1943, an undersecretary at the *Reich Ministry of Public Enlightenment and Propaganda* [*Reichsministerium für Volksaufklärung und Propaganda*]. In 1937, he published the pamphlet "The Jewish Question in the Modern World."

the party and the SA; or about 1937, at a lecture held by the DC-speaker Erich Winkel in the same hall. Both events [of Kittel demonstratively leaving] had consequences.

As will be evident in what follows, the main interest of Kittel's studies on the ancient Jewish question, published since 1933, was the defense against the attacks on the Holy Writ, Christianity and the church. At this point, it can only be said that when the Württemberg Bible Institute was again severely attacked in 1942–1943 because of the printing of the Old Testament, one relied essentially on Kittel's studies in defense against these [Nazi] attacks.

One can hardly reproach Kittel for having, even for an instant, hesitated or refrained from confessing, freely and to everybody, his position on Christianity, the Bible, and the Church whenever it was necessary. In many of these cases, Kittel's intervention could only have been effective because he was a party member. As such, he had access to certain authorities. Without this precondition, it would have been impossible from the outset.

This attitude and position of Kittel towards ecclesiastical questions required such a detailed presentation in order to clarify Kittel's position on the Jewish question. It has already been emphasized that, for him, the Jewish question has always been part of the comprehensive ideological question and the struggle over it. For this reason, it could never be seen as detached from or without the church questions. [21]

VI. The Lecture "The Jewish Question"

In view of Kittel's longstanding dealing with the problems of the Jewish question, it was almost unavoidable that since 1933 he was continuously involved in the public discussion of this question in Germany. Any real theology is related to the present.

In the large majority of his statements since 1933, the issue was historical or theological research on ancient Judaism, to which his earlier studies had already been dedicated. Regarding the question of policies concerning the Jews in the narrower sense, he only once stated his position publicly in a detailed form. This was done in his lecture "The Jewish Question", held at Tübingen University on June 1, 1933 upon the request of their theologians, which appeared in print in three successive editions. This lecture was an attempt to direct the discussion of the Jewish question, at that time in its early stages, away from the realm of anti-Semitic catchwords, propagandist passion, and agitation into the realm of Christian-moral responsibility.

1. From the theological studies previously described, Kittel inferred the difference between pious Judaism, which is still loyal to the faith of its fathers, and a secularized Judaism that had alienated itself from that faith and had partly passed into modern relativism and atheism. This Judaism presents itself in great part in the so-called assimilationist Jewry in as far as it abolishes the forms of cult, ritual and life which are essential to Judaism, including circumcision, dietary and Sabbath laws. Kittel's thesis, based on this theological distinction, is that the more Judaism adheres to the faith and to the lifestyle and religion of their fathers, and especially, the more the spirit and the forces of the old biblical religion still continue to have an effect, the less it triggers active anti-Semitism. On the contrary, the hostility towards Jews in the Western nations increases and is being triggered to the extent in which Judaism is detaching itself from any faith. Thus, Kittel set against racial anti-Semitism an altogether different principle [22] whose roots lie entirely within the religious sphere, that is, in biblical religion.

The starting point of this process [of deterioration], on the Christian side, as Kittel sees it, is that the early Christian statements in the New Testament concerning "apostasy", "curse", and the "rejection" of Judaism – as they are present clearly and indisputably in the words of Jesus Christ and the Apostles – were no longer taken as physically real [*real und leibhaft*] as they were in the genuine Christian tradition. [This happened] to the extent that the commitment to the Holy Writ in the West became generally loose. When Goethe rejected Jewish emancipation, partly with scorn partly with "passionate wrath", according to the words of chancellor Friedrich von Müller, and described it as "scandalous", as "absurd", as "destroying all moral sentiments", he was in that respect still a full representative of the Western, Christian culture which had grown up on that tradition. Out of its early Christian roots, the Christian West had developed, for more than a thousand years, a certain lifestyle in its attitude towards the Jews who lived within it. A lifestyle of that kind, which in any way expresses the distance between Judaism and Christianity, belongs to the legitimate and inalienable existence of a Christian culture, as Kittel, being a theologian, thinks he must observe. Following the dissolution of the Christian West and the destruction of its basic Christian attitude and its firm Christian morality, which has been taking place since the Enlightenment, there also occurred, precisely through Jewish emancipation, a dissolution of the Jewish lifestyle and its transformation into assimilation. [This development] paved the way, on its part, to the far-reaching secularization of Judaism and the alienation of the Jews from the faith of their forefathers.

The development, which began about 1800, presents therefore, according to Kittel, on both sides, the Jewish as well as the Christian, a process of religious secularization along with disobedience to the divine directives announced through biblical revelation.

Following a program from 1881 by the Jewish-Christian Swiss Karl Friedrich Heman, Kittel proposed the reinstitution of a *guest status* [23] for Jewry [*Judentum*] among the nations, while, at the same time recommending that Judaism [*Judentum*] should return to its ancient-biblical piety.[44] To be sure, Kittel does not want to rebuild the mediaeval ghetto in its crude form. It was ridiculous and foolish or malicious, whenever somebody occasionally attributed this to him. The "guest status", of which he is talking, would be able to find in his opinion quite respectful and humane forms – similar to what Heman had suggested – in which the defamation of Judaism would be avoided. The foundation of such a regulation should not be the theory of racial inferiority, but otherness must be taken into account. Whenever people from both sides took such principles seriously, perhaps a lifestyle would be regained enabling dignified and friendly coexistence of Germans and Jews.

Now that the failed solution of emancipation and assimilation had such an effect throughout [more than] a century, it was in the

---

44 Carl Friedrich Heman (1839–1919) was the son of the baptized Jewish teacher Heinrich Wilhelm David Heman (1893–1873). In 1881, Heman published his treatise "The Historical Position in the World of Judaism and the Modern Jewish Question". In 1897, Heman helped Theodor Herzl organizing the first Zionist Congress in Basel.

nature of things that the suspension and reversion of that development could not be carried out without severe hardship. Kittel does not conceal his deep sorrow over the suffering which must ensue and expresses it with strong and moving words. If one had acted 50 years earlier, in the time of Heman, the solution would have been much less painful. And yet, there remains no other possibility than to abandon that false way and look for a new one, while one must likewise fight against assaults committed by the "foreigner" or the "guest." But woe unto the Germans, if complete justice and civility towards that foreigner is not guaranteed, and if any vilification and general defamation of the decent, religious Jew is not avoided! The German legislation should not aim at "depriving the Jew of all rights", so Kittel contended with emphasis, and that any dealing with him [i. e. "the Jew"] should correspond to the "precepts of equity and legality." The genuine devout Jew, especially, should not be met other than "with respect and for the freedom of his Jewish life, his lifestyle, and his customs."

One can do justice to this program suggested by Kittel only if one regards it as what it was meant to be: Based on early Christian traditions and traditions of the old church it was a serious attempt, in 1933, of blazing the way for objectivity and justice and humane principles against the erupting anti-Semitic fervor and propaganda and its arbitrariness and cruelty and injustice. At the same time [it was an attempt] to show a way *corresponding to and serving the most unique and deepest interests of pious Judaism itself.*

In his lecture, Kittel delivered also a scathing critique of Zionism which should not be regarded as a particular adoption of a specific national-socialist hostility [24] towards the Jews. For, on the one hand, this critique is also prevalent in Jewish – above all in Orthodox – circles. On the other hand, National-Socialism (mostly in its earlier stage at that time) featured strong tendencies inclining to welcome Zionism as a "solution" to the Jewish question.

2. The resonance of Kittel's lecture, both in the Jewish and national-socialist circles, was characteristically ambivalent.

Naturally, on the Jewish side, the demands emerging out of the Christian basic attitude were mainly turned down with special vehemence and spitefully in the counterattack by liberal Judaism and its branches. Yet, there were also Jewish voices acknowledging Kittel's strivings for justice and receiving the text as a "serious warning call" to Judaism – as expressed in a leading journal for Orthodox Judaism.

Martin Buber, from whom Kittel had expected a certain understanding, turned it down, whereupon an exchange of open letters developed between them. One cannot deny that Kittel, in these letters, made an effort at all events to deal respectfully with his opponent. In the wake of this letter exchange, a young Jewish theologian (now in Sweden), Schoeps (personally unknown to Kittel), wrote spontaneously to Kittel, expressing his distance from Buber's rejection and his strong consent [with Kittel] calling for an exchange of ideas.[45] [Schoeps], as a representative of a circle of young Jews, who did not mean to see their goal in Zionism (which they regarded as a purely secular, worldly matter), but rather in a revival of genuine, old, prophetic-eschatological piety, wrote spontaneously to Kittel. – Likewise, the above mentioned orthodox Jewish journal accepted Kittel's critique of the assimilation movements, which do away with the ghetto and the [Jewish] "dispersal." "[This journal] expressed the stipulation that "Judaism must accept with great courage the fate of Golus ("Galuth" = dispersal), prophesied by the Torah and the prophets and profoundly felt by our entire rabbinical literature."

Kittel's critique of the assimilation and emancipation [of the Jews] finds a further, unique approval in most recent times. On August 24, 1946, the monthly journal *The Present* [*Die Gegenwart*] published an article by Winfried Martini about "The Existential Crisis of Judaism", developing ideas which partially touch directly upon Kittel's theses.[46] "Contrary to common opinion, emancipation did not emerge out of a 'philosemitic' current, but was promoted as a consequence of the Enlightenment's dogmatism ... In the worldview [of this dogmatism], the existence of ghettos must have been disturbing." "By necessity then, Judaism as such was about to lose almost everything of its substance."

---

45 Hans-Joachim Schoeps (1909–1980) was a German-Jewish historian of religion and religious philosophy. He was professor of religion at the University of Erlangen. Prior to World War II, Schoeps was leader of the German Vanguard (*Der deutsche Vortrupp*), the German-Jewish followers of Hitler.
46 Winfried Martini (1905–1991) was a jurist und journalist.

Naturally, those on the Jewish side, among whom Kittel's stance could count on understanding, were the inwardly pious Jewish-Christians. [25]

In the *Journal of the Lutheran Church* [*Allgemeine Evangelisch-Lutherische Kirchenzeitung*], a Christian Jew wrote about Kittel's lecture:

> "The objective treatment of the difficult material to which he does justice, even from the perspective of a Christian believer, convinced me to believe in him (Kittel) and awakened in me confidence in his observations. He is responsible in the face of 'Him.'[47] Thus, it has been shown that one can deal with the issue without incitement. Precisely because of that, this text should be recommended with a good conscience ... I have never viewed the problem so clearly, but also never recognized the awful tragedy to that extent. Professor Kittel's observations are so clear that I can add almost nothing to him." "May this text help to deepen the fight. Kittel's attempts to treat Judaism justly and his stance towards Judaism are indeed unique."

3. By that time and later, there were circles, also within the party, acknowledging Kittel's expertise and conciliatory stance. It was likewise characteristic by that time, that the radical representatives of the vulgar anti-Semitism within the party sensed the abyss separating Kittel from them as well as the danger which his appearance represented for them. Already on the following day, they expressed it in an egregiously sharp critique of Kittel in the Tübingen national-socialist newspaper:

> "This lecture was a scandal." "With a complete misjudgment of this burning problem, Professor Kittel drew a sharp distinction between assimilated Judaism, under which he understands the uprooted intellectual Jews, and the [for the Old Testament scholar naturally important] ... religious and pious Jews. While he rejected the first, he not only spoke up with tolerance in favor of pious Judaism but also demanded their most extensive right to hospitality [*Gastrecht*] which far surpasses the measure of the 'legislation for foreigners' as stipulated in our program [of National-Socialism]. The lecturer had the audacity ... " "The apex

---

47 "Er weiß sich vor 'Ihm' verantwortlich."

of his observations, which are averse to the [German] *Volk*, was that he described the missionary efforts towards the Jews as one of the most important tasks of the German-Christian church …" "With this lecture, Professor Kittel has posited himself in a sharpest opposition to the program of the NSDAP [since he propagated on German soil the promotion of a religion and customs opposed to German customs, which the National Socialist revolution has condemned a long time ago."][48]

Only the intervention of some friends, above all the then university chaplain Pressel, as well as the determined stance of the rector, who defended Kittel against the attackers (among whom there was also a professor who has meanwhile passed away), protected Kittel by that time from the impending most severe consequences.[49]

[26] This statement showed that Kittel's basic Christian and theological attitude was very clearly sensed by the audience of the lecture. Accordingly, the same emerges out of the order sent to the publisher of Kittel's text around 1935 by the "party's political board of examiners", the highest censoring authority of the party [i. e. NSDAP], saying that a possible new edition may come out only if it bears a different title making it clear in advance that the Jewish question is not conceived from the standpoint of the politician but rather of the theologian.

This very first experience already demonstrates it once and for all: Whenever Kittel, as it happened at this and later times, denounced with harsh words the appearances of degeneracy – be it of modern or ancient Judaism – the vulgar anti-Semite sensed that although Kittel's anti-Judaism appeared outwardly similar to his own, in reality it revealed something entirely different, absolutely antithetical to his own positions.

4. Kittel further emphasized the Christian background of his program in an article which appeared several times after the lecture: "New Testament Thoughts on the Jewish Question." This was actually meant to be an appendix to the fourth edition of the *Jewish*

---

[48] The text in square brackets was taken from the press clipping found in the supplement to Kittel's defense (UAT 162/31, Supplement V, unpaginated).
[49] Wilhelm Pressel (1895–1986) was Protestant university chaplain in Tübingen and became later member of the High Consistory in Stuttgart. He belonged to the so-called moderate DC wing.

Question, which by that time was being prepared but not published. [In this article,] Kittel backed up his statements biblically, above all in light of the statements made by Paul in Romans 9–11 on the rejection of Israel. Also in this essay, likewise relying on Holy Writ, he demanded justice towards the Jew with great seriousness and warned against any abuse.

> "Whoever presumes to talk about Israel in the name of the Bible should have the courage to talk about *both*. Whoever relies on the Bible, may *not* talk only about the 'cursed and rejected people' and *not* only about the 'chosen people', but only about the people embodying both aspects in the history imposed [on this people] by God."[50] "Whoever once has understood this (the suffering of Paul on behalf of his people), will be protected against all the reckless, unkind, and frivolous talk about Judaism."[51]
>
> "Nobody needs to tell me that the path of that people is painful ... This strikes me perhaps more than some of my critics; not just because through dealing with Judaism I have met many noble and just Jews; but rather because I am familiar with the essence of that people and also with what is grand about it, perhaps more precisely and deeper than most of them. But this is not the issue altogether but rather only whether we are obedient [27] to divine history. Surely, if those who have no sense of divine history act arbitrarily, cruelly, and severely beyond the degree of necessity, then Christians should be called upon to warn against that capriciousness. They must say that God the Lord will punish us for capriciousness and cruelty, as He once punished Babel to whom He had delivered Israel when Babel abused the mandate given to her (Isaiah 47, 6–11)."
>
> "As once for the readers of Paul, also for us, the Jewish fate, is not displayed for us to become presumptuous, but rather that we alarmingly recognize the fury of the living God with which the Lord of history can reject peoples."

These are principles and stipulations which Kittel established not only then – in the autumn of 1933 – but to which he at all times stead-

---

50 Allgemeine Evangelisch-Lutherische Kirchenzeitung 66 (1933), Nr. 42 (September 29), col. 904.
51 Ibid.

fastly adhered. Much later, he formulated the sentence: "Whoever lays his unholy hand on the Jew will perish."

5. Kittel's original lecture eschewed any reference to the NSDAP, its program and persons. Kittel could afford it, since his audience knew him and was well aware that what he said was not said to please the party, but was rather the outcome of his own dealing with the subject.

In the aforementioned attempt to bring about his downfall through a newspaper article, one of the essential points of attack was Kittel's disregard of the party's program and the claim that he stands in opposition to it. This was for him the reason to refer anywhere in print, wherever he could, to the party's program or to other decisive expressions of other kinds, above all to Hitler's. This was relatively easy in view of the very general character of the program, as it was seen in its decisive points, and in view of the moderate restraint of Hitler's statements just at that point of time. Kittel thus managed to deprive the assailants of the shabby possibility to dismiss him with their purely demagogical argument – which was naturally extremely dangerous – instead of through objective debate. He only had the choice of keeping silent and giving up the impact, which he still hoped to have at that time, or to cover up in the described manner.

Of course, it would be an unjustified and dishonest abridgment [28] to present and interpret these references [by Kittel], at any rate at that point of time, solely from the tactical point of view. Just one month before the lecture, Kittel had joined the party. He hoped, as said earlier, that it would be possible, from within, to bolster the good principles which he believed were at work in the party, and to prevent the threatening demagogic flood. This sincere, honest faith in the possibility of development within the party, leading to idealistic ends, was his decisive, even sole consideration in joining [the party]. At that time, this faith – its most important, essential component – was based on the unconditional trust in the personal integrity of Hitler and in his leadership in good faith. Just in those months, Hitler made more than a few statements in which he distanced himself from the radical demagogues (the "crazies and bunglers", as he expressed himself occasionally), at least seemingly. With those [statements] he nurtured the belief that one could refer to him [Hitler] as being opposed to those ["crazies and bunglers"]. Had Kittel joined the party *without* this confidence and *without* this trust, he would have been a complete villain whom one would justly indict and convict.

At the same time, this conviction and trust enabled [Kittel] to refer in his statements to the party's program and Hitler himself. One may reproach Kittel for letting himself be deceived through illusion and fraud. At that period of time, those citations of the party's program and those trustful references to Hitler were nothing but part of his credulity and self-deception. [29]

VII. The Position on Judeo-Christianity

A special question – which came into discussion in the wake of the issues raised by Kittel – regarded the position on Judeo-Christianity.

Kittel is the author of a report, published and distributed by the Tübingen Faculty of Protestant Theology, which took a stand on the question "The Church and Jewish-Christians", saying that in matters of administration and organization of the church and its offices, certain consequences could indeed be derived from the state legislation concerning the Jews. This however could only be discussed as a condition sine qua non that the Christian Jew is and remains fully and completely a member of the church. The biblical phrase: "There is neither Jew nor Greek"[52] must be the "major premise" for everything else; whenever this is cast in doubt, any discussion becomes meaningless by being detached from its biblical foundation. The Jewish-Christian does not become German through baptism, but without any restriction and reservation a Christian brother. The Christian church must abide adamantly by this principle against any attempt of political objection, if it does not want to give up itself. As Kittel has always emphatically stressed, the same applies to the right and duty of the mission by the church to the Jews. He regarded the liquidation of the Jewish Mission Associations [in the Third Reich by the Nazis] as one of the most unbearable attacks against the churches, and the promotion of these measures by the DC as one of the severest offences by that group against church duty. As late as in 1944, when an ecclesiastical consultant body for non-Aryans, probably the last of its kind, was to be shut down, he did everything in his capacity to prevent it.

---

52 Galatians 3, 28.

It is therefore obvious that the Christian principle and the idea of a religious community contradicts and nullifies any kind of racial anti-Semitism. Against the principle of race, Kittel sets a principle based upon the religious community. [This principle] derives from divine revelation and is diametrically opposed to and demolishes any racial barriers. He poses the question concerning spirit and race; he refers to examples such as Tutankhamun [30] and the modern West, or Goethe and the East. Any one-sided race theory breaks down already at that point. The same question recurs on a deeper level, the deepest layer of human psychic life, such as Gellert, Beethoven and the Israelite Psalm: "The Heavens praise ... "; or Luther and the Epistle of the Jew Paul to the Romans; or, finally, the Palestinian Lord's Prayer and Western humanity. In the reality of God announced in the revelation, the question of race has found its final, the only true, decisive and insurmountable barrier and thus its termination.

It will have to be shown later that Kittel personally implemented those principles of brotherly attitude towards the Jewish-Christians between 1933 and 1945 without any fear and concern. A letter by James McKinnon, a professor of theology from Edinburgh, dated December 22, 1933, proves to what extent the Tübingen faculty report, worked out by Kittel, had been effective: "I am pleased that the Tübingen faculty of Protestant Theology has expressed so clearly and convincingly the true Christian attitude towards that question ... This noble and courageous stance of our German, Christian brothers arouses the warm sympathy and admiration of the Scottish church and faculties."[53]

A special question was, again, the question concerning the "Judeo-Christian Church." Kittel never demanded [that it was necessary to found one.] (In that, one has sometimes misunderstood him). However, he weighed the possibility that for various reasons, such a union of the Christian Jews in their own *ecclesiastical* groups might seem to suggest itself and might turn out to be practical. In his view, there was no reason to oppose such a development. It would rather enrich the life of both the Christians and Jewish-Christians. For that purpose, Kittel referred to examples of the formation of

---

53 Rev. Prof. James McKinnon was a writer on history and church history. He was Regius Professor of Ecclesiastical History at Edinburgh University from 1908 to 1930.

Jewish-Christian communities and orders of service, above all to the attempts made by the prominent Jewish-Christian preacher Paul Levertoff in London.[54]

> The treatise "The Church and Jewish-Christians" is attached as an appendix to the third edition of Kittel's *The Jewish Question*. Also concerning the question of Judeo-Christianity, Kittel made an effort to [find an answer] by illuminating the origins of Christianity. The purpose of the two lengthy, historical-exegetical treatises on James, the Jewish-Christian leader of early Christianity, [31] and on the Epistle of James was to show how, and in what manner, the true Christian forces prevailed in this oldest Jewish-Christianity. Contrary to the portrayal of this James as the prototype of the "Judaisation" of Christianity and thus of mal-development, as it is depicted in the newer research in general, Kittel's attempt at reconstruction presents a downright rehabilitation of this oldest, great Jewish-Christian. In his treatise "Israel-Judaism-Christianity", Kittel draws among other things a sketch of the early Christian Judeo-Christianity in which he works out, starting from and building further on his studies on [the letter of] James [and its author], its value and importance for the whole of Christian development.
>
> All these studies of Kittel are in sharp contrast to the attempts – undertaken at the same time by the circle of the Eisenach Institute, for example – to force early Jewish-Christianity and thus the Jewish-Christians of all times into a racial framework.[55] [32]

VIII. The Question of Jewish-non-Jewish Mixed Marriages

Another special question, which Kittel touched upon already in 1933, was the problem of mixed marriages between Jews and non-Jews. He declared himself a radical opponent of such mixed marriages,

---

54 Paul Levertoff (1878–1954) worked at the Leipzig *Institute Judaicum Delitzschianum*. In 1918, he emigrated to England.

55 Institute for the Study and Elimination of Jewish Influence on German Church Life [*Institut für die Erforschung und Beseitigung des jüdischen Einflusses auf das deutsche kirchliche Leben*].

and advocated their legal prohibition. Some years later, he substantiated this view by means of his lengthy treatise on "The Connubium with Non-Jews in Ancient Judaism" (1937).[56] There, on a broad historical basis, he provides the proof that the original stance of Judaism, as reflected above all in the legislation of Ezra and Nehemiah, was likewise a rejection not only of religious but also of ethnic mixed marriages. Proselyte marriages, by contrast, were a later bending and softening of those principles. Hence, the prohibition on modern mixed marriages corresponds to the demands which pious Judaism itself must make.

In a shorter essay on the question concerning mixed marriages in the journal *The Biologist*, Kittel treated the same question again. There, in the second part, he drew the connecting links between the facts compiled in the Old Testament and the ethics of Protestant Lutheranism. Likewise, he has elsewhere pointed at the radical prohibitions of the old church synods on Jewish-Christian mixed marriages as binding for the Catholic Church and its ethics.

At the same time, it was obviously clear also to him [not only to his critics] that those synods did not proceed from the racial question. For them, the problem of mixed marriages was essentially resolved along with baptism. With special emphasis he pointed out that the modern softening of the sacrament, as it has led – in both confessions [Protestant and Roman Catholic] – to the degeneration of the baptism of the Jews into the so-called baptism of assimilation and civilization, has become a problem in itself and often turned into a severe abuse. Therefore, one should demand, prior to further discussion, above all from the Protestant Church, a restoration of the sacrament of baptism in its unfractured holiness.

Precisely this question of Jewish mixed marriages should make it clear to what extent Kittel was eventually concerned with questions of *biblical* norms and *Christian* ethics only. [33]

---

56 "Das Konnubium mit den Nicht-Juden im antiken Judentum" in: *Forschungen zur Judenfrage* 2 (1937), pp. 30–62.

IX. The Collaboration with the *Reichsinstitut* for History of the New Germany

As we shall have to show later, Kittel turned down all connections with party and other anti-Semitic propaganda authorities. The sole non-theologian official authority, with which Kittel longer and more intensively collaborated, was the Reichsinstitut for the History of the New Germany [*Reichsinstitut für Geschichte des Neuen Deutschlands*].

1. Around 1936, Kittel was appointed advisor in theology and Palestine studies at the board of advisors of this institute, to which he belonged along with numerous professors of history and other areas – by no means only party members.

Since it was not a facility of the party but rather a research institute of the state – of the same authority of the Reich to which he was subordinate as professor – he was willing to collaborate. He saw himself all the more committed as one could assume with certainty that if he turned it down, a theologian of the DC would be appointed instead of him. These circles tried time and again to gain access to and have influence upon the *Reichsinstitut*. However, Kittel himself gave his assent only after the director of the institute, President Walter Frank (not to be confused with the Governor General of Poland[57]) and his representative by that time, Dr. Grau, promised him to respect his position as a Christian theologian, and that nothing would ever be demanded from him which ran counter to his conviction as a theologian and scholar.[58] This guarantee was kept in the most faithful way throughout the years – both by Frank and his collaborators, and especially by those who led the institute after Frank's overthrow in 1941 (following a grave conflict with Rosenberg): Karl Richard

---

57 Hans Michael Frank (1900–1946), initially Reich Minister without portfolio, was during the Second World War Governor-General of the non-annexed part of Poland.
58 Wilhelm Grau (1910–2000) was a German historian, anti-Semitic National-Socialist functionary in allegedly scientific institutes for the persecution of the Jews. After 1945, he was a publisher. Grau was appointed by Frank at the age of twenty-five as head of the *Munich Department of Jewish Affairs* at the *Reichsinstitut*.

Ganzer, Erich Botzenhart and Johannes Grandinger.[59] It would be dishonest and cowardly if Kittel did not clearly testify to this as well.

It is characteristic of the relatively free structure of the *Reichsinstitut*, in contrast to the purely party institutes, that its president, Professor Walter Frank, was *not* a party member. Even the hostilities which befell him did not move him to ask for admission to the party.

It should be explicitly asserted against any misunderstandings that Kittel never held a position of "director" or something similar at this *Reichsinstitut*. He was simply a member of the board of advisors, which comprised probably around 50 scholars.

2. Kittel's joining the *Reichsinstitut* coincided chronologically with the period in which the debate with Judaism became, for certain leading currents within National-Socialism, more and more a battle against the Old [34] Testament and furthermore against Christianity. At the same time, the public discussions of those questions became always more biased, since the statements by the Christian side, although not suppressed altogether, were at any rate more and more banned from public knowledge and pushed into sectarian isolation. Corrections of the accusations made against the Bible and Christianity, which would have reached the public beyond the closest inner-church sphere, became almost impossible. Due to Kittel's collaboration at the *Reichsinstitut* and due to the leadership of the institute, which protected Kittel, he was able, at least to a certain degree, to *break through this barrier* and to make accessible to the non-theological public a view of the early history of Judaism in its relationship to [the] Israel [of the Old Testament] and to Christianity which was opposed to the propaganda of vulgar anti-Semitism. All the studies, which Kittel published within the institute and in the series *Studies on the Jewish Question* [*Forschungen zur Judenfrage*], edited by the institute, served directly or indirectly this *single* purpose, [that is to say,] to blaze the way for historical truth

---

59 The historian Karl Richard Ganzer (1909–1943) succeeded Walter Frank as president of the *Reichsinstitut*. Erich Botzenhart (1901–1956) was a board member at the *Reichsinstitut*. Alfred Ernst Rosenberg (1892–1946) was a politician and leading ideologue of the NSDAP at the time of the Weimar Republic and National-Socialism.

against the falsifications of the time and thus to enable a just and adequate appreciation of the Bible and Christianity.

These studies are, with no exception, contributions to the history of ancient Judaism. In this sense, they lie on the same academic level as his earlier theological studies on the religious history of that Judaism and on the history of its relationship to [the] Israel [of the old Testament] and to Christianity. Yet now, in addition to religion, he also analyzed the expansion, the numbers, the stratifications, the relocations of the population and the sociological, economic, racial relationship of these factors to one another. His purpose is always to work out the distinctness and separateness of the three factors, [i. e.] Israel-Judaism-Christianity, from each other against those who, by jamming the three factors into one another, blur the historical facts.

Kittel discerns two major possibilities of development, to which not only the religion of the Old Testament but also Israelite sociology and ethnic formation lead: the one is that of Christianity which starts with Jesus Christ; the other is that of late Judaism being shaped spiritually by Talmudism and sociologically, in terms of population [*bevölkerungsmäßig*], through its dispersion among the nations. In the view of the Christian historian, the first [possibility of development] is normative, the latter – [35] "apostasy" ["*Abfall*"]. Kittel takes over the polemic practiced by Jesus, on the one hand, and the prophets of the Old Testament on the other. According to this double norm, Kittel evaluates the late-antiquity factor "Judaism." He shows, in this mirror, to what extent the modern questions, without exception, were already raised there and to what extent they were answered solely by the religion of Christ [*Christusreligion*]. Even when his research does not touch directly on the religious question but rather dwells on the preliminary stage of the profane processes, it always lies in the background. Thus, in the foreword to his sketch of ancient world Jewry, in which he refrains from discussing religion in general, he refers explicitly to his other studies on the religious development of that Judaism.

> To what extent this conjunction was fundamental for Kittel may be illustrated by another example. About 1940, Kittel was asked to take part in a large scholarly enterprise planned for the time after the war which was to treat in about 100 volumes the "Cul-

tures of the Earth." In each area, the best experts were to participate. Kittel was invited to write the volume on Judaism. After long negotiations, he agreed to the task on two conditions to be determined in the contract with the publisher: first, the volume will not treat Judaism, but rather "[Old Testament] Israel and Judaism"; second, regarding the volume to be written on Christianity, in case Kittel himself would not write it, he would have the right of nomination. Thus, Kittel secured himself and the entire enterprise against the danger that his own presentation of the relationship between Israel [of the Old Testament], Judaism, and Christianity might receive a second [presentation] at its side abolishing [his own view] in an anti-Christian sense.

Of special scholarly importance are Kittel's long listings of the ancestral history and the spread of Judaism up to the beginning of the Middle Ages. In these (not yet concluded) listings he collected, examined, and processed cartographically all the available evidence for the Jewish diaspora, so far for Europe, Asia Minor and parts of Syria, providing a sustainable basis for non-Jewish as well as Jewish research. Always, even in these studies about the ancient diaspora of World Jewry, his predominant interest and goal is to let the relationship – be it of similarity or dissimilarity – between this type of man and the biblical type of man come to light, namely, between the Old Testament Israelite type, on the one hand, and the New Testament early Christian type on the other. [36]

X. The Collaboration with the Anthropologists

1. During these studies and as a part of his collaboration with leading anthropologists (above all Eugen Fischer, Berlin, later Freiburg im Breisgau, and Othmar von Verschuer, Frankfurt [am Main], later Berlin), enabled through his connection to the *Reichsinstitut*, Kittel envisioned new aspects of his comprehensive scholarly task.[60] He

---

60 Eugen Fischer (1874–1967) was an important pioneer of the Nazi race theory. He was an influential anthropologist and "race hygienist" in the German Empire and the Weimar Republic. Othmar Freiherr von Verschuer

recognized the full, downright grotesque inadequacy of the historical foundations, which had so far been established for the anthropological analysis of the Israelite and Jewish type of man [*Menschentypus*]. This was one of the main reasons, as Kittel realized, why the discussion about the factors Bible and Judaism did not go beyond useless and amateurish catchwords. This leads to the question: Would it be possible at all to offer the anthropologist precise, historically available material, for example, from archeology?

Thus, Kittel started the collaboration with Eugen Fischer which led to the joint research on two groups of images.

Starting from the findings of Dura, Kittel proved *first of all*, against any hypothesis so far, that there were Jewish images of human beings in the first and second centuries.[61] He inferred that among the portraits of mummies in Hellenistic-Roman Egypt, there must have been also images of Jews.

Secondly, he confirmed that certain terracotta-caricatures portray Jews – above all, those found in Trier. Regarding Trier, Rabbi Altmann had already claimed this in 1930.[62] Regarding the similar Alexandrian pieces, Joseph Vogt, [Paul] Perdrizet, and Flinders Petrie had claimed it some time ago.[63] By its very nature, this group presented now, after 1933, an extremely sensitive and attractive subject. The NS-propaganda started to appropriate the Trier pieces and to publish them in line with the *Stürmer*-caricatures, for example, in the *Völkisch Observer* [*Völkischer Be-*

(1896–1969) was a prominent genetics researcher. Josef Mengele was one of his coworkers from 1937 to 1940.

61 Dura-Europos (today on the Euphrates in Syria) was a Greek city founded about 300 BC by the Seleucids. The first excavations took place in 1921 under the direction of Captain Gerald Murphy of the British Army. In subsequent years, there followed two stages of excavations by the Belgian Franz Cumont and finally systematic excavations led by Yale University along with *Académie des Inscriptions et Belles-Lettres* under the direction of Michael Rostovtzeff (1928–1937).

62 The Trier chief rabbi Adolf Altmann (1879–1944) provided in a study published by the *Gesellschaft für nützliche Forschungen und dem Provinzialmuseum Trier*, the earliest evidence of Jewish life in the city. Rabbi Altmann was murdered in Auschwitz.

63 Paul Perdrizet (1870–1938) was a French archaeologist. Sir William Matthew Flinders Petrie (1853–1942) was an English Egyptologist and a pioneer of systematic methodology in archaeology and the preservation of artifacts.

obachter].⁶⁴ Kittel has the sole merit for cutting the ground from under that unworthy and ridiculous trend.⁶⁵ After he had become aware [of these findings] through Altmann's essay, he had travelled to Trier already in 1932 in order to examine the material personally in situ.

Later, in 1937 or 1938, on a second visit to Trier, he once again examined and inspected the material, completing it further through a large number of analogous pieces of Alexandrian and other origins. He contrasted these findings with ancient grotesque and miming figures in order to gain, by comparison, an accurate definition of the group. At the same time, he connected the discussion to the studies by Margarete Bieber on ancient theatre and those by Soltán Oroszlán on grotesque faces.⁶⁶ An earlier attempt by Kittel to interpret the caricatures in connection with the resolutions of the Frankish Gaul [37] synods as polemics against mixed marriages turns out to be invalid. On the contrary, the archeological material provided clear proof backed up through matching literary material that the caricature-like type of the pieces from Trier has a larger connection. It refers eventually to the mockery of the Jew, embodied in the Alexandrian mime. Thus, Kittel extricated the Trier pieces from the isolation in which they seemed to be so far, and introduced [*überführen*] them *for the first time* into serious academic discussion. None of the archeologists of the South German Rhine area, who were ap-

---

64 The *Völkisch Observer* was the newspaper of the NSDAP from December 1920. It first appeared weekly, then, from 1923, daily. Its last edition appeared in April 1945.
65 Regarding the grotesque figures, Kittel inferred that they are caricatures of Jews who were engaged in "racial defilement" (*Rassenschande*) with non-Jewish women. Further, Kittel discerned here the same kind of resistance of the Germanic tribes of that time to racial mixture. See Hoffmann (1988), p. 259.
66 Margarete Bieber (1879–1978) was a German-American archaeologist and university instructor, who was deprived of teaching permission in 1933 as a Jew. Zoltán Oroszlán (1891–1971) was archaeologist, art historian, and historian. He taught military geography and military history at the Hungarian Military Academy (Ludovika). From 1917 to 1919, he was Secretary of the Hungarian Academy of Sciences in Constantinople. He was director of the Hungarian archaeological and art historical association and expert on Greek terracotta sculptures and relief sculptures in Pannonia.

pointed for that purpose in the first place, took the initiative for this.

With those two groups of images, the mummy images and the terracotta, Kittel provided, for the first time, a solid, substantial material to the anthropologist, who could try, on his part, to determine the anthropological type of the Jew of late antiquity. The next step would have been a continuation of the anthropological study in two directions: forwards, from the type which had been gained in this way to that of modern Jewry; and then backwards, to the biblical man [*Mensch*], namely, firstly, to that of Old Testament imprinting, and secondly, to that of the New Testament. For Kittel, this entire anthropological work was never of interest in itself, but rather lay within the broader context and duty of his studies on the *Bible* question.

> Originally, parallel to his own and Fischer's research, he had planned [to edit] a book for which an Old Testament expert would also have compiled concrete material concerning the anthropology of the Old Testament as well as on the Palestinian type of the human being. Kittel had exchanged letters on this topic already before the war with Professor Albrecht Alt, Leipzig. At the same time, he became aware of the work in progress by Professor Elliger (Tübingen) on the findings of Palestinian skulls.[67] Since Elliger served in the Wehrmacht from the beginning of the war, these studies had to be deferred. Thus, Fischer's and Kittel's book on ancient world Jewry appeared at first separately. (The book was written between 1938 and 1940. It came out only in 1943, partly following the general delay due to the war, but above all because a bombing raid destroyed the completely finished printed book along with its entire edition. It was later printed once again.)

2. As far as further research tasks were concerned, Kittel had to be content at first with sketching and initiating them. He did this in studies on the anthropology of the Sephardic Jews (the so-called "*Spaniols*"). [38]

---

[67] Karl Richard Gustav Elliger (1901–1977) was a German Protestant theologian. Elliger founded in 1960 the Biblical-Archaeological Institute at the Protestant Theological Faculty in Tübingen.

Their recognizable difference compared to Ashkenazi Jews (*"Ostjuden"*) in racial terms enables drawing important and valid conclusions about the original Palestinian type of man. Furthermore, he raised the question whether and to what extent definite, biological processes of selection can be deduced in the history of Judaism, be it in the diaspora, or in Palestine. He went on exploring the questions concerning the New Testament type of man (the origins of Jesus, of Paul, the Galilee question, and so forth), relegating the romantic and unhistorical speculations about the supposedly Aryan [origin] of Jesus to the realm of fantasy to which they belong. In programmatic theses he compiled subjects of research in Old Testament and Ancient Orient Studies with the particular need of further explanation and analysis. Most important, these anthropological studies [of Ancient Judaism] were put into the context of the sociological, the historical-demographical, but especially the mental-psychological and religious situation [of the Jews].

These works by Kittel, evaluating and completing the research on ancient world Jewry and leading them to their genuine objective, spread over the years. They found their expression first of all in some lectures, mainly in learned circles (compare, for example, *Theologische Literaturzeitung*, 1944, Nr. 1: lecture from *Eranos Vindobonensis*), but above all in the lengthy treatise "Israel-Judaism-Christianity."[68] This treatise was to be published simultaneously, with slight modifications, in the journal *Progress in Genetic Pathology* [*Fortschritte der Erbpathologie*], a biological series, edited by Othmar von Verschuer, in the *Journal for New Testament Studies* [*Zeitschrift für neutestamentliche Wissenschaft*], and eventually later in one of the forthcoming volumes of the *Studies on the Jewish Question* [edited by the *Reichsinstitut*]. It had already been printed in the first mentioned journal, but this periodical then actually no longer appeared. Kittel published this treatise intentionally first in a biological scientific journal.[69] He

---

68 The Vienna association *Eranos Vindobonensis*, which aimed at promoting the development of Classical Studies, has hosted since 1876 various lectures and presentations at the *Institute for Classical Philology* in Vienna which promoted the exchange of knowledge and experience in the area of Classical Studies.
69 This is incorrect, for the treatise was already printed, but did not appear because of the war.

knew exactly that his findings would generate opposition by vulgar anti-Semitism, against which he would be much more shielded in such a biological journal. [Had the text actually appeared], the polemics would have been directed against the editor, one of the best and most acclaimed anthropologists, who showed solidarity with him [Kittel]. Thus, his opponents lost the only weapon they had against him: namely, that they dismissed his findings without objective arguments as "confessional apologetics." (As Hauer, for example, had tried to do against Kittel under the title: "Confessional Vindication of the Old Testament").[70] [39]

3. When Kittel treated the emergence and the history of ancient Judaism, he showed how mental *and* anthropological-biological processes act reciprocally *upon each other*: "... how the history of the evolution of Judaism is one of the most instructive examples of the eternal law, as no true historian and no great anthropologist will deny. Only philistines [in the field of] biology and historicizing enthusiasts, who are actually lost in abstraction, would deny this law, namely, of the constant reciprocity and interaction of mental-psychological and blood-biological processes."

Symptomatic of the situation which arose was the fact that in the course of 1944, no less than three different, important anthropological-biological scientific journals requested Kittel's collaboration through their editors, three of the most renowned anthropologists and biologists. Thus, Kittel had created for himself a platform, *completely unique* in this manner for a theologian, for his research and his findings. This was a platform in which his work could hardly be attacked by vulgar anti-Semitism and from which the cordon ring, put around biblical studies and theological research, was *demolished,* and the way to the scholarly community was cleared. (This outcome, by the way, became possible *only* due to Kittel's [prior] joining the party and due to his connection with the *Reichsinstitut*).

---

70 Jakob Wilhelm Hauer (1881–1962) taught religious studies and Indology at Tübingen University. Along with Count Ernst von Reventlow, he was the founder of the *German Faith Movement* (*Deutsche Glaubensbewegung*). Its aim was to move Germany away from Christianity towards a religion based on Germanic paganism and Nazi ideas.

At first, and under the current circumstances, the effect of Kittel's work could not, of course, become widespread. In essence, it could have effect only where one was ready to listen to an objective voice and admit the facts. From some statements and letters by historians and anthropologists Kittel could infer that the effort was not in vain. [Among them], especially valuable, according to later evidence, is the acknowledgment which recently became known to him by the Count [Graf] Reventlow, the well-known editor of the journal *Reichswart*, an inwardly independent man who always searched for truth.[71] When asked why he had abandoned his polemics against the Old Testament as a "Jewish Book", and partly even explicitly recanted it, he replied that through the study of Kittel's work he became convinced of the untenability of his [former] position.

It is no exaggeration to state *that by means of anthropology and in association with it, Kittel was on the way to surmount vulgar, racial anti-Semitism at its roots once and for all!* [40]

XI. The Persecution of the Jews

1. Since 1934, Kittel never again took a public stand explicitly on contemporary questions concerning policies against the Jews [*Judenpolitik*] – except in the concluding sentence of his Vienna lecture, which will be mentioned later.

One might refer to very few occasions – probably no more than three altogether – where in concluding or introductory sentences of his historical lectures or treatises he drew a link to current events. In this regard, it should be remarked that, above all, the main purpose of these sentences was from the outset always to divert or even weaken to a certain extent, at least for some of the audience and readership, the doctrinaire, party political opposition to the uncomfortable insights which Kittel represented.

---

[71] Ernst Christian Einar Ludwig Detlev, Graf zu Reventlow (1869–1943) was a naval officer, journalist and Nazi politician. In 1920, he founded his own newspaper *Der Reichswart*, i. e. *Reich Guardian*, which was published until his death.

They were likewise meant to strengthen the willingness in general to listen even once to objective explanations. – Furthermore, we should notice that it is in no way a matter of general "bowing" to National-Socialism and its policies towards the Jews, but rather only a reference to definite, specific issues, as for example, the annulment of the assimilation or prevention of mixed marriages. But above all, nobody could claim at any point that the methods and results of his treatises were even in the least conditioned or merely influenced by compromises with the prevailing trend. When he occasionally, in those rare cases, tried to interpret current events according to his research findings, this interpretation was founded on illusionary hope, as he knows today. But this does not belie the fact that it was made, firstly, in order to influence current events, to correct, to force it into healthier tracks; and secondly, it presented strict opposition to the other method which on the contrary allowed current events to correct and dictate the research findings and thus made scholarship a prostitute of the time and tainted the dignity of the profession.

Kittel never denied the ideas of his 1933 lecture [i. e. *The Jewish Question*]. For example, he always pointed at the fundamental difference between the assessment and evaluation of pious Judaism, still maintaining ties with its ancestors, and that sort of Judaism which emancipates itself from these ties. However, since German policies towards Jews went increasingly along a way different from what he had advised, he limited himself more and more to his strict historical works on ancient Judaism which he could pursue at the *Reichsinstitut*. Through these works he made his contribution to the battle of the *Weltanschauung* and the Bible question. [41]

2. Obviously, this did not mean that the treatment of the Jews in Germany no longer mattered to him. Until about 1942, concrete news reports about real ill-treatment of Jews or even about the murdering of Jews were nevertheless very rare in Germany. Wherever they surfaced as a rumor, hardly a single case could really be verified. There was however news about hardening, wrongs, oppressions, and also about lootings, above all related to the synagogue arsons on November 9, 1938 [i. e. Night of Broken Glass]. Yet, in hardly a single case could anyone clearly tell whether the riots were provoked

by certain offices of highest leadership or, in case they were, by which offices.

It requires no further discussion that a public statement in Germany was for a person living in Germany, technically and practically, simply impossible. Wherever Kittel saw the possibility to be heard, he expressed, with utmost openness, his shock, and warned (whereupon he often found consent even by authorities in the government) against it; for example, in the circles of the *Reichsinstitut*, in December 1938, in the presence of Dr. Schwarz, the expert of the Reich Ministry of Science, or Dr. Gustav Adolf Scheel, or, in 1941, in the presence of a certain expert of the Foreign Office, who dealt with him.

Already in 1933, even before his lecture [on the Jewish question], Kittel tried to bring to bear his thoughts in a short memorandum, which he passed on to a member of the Württemberg government, but without any success.

In 1934, Kittel had a longer talk with Dr. Buttmann, a high official [*Ministerialdirektor*] at the Reich Interior Ministry (later chief executive of the Bavarian State Library), who was very receptive to Kittel's warnings. However, a short time later he had to leave his position.[72]

In this and in some other discussions, Kittel became very soon convinced that all these discussions about this question with subsidiary bodies, even if they were sympathetic, were pointless. A prospect for success of any kind, be it even only of limited nature, would only occur if it managed to reach the top executive level.

About 1937 or 1938, it became possible (without the help of Kittel himself in the first place, although with his knowledge) to arrange a conversation between the Jewish dentist, Dr. Erwin Goldmann, Stuttgart, and Mrs. Winifred Wagner.[73] In this discussion, this Jew – at that time, leader of the *church* aid center for

---

72 Rudolf Buttmann (1885–1947) was a German politician and diplomat. He was a department minister at the *Reich Ministry of the Interior* at the time of the signing of the *Reichskonkordat*. From 1935 to 1945, he was director general of the Bavarian State Library.
73 Winifred Marjorie Wagner (1897–1980) was the English-born wife of Siegfried Wagner, the son of Richard Wagner. She ran the Bayreuth Festival after her husband's death in 1930 until the end of World War II in 1945. She

non-Aryan Christians – had the opportunity to describe to the lady, who was friends with Hitler, the dire situation. [42] By the way, before Kittel knew him, Goldmann had already had a conversation with Hermann Göring on an earlier occasion.[74]

No less than three times, Kittel tried to bring forward his warnings and entreaties to Rudolf Hess, the "deputy of the Führer" who seemed to be the person at the top executive level, by whom Kittel believed he could most likely count on understanding.[75] The first attempt was made in the autumn of 1938, with the help of Professor von Niedermaier of Berlin and his teacher Professor Haushofer of Munich, Rudolf Hess's teacher; the second attempt was made in the summer of 1939, with the help of the cultural advisor and Rudolf Hess's personal friend, *Reichsamtsleiter* Schulte-Strathaus in Munich (the son-in-law of the author Ina Seidl); the third attempt was made in 1940–1941, with the help of Pastor Georg Schott in Munich, who had been personally very close to Rudolf Hess.[76] The two last attempts concerned the Jewish ques-

---

was a friend and supporter of Adolf Hitler, with whom she maintained a regular correspondence.

74 Hermann Wilhelm Göring (1893–1946) was a German political and military leader and one of the most powerful men in the NSDAP. In the Nuremberg Trials, he was sentenced to death. He committed suicide before the sentenced was carried out.

75 Rudolf Walter Richard Hess (1894–1987) was a German politician and a leading member of the NSDAP. He was appointed *Deputy Führer* until 1941, when he flew to Scotland, apparently in an attempt to negotiate peace with the UK. He was tried during the Nuremberg Trials, which took place between November 1945 and October 1946 along with a group of 23 defendants, charged with conspiracy to commit crimes against peace, war crimes, and crimes against humanity. He served a life sentence until his death in 1987.

76 Oskar Ritter (1885–1948) was a German general, professor and a German super-spy. Niedermayer led the Persian and Indo-German-Turkish mission to Afghanistan and Persia during WWI (1915–1916) as an endeavor to incite the Emir Habibullah Khan to attack British India. He was full professor of defense geography (*Wehrgeographie*) at the University of Berlin and Director of the *Institute for General Defense Studies* (*Wehrlehre*). Since 1939, he was on the advisory board of the research department Jewish Question at the *Reichsinstitut*. Georg Schott (1882–1962) was a German writer, lay preacher and the author of an early biography of Hitler (*Volksbuch vom Hitler*, 1924). Karl Ernst Haushofer (1869–1946) was a German general, geographer, and politician. Through his student Rudolf Hess, his ideas influenced the development of Hitler's expansionist strategies, although Haushofer de-

tion and policies as part of the overall *Weltanschauung* and cultural policies. Kittel did not manage to speak personally with Rudolf Hess. He does not know whether the warnings reached him, but he assumes it as good as guaranteed at least in view of the character of both middlemen. After Rudolf Hess's flight to England, all these attempts were discontinued and became pointless.

From then on, Kittel himself took no more direct steps. He had the feeling that perhaps the disaster had to run its course. Yet, he still participated in several memoranda which his friend – the Viennese theology professor, Dr. Gustav Entz, with whom he worked in full collaboration – submitted to the *Reichsminister* Lammers, *Reichsleiter* Baldur von Schirach, and others.[77] These memoranda did not specifically treat the Jewish question but rather dealt with the gruesome circumstances, which became more and more rampant. They warned, in an almost unprecedented openness and with words expressing the strongest frankness, against the consequences of the "criminal activity", as it was called in one of the memoranda. Even if the public may not have heard anything about it, both Kittel and Entz can claim that they belonged to those men in Germany *who did not keep silent in those years, as many others did*. Up to the top authorities, without fear of anyone [*Menschenfurcht*], *they did not*

---

nied direct influence on Nazi Germany. Under the Nuremberg Laws, his wife and children were categorized as *Mischlinge*. His son, Albrecht, was issued a German Blood Certificate with the help of Hess. Ernst Schulte-Strathaus (1881–1968) was a German literary scholar and antiquarian. From 1935 to 1941, he worked as a director of art and cultural affairs in the staff of Rudolf Hess. Ina Seidel (1885–1974) was a German poetess and novelist, who identified with Nazism. In 1933, she signed the *Proclamation of Loyalty of German Writers* (*Gefolgschaftsgelöbnis*) for Hitler.

77 Gustav Entz (1884–1957) was an Austrian Protestant professor of practical theology, who was Dean of the Viennese Faculty of Protestant Theology from 1938 to 1949. Hans Heinrich Lammers (1879–1962) was a German jurist and prominent Nazi politician. From 1933 to 1945, he served as Chief of the Reich Chancellery under Hitler. In the Ministries Trial (1948–1949), he was found guilty of war crimes and crimes against humanity and sentenced to 20 years in prison. Baldur Benedikt von Schirach (1907–1974) was a Nazi German politician. He is best known for his role as the Nazi Party national youth leader and head of the Hitler Youth from 1931 to 1940. He later served as *Gauleiter* and *Reichsstatthalter* of Vienna. In the Nuremberg Trials, he was convicted of crimes against humanity and sentenced to 20 years in prison.

cease to warn and entreat and remind everyone that in all cases, when they have sown the wind, they shall reap the whirlwind.[78]

Kittel's own steps taken with Rudolf Hess have remained unknown and concealed, because Kittel told [43] no one about them, not even his immediate relatives. He knew that such an action, the more one talked about it, the more it ran into danger of being doomed to failure from the beginning. For, *eo ipso*, the stronger the counteractions by the radical elements were triggered, the more the whole thing would lead to results contrary to the intention.

The other thing, which Kittel knew precisely, was that there were circles within the camp of vulgar anti-Semitism and the church haters, who hated him as one of their mortal enemies, and only waited for the opportunity to make him harmless. He had reason to assume that these circles reached up to those surrounding the leader of the party chancellery, Bormann, and even up to him personally.[79] There were signs that he was being very carefully watched and monitored. He was always prepared for all possibilities. Since the attack in Tübingen on July 2, 1933, he knew that he constantly stood with one foot in a concentration camp. He told his relatives often of the probability that he might disappear one day. He gave instructions, especially to his son, in that event.

3. Kittel received the first, still ambiguous, news about the persecution and killing of the Jews, which were being carried out systematically and on a large scale in Poland and Russia – they seem to have actually taken place only in 1942 – in 1943 by his son who was on vacation [from his military service]. When he held a lecture on the relationship between Judaism, Israel, and Christianity in March 1943 in an auditorium with an audience of almost 1,000 people at Vienna University, he concluded it with the sentence that wherever today the current battle over the Jewish question has an impact, "all horrors gather and all demons rage." The listeners understood this sentence very well. In the context of the entire lecture, it had an effect

---

78 *"Menschenfurcht"* which is contrasted with *"Gottesfurcht"*, i. e. fear of God.
79 Martin Bormann (1900–1945) was a high official in Nazi Germany and head of the Nazi Party Chancellery. He acquired immense power by using his capacity as Hitler's private secretary to control the stream of information and access to Hitler. After Hitler's suicide, he became Party Minister of the NSDAP. In the Nuremberg Trials, he was convicted in absentia of war crimes and crimes against humanity and sentenced to death.

as a trenchant concluding sentence in such a way that the Catholic theology professor Dr. Karl Prümm of Innsbruck, who had been deposed by the NS, came to Kittel on the following day to ask him whether the Gestapo did not summon him. He told him that that lecture was a "deed."[80] [44]

XII. The Stance of the NS-Circles towards Kittel

The stance, which the National-Socialist circles took towards Kittel, was mixed, as it turned out for the first time on the occasion of his Tübingen lecture in 1933.

1. The radical anti-Semitic circles naturally sensed precisely that his stance not only did not correspond to theirs, but was opposed to it, and had actually annulled it. They hated Kittel all the more since his views, backed up by his research, could not be countered by their dilettantism. Later on, only rarely did anyone wage open attacks on him in public. Yet, there was no shortage of hidden attacks on his "confessional ties", etc. In popular, anti-Semitic, vulgar publications, his works were disregarded without exception, since no one measured up to polemicize against him. We will still have to talk about this.

> It is needless to say that Kittel never maintained even the slightest contact with the *Stürmer*. But it should be noted, however, that he was one of the very few (perhaps the only one, in any event the only professor!) who, under the NS-rule, dared to polemicize publicly against this journal. In 1934, a special issue of the *Stürmer* appeared, in which, in a large layout, the discovery of an alleged Jewish human slaughter law [*jüdisches Menschenschächtgesetz*] was disclosed. Kittel, in an objective essay, pointed out the entire unfoundedness of this absurd nonsense. As far as it is known, it disappeared from the propaganda later on, and never again surfaced, and Streicher likewise never ventured to respond.

2. On the other hand, there were NS circles which were interested in basing anti-Jewish propaganda upon stronger scholarly foundations.

---

80 Karl Prümm SJ (1890–1981) taught Catholic theology in Innsbruck until the closure of the theological faculty by the Nazis in 1939.

They tried several times, above all between 1938 and 1941, to utilize Kittel for their purposes, partly by simultaneously dissociating [Kittel] from his theological context. Kittel claims that he resisted radically all attempts of this kind in all cases. But he regarded it as his duty, whenever he had the opportunity to bear witness to the truth, especially to the biblical religion, to do so. For this reason, he did not turn down at the outset the few opportunities he had to speak up as a party member. [45]

Influential Christian men encouraged him in this approach. For example, during the years until Adolf Schlatter's death in the summer of 1938, he did indeed nothing in the controversial area without conferring with him about it. Likewise, he sought the advice of the regional bishop [*Landesbischof*] Dr. Wurm and, in his time in Vienna, of Bishop Eder. Prior to his temporary collaboration with Rosenberg – to be mentioned shortly – Kittel sought, for example, advice with Schlatter as well as with Wurm. Both encouraged him with firmness to go [to the anti-Semitic Institute in Frankfurt which Rosenberg had founded] and represent the standpoint "which, except for him, no one was able to represent in that circle."– It may be explicitly emphasized that when he mentions this fact, it is completely far from him to hide behind those men, to evade, and to transfer his responsibility upon them. Even when he turned [to them] for advice, he made his own decisions and will be held accountable for them. But his consultations with these men make it visible in which aspects and with which intentions and purposes alone his collaboration took place. Anyone who disregards it, and professes to raise the question about his responsibility, distorts the events by making abstraction and creating caricatures which have nothing to do with the truth.

During the years, Kittel held lectures to NS-party circles in the strict sense only *twice* overall. Once, as numerous professors did, at the NS-University Teachers' Association, and once, six years later, in front of a circle of higher political leaders. Both lectures were a defense of the biblical religion and a confession to the Christian faith. The second lecture was identical with the one given in Vienna, which the Catholic Professor Prümm had called "a deed." In both cases, the outcome was that Kittel was never again invited by such circles to lecture. Moreover, in the second case, the head of the meeting, *Gauschulungsleiter* Dr. Klett gave, spontaneously, a long paper in order to blur the impact of Kittel's lecture. [In his remarks,] he clarified that Kittel's statements and theses did not correspond to the stance of the party in any way. Even three years later, in the Balingen detention camp, the same Dr. Klett said that the attempt to utilize Kittel for the party was "a sheer fiasco", since "Kittel treated only Christian questions."

Very sporadic attempts were made to recruit Kittel to collaborate with party journals, obviously in the context of ambitions to raise the level of some of these journals. Kittel agreed twice and delivered excerpts of his scholarly research on the oriental cultures and religions in the Roman Empire, although each time the decisive interest was underlining the peculiarity of the biblical religion of Christianity. He believed that he could not let the opportunity pass by to refer the readers of these journals in particular to what was being hidden from them at any price. However, he had to go through the unprecedented experience of seeing how certain party offices [46] did not shy away from substantially changing and falsifying the essays, even *after* the author's imprimatur, with deletions and additions (especially concerning the references to Christianity). One will grant him that he could not expect such a degree of disrespect towards intellectual property. It goes without saying that he drew the consequences.

In 1938, Rosenberg's office approached Kittel, requesting his contribution to an exhibition which was not particularly anti-Jewish, for which Kittel was, however, asked to produce a presentation of the entire problem of oriental cults in the Roman Empire. This time, Kittel agreed to contribute. The collaboration was, however, very soon discontinued because of unreasonable demands put upon him, which were contrary to his scholarly and theological convictions. His intention had been, by means of maps and other samples and within a description of other oriental religions, to present the spread and significance of Christianity by explaining the reasons for its victory. Thus, the emergence of the Christian West and its culture would have been illuminated. It seemed at first that there was a prospect that Kittel's suggestions would find fertile soil, since one of the leading men participating at the exhibition, Professor von Niedermaier, addressed them with serious and sincere interest. Thereupon, in joint deliberations with his friends, Kittel presented the Old-Church historians Hans Lietzmann of Berlin and Hermann Wolfgang Beyer of Leipzig (both have passed away or were killed) with a detailed, thoroughly elaborated plan which, eventually, as a result, was turned down as being too "Christian-confessional", and was never implemented, as it turned out, following Rosenberg's personal intervention.[81]

The conflict with Rosenberg and his group at the withdrawal of Kittel was so sharp and the conviction that Kittel's attitude did not match the one which Rosenberg demanded was so firm, that two years later, as the party-run anti-Semitic institute in Frankfurt was founded and many professors were called in, Kittel was not invited to the establishment nor to the academic board.

3. After the French campaign, there was for a while a plan to conduct a trial at the People's Court against Herschel Grynszpan, the murderer of the Paris legation councilor von Rath, who had fallen into German hands in France. Kittel was supposed to be invited as an expert witness.[82]

Negotiating [the terms of his participation], Kittel initially set as condition, firstly, that he would be given the opportunity to talk

---

81 Hans Lietzmann (1875–1942) was a German church historian and Protestant theologian. Lietzmann became professor of church history in Jena in 1905. In 1923, he became Adolf von Harnack's successor at the Friedrich Wilhelm University in Berlin. Hermann Wolfgang Beyer (1898–1942) was a German Protestant theologian and Christian archaeologist. In his essay "The Church in Struggle", published in *Glaube und Volk*, he specified the principles of his church theory: a deliberate evangelical formation of the will (*Willensbildung*), Protestantism as a national responsibility and political religion of conscience, and spiritual struggle with Bolshevik impiety. The state, according to him, is the will of God, and the people is the thought of God. The task of the state is to secure law, order, and *Lebensraum*.
82 Ernst Eduard von Rath (1909–1938) was a German diplomat. He was assassinated in Paris in 1938 by Herschel Grynszpan. This assassination provided a pretext for the outburst of "The Night of Broken Glass" pogroms on November 9–10, 1938. Herschel Feibel Grynszpan was a son of Polish-Jewish refugees, born in Hanover, Germany, in 1921. According to rumors, he was still alive in 1945. In 1960, he was declared dead.

with Grynszpan in an undisturbed manner; secondly, unlimited access to the trial files, including the French ones which had been sent from Paris to Berlin. It emerged clearly from the files that Grynszpan had actually shot at von Rath, whom he had not known personally, with the intention to kill him. Yet, this raised the psychological question how the young Jew, who had grown up in an orthodox family, in the spirit of the Old Testament, and thus also of the Fifth Commandment, had come [47] to shoot down a man, completely unknown to him, utterly uninvolved personally in German policies towards Jews? (Even if [Grynszpan] was so bitter because of the events in Germany – his parents were to be deported from Hanover, where they lived, to their Polish homeland, where the Polish government, however, did not accept them).

In any way, Kittel realized very soon that the trial was not so much aiming at the individual atonement for this particular deed but rather at bringing forward proof that Grynszpan was an agent of Jewry in general. The trial was thus planned to be a trial against [world Jewry in general]. The political authorities thought that the trial had to show, firstly, that Grynszpan had been hired by the organizations of World Jewry; secondly, that in the Talmudic schools he had visited for a short time, the Yeshiva of the Rabbinic seminary in Frankfurt, the Talmudic instructions to kill non-Jews were inculcated to the pupils as the main outcome of the teaching. Now, no expert can dispute that statements of hatred against "others", against the "goyim", going as far as to include full freedom to kill them, play a role in Talmudic texts, and that likewise the Talmudic interpretation has, in part, substantially sharpened and therefore principally changed the basic attitude of some biblical statements on the relationship of Israel to the "others." Nobody will be able to deny that, at this stage, serious questions arise, leading into the overall problem of the Jewish question.

But the conversation Kittel conducted with Grynszpan as well as the study of the files did not yield, firstly, the slightest indication of the assumed connection between Grynszpan and the organizations of World Jewry prior to the deed. Secondly, there was no indication of any connection between the mentality, which led to the deed, and the Talmud-schools in Frankfurt. Exactly at this point, they try time and again to obtain any incriminating statements with the help of Kittel.[83] Kittel however refused to give in and concentrated everything on the clear observation that Grynszpan had read at most some insignificant Mishna tractates in the "Yeshiva". He was, however, not able to read the Talmud altogether, at least not its more difficult parts. Furthermore, he had visited that school only for the purpose of learning Modern Hebrew in view of his later emigration to Palestine.

After these clarifications, the trial, planned by the political-propaganda authorities, turned out to be impracticable. As a matter of fact, it was never brought to court. The last thing Kittel learned of this matter was the announcement that the trial was cancelled. He does not know what has become of Grynszpan.

Kittel chalked up this outcome as a considerable success. Kittel is far from exaggerating the meaning of these past events. All the same, he thinks, in the light of what is known today, that it is not improbable that the trial was planned as an attempt to try Jewry as a whole [*Gesamtjudentum*] as responsible for the murder, and to convict it through indirect inferences in order to obtain, in front of [48] the public, a feigned legal basis for the measures of extermination of Judaism [*Judentum*], which doubtlessly had already been planned. Certainly, he, Kittel, did not anticipate the awful and actual scope of what was intended by that time. Certainly, these awful events were then carried out in other ways. But it may still be that he, at least at a certain point – where he had found his place – blocked the way to the murderers of the Jews by abolishing their plan to provide legitimacy for these murders. He did this through his opposition by insisting to make only objective statements which serve the truth. (En passant, it also becomes clear here that, had he not become a party member and had he turned down any kind of collaboration, this outcome would have been impossible).

---

83 The text is ambiguous here. The present tense may suggest that Kittel refers here rather to his own situation. Namely, the French or the post-war German authorities tried to prove Kittel's collaboration with the Nazi regime, relying on Kittel's engagement in the proceeding against Grynszpan.

4. The most serious attempt to remove Kittel from theology and to make him disloyal to his basic attitude was that *three times*, under most favorable conditions, he was offered the professorship of Judaica at a philosophy faculty: in Tübingen, in Berlin, and in Vienna. In view of the insecure situation of the theology faculties (their immediate abolition was generally expected) and thus [the insecure situation] of any single theology professor, such a transfer was at that time very attractive. In those years, 1938–1939, it meant, according to all human reckoning, rescue from an insecure situation, in which one was exposed to all kinds of arbitrariness, into an existence full of security and the highest possibility of influence and impact. In all cases, Kittel had categorically refused these offers without faltering even for a moment. The idea of becoming disloyal to theology and thus to the unchangeable starting point of his entire life's work, exactly in this emergency situation, was for him, not even once, any question or consideration. Kittel never thought he would ever have to refer to this behavior as an argument for his defense. Nevertheless, he believes today, in view of the accusations against him, to be entitled to ask whether there can be any stronger evidence for the authenticity and unselfishness of his motives and for his claim to have always talked as a theologian than this refusal [49] to accept these job opportunities. He asks whether all his detractors, be they theologians or non-theologians, would have decided likewise in a similar situation. –

Finally, in 1938 or 1939, *Reichsstudentenführer* Gustav Adolf Scheel informed Kittel confidentially in a conversation that the party had decided to establish a large institute for research on the Jewish question – these were probably the first plans for the later establishment of Rosenberg's Institute in Frankfurt – and that it was intended to assign Kittel, as the only real academic authority [in the field], with the building and direction of this institute. Should he disagree, they planned to detach him from theology "with mild pressure." Kittel then explained to Scheel that he would not let himself be pressured by any force on earth to abandon theology. He asked Scheel very seriously to inform the highest authorities of the project about his attitude so that the pointless attempt could be avoided from the outset. In fact, the institute was established without Kittel being involved in any way. One can assume that the "experiences" Rosenberg's office had already had with Kittel led to the consequence that they refrained from asking him to collaborate with the planned institute.

One can assume, even without authentic statements, that certain party circles had hoped that once he was outwardly detached from theology and as soon as they had successfully, as it were, "deconfessionalised" him, they would be able to make Kittel and his entire academic attitude gradually, and also inwardly, compliant with and submissive to the party doctrine, to win him over as an obedient tool, and then use his international, scholarly authority for the party and its propaganda. No doubt, under this assumption, they occasionally courted him explicitly (above all before the war and in the early wartime). (In 1938, he even received an invitation to the Nuremberg Party Convention!).[84]

Likewise, it is certain that, seeing the pointlessness, they gradually gave up these attempts and accepted that he was and remained a "theologian." There is a minor, almost ridiculous, and yet especially instructive proof of how reserved the attitude was towards Kittel within the party circles following the experiences with him [50]. Quite a number of professors, whose research was regarded as somehow worthy, received the War Merit Cross. But although Kittel was the first authority in Germany in the most relevant area of the Jewish question, he never received any decoration from the party or the state. Probably, the lecture of 1943 in the presence of the *Gauleiter*[85] and the *Kreisleiter's* was another last "attempt" they made with him. It has already been mentioned that it was marked up as a "complete fiasco." Finally, in the autumn of 1944, he was expelled in a brusque and offensive way from the *Volkssturm*. As explained to him, this was done since he was a "theologian" and "under higher instruction." Had the war not ended with collapse but rather with the continuation [of the Nazi regime], Kittel, according to all indications, would have belonged to those, whom the radical side had considered neutralizing. Personally, he fully realized this and in intimate

---

84 Nuremberg Party Convention of the NSDAP (*Reichsparteitag*) was the annual rally of the Nazi Party in Germany, held from 1923 to 1938. They were large propaganda events, especially after 1933.
85 *Gauleiter* (Regional leader, or leader of the *Gau*) was the second highest Nazi Party paramilitary rank, subordinate only to the *Reichsleiter* and the *Führer*. During the war, the rank of *Gauleiter* was obtained only directly from Hitler.

circles, during the last years of the war, he spoke very openly about it, above all with his son.

5. At all times, Kittel's public lectures were very rare. It remained the same also during the years of the party leadership and [his lectures] never became propagandistic.

The vast majority of the lectures he held were theological presentations at conferences and training seminars for pastors on very diverse topics from his area of expertise. Occasionally, [he also gave] lectures in church communities and at church meetings. In his lectures to pastors, he also spoke about the relationship between the Old Testament and Judaism, or between Christianity and Judaism, and so on. The purpose of these lectures was to provide the pastors with material to fend off the attacks on the Bible. Likewise, he gave here and there lectures on the findings of his research on the history of ancient Judaism and its religion. He did it as a member of the academic associations to which he belonged, such as the Tübingen Historians' Club [*Historikerkranz*] or *Eranos Vindobonensis*, as he had sometimes done before 1933. In the course of the 12 years, between 1933 and 1945, besides lectures given in theological circles related to the church or in academic circles, Kittel held overall the following lectures on the Jewish question and its history:

1. The two lectures already mentioned above in front of political leaders and at the NS-University Teachers' Association;

2. Two presentations in closed, non-public meetings at the *Reichsinstitut*;

3. Five lectures at Tübingen, Vienna, Berlin, and Munich Universities.

These are nine lectures altogether, held within 12 years. Yet, we ought to consider not only [51] the number but also the particular character and place [where these lectures were held]. This fact already proves to what extent Kittel's work, in view of its method and findings, lay outside of what the Nazi propagandists did and intended. If one realizes, on the one hand, the importance National-Socialism ascribed to the Jewish question, and, on the other hand, that besides Kittel there was hardly any other scholarly authority in Germany on which one could have relied, the minimal number of Kittel's lectures is astonishing. It is clear that had he even slightly complied with the rulers, he could have easily been invited to hundreds of lectures and training seminars. It is absolutely characteristic of the viewpoint he represents that this did not happen. It proves that his experience with the *Gauschulungsleiter*, mentioned several times, was not accidental but rather symptomatic.

It is equally characteristic that Kittel was never asked to contribute to anti-Jewish propaganda on the radio.

The only experience he ever had with the radio was as follows. In 1937 or 1938, he gave a historical lecture at Berlin University which later appeared under the title "The Historical Preconditions of the Jewish Racial Mixture".[86] In [this lecture], he presented, as he often did, the relationship between Israel of the Old Testament and Later Judaism. From this lecture, an excerpt of three to five minutes in length was requested (Kittel never bothered himself about it) and was apparently broadcast in the section "Mirror of Time" [*Zeitspiegel*] in which modern books, lectures, and so forth were discussed.

Exactly as with the lectures, we should also say here that if the propagandists had regarded Kittel's collaboration as even slightly conducive to their purposes, they would have tried without any doubt to take advantage of his international reputation on the radio, and would have let him talk extensively (not in an excerpt of three to five minutes). Since it did *not* happen, this is another clear evidence of the character of his activity and how it was judged by the radical anti-Semites.

The same applies to the fact that he was not employed, invited or proposed even once for lectures on the Jewish question in neutral or, during the war, in occupied foreign countries. [Such an invitation] would have most obviously suggested itself in view of the eminent relevance of the subject.

At the same time, it should be noted that numerous professors, party members and non-party members, were delegated to give

---

86 *Die historischen Voraussetzungen der jüdischen Rassenmischung.* Schriften des Reichsinstituts für Geschichte des Neuen Deutschlands, Volume 27. Hamburg: Hanseatische Verlagsanstalt, 1939.

such lectures. When Kittel, at the invitation of Swedish friends, was invited in 1942 to give lectures in Sweden, he was, on the contrary, deliberately prevented from doing this by delaying the travel permit (as openly admitted by a speaker of the [German] Foreign Office).

Likewise, Kittel was never invited to take part in the public series of lectures of the NS-University Teachers' Association at Tübingen [52] University.

The NS-University Teachers' Association was the official representative of the party within the university. Its series of lectures was the most important activity to propagate the NS scientific Weltanschauung [*Weltanschauungs-Wissenschaft*] in the framework of the university. All Tübingen professors, who were somehow considered National-Socialist, spoke there on all conceivable kinds of National-Socialist themes. As one of the leading people of the university told Kittel, they used occasionally to discuss in this circle whether to invite Kittel to a lecture. Typically, those discussions led to a negative result.

6. At this point, by way of an appendix, another example of Kittel's opposition to all sensational propaganda as well as to any commitment unrelated to the subject can be brought forward.

Already in 1922, Kittel, as a professor at Greifswald [University], had received from the then Prussian Minister of Education the explicit task, as part of and in addition to his duties as professor of New Testament studies, to deal with the literature and history of Late Judaism.[87] When appointed in Tübingen, he did not ascribe any importance to this commission and did not let it be renewed, since for him these questions were sufficiently covered in his seminars on the New Testament.

In Vienna, without any initiative on Kittel's part, the faculty of philosophy applied to the minister to assign him to an additional commission of teaching within this faculty [of philosophy]. Kittel agreed, since through [his additional teaching at the philosophy faculty], his activity at the faculty of [Protestant] theology

---

87 Otto Boelitz (1876–1951) was a German educator and belonged to the *National Liberal German People's Party*. From 1921 to 1925, he was Minister of State for Science in the Prussian state led by Otto Braun.

would not be compromised in any way but rather supported. But in the negotiations [before accepting the Vienna professorship], he explicitly turned down the special compensation [for the additional teaching assignment at the philosophy faculty] offered to him because he wanted to maintain full liberty regarding the nature and content as well as the scope of these teaching assignments. Likewise, he demanded that the commission [to teach courses in Judaism] would not be defined as a general, unlimited authorization to teach on the Jewish question, but rather limited to the history of *ancient* [*älteren*] Judaism. Under any circumstances, he wanted to avoid the temptation to cross the border of objective discussions. In fact, he gave lectures [*Übungen*] on "The History of Ancient Judaism" three times altogether during the nine semesters in Vienna. None of these lectures were attended by more than five participants. [This] corresponded precisely to Kittel's intentions. He deliberately intended to discourage students who wanted to hear something about Judaism for propaganda and sensation. Instead [of these small lectures] he could have gathered an audience of 1,000 students in a lecture "for an audience of all faculties" with a current and sensational formulation of the same topic. He deliberately held no lecture [of this type] which students could simply attend [without obligations to read and participate actively], but rather a "seminar" [*Übung*], in which the participants had to work. [In Kittel's seminars], the decisive point was not current events but the factual willingness to learn. At the same time and throughout the years, he refused, deliberately and principally, to teach any non-historical theme related to the Jewish question. [53]

XIII. The Question Regarding Kittel's Indirect Complicity in the Persecutions of the Jews

The accusation should hence be rejected that Kittel embraced vulgar anti-Semitism or even had something in common with it. His critical examination of Judaism started from completely different assumptions and led to different goals. His concerns were to overcome confusion through objective, academic reasoning.

Another question was posed to Kittel, that is, whether his scholarly work did not provide the propagandists and vulgar anti-Semites with material and help them to substantiate their anti-Semitism. He would then be, although not directly but yet perhaps indirectly, complicit in the persecutions and murders of the Jews. One might say for his exculpation that he, the ivory tower scholar, wanted to pursue only his objective research in good faith. In his ivory tower, he did not suspect how his scholarly work would be misused. These explanations, however, would not change the fact – in case it existed – that because of him the situation of the Jews deteriorated and he would thus be co-responsible for their fate.

However, we have to object here that in reality this alleged fact, as obvious as it seems, simply does *not* exist. It is rather a *pure fiction*, a claim proved by nothing, on the contrary, disproven by all ascertainable facts. In order to demonstrate it in what follows, we will inevitably draw partly on things already said.

1. At this point, it should again be explicitly emphasized that Kittel is deeply imbued with the solidarity of guilt and responsibility which, because of the atrocities against the Jews and because of other things, lies on the entire German people and on him personally, and it has to be borne by the German people and by him personally as a member of this people.

But as this applies to him unreservedly, he denies at the same time categorically that because of him and his writings – either as direct or indirect consequence – even one hair had fallen from the head of even a *single* Jew. [He denies] that had he not written certain parts of his literature or [54] certain sentences in his books or had he not written at all about the Jews, even one single synagogue less would have been burned down or even one single Jew less would have been deported and killed. As mentioned before, he himself had hoped for a while to be able to set certain obstacles, perhaps with the help of Rudolf He*ss*. Today, it is clear that these attempts were illusory as well, and that the dynamic forces of the demons were inexorable, regardless of whatever a professor may have written in favor or against the Jews or about their history. Certainly, there were people like Count Reventlow, on whom Kittel's writings had an impact and who were strongly influenced by them. He [Count Reventlow] was, however, by no means one of the murderers of the Jews or their instigators, agitators or commanders. Only and exclusively those people who were influenced by Kittel and his books saw the dubious nature of the official and ideological policies towards the Jews and understood their lack of foundation and their absurdity, as attested in Kittel's research. Only a relatively narrow circle of experts really studied Kittel's works: historians, anthropologists, scholars of religion, and those men who, independently of the daily clamor, sought after the truth.

> Kittel himself furthered this [the restricted scope of his readership] by publishing his works mainly in the series *Studies on the Jewish Question*, a series intended to be specifically scholarly and published in a relatively small edition or in academic journals. According to the first plans of the publisher, the book, which he co-edited with Eugen Fischer on ancient World Jewry, for example, was supposed to actually appear as an unaffiliated work. Following Kittel's personal suggestion and wish, this book was then listed in the [book series] *Studies [on the Jewish Question]*." Thus, its effect became even more remote from the propagandists, its aim was to be read on a purely objective basis, and the readership was from the outset limited to scholarly circles in the narrower sense.

As reported earlier, it is true that certain circles of the party, above all between 1938 and 1940, made several attempts, from different sides, to make Kittel's scholarly authority useful and serviceable to party doctrine. The result was that from about 1941, these efforts ceased as a failed attempt. This meant that these circles had become convinced that Kittel could not be forced to change his methods and tendencies and that his works, as they were, could not be utilized to promote the party tendencies and to justify the measures against the Jews. This confirms [55] the claim that Kittel's works did not at any point empower, support or intensify the official policies concerning the Jews. Just because they [these party circles] had hoped for it for a while but gave up this hope as mistaken, makes the proof conclusive.

2. A large number of other observations and facts confirm this.

> It has already been mentioned that in the anti-Semitic party and vulgar literature, Kittel's works were almost never quoted or utilized. His historical material was probably never used in any case.

> It is a proven fact that in a [certain] bibliographical publication of Rosenberg's office, quotations from Kittel's writings were

crossed out in the final proofs, while other historical and theological titles (Protestant and Catholic) were left untouched in the same bibliography.

On the other hand, writers often polemicized against him in that literature, mostly in hidden form, and almost always anonymously. For example a large essay which appeared in two installments of a certain NS newspaper correspondence in the autumn of 1944, which, from beginning to end, was clearly intended to be a polemical warning against Kittel's position. Yet, it avoided, in the most scrupulous way, to mention Kittel's name and his writings, despite many references to other works, including [titles] even from the theological field (for example, Schürer, Volz, Leipoldt, Stähelin).[88] This avoidance alone proves conclusively that it was not accidental, but rather a deliberate silencing of a polemical nature. The writer of the essay, which appeared anonymously, turned out later to be Johannes von Leers, one of the most authoritative writers and propagandists of vulgar anti-Semitism.[89]

Another example was the book on Jewish murder rituals (Hammer Publishing House, 1943) by Hellmuth Schramm, dedicated to Rosenberg. Its foreword provides an overview of the anti-Semitic "science" [*"Wissenschaft"*]. Kittel's name and works were again passed over in silence. Only the uselessness of certain "confessional" works was emphasized.

---

88 Emil Schürer (1844–1910) was a professor at Leipzig and Göttingen universities. He is best known for his republished, three-volume *A History of the Jewish People in the Time of Jesus Christ*. Johannes Leipoldt (1880–1965), Kittel's thesis supervisor, was a New Testament scholar at the University of Leipzig. Ernst Stähelin (1889–1980) was a Swiss church historian. He was Professor of Modern Church History at the University of Basel. Volz can be either the Tübingen Old Testament scholar Paul Volz (1871–1941) or the historian and Nazi propagandist Hans Volz (1904–1978).
89 Johann von Leers, also Johann-Jakob von Leers (1902–1965) was a German Nazi publicist and lawyer. During the period of National-Socialism, he was appointed University Professor of History. He often worked as a journalist. He was one of the most active anti-Semitic propagandists throughout his life. In 1955, he settled in Egypt, converted to Islam and continued to operate in collaboration with the Egyptian government's anti-Semitic propaganda.

The same catchword of Kittel's "confessional ties" returned in the Eisenach DC circle. The way Kittel's research is cited or ignored [in this circle's] writings and how [this circle] avoids dealing with and seriously confronting [Kittel's research], is characteristic in every respect.

It appears that only rarely did anyone dare to polemicize against Kittel in public openly, signing a name. Still, J.W. Hauer, under the title "Confessional Vindication", once warned directly against Kittel's works in his journal *German Faith* [*Deutscher Glaube*]. Systematic inspection of books and writings by Hammer, Stürmer, Nordland, and similar publishers as well as of the SA's, SS's, and HJ's training literature and so forth would probably reveal more open and hidden attacks on Kittel.[90] Kittel has hardly read this entire literature, to the extent that it was accessible at all. [Thus], examples of this kind [56] [are known to him] only by chance and through accidental findings.

Above all, secret instructions circulating in party offices surely contain much more. Accidentally, a friend, into whose hands a "leaflet of the SA-group Southwest" with vigorous warnings against Kittel's works had fallen, brought this leaflet to Kittel's attention.

---

90 The Hitler Youth (HJ, *Hitlerjugend*), established in 1922 and named after Hitler from 1926, was the youth and junior organization of the NSDAP. Since 1933, it was the only official youth association with 98% of all German youth. Partially a paramilitary organization, it was composed of the Hitler Youth proper for males aged 14 to 18, the German Youngsters in the Hitler Youth (DJ, DJV) for boys aged 10 to 14, and the League of German Girls (*BDM*). Storm Troopers (*Sturmabteilung*, SA), also known as *Brownshirts*, was the original Nazi paramilitary. It played a substantial role in Hitler's rise to power in the 1920's and 1930's. Its primary tasks were providing protection for Nazi rallies and assemblies, breaking up the meetings of opposing parties, and fighting against their paramilitary units, especially the *Red Front Fighters League* of the *KPD*, and intimidating Romanies, trade unionists, and Jews. The SA became disempowered after Hitler ordered the "blood purge", known as the *Night of the Long Knives*, on June 30-July 31, 1934. Protection Squadron (*SS*, *Schutzstaffel*) was a major paramilitary organization under Hitler and later throughout occupied Europe during the war. It began as a small guard unit (*Saal-Schutz*) of NSDAP volunteers to provide security for party meetings in Munich. In 1925, Himmler joined it. Under him, it grew to one of the most powerful organizations in Germany. Until the collapse in 1945, it was the foremost agency of security, surveillance, and terror within Germany and in occupied Europe.

As mentioned earlier, an essay by Kittel appeared in the journal "The Biologist". This led to wild attacks, above all by the Bavarian leadership of the NS-University Teachers' Association, against the editor of the journal because he had dared, through the person of Kittel, to allow "confessional tendencies" to raise their voice, tendencies, promoting, as they said, the opposite of the views represented and propagated by the NS-University Teachers' Association. As far as [we] know, this editor was ousted from editorship of the journal for this reason.

Furthermore, we should recall once more in this context that Kittel was never, not even once, invited to training lectures by any local or regional group [of the party] or by any SA- or other NS authorities, which surely occurred with most of the professors who were party members.

[We should recall] that [the party] never tried to recruit him to the radio for propaganda purposes, which, in view of the international authority of his name, would nevertheless be natural;

that, contrary to other numerous professors, party members, and non-party members, [the party] never sought to win him over for lectures abroad on the Jewish question (about which foreign countries were concerned at the utmost because of the German measues [against the Jews]);

that, on the contrary, [the party] prevented his planned lectures in Sweden;

that the NS-University Teachers' Association in Tübingen, likewise, never invited him to participate at one of its series of talks and lectures, at which a high percentage of Tübingen professors participated;

that after one single attempt, the NS-University Teachers' Association never again invited Kittel, although many professors were enlisted to give talks at its groups and conferences on all possible professional and general educational subjects;

that three years after the event [in 1946], the *Gauschulungsleiter* still labeled this "attempt" at the Kreisleiter conference in 1943 as a "complete fiasco", in which the *Gauschulungsleiter* "saw himself obliged to rise to speak following Kittel's talk and to emphasize clearly and unambiguously that the standpoint of the party diverged completely from Kittel's explanations."[91]

When, about 1941, the large institute founded by Rosenberg for the study on the Jewish question was opened in Frankfurt a.M (the only official [Nazi] party anti-Semitic institute), numerous professors, including from Tübingen, were invited to the inauguration, and some were appointed to the academic "board." It was then publicly noticed that Kittel was not amongst them, although he had dealt longer and more rigorously with the Jewish question than all of them. He would have been the only one of them with an international reputation in that field. There were [57] good reasons that Kittel was never connected in any way with this most influential and central authority of official party anti-Semitism. The people at this institute knew exactly that he, Kittel, represented something opposed and completely destructive to their doctrines.

3. All this proves *conclusively* to what degree the conviction had more and more established itself that Kittel's method and view of the Jewish question had to be considered as completely unfit to promote the official propagated Weltanschauung policies and these policies concerning Jews. [Along with this proof] the other, likewise conclusive, proof is provided that it is in every respect absurd to ascribe to Kittel's works a reinforcing influence, even if only indirect, on the National-Socialist policies towards Jews.

If his writings, his works and his authority really served, as one accuses Kittel, to "reinforce" [*"Untermauerung"*] the party anti-Semitism and was misused for such a purpose, then his name and his writings should have obviously played a role among some of the political and propaganda leaders, at least in part. Even if these leaders did not actually read his writings, these writings should at least have existed among them. The following statement is liable to give an absolutely clear answer to this claim.

---

91 Kittel paraphrases a statement made by the former Württemberg *Gauschulungsleiter* Dr. Eugen Klett, as cited in a report by Dr. Helmuth Gesler in the Balingen internment camp (certified copy, UAT 162/31, supplement V, unpaginated).

There were approximately 2,000 political National-Socialists interned in the Balingen detention camp, of whom the majority were engaged with anti-Semitism in some form or another. Many of them gave anti-Semitic lectures or speeches. Almost all of them went through the party's anti-Semitic training. When they heard about Kittel or were asked about him as about a fellow internee, the following fact emerged: some knew Kittel's name as that of a famous theologian of Württemberg. Hardly any of the leaders of the district and local groups or of the training and propaganda leaders knew that he was an international, distinguished researcher in the field of the Jewish question. [It was not even known] to the especially well oriented and educated director of the earlier Napola[92] in Backnang, who furthermore attested: "… I did not know that he played a role also as a researcher in the field of the Jewish question. I knew or read none of his works in this field. I could not or cannot remember any references to these works or their citations in the party literature. Even among the other internees in Balingen, I met no one who made the impression that he knew these works." Even the *Gauschulungsleiter* Dr. Klett admitted among circles of comrades, as attested in a declaration on oath by the internee Dr. Gesler, "that even he, as the past *Gauschulungsleiter*, never read one of Kittel's writings."[93] [58]

There can probably be no more direct and stronger proof to what degree Kittel's research was not only not utilized by the party propaganda and training, but rather ignored and hushed up. Since Kittel's first talk at Tübingen, the vulgar anti-Semites sensed that all of Kittel's phrases, despite their anti-Jewish tone, had nothing to do with them and their doctrines and did not strengthen their vulgar

---

92 National Political Institutes of Education (*Nationalpolitische Erziehungsanstalten*; commonly abbreviated *Napola*) were secondary boarding schools in Nazi Germany. Their main task was the education for National-Socialists, competent in body and soul for serving the people and the state. The pupils were intended to form the future class of leaders in Germany. Backnang is a town in Germany in the Bundesland of Baden-Württemberg, roughly 30 km northeast of Stuttgart.
93 Quotation from his statement by Dr. Helmuth Gesler in the Balingen internment camp (certified copy, UAT 162/31, supplement V, unpaginated).

anti-Semitic position. As a matter of fact, they were enemies [in a fight for] life and death.

Thus, Kittel believes he may demand that either his proofs be refuted and others brought forward instead, or the feeble and unfounded claims that he had provided the party anti-Semites and the murderers of the Jews with material "backing up" their teachings should be dropped from the discussion!

4. Certainly, Kittel often emphasized the phenomena of the degeneration of modern as well as of ancient Judaism as sharply as any anti-Semite did. In fact, in his writings there are such phrases and passages which, seen isolated, are similar to any other anti-Semitic utterance. But in these cases, Kittel can refer to the words of the Apostle Paul on the Judaism of his time, which are often confusedly similar to the polemics of the pagan anti-Judaism in antiquity. Indeed, it even occurs that Paul borrows these keywords and makes them – without any polemics [against these pagan anti-Semites], which means, without any dissociation [from those anti-Semites]! – his own (for which 1 Thess. 2:15 offers irrefutable, exegetical proof). None of the ancient vulgar anti-Semites [on their part] would have thought of invoking Paul.[94] If somebody wanted to mark him [Paul] today as a pioneer of those [vulgar anti-Semites] (or someone who reinforces them), no professional [exegetical] interpreter would hesitate to call this a complete absurdity or fantasy. Thus, Kittel may claim that what his vulgar anti-Semitic contemporaries saw and noticed, should now not be ignored or contested by the other side, but rather be seriously put on the scale of decision. [59]

XIV. The Uniqueness of Kittel's Situation

One may perhaps argue that Kittel should have, despite everything, avoided the possibilities of misinterpretation of his stance and attitude. He should have been "cleverer" to stay out of this entire dangerous area.

---

[94] The ancient anti-Semites did not quote Paul in the same way as the modern (Nazis) anti-Semites did not invoke Kittel (as the author pretends to have shown before).

Whoever says that, does not notice that Kittel was in an entirely unique situation which likewise demanded a unique commitment. His scholarly dealing with the Jewish question meant also an *essential* support of the Christian position and the position of the Church in the ideological struggle. He could intervene in the battle over the Bible effectively, more effectively than any other attempts by the Church and above all in places which none of them ever reached in the battle over the Bible. [He achieved this] by showing that Israel and Judaism, the Old Testament and the Talmud are not only not identical, but their distinction is conditioned by a complete shift of elevation and quality. In order to demonstrate this, the comparison could only be carried out in the form of value judgments, since the real value of one side of the comparison came to light only against the background of the other side. But this meant that the means at his disposal to defend the Old Testament was a historical view, bringing out openly [*nackt*] and without whitewashing the facts of ancient Judaism for the purpose of comparison. Thus, this view had to appear as anti-Jewish along with all the historical objectivity of the presentation of these facts.

With all this, Kittel had a unique opportunity in the battle over the Bible to be heard in circles outside the Church in order to blaze the way for the truth. This opportunity, in this form, was open *only* to Kittel, and *literally to no one besides him in all of Germany*. Had he not used this opportunity in the battle over the Bible and Christianity, an essential and irreplaceable positive element would have been lost. For this reason, Kittel saw himself committed to do so where he could express himself within the scope of his research findings and convictions. His conviction was the only yardstick, according to which he conscientiously saw what was "allowed" or "prohibited" for him. At the *Reichsinstitut*, his conviction was respected. Thus, his conscience allowed him [60] to carry on the work there. Where it did not happen, as for example at Rosenberg's office, he resigned in all cases after a very short time. When he was invited, as late as in the autumn of 1943, by the *Gauleiter* Murr to give the talk at the *Kreisleiter* conference, as mentioned here several times, it was only after long consideration that he decided to give the talk.[95] (Friends, with

---

95 Wilhelm Murr (1888–1945) was a Nazi politician and SS *Obergruppenführer*. From 1928 until his death, he was *Gauleiter* of the NSDAP in Württemberg-Hohenzollern. From March to May 1933, he served also as state

whom he then consulted, know to what extent he did this unwillingly and with inner conflicts). The only condition he posed was to be allowed to talk without any limitation of time and subject. The declaration on oath by the adjutant of the *Gauleiter*, Hans Gutbrod, provides insight into what he lectured by that time, treating the "relationship between Judaism and Christianity and finally explaining the thesis that the Jewish question can be dealt with and brought successfully to resolution only upon a Christian foundation."[96] Was there anybody in the whole of Germany who had the opportunity to bear witness to the truth in front of the *Gauleiter* and his staff?

People knowing Kittel will believe his claim that during those years he did not recklessly live the moment. He rather endlessly asked himself whether and when the time had come in which, in view of the development of things in Germany as it became more and more manifest – in all areas and thus also in the policies concerning Jews – he could do nothing except to keep silent. He felt like Moses who, according to the story (Exod. 3:11; 4:1.10.13), resisted when God asked him to speak to Pharaoh: "Oh Lord, send, I pray Thee, by the hand of him whom Thou wilt send", but God did not give him the liberty to escape his mission. He was engaged in the struggles over the soul of his people and under the duty of obedience, as the prophet Ezekiel already describes:

> "Son of man, I have made thee a watchman unto the house of Israel: therefore hear the word at my mouth, and give them *warning* from me. [...] And thou givest him not warning [...] his blood will I require at thine hand."

The reverberating echo of Kittel's Schorndorf talk ("fiasco") by the *Gauschulungsleiter*, three years later, proves that Kittel had really followed the words of the prophet. Even the presence of the *Gauleiter* did not mislead him to do the only thing, of which he could become guilty once he had decided to give the talk, that is, to be guilty of softening the warning applied to him! [61].

In all this, Kittel stood in a completely isolated place, at a point where he was not only unable to hand his burden over to somebody

---

president and then until 1945 *Reichsstatthalter* in Württemberg. At the end of the war, while in French custody, he committed suicide.
96 See the affidavit of Gutbrod of September 30, 1946 in UAT 162/31, Supplement 5 (unpaginated).

else – since there was nobody there – but also in which nobody could accompany him. He knew exactly that many were not only surprised but also angry at him. Close friends doubtlessly wanted to maintain their trust in the integrity and unselfishness of his intentions – those who really knew him never had a doubt about that. Yet, his conduct must have been hardly comprehensible even to some of them.

Kittel is, after all, a quiet person. Concerning these matters, it was also in the nature of things that he could hardly talk and was not allowed to talk, above all about their ultimate background. About other things he could not and was not allowed to talk at all. He had to go his own way completely alone, in obedience and faith, leading truly through fields and abysses of demons, truly and in the literal sense, between death and the devil, that is, between the permanent danger to be liquidated by the radicals and the likewise permanent danger to become disloyal to himself and to his conscience and to become weak.

One cannot illustrate Kittel's situation better than with the words, already quoted several times, by the Catholic professor Karl Prümm who had thanked Kittel, also on behalf of the Catholic audience, for his Vienna talk, that this talk had been a deed, and that he, Kittel, had been the only man in Germany, able to give such a talk in front of such an audience!

Kittel believes that he may demand that, in judging his conduct, his unique commitment be taken into consideration and evaluated. [62]

XV. Kittel's Personal Attitude towards Jewish Individuals

Finally, we should raise the question concerning the way Kittel behaved personally towards those Jews, half-Jews, and Jewish-Christians, with whom he had to do. It is tantamount to the question whether he himself stayed abreast with what he demanded: justice also towards the Jews, respect towards the religious Jews, a brotherly attitude towards Jewish-Christians. In 1933–1934, in his book "The Jewish Question", he wrote the [following] sentence: it is the "never to be ceded prerogative" of the Christian "to bind the wounds which had to be afflicted, following the Savior's parable of the Good Samaritan." Did he act accordingly?[97]

The indictment will hardly be able to make one single case known in which Kittel persecuted a Jew and personally harmed him. Kittel rather behaved, in not a few cases, towards Jews, half-Jews, and Jewish-Christians as it befits a Christian.

Long before 1933, about 1920, a Jewish-Christian physician, Dr. Elisabeth Hersfeld, at that time in Leipzig, later a missionary, was accosted by an anti-Semitic mob during a lecture in a Berlin church. Kittel brought it about that Max Maurenbrecher apologized openly in the "Deutsche Zeitung" – the leading anti-Semitic newspaper at that time – to the victim in an editorial and denounced the case as a paramount example of deranged rowdy anti-Semitism.[98]

As a young man, Kittel had as a Hebrew teacher the Jewish scholar Issar Israel Kahan.[99] When he passed away, Kittel dedicated the book "The Problems of Palestinian Late Judaism and Early Christianity" to his memory with a reference to the verse John 1:47. ("Behold an Israelite indeed, in whom is no guile!"). This may not have meant much in 1926. All the more essential for the question whether Kittel took a different side in 1933, or whether he remained loyal to his principles, is that as late as in 1934, that is, at the time of the NS-rule, in the third edition of the "Jewish Question", he had the following sentence printed: "As I once have learned Hebrew with Issar Israel Kahan (whose memory as a man, following John 1. 47, will always keep me away from a general libel of Judaism) …"

---

[97] The parable of the Good Samaritan is one of Jesus's most famous narratives in the New Testament. The parable is handed down in the Gospel of Luke (Luke 10: 25–37) and is an appeal for active neighborly love.

[98] Max Heinrich Maurenbrecher (1874–1930) was a German Protestant reformed theologian and pastor as well as political publicist and politician (NSV, SPD, DVLP and DNVP). In 1907 he resigned from the Protestant church and became a preacher of a non-denominational religious community. Later, he returned to the church and became a pastor.

[99] Israel Issar Kahan (1858–1924) had come to the Leipzig *Institutum Delitzschianum* at the invitation of Franz Delitzsch, where he was active since 1908 as an editor and since 1920 as a professor of "Late Jewish Studies". In Leipzig, Kahan helped Delitzsch translate the New Testament into Hebrew.

The *Volljude* Chaim Horowitz – who had lived for some time in Tübingen, emigrated to Holland in 1933, and on whose behalf Kittel wrote a letter of recommendation to the theology professor in Amsterdam Grosheide – told Kittel on his departure: "You have a deeper love for Israel and you know the essence of this people better than many Jews."[100] [63]

The Jewish-Christian wallpaper dealer Hugo Löwenstein regularly consulted Kittel closely until his emigration in 1934 to Switzerland (or to Palestine?). On April 1, 1934, as a boycott on Jews was imposed for the first time, Kittel protected Löwenstein's store from acts of sabotage and shielded him personally from insults by pacing up and down for a long time, along with Löwenstein, in front of his store on Wilhelm Street in Tübingen.

The Jewish-Christian pastor, Dr. Peter Katz, who had lived in Hechingen and later in Koblenz, likewise consulted Kittel regularly between 1934 and 1939.[101] He often came to Kittel, and Kittel frequently lent him academic books from his private library, even after he had left for Koblenz. At the end of 1938, after the storming of the synagogues, Kittel helped him to emigrate to England by verbally interceding for him with Professor Creed of Cambridge to assign him a position at the Septuagint-project. He was still able to emigrate shortly before the war. The conversation, which Kittel had with Creed, was memorable for him inasmuch as it was the *last* discussion Kittel had on English soil with an English friend: It concerned care and help for a Jew.

For the half-Jewish grandchild of the pastor Dr. Paul Billerbeck, who lived in Frankfurt an der Oder and meanwhile passed away, Kittel arranged about 1935 a sum of several hundred marks for emigration.[102]

---

100 From September 1930 to March 1931 Charles (Chaim) Horowitz (1892–1969) was Kittel's assistant in Tübingen. In the winter semester of 1930–31, he ran a small study group on rabbinic texts at the faculty of Protestant Theology.
101 Peter Katz (1886–1962) was a pastor in Hechingen from 1931 to 1934. On March 1, 1934, the Prussian bishop Ludwig Müller put him in temporary retirement.
102 Paul Billerbeck (1853–1932) was a Lutheran minister and scholar of Judaism. He is best known for his "Commentary on the New Testament from the Talmud and Midrash", co-authored by Hermann Strack.

In Herrlingen near Ulm, the young Jewish philanthropist, Käthe Hamburg, had a small children's home which she herself founded and ran. In 1933, she turned to Kittel for help. Through contacts with the authorities in Stuttgart and Herrlingen, he made it possible for her to remain uncontested in her home for the time being. Later on, when this situation could no longer be maintained, he ensured that no obstacles would lie on her way to emigration.

A. Marmorstein, a Jewish professor living in London, was Kittel's co-editor of the above-mentioned series "Rabbinical Texts".[103] Even under NS-rule in 1933, Kittel kept him as co-editor, and despite the hostilities he printed his name on the front cover of the volumes, publicly acknowledging him as a Jew, which was a dangerous venture. Marmorstein himself requested his retirement in 1933 or 1934. Even then, Kittel tried for the time being to make him reverse this request and emphasized that as far as he, Kittel, was concerned, this decision was by no means necessary and that he [Kittel] would back up Marmorstein's work. But when Marmorstein stood by his determination to retire, Kittel was forced to drop his name.

In 1933, when the philosophy professor in Tübingen Dr. Konstantin Österreich, who was married to a Jewess, was deposed, Kittel supported his cause, appealing to Dr. Keller, the head of the department of the Ministry of Education in Stuttgart.[104] He did the same with regard to the *Privatdozent* Dr. Winkler, who had been deposed.[105] Repeal of the deposition did not come into question, but Kittel was promised that the regulation of Österreich's retirement benefits would be submitted to a favorable revision.

In 1933, when the Jewish college teachers were removed from the [German] universities, Kittel, [64] on his own initiative, pleaded in a private letter to the then aide of the Prussian Culture Min-

---

103 Arthur Marmorstein (1882–1946) moved from Vienna to London in 1906, where he served as Principal at the *Jews' College*. He co-edited with Kittel the series "Rabbinical Texts" (*Rabbinische Texte*).
104 Traugott Konstantin Österreich (1880–1949), a German religious psychologist and philosopher, was married to the Jewish Maria Raich. In 1933, he was denounced, apparently for his pacifist sentiments, and forcibly retired.
105 Hans Alexander Winkler (1900–1945) was a German Orientalist, religious scholar, and ethnologist.

istry, Professor Achelis, that the teaching activity of Martin Buber at Frankfurt am Main be maintained.[106]

Kittel asked Walther Frank to make sure that the over 60-year-old Greifswald historian, the *Volljude* Prof. E. Bernheim, could remain [in his position] unquestioned, which he did until his death, as far as it is known.[107]

In Vienna, Kittel advocated, along with Bishop Eder, and helped to make sure through personal intervention with the responsible authorities, that prayer services offered by Christian clergy were regularly allowed for baptized Jews within the Jewish ghetto.

The half-Jewish actress at the Vienna *Burg Theatre*, Mrs. Elisabeth Kallina, was close friends with Kittel and his wife.[108] She expressed in many letters her gratitude for his humane and pastoral help. Kittel tried to protect her in every way and also warned her several times of hazards which threatened her. Mrs. Kallina is a devout Catholic.

The Jewish-Christian theologian Dr. Wilhelm Dittman and his bride, the parish worker Gretel Leitner, thanked Kittel in letters, over and over again, until the very end of the National-Socialist period, for his sympathy for their fate.[109] Already the form of the address and the tone of the letters show the warm nature of their mutual relationship. Especially a postcard dated December 20, 1944, drawing on a pastoral conversation from 1939 and on a quotation from John 11: 40, shows better than many other things how

---

106 Johann Daniel Achelis (1898–1963), a German physiologist and medical historian, was undersecretary in the Prussian Ministry of Culture. In this capacity, he was instrumental in conducting the mass layoffs that were taking place at the universities at that time.
107 Ernst Bernheim (1850–1942) was a German historian. He is best known for his influential book *Lehrbuch der historischen Methode*.
108 Elisabeth Kallina (1910–2004) was an Austrian actress. In 1930, she married the writer Hermann Heinz Ortner (1895–1956), a member of the NSDAP since 1933, from whom she was divorced in 1938 (possibly for "racial" reasons).
109 Wilhelm Dittmann (1915–1996), considered "half-Jew", was married to the non-Jewish Grete Leitner. Dittmann received his doctorate in 1939 in Tübingen on the theme "The Interpretation of Primeval History (Genesis 1–3) in the New Testament." This was made possible by a special permit which Kittel obtained from the Reich Ministry of Science.

much Kittel attended to the young people and their hard fate, also pastorally.

The half-Jewish pastor Majer-Leonhardt of Stuttgart, who had studied in Tübingen for a couple of years before the war, was closely connected with Kittel until recently. Even when he was employed at the *Todt Organization* at the end of the war, Kittel exchanged letters with him. Whenever he came to Tübingen, he regularly visited Kittel. [Majer-Leonhardt] told him then not only about his fate but also about the fates of other Jewish-Christian theologians.

Kittel looked after the Jewish-Christian student of theology Adalbert Fischer from Frankfurt am Main, who had studied in Tübingen before the war, when difficulties of a special nature befell him.

The current student of theology, Annemarie Tugend, reported how Kittel looked after her shortly after the storming of the synagogues and the imprisonment of her Jewish father.

At the end of this list, which can be expanded, we may recall that there was an explicit party order not only severely prohibiting any contact with Jews or half-Jews, but also any advocacy on behalf of such a person. Not an insignificant amount of courage belonged to most of the above described actions, as for example, to pace up and down for an hour with a well-known Jew on the day of the boycott against the Jews on Wilhelm Street in Tübingen or to sit with another well-known Jew on a Sunday afternoon in a public venue. This sort of thing was, as [65] Majer-Leonhardt emphasizes, "not a matter of course at all."[110] As Mrs. Tugend attested: "although it was dangerous those days for everybody to show, even with only a greeting, his acquaintance with a Jew", Kittel did all this intentionally, since for those persons who were avoided by most of the people it was a blessing when somebody was not ashamed of interacting with them.[111] In all these cases,

---

110 Quotation from a letter by the city vicar and "half-Jew" Fritz Majer-Leonhardt of June 6, 1945 (certified copy, UAT 162/31, supplement VI, unpaginated).
111 Annemarie Tugend, later Tugendhat (1922–2013), was not allowed to study as a "half-Jew" during the Nazi era. She began to study Protestant theology only in 1945. See Ericksen (1985), pp. 596, 599, 617–18 as well as Tugendhat's letter to Kittel, UAT 162/31, Supplement I, 5.

Kittel never asked about the consequences. He is entitled to demand that this feature be added to his overall image.

These examples are evidence of how "hatred of the Jews" was far from Kittel at all times, how the entire question for him was on a completely different level. These are not random details growing out of some sentimental impulse and, as a means of apologetics, more or less arbitrarily compiled in order to let Kittel appear in a more favorable light. They rather portray the picture of an indelible stance which Kittel never denied. They represent essentially the half of his whole ethos. As seriously as he took, in all the stages of his dealing with Judaism, the biblical stance, the stance of Early-Christianity and of the old-church and the consequences emerging out of it for Christian anti-Judaism, he *likewise* seriously attempted at the same time to implement, in every instance and for every particular case, the principles of justice and mercy which are likewise non-negotiable for every Biblical-Christian attitude. If one does not see *both together*, the fundamental sharp distinction and likewise the fundamental basic act of humanity, one does not see Kittel's ethos in its totality and is therefore unable to evaluate it justly and objectively. [66]

XVI. Individual Accusations

The main accusation against Kittel is that he was directly or indirectly related to the anti-Semitism of the party and its actions. Besides this, there is a whole series of individual allegations which seem to have been made against him and which were, mostly only occasionally, mentioned to him or to his relatives and friends. It should be appropriate to discuss them briefly one by one, point by point. In some cases, things already told will be summarized once again. There may be, of course, more essential accusations not mentioned here, simply because they did not become known to the accused.

1. Kittel [is accused] of having been the "Director of the anti-Semitic Institute."

   a) Kittel was a member of the board of advisors at the *Reichsinstitut for the History of the New Germany*, comprising more than 50 professors etc., with special mission as an expert on Palestine and Religious Studies. Kittel never held any other directorial or otherwise leading position at the *Reichsinstitut*. Within the *Reichsinstitut*, the Jewish question was a branch dealt with alongside other historical subjects.

b) The term "*The* anti-Semitic Institute" suggests that a certain distinguished institute is meant. In fact, there was only one official anti-Semitic institute of the party, namely, the "Institute for Research on the Jewish Question", founded by Rosenberg in Frankfurt am Main in 1941 as an external "branch of the high college of the party." This institute also had a board of advisors in which professors were active. Kittel never had any contact with that institute, neither in the form of a leading position nor of marginal cooperation.

c) Kittel was the "director" or "chairman" only at one "institute", namely, at the "New Testament Seminar" of his Theological Faculty. Within this seminar, it happened once that he announced as a semester topic [a course on] "The Question of Race in the New Testament." The content of this course was the examination of the errors and absurdities of the "German Christians" and the vulgar anti-Semites with regard to the Bible and Christianity, an attempt to provide students, as prospective pastors, with material for defense against those attacks.

2. Kittel [is accused] of having held anti-Semitic propaganda addresses on the radio. [67]

a) When Kittel spoke in a lecture in 1937 or 1938 at Berlin University about the "Historical Conditions of the Jewish Racial Mixture" (printed in 1939) and on the same occasion, as in many other of his works, clarified the relationship between Israel, Judaism, and Christianity as opposed to the confusions of the party propaganda, he was asked by a radio station for an excerpt of three to five minutes maximum of that pure, historical, scholarly lecture. He does not know whether the excerpt was used but regards it as probable. As far as he recalls, it was designated for the section "Mirror of Time" ["*Zeitspiegel*"], in which short reports on newly published books, talks and so on were given.

b) Besides that, Kittel had nothing to do with the radio during his life, neither before nor after 1933.

3. Kittel [is accused] of having signed, in March 1933, a political statement of the National-Socialists for the General Elections in the Reich.

a) Kittel never signed a National-Socialist statement for any election.

b) The statement referred to here, originated as an *oppositional* move to a certain National-Socialist statement, sent from Munich to Tübingen, with which the radical party elements in Tübingen tried to tyrannize others. It [the statement signed by Kittel] was intended to create – beyond the party frame of whatever party – unity for many, as broad as possible. Only after long, fierce negotiations (in which Kittel by the way did not participate, but about which he was informed by two friends), it worked out to force certain party elements to give up that party statement.

c) In fact, on the published statement, Kittel's name appeared next to many names of people who were, neither then nor later, National-Socialists, whose independence from the party *no one* can doubt *even today*.

4. [According to certain accusations,] it should speak in a special way against a theologian [like Kittel] that he did not recognize the criminal character of the party already in 1933 and therefore did not resist it.

a) Kittel already saw clearly the demagogical forces, which were at work at that time. He trusted, however, the integrity of the motives of the highest leadership, above all of Hitler himself. For this reason, he believed that it would be permissible to hope to strengthen the good forces by joining the party in order to oppose the demagogical [forces] and in this way to help in the fight to rescue and preserve his fatherland. In his statement of December 3, 1945, he said: "I did not know to what degree the true, nationalist idea, inhering in every people, was falsified to a system of imperialistic and megalomaniac politics of brutality and the social and socialist ideal was misused as a disguise for lies and corruption."

"Today, I know that my effort was probably based on the bitterest delusion of my life."[112]

---
112 UAT 162/31, 119 (statement by Professor Gerhard Kittel dated December 3, 1945.

b) One may raise the counter question, whether someone can see any other motive in his joining [the party], such as acquisitiveness, ambition or the wish [68] to play a role. Starting with the rejection of the rectorate at Tübingen in April 1933, he believes to have provided sufficient proofs for his ethos.

c) It weakens in no way the quoted admission of Kittel, when he points out that even high church princes, not only of the Lutheran but also of the Catholic church, were subject to that delusion, men whom no one dares to touch today, who publicly gave expression to the same trust, which inspired Kittel both in 1933 and later, such as in the election of 1938, actually even in 1940 during the war. Kittel does not have the slightest intention to hide behind such facts. But he believes that he is allowed to point them out, since they show that the conduct of Kittel and his peers cannot be dismissed as frivolous blind confidence and shortsightedness.

d) Even a sharp opponent of National-Socialism such as Karl Barth, in his pamphlets of 1933, attacked the misuse of the church [by NS politics], above all by the DC.[113] On the other hand, he [Barth] distinguished this clearly from the political authorities of the NS-state and above all from Hitler himself, explicitly excluding [them] from this attack. Proof: Karl Barth, Theological Existence Today (1933, unaltered new reprint), pp. 10–11: "The new state has clearly declared on March 23, 1933, through the mouth of the Reichskanzler Adolf Hitler: 'The rights of the churches will not be impaired, their attitude to the state [will] not be modified'." In the same place, [he, i. e. Barth] talked about "a sincere co-existence between church and state … And apart from sporadic infringements and mistakes, one will have in this matter nothing else so far for which to blame the state or the leadership of the state. Here I may also mention the very correct statement by the Prussian Minister of Education and the Arts, Dr. Rust …." Karl Barth, For the Freedom of the Gospel (October 1933), pp. 8–9: "It (the church) is not threatened by the present National-Socialist state … The most solemn statements from higher and highest authorities deny it … we adhere to these statements."

---

113 Karl Barth (1886–1968) was a Swiss reformed theologian.

5. [According to another accusation], in his lecture "The Jewish Question" of 1933, Kittel invoked Hitler and the party program in a very positive manner thus creating the sentiment for National-Socialism.

a) The lecture was given and printed a few weeks after Kittel joined the party. The assumption for this joining was, as stated, Kittel's complete trust in Hitler's loyalty. Without this trust, Kittel's joining would be the behavior of a scoundrel. Nothing else but just this trust shows itself, as a reflection, in the statements and expressions regarding Hitler as well as in the invocation of the party program, which Kittel in those months allowed to be printed. Both, joining the party and the relevant statements in the Jewish Question, are one integrated action.

b) Kittel's view was – it was erroneous as he understands it today – that one could justly rely on the judicious and reasonable [69] politics of Hitler against the wild, demagogical elements of the party. This view was nurtured in that Hitler distanced himself explicitly, in the early days of his state leadership, from those radicals, thus creating the impression that he disapproved of and rejected them. Few suspected to what degree he deceived his credulous contemporaries. Even Karl Barth, in the above cited utterances, believed – exactly as Kittel – that against the rabid elements in the *Kirchenkampf* he could rely on Hitler, Rust, and other authorities of the state leadership.[114]

6. [The accusers ask] why did Kittel not leave the party when he must have realized its true character?

a) Kittel was hoping for a long time that it would still work out to gather and push forward good forces through hard work. People like Gördeler and others did not think otherwise throughout those years.[115] During the war, Kittel was convinced for a long

---

114 Bernhard Rust (1883–1945) was a German politician (*NSDAP*). From 1933 to 1934, he headed the Prussian Ministry of Culture and from 1934 to 1945 the Reich Ministry of Science, Education, and National Education. Rust was a major representative of National-Socialist education.
115 Carl Friedrich Goerdeler (1884–1945) was a monarchist conservative German politician, executive, economist, civil servant, and opponent of the Nazi regime. Had the plot to assassinate Hitler on July 20, 1944 succeeded, he would have served as the Chancellor of the new government. He was executed by the Nazis on February 2, 1945.

time that if [Germany] succeeded in ending the war without a complete collapse, the fight for life and death within the German people between the decent and criminal elements would follow.

b) As far as his remaining a party member was concerned, Kittel spurns the feeble excuse that this would have been impossible or would have meant self-destruction. Probably, the party authorities would simply have noted his withdrawal with satisfaction, since in those years they were anyway striving to comb the theologians out of the party. They still had certain inhibitions about violently expelling the theology professors, as they had done with many pastors. But nobody would have done anything to prevent it [if Kittel had decided to leave].

c) This was just the reason for Kittel *not* to withdraw. He often told friends and relatives that he would not leave the party voluntarily. He rather wanted to be, with his open Christian confession, "a thorn in the flesh" of the party until it had the courage to throw him out. He wanted to guard against sparing the party authorities, within and outside the university, of this embarrassing initiative.

d) When Kittel, since "on higher instruction" and "since being a theologian", was expelled in the autumn of 1944 from the *Volkssturm*, he tore off his party badge on a public road and threw it away.

7. [Kittel is further accused that] the publication of the ancient caricatures of Jews, known as the "Trier Terracottas", in his book on "The Ancient World Jewry" had a special, propagandistic, and anti-Semitic effect.[116]

a) The Trier terracottas were published for the first time about 1930 by Rabbi Altmann. After 1933 – long before Kittel's book [came out] – the *Völkisch Observer* reproduced and exploited them for propaganda purposes.

b) Rabbi Altmann also determined, long before Kittel that the Trier pieces are images of Jews. Kittel examined his correct proof and approved it. [70]

---

116 "Das Antike Weltjudentum: Tatsachen, Texte, Bilder", Hamburg: Hanseatische Verlagsanstalt, 1943.

c) Kittel was the first to compile the images along with other [images], especially with Alexandrinian pieces: with grotesque and slave heads, theatre masks and mummy images. He introduced them into scholarly discussion as led by Joseph Vogt, Paul Perdrizet, Flinders Petrie, Margarete Bieber, Oroszlán Soltán, and others about the antique terracotta heads as well as the theatrical and grotesque images. He provided the proof that the pieces stem from the Alexandrian mime and reflect the mockery of the Jew which was common there. He has the sole merit for having removed the Trier images from their propagandistic isolation through setting them together with other images and submitting them to scholarly discussion.

d) Any search for propagandist overtones concerning the mockery of the Jews in the treatise on the terracottas will be in vain. "No noise from the Stürmer-propaganda is to be heard in the treatment of those things" (Martin Dibelius).[117]

e) The objection to Kittel's treatment of the Trier terracottas would lead to the consequence of a ban against any scholarly discussion of ancient anti-Semitism as punishable.

8. [According to another accusation,] the degree of Kittel's entanglement with the party may be gathered from the fact that as late as in the autumn of 1943, he gave a lecture in Schorndorf at the conference of the *Kreisleiter* in the presence of the *Gauleiter* Murr.

a) The declarations on oath by Gutbrod and Gesler provide all the necessary information about that lecture.[118]

b) Kittel raises the counter question as to what had required more courage and character: Should he have turned down the lecture under some pretext or rather give it as he [finally] did? In the fall of 1943, one knew that any open and free speech could cost not only one's [professional] existence, but also one's life. Kittel did not let himself be discouraged even by the presence of the *Gauleiter* and *Gauschulungsleiter* to give testimony to the

---

117 UAT 162/31, p. 102.
118 Kittel's lecture at this conference is documented in the supplements to his defense (UAT 162/32, Supplement V, unpaginated). There are also copies of the abovementioned affidavits, among others by Dr. Helmuth Gesler dated October 4, 1946.

truth. How strong the impression was which Kittel must have made, is evident from the fact that the *Gauschulungsleiter* reported to the local party comrades, three years later in the Balingen camp, that he "saw himself obliged to rise to speak following Kittel's talk and to emphasize clearly and unambiguously the standpoint of the party, which completely diverges from Kittel's explanations."[119]

9. [According to another accusation,] Kittel was a beneficiary of the NS-system in a special way insofar as he was for a long time the only professor who held two professorships, one in Tübingen and one in Vienna.

a) At the beginning of the war, only a few universities were [re]-opened at first. One of them was in Vienna. Tübingen remained closed during the first semester of the war. Some of the professors from the closed universities were sent to one of the open universities, which had nothing to do with political viewpoints. It was rather decided only according to their needs. Thus, Kittel was commissioned by telegraph from Berlin [71] in mid-September 1939 to fill, as replacement, the vacant professorship of New Testament in Vienna.

b) At the same time, the majority of the Vienna faculty (with one objection by a DC member) proposed that he should receive the same professorship in a regular way. Following this proposal, he received, when he was already temporarily active in Vienna, the offer for a permanent assumption of the Vienna professorship. After long negotiations, he turned this offer down.

c) Kittel on the contrary, agreed, for a certain interim period, at most until the end of the war, to remain in Vienna as a guest, continuing to hold the Vienna professorship temporarily. He came to this decision above all in response to the warm requests from church leaders, especially Bishop Dr. Eder, not to leave them in these particularly decisive and critical times for the consolidation of the Austrian church. Thus, between September 1939 and March 1943, he was actually assigned to the replacement position in Vienna, being active in Vienna as a temporary profes-

---

119 Abbreviated quote from a statement made by Helmuth Gesler in the Balingen internment camp of October 4, 1946 (certified copy); UAT 162/31, supplement V (unpaginated).

sor from Tübingen. His Tübingen position was in the meanwhile held by a Privatdozent, assigned as his replacement – Licentiate Michel of Halle.[120]

d) At the end of the winter semester 1942–1943, Kittel was released from his Vienna replacement contract at his own request. At the beginning of the summer semester of 1943, he resumed his professorship at Tübingen.

e) Since the newly considered replacement for the professorship at Vienna, *licentiate* Stählin, was not immediately available due to military conscription, Kittel, upon strong request, was held as a Viennese replacement again in the summer semester of 1943, in addition to his professorship at Tübingen. He commuted between Tübingen and Vienna, teaching for ten days in Tübingen and three days in Vienna. This meant for Kittel two-night trips each time, and in Vienna he had to compress the lectures of two weeks into three days, in which he held three to four-hour lectures both in the morning and the afternoon. He made this considerable personal sacrifice in order to help the Viennese faculty out of its quandary.

f) The letter by Bishop Dr. May, dated November 7, 1946, provides substantial information about the background and success of Kittel's activity in Vienna.

g) Since Kittel could not live for many years without his library and he did not want to live in a "furnished" [apartment] in Vienna [i. e. he did not want to rent a furnished apartment], he arranged for the moving of his library and part of his furniture first from Tübingen to Vienna and then from Vienna to Tübingen. If he had tried, he could probably have obtained from the ministry a transfer order and thus the reimbursement of costs for the moving. He intentionally refrained from doing this in order to maintain unconditionally the full liberty of his decisions. Thus, he himself paid for both transfers from his own resources, apart from the allowance in the amount of approximately one-sixth of the moving expenses which was reimbursed to him after his permanent return to Tübingen.

---

120 Otto Michel (1903–1993) was a German Protestant theologian and professor of New Testament at Tübingen.

h) Since Kittel did not have the required money, he financed the moving in such a way that he first had a loan of several thousand marks given by the Austrian church. [72] He then sold part of his garden in Tübingen, and repaid the loan from the proceeds of the garden sale. It should be clear how much Kittel despised doing this. He preferred personal sacrifices, including money, to commitments which could possibly compromise his independence in making decisions and acting.

10. [Kittel is accused of] having been a fanatical Nazi. [According to this accusation,] at a meeting of the Bible study group in February 1945, which he held at the student community in Tübingen, he was still wearing the party badge.

a) This accusation can only mean, in the general sense, that Kittel carried out even his religious preaching politically and used it for political effects. The statements in the annexes [to this defense], referring to nearly all the lectures and speeches Kittel held in the last years, give the answer.

b) In February 1945, Kittel did not hold any Bible study meetings, since by that time he was staying at the [Tübingen] tropical clinic [*Tropenheim*] for a heart cure. He held his last student Bible study meeting, as he recalls, in the autumn of 1944.

c) He either did or did not wear the party badge in daily life until his expulsion from the *Volkssturm* without any special principle (depending mostly on the suit he was wearing). In 1943 or 1944, he was even told by an official university authority that the laxity in wearing the party badge attracted attention.

d) Already in the earlier years [let alone in later years], he nearly always removed the badge while carrying out religious and ecclesiastical functions. It may be that he occasionally forgot to do this.

e) The following example may show how foolish it is to infer anything from the wearing or not wearing of the party badge about the mindset of the wearer: Professor Gerhard Ritter of Freiburg, a friend of Gördeler, was one of the participants of the July 20, 1944 [plot].[121] A few weeks before this date, he gave a lecture

---

121 Gerhard Georg Bernhard Ritter (1888–1967) was a German historian. He taught at Albert-Ludwigs-Universität Freiburg im Breisgau from 1925 to 1956. On 20 July 1944, Claus von Stauffenberg along with other conspira-

at Tübingen for theologians, wearing the party badge. Again, a few weeks before this, Kittel had visited him in his apartment in Freiburg in order to discuss with him the date of the lecture. Even this time, in the apartment, Ritter wore the party badge. [73]

XVII. The Main Accusation against Kittel

The main and true accusation against Kittel concerns his attitude and stance on the Jewish question, the undisputed fact of Christian Anti-Judaism, which he stood up for, and his publications in this whole area. The following questions should help to examine and clarify whether and to what extent this was a morally questionable, culpable kind of conduct.

1. Can the accusation invalidate the evidence of Kittel's personal impeccable conduct towards those Jews, half-Jews, and Jewish-Christians, with whom he interacted? Can it show one single case in which Kittel persecuted a Jew, a half-Jew or a Jewish-Christian, abandoned him to persecution, or caused him any evil?

2. Can the accusation refute Kittel's claim that his works, materials and findings were *not* exploited by the vulgar anti-Semites. Or the other way around: Can the accusation prove at any point that the official policies towards Jews were supported by those works, corroborated or intensified by them, or that the fate of even one Jew was evilly influenced by them?

3. Is Kittel's claim credible that he did not cease to try since 1933 and further on, within the scope of the possibilities given to him, to prevent the violent policies of injustice against the Jewish community, to warn against it, to point out their inevitable consequences following the divine laws, as well as, wherever he could, to rescue individual Jews from the consequences of these policies of violence and to support them humanly in their disaster?

4. Is Kittel's claim credible that his statements on the Jewish question followed exclusively his special responsibility, personally and in a unique way imposed on him by God, as he being a Christian and a theologian, knew?

tors attempted to assassinate Hitler inside his Wolf's Lair field headquarters near Rastenburg, East Prussia.

5. Do Kittel's theological and historical publications correspond to the scholarly responsibility and dignity [74], which can be expected from a man in his position? Or has he ever betrayed and blemished this dignity for the sake of temporary profit [*Konjunktur*]?

6. Has Kittel ever abused or let the teaching position entrusted to him, his theological-scholarly instruction, his religious-ecclesiastical preaching be exploited, directly or indirectly, for any political purposes or secondary purposes?

7. Kittel is a representative of Christian Anti-Judaism. The very fundamental question emerging at this point is whether it is a crime in the Christian civilized world, and must be prevented by force, to stand up for a position on the Jewish question tied up with and standardized by the instruction of Jesus Christ and his Apostles. Declaring this position of Kittel to be reprehensible will have the unavoidable consequence of rejecting and denouncing, first of all, the position of Jesus Christ and his Apostles Paul and John, the Church Fathers, the Old Church Synods, and then also [the position of] Martin Luther and Goethe.

In addition, we should ask whether Kittel's claims are credible or not:

8. Did he, without fear of man and without asking about the consequences, even in dangerous situations, maintain his contact with Jews and other banned persons, even in public?

9. Did he ever hesitate, even in front of high party authorities, in writings, speeches and conduct to bear fearless witness to the truth?

10. Did he – in his position, with the means and possibilities at his disposal, above all in Württemberg in 1934 and in Austria between 1939 and 1943 – effectively take part in strengthening ecclesiastical opposition to the destruction of the church by the party and those elements which were submissively dependent on it by breaking through the party's claim to totality?

11. Did he counteract the political falsification of the Gospel and [the falsification of] the preaching by the church, whenever coming across it [75], and did he at substantial points expose the false doctrines of the "German Christians" as insubstantial?

12. Did his works – in the fight for life and death, which the church had to wage over the basic principles of its whole preaching

and its instruction, namely, over the Holy Writ and the person of Jesus Christ and his Apostles – in their objective incorruptibility represent an effective defensive position and at the same time a counterstrike, which was dangerous for the opponents (and was recognized as dangerous) for the NS-Weltanschauung?

13. Kittel's unreserved confession is presented and is explicitly repeated here that his hopeful judgment of National-Socialism and especially of the nature and character of Adolf Hitler was based on the probably bitterest delusion of his life. His mistake, which he shares with the mistakes and guilt of his people, consists in this.

It may be asked as a final question whether his conduct, regardless of this mistake and joint guilt, is not fully enlightened only through the nature and character of his personal attitude and whether it does not receive from this its sense and, to a certain degree, its justification. This is the view expressed in the words he wrote down on December 3, 1945 and submitted to the military authorities:

> "I believe that I can and may compare my conduct and my mistake to the conduct and mistake of the honest and brave German soldier. Today, he knows that he sacrificed himself not only, as he believed, for the existence of his people, but for a cause in which he was betrayed and deceived and of which he must feel ashamed as a staining of the German name. In the same way, I know today that the cause, to which my honest scholarly research was related, was a loathsome cause."[122] [76]

XVIII. Conclusion

Kittel has neither the intention nor the inclination to hide anything in his attitude or to escape any responsibility. The account above will have allowed even someone who does not know Kittel, to sense this. He will, as he always did in his life, assume responsibility for his words and deeds. He knows that it concerns the credibility of his whole scholarly and theological lifetime work, when he demands that it should be clarified univocally whether the shield of his hu-

---

122 UAT 162/31, 119 (Declaration of Professor Kittel dated December 3, 1945).

man and scholarly honor is blemished or pure, whether he spoke and acted in accordance with the responsibility of his task and preserved its honor or not. Likewise, he believes that this clarification is owed to the name of his father Rudolf Kittel and the memory of his fallen pupils who had trusted him. And likewise, his children and grandchildren and those still living among his friends and pupils within and outside Germany, on this as well as on the other side of the ocean, must and should know whether they ought to be ashamed of him or not!

Concluded:
On Saturday, before the third Sunday of Advent, December 14, 1946.

Literatur

Gerhard Kittel

Berücksichtigt werden die vom Autor im Anhang an seine *Verteidigung* selbst genannten sowie die im Kommentar zu seinem Text verwandten Titel; Variationen des Titels, wie Kittel sie in seiner Erinnerung im Anhang irrtümlich nennt, erscheinen in eckigen Klammern; die mit einem Sternchen bezeichneten Titel werden von Kittel in seiner Aufzählung *nicht* genannt.

Considered are titles mentioned by Kittel himself in the appendix to his *defence*, and those named in the commentary; variations of publications Kittel erroneously names from memory in the appendix appear in square brackets; titles marked with an asterisk are *not* mentioned by Kittel in his list.

Jesus und die Rabbinen, Akademische Probevorlesung (Biblische Zeit- und Streitfragen), Berlin-Lichterfelde 1912.
Rabbinica. Paulus im Talmud. Die »Macht« auf dem Haupte. Runde Zahlen im Talmud und Neuen Testament. Arbeiten zur Religionsgeschichte des Urchristentums, Leipzig 1920.
Sifre zu Deuteronomium, übersetzt und erklärt, Stuttgart-Berlin 1922.
Jeschu ha-nosri [Rezension zu Josef Klausners hebräisches Jesusbuch, Jerusalem 1922], in: Theologisches Literaturblatt 44 (1923), Nr. 16, Sp. 241–246; Nr. 17, Sp. 257–263.
Martin Dibelius: Der Brief des Jakobus, Göttingen 1921 (Buchbesprechung), in: Theologisches Literaturblatt 44 (1923), 3–7.
Die Bergpredigt und die Ethik des Judentums [Die Ethik des pharisäischen Judentums & die Bergpredigt], in: Zeitschrift für Systematische Theologie 2 (1924), Nr. 4, 555–594.
Grundsätzliches und Methodisches zu den Übersetzungen rabbinischer Texte, in: Angelos, Archiv für neutestamentliche Zeit- und Kulturkunde 1925, 60–64.
Die Heilsgewissheit im Spätjudentum, in: Zeitschrift »Bethel«, 1925.
Urchristentum, Spätjudentum, Hellenismus, Akademische Antrittsrede gehalten am 28. Oktober 1926, Stuttgart 1926.
Jesus und die Juden. Stimmen aus der deutschen christlichen Studentenbewegung, Berlin 1926.
Die Probleme des palästinensischen Spätjudentums und das Urchristentum (BWANT, 3. Folge, H. 1), Stuttgart 1926.

Art. Judentum III. Judentum und Christentum, in: RGG², Bd. III, Tübingen 1927, 491–494.

*Art. »Kahan, Israel Issar«, in: RGG², Bd. III, Tübingen 1929, Sp. 582 f.

Die Stellung des Jakobus zu Heidenchristentum und Judenchristentum, in: ZNW 30 (1931), 145–157.

Die Religionsgeschichte & das Urchristentum. Vorlesungen der Olaus Petri-Stiftung in Uppsala, 26.–29. Oktober 1931, Gütersloh 1932.

Die Judenfrage, Stuttgart 1933 (2. und 3. Auflage 1934). [in 3. Auflage: Antwort an Martin Buber, 87 ff.; Kirche und Judenchristen, 101 ff.]

*(Mit Karl Barth): Ein theologischer Briefwechsel, Stuttgart 1934.

Neutestamentliche Gedanken zur Judenfrage, in: AELKZ 1933, Nr. 34, Sp. 903–910.

Das »Menschenschächtgesetz«, in: Deutsche Theologie 1 (1934), 293–299.

Jesu Worte über sein Sterben (in ihrem Verhältnis zur jüdischen Messianologie), in: Deutsche Theologie 3 (1936), 166–189.

Die Entstehung des Judentums und der Judenfrage, in: Forschungen zur Judenfrage, I (1937), 43–63.

Das Konnubium mit den Nicht-Juden im antiken Judentum, in: Forschungen zur Judenfrage 2 (1937), 30–62.

Das Urteil über die Mischehe im Judentum und in der biblischen Religion, in: Der Biologe, 1937, 342–352.

Lexicographia Sacra: Two Lectures on the Making of the ›Theologisches Wörterbuch zum Neuen Testament‹, delivered on October 20th and 21st, 1937 in the Divinity School, Cambridge, Theology. Occasional Papers 7 (1938).

Lexicographia Sacra, in: Deutsche Theologie 5 (1938), 91–109.

Die Abstammung der Mutter des Origenes. Zur Geschichte eines genealogischen Irrtums, in: Forschungen zur Judenfrage 3 (1938), 235–236.

Gedenkrede bei der akademischen Feier am Nachmittag des 23. Mai 1938 im Festsaal der Universität Tübingen, in: Ein Lehrer der Kirche. Worte des Gedenkens an D. Adolf Schlatter, Stuttgart 1938, 6–17.

Die historischen Voraussetzungen der jüdischen Rassenmischung. Mit zwei Karten, davon eine Ausschlagkarte am Schluß des Buches, Hamburg 1939.

Die ältesten jüdischen Bilder [Die ältesten jüdischen Portraits]. Eine Aufgabe für die wissenschaftliche Gemeinschaftsarbeit, in: Forschungen zur Judenfrage 4 (1940), 237–249.

Die ältesten Judenkarikaturen. Die »Trierer Terrakotten«, in: Forschungen zur Judenfrage 4 (1940), 250–259.

Die Ausbreitung des antiken Judentums bis zum Beginn des Mittelalters, Erster Teil. Spanien, Gallien, Germanien, Donauländer, Illyrien, Thrakien, Skythien, in Forschungen zur Judenfrage 5 (1941), 290–310.

Der geschichtliche Ort des Jakobusbriefes, in: ZNW 41 (1942), 71–105.

(Mit Eugen Fischer) Das antike Weltjudentum. Tatsachen, Texte, Bilder, in: Forschungen zur Judenfrage 7, Hamburg 1943.

Die Entstehung des Judentums, in: Die Welt als Geschichte. Eine Zeitschrift für Universalgeschichte 9 (1943), 68–82 (auch als maschinenschriftliches Manuskript UAT 162/31).

*Die Behandlung des Nichtjuden nach dem Talmud, in: Anti-jüdische Aktion (Hg.), Archiv für Judenfragen. Schriften zur geistigen Überwindung des Judentums, Gruppe A 1 (1943), 7-17.

*Die Wurzeln des englischen Erwählungsglaubens, in: Reich und Reichsfeinde, Schriften des Reichsinstituts für Geschichte des neuen Deutschlands, Hamburg 1943.

Die Ausbreitung des antiken Judentums bis zum Beginn des Mittelalters, Zweiter Teil: Listen betr. Italien, Griechenland, Kleinasien, in: Forschungen zur Judenfrage 9 (1944), 159–220.

*Das Rassenproblem der Spätantike und das Frühchristentum (maschinenschriftlich), Tübingen 1944 (Bibliothek des Theologicums, Signatur: Rg IIIa 119 [Magazin/Rara]).

Das kleinasiatische Judentum in der hellenistisch-römischen Zeit, in: ThLZ 69 (1944), Sp. 9–20.

Die Bevölkerungszahlen des antiken Judentums, in: Wiener Zeitschrift die Kunde des Morgenlandes, 1944/45 (nicht mehr erschienen).

Die Probleme der Erforschung des antiken Judentums, in: Fortschritte der Erbpathologie, Rassenhygiene und ihrer Grenzgebiete (nicht mehr erschienen).

Israel-Judentum-Christentum, in: ZNW (nicht mehr erschienen).

Die Judenfrage im Neuen Testament, ebd. (nicht mehr erschienen).

Sekundärliteratur

Adorno, Theodor W.: Was bedeutet: Aufarbeitung der Vergangenheit?, in: Gesammelte Schriften 10, 2. Kulturkritik und Gesellschaft II: Eingriffe. Stichworte, Anhang, Frankfurt/Main, 1977, 555–572.

Albright, William F.: Gerhard Kittel and the Jewish Question in Antiquity: Freedom and Reason, in: Baron, S. W./ Nagel, E./ Pinson, K.S. (Hg.), Studies in Philosophy and Jewish Culture in Memory of Morris Raphael Cohen, Glencoe 1951, 325–336.

Altmann, Adolf: Das früheste Vorkommen der Juden in Deutschland. Juden im römischen Trier. Nach historischen und archäologischen Quellen, Trier 1932.

Arndt, Andreas: Gemeinschaft und Gesinnung. Schleiermachers rechtliche und politische Ausgrenzung des Judentums, in: Kravitz, Amit/Noller, Jörg (Hg.), Der Begriff des Judentums in der klassischen deutschen Philosophie, Tübingen 2018, 135–145.

Arnold, Mathieu: Luther, Paris 2017.

Baginski, Christophe: La politique religieuse de la France en Allemagne occupée: 1945–1949, Villeneuve-d'Asq (Nord) 1997.

Baginski, Christophe: Frankreichs Kirchenpolitik im besetzten Deutschland 1945–1949, Mainz 2001.

Barbian, Jan-Pieter: »Ich gehörte zu diesen Idioten«. Ina Seidel im Dritten Reich, in: Ders.: Die vollendete Ohnmacht? Schriftsteller, Verleger und Buchhändler im NS-Staat. Gesammelte Aufsätze, Essen 2008, 101–144.

Barkenings, Hans Joachim, Spuren im Warschauer Ghetto, in: Siegele-Wenschkewitz, Leonore (Hg.), Christlicher Antijudaismus und Antisemitismus. Theologische und kirchliche Programme deutscher Christen (Arnoldshainer Texte 85); Frankfurt am Main 1994, 111–124.

Bauer, Yehuda: Freikauf von Juden? Verhandlungen zwischen dem nationalsozialistischen Deutschland und jüdischen Repräsentanten von 1933 und 1945, Frankfurt am Main 1996.

Baumann, Schaul: Die Deutsche Glaubensbewegung und ihr Gründen Jakob Wilhelm Hauer (1881–1962), Marburg 2005.

Bayer, Ulrich: Gerhard Ritter (1888–1967), in: Johannes Ehmann (Hg.): Lebensbilder aus der evangelischen Kirche in Baden im 19. und 20. Jahrhundert. Band 2: Kirchenpolitische Richtungen, Heidelberg u. a. 2010, 391–415.

Bauer, Eberhard: Artikel »Österreich, Traugott Konstantin«, in: NDB, Band 19, Berlin 1999, 461 f.
Benz, Wolfgang: Artikel »Wilhelm Hermann Göring«, in: Benz, Wolfgang (Hg.), Handbuch des Antisemitismus. Judenfeindschaft in Geschichte und Gegenwart, Band 2/1, Berlin 2009, 293–295.
Benz, Wolfgang: Artikel »Heinrich Himmler«, in: Benz, Wolfgang (Hg.), Handbuch des Antisemitismus. Judenfeindschaft in Geschichte und Gegenwart, Band 2/1, Berlin 2009, 361–362.
Beintker, Michael: Schuld und Verstrickung in der Neuzeit, in: Jahrbuch für Biblische Theologie 9 (1994), 220–234.
Berg, Matthias: »Können Juden an deutschen Universitäten promovieren?« Der »Judenforscher« Wilhelm Grau, die Berliner Universität und das Promotionsrecht für Juden im Nationalsozialismus; Jahrbuch für Universitätsgeschichte 8 (2011), 213–227.
Berg, Matthias: »Verändertes Geschichtsbild«: Jüdische Historiker zur »Judenforschung« Wilhelm Graus. In: Jahrbuch des Simon-Dubnow-Instituts. 5 (2006), 457–485.
Berghahn, Klaus L.: Artikel »Goethe, Johann Wolfgang von«, in: Benz, Wolfgang (Hg.), Handbuch des Antisemitismus. Judenfeindschaft in Geschichte und Gegenwart, Band 2/1, Berlin 2009, 295 f.
Bergmann, Werner: Artikel »Frisch, Theodor Emil«, in: Benz, Wolfgang (Hg.), Handbuch des Antisemitismus. Judenfeindschaft in Geschichte und Gegenwart, Berlin 2009, 258–262.
Besenfelder, Sabine: »Staatsnotwendige Wissenschaft«. Eine Institutionen- und Alltagsgeschichte der Tübinger Volkskunde in den 1930er und 1940er Jahren, Tübingen 2000.
Besier, Gerhard/Sauter, Gerhard: Wie Christen ihre Schuld bekennen, Göttingen 1985.
Bieber, Margarete: Die Denkmäler zum Theaterwesen im Altertum, Gießen 1920.
Bieber, Margarete: The History of the Greek and Roman Theater, Princeton 1939, ²1961.
Bienenstock, Myriam: Hegel über das jüdische Volk: »eine bewunderungswürdige Festigkeit [...] ein Fanatismus der Hartnäckigkeit«, in: Kravitz, Amit/Noller, Jörg (Hg.), Der Begriff des Judentums in der klassischen deutschen Philosophie, Tübingen 2018, 117–134.

Biere, Christina: Billerbeck rezensiert, in: Ernst Friedrich Paul Billerbeck (1853–1932). Stationen seines Lebens, in: Böttrich, Christfried/Thomanek, Judith/Willi, Thomas (Hrsg.): Zwischen Zensur und Selbstbesinnung. Christliche Rezeptionen des Judentums (Greifswalder theologische Forschungen, 17), Frankfurt am Main 2009, 289–319.

Blänsdorf, Agnes: Lehrwerke für Geschichtsunterricht an Höheren Schulen 1933–1945. Autoren und Verlage unter den Bedingungen des Nationalsozialismus, in: Hartmut Lehmann (Hg.): Nationalsozialismus in den Kulturwissenschaften (Veröffentlichungen des Max Planck-Instituts für Geschichte 200), Göttingen 2004, 273–370.

Blechle, Irene: »Entdecker« der Hochschulpädagogik. Die Universitätsreformer Ernst Bernheim (1850–1942) und Hans Schmidkunz (1863–1934), Aachen 2002.

Blendinger, Christian: Nur Gott und dem Gewissen verpflichtet. Karl Steinbauer – Zeuge in finsterer Zeit. Ein Text- und Lesebuch, München 2001.

Böcher, Otto: Artikel »Stählin, Gustav«, in: Lexikon für Theologie und Kirche, Band 9, Freiburg-Basel-Wien ³2000, 919 f.

Bormann Lukas: ›Auch unter politischen Gesichtspunkten sehr sorgfältig ausgewählt‹: Die ersten deutschen Mitglieder der Studiorum Novi Testamenti Societas (SNTS) 1937–1946, in: New Testament Studies 58 (2012), 416–452.

Braun, Reiner: Otto Michel – Lebenslauf im Überblick, in: Helgo Lindner (Hg.), »Ich bin ein Hebräer«. Zum Gedenke an Otto Michel (1903–1993), Gießen 2003, 23–35.

Brunner, Emil: Die Bedeutung des Theologischen Wörterbuchs zum Neuen Testament für die Theologie, in: ders., Ein offenes Wort. Vorträge und Aufsätze 1935–1962. Eingeführt und ausgewählt von Rudolf Wehrli, 62–64.

Buber, Martin: Briefwechsel aus sieben Jahrzehnten, Bd. II 1918–1938, Heidelberg 1973.

Buber, Martin: Der Jude und sein Judentum, 1963.

Buber, Martin: Briefwechsel. Bd. 2, Heidelberg 1975.

Buber, Martin: Werkausgabe, hg. von Paul Mendes-Flohr, Peter Schäfer, Bernd Witte, Band 9, Gütersloh 2011.

Burkhardt, Carl August Hugo (Hg.): Goethes Unterhaltungen mit dem Kanzler Friedrich v. Müller Stuttgart 1870.

Campbell, Bruce: The SA Generals and the Rise of Nazism, Lexington (Kentucky) 2004.
Campenhausen, Hans Freiherr von: Die »Murren« des Hans Freiherr von Campenhausen. Erinnerungen dicht wie Schneegestüber, hg. von Ruth Slenczka, Norderstedt 2005.
Carter, Howard/Marce, Arthur C./Steindorff, Georg/Burton, Harry: Tut-ench-Amun. Ein ägyptisches Königsgrab. Entdeckt von Carl of Carnarvon und Howard Carter, Leipzig 1924.
Chamberlain, Houston Steward: Die Grundlagen des 20. Jahrhunderts, Stuttgart 1900.
Christophersen, Alf: Artikel »Soden, Hans von«, in: NDB, Band 24, Berlin 2010, 523 f.
Cohn, Werner: Bearers of a Common Fate? The »Non-Aryan« Christian »Fate-Comrades« of the Paulus-Bund, 1933–1939, in: Leo Baeck Institute Yearbook 33 (1988), 327–366.
Cornelißen, Christoph: Gerhard Ritter. Geschichtswissenschaft und Politik im 20. Jahrhundert, Düsseldorf 2001.
Danielczyk, Julia: Ästhetik und Selbstinszenierung. Hermann Heinz Ortners, in: Hilde Haider-Pregler/Beate Reiterer (Hg.), Verspielte Zeit. Österreichisches Theater der dreißiger Jahre. Wien 1997, 79–88.
Deines, Roland: Die Pharisäer. Ihr Verständnis im Spiegel der christlichen und jüdischen Forschung seit Wellhausen und Graetz (WUNT 101), Tübingen 1997.
Deines, Roland: Jesus der Galiläer: Traditionsgeschichte und Genese eines antisemitischen Konstrukts bei Walter Grundmann, in: Roland Deines, Volker Leppin, Karl-Wilhelm Niebuhr (Hg.): Walter Grundmann. Ein Neutestamentler im Dritten Reich, Leipzig 2007, 43–131.
Dibelius, Martin: Die Briefe des Apostels Paulus. An die Thessalonicher I II. An die Philipper, Tübingern 1911.
Dibelius, Martin: Der Brief des Jakobus, Göttingen 1921.
Dibelius, Martin: An die Thessalonicher (HNT 11), Tübingen ³1937.
Dibelius, Martin: Selbstbesinnung des Deutschen, Tübingen 1997.
Dibelius, Martin: Gerhard Kittels Arbeiten über das antike Judentum. Ein Gutachten von Prof. D. Dr. Martin Dibelius, UAT 162/31, Nr. 2.
Dienemann, Max: Judentum und Urchristentum im Spiegel der neuesten Literatur, in: MGWJ 71, NF 35 (1927), 401–406.

Diephouse, David: Theophil Wurm (1868–1953), in: Rainer Lächele, Jörg Thierfelder (Hg.), Wir konnten uns nicht entziehen. Dreißig Biographien zu Kirche und Nationalsozialismus in Württemberg, Stuttgart 1998, 13–33.

Dierks, Margarete: Jakob Wilhelm Hauer (1881–1962). Leben, Werk, Wirkung, Heidelberg 1986.

Dinkler, Erich: »Neues Testament und Rassenfrage«. Zum Gutachten der Neutestamentler im Jahre 1933, in: ThR 44 (1979), 70–81.

Distel, Barbara: Artikel »Wagner Winifred«, in: Benz, Wolfgang (Hg.), Handbuch des Antisemitismus. Judenfeindschaft in Geschichte und Gegenwart, Berlin 2009, 867 f.

Döscher, Hans-Jürgen: Reichskristallnacht«: die Novemberpogrome 1938.

Drower, Margaret S.: Flinders Petrie. A Life in Archaeology, London 1985.

Düringer, Hermann/Wintz, Karin (Hg.): Leonore Siegele-Wenschkewitz. Persönlichkeit und Wirksamkeit (Arnoldshainer Texte 112); Frankfurt am Main 2000.

Egg, Gottfried: Gerhard Friedrich (1908–1986), in: Neutestamentliche Wissenschaft nach 1945, 199–215.

Eisenhuth, H. E.: Gerhard Kittel, Die Judenfrage (Rezension), in: Theologische Literaturzeitung 62 (1937), 79 f.

Elon, Menachem: Jewish Law. Part I, Jerusalem 1994.

Eltester, W: Den Toten, Vorspann zu ZNW 42 (1949), VII.

Ericksen, Robert P.: Theologian in the Third Reich: The Case of Gerhard Kittel, in: Journal of Contemporary History, 12 (1977), 595–622.

Ericksen, Robert P., Zur Auseinandersetzung mit und um Gerhard Kittels Antisemitisums, EvTh 43 (1983), 250–270.

Ericksen, Robert P.: Theologians under Hitler. Gerhard Kittel, Paul Althaus and Emanuel Hirsch, New Haven/London 1985.

Ericksen, Robert P., Theologen unter Hitler. Das Bündnis zwischen evangelischer Dogmatik und Nationalsozialismus, München – Wien 1986.

Ericksen, Robert P.: Christians and the Holocaust. The Wartime Writings of Gerhard Kittel, in: Yehuda Bauer etc. (Hg.), Remembering for the Future. Working Papes and Addenda, Oxford 1989, 2400–2414.

Fassnacht, Wolfgang: Universitäten am Wendepunkt? Die Hochschulpolitik in der französischen Besatzungszone 1945–1949 (Forschungen zur oberrheinischen Landesgeschichte 43), Freiburg 2000.

Franz, Günther: Das Geschichtsbild des Nationalsozialismus und die deutsche Geschichtswissenschaft, in: Geschichte und Geschichtsbewußtsein. 19 Vorträge, hg. von Oswald Hauser, Göttingen/Zürich 1981.

Friedländer, Saul: Das Dritte Reich und die Juden, München 2008.

Friedrich, Gerhard und Johannes: Art. Kittel, Gerhard (1888–1948), TRE 19 (1990), 221–225.

Gailus, Manfred/Lehmann, Hartmut: Nationalprotestantische Mentalitäten. Konturen, Entwicklungslinien und Umbrüche eines Weltbildes (Veröffentlichungen des Max-Planck-Instituts für Geschichte 214), Göttingen 2005.

Gailus, Manfred: »Nationalsozialistische Christen« und »christliche Nationalsozialisten«. Anmerkungen zur Vielfalt synkretistischer Gläubigkeiten im »Dritten Reich«, in: ders./Lehmann, Hartmut: Nationalprotestantische Mentalitäten, 223–261.

Gailus, Manfred: »Ein Volk – ein Reich – ein Glaube«? Religiöse Pluralisierungen in der NS-Weltanschauungsdiktatur, in: Friedrich Wilhelm Graf/Klaus Große Kracht (Hg.), Religion und Gesellschaft. Europa im 20. Jahrhundert, Köln/Weimar/Wien 2007, 247–268.

Gailus, Manfred: Die Judenfrage (Gerhard Kittel, 1933), in: Wolfgang Benz (Hg.), Handbuch des Antisemitismus. Judenfeindschaft in Geschichte und Gegenwart, Band 6: Publikationen, Berlin 2013, 339–341.

Gailus, Manfred (Hg.): Täter und Komplizen in Theologie und Kirchen 1933–1945, Göttingen 2015.

Gailus, Manfred/Vollnhals, Clemens (Hg.): Für ein artgemäßes Christentum der Tat. Völkische Theologen im »Dritten Reich« (Berichte und Studien, hg. vom Hannah Arendt-Institut für Totalitarismusforschung e. V. Nr. 71), Göttingen 2016.

Geis, Robert Raphael/Kraus, Hans-Joachim: Versuche des Verstehens. Dokumente jüdisch-christlicher Begegnung aus den Jahren 1918–1933 (Theologische Bücherei 33), München 1966.

Gerdmar, Anders: Roots of Theological Anti-Semitism. German Biblical Interpretation and the Jews, from Herder and Semler to

Kittel and Bultmann (Studies in Jewish History and Culture 20), Leiden-Boston 2009.

Gessler, Bernhard: Eugen Fischer (1874–1967). Leben und Werk des Freiburger Anatomen, Anthropologen und Rassenhygienikers bis 1927 (Medizingeschichte im Kontext 4), Frankfurt am Main u. a. 2000.

Goldmann, Erwin: Zwischen zwei Völkern. Erlebnisse und Erkenntnisse, Königswinter 1975.

Grünzinger, Gertraud, Artikel »Müller, Eberhard« in: Neue Deutsche Biographie 18 (1997), 355–357.

Grundmann, Walter: Jesus der Galiläer und das Judentum, Leipzig 1940; ²1941.

Grundmann, Walter: Wer ist Jesus von Nazareth?, Leipzig 1940.

Haacker, Klaus: Otto Michel (1903–1993), in: Cilliers Breytenbach/Rudolph Hoppe (Hg.), Neutestamentliche Wissenschaft nach 1945. Hauptvertreter der deutschsprachigen Exegese in der Darstellung ihrer Schüler, Neukirchen 2008, 341–352.

Haase, Mareile: Mumienporträt und »Judenbild« 1933–1943–1996, in: Auffahrt, Christoph/Rüpke, Jörg (Hg.), Epitomÿ tÿs oikumenÿs. Studien zur römischen Religion in Antike und Neuzeit, Stuttgart 2002, 237–261.

Haeckel, Ernst: Die Welträthsel. Gemeinverständliche Studien über Monistische Philosohie. Mit einem Nachworte: Das Glaubensbekenntnis der Reinen Vernunft, Bonn 1899.

Hanisch, Ernst: Der lange Schatten des Staates. Österreichische Gesellschaftsgeschichte im 20. Jahrhundert, Wien 1994.

Hansen, Eckhard: Wohlfahrtspolitik im NS-Staat. Motivationen, Konflikte und Machtstrukturen im »Sozialismus der Tat« des Dritten Reiches, Augsburg 1991.

Harvey, Richard: Mapping Messianic Jewish Theology. A Constructive Approach, Carlisle 2009.

Hamm, Berndt: Die andere Seite des Luthertums. Der bayerische Pfarrer Karl Steinbauer im Widerstand gegen den Nationalsozialismus, ZTHK 104 (2007), 455–481.

Hauer, Jakob Wilhelm: Ein arischer Christus? Eine Besinnung über deutsches Wesen und Christentum, Karlsruhe 1939.

Héfélé, Charles-Joseph: Histoire des conciles d'après les documents originaux, Traduite de l'allemand M. L'Abbé Delarq, Tome 3, Paris 1870.

Hefele, Carl Joseph von: Histoire des conciles d'après les documents originaux. Nouvelle traduction française corrigée et augmentée par H. Leclercq. Deuxième partie, Hildesheim/New York 1973.

Heiber, Helmut: Walter Frank und sein Reichsinstitut für Geschichte des neuen Deutschlands (= Quellen und Darstellungen zur Zeitgeschichte 13), Stuttgart 1966.

Heiber, Helmut: Akten der Partei-Kanzlei der NSDAP. Rekonstruktion eines verlorengegangenen Bestandes. Regesten. Band 2, München 1983.

Heinemann, Isabel: »Ordnung schaffen«. Hans Fleischhacker in der Außenstelle Litzmannstadt des Rasse- und Siedlungshauptamtes des SS, in: Jens Kolata, Richard Kühl, Henning Tümmers, Urban Wiesing (Hg.), In Fleischhackers Händen. Wissenschaft, Politik und das 20. Jahrhundert, Tübingen 2015, 117–139.

Hengel, Martin: Judentum und Hellenismus, Tübingen 1988³.

Henke, Klaus-Dietmar, Politische Säuberung unter französischer Besatzung. Die Entnazifizierung in Württemberg-Hohenzollern, Stuttgart 1981.

Henke, Klaus-Dietmar/Woller, Hans (Hg.): Politische Säuberung in Europa. Die Abrechung mit Faschismus und Kollaboration nach dem Zweiten Weltkrieg, München 1991.

Henke, Klaus-Dieter: Die Trennung vom Nationalsozialismus. Selbstzerstörung, politische Säuberung, »Entnazifizierung«, Strafverfolgung, in: ders., Hans Woller (Hg.), Politische Säuberung in Europa, München 1991, 21–83.

Herbig, Reinhard, Das archäologische Bild des Puniertums, in: Vogt, Joseph (Hg.): Rom und Karthago. Ein Gemeinschaftswerk. Leipzig 1943, 139–177.

Hermle, Siegfried: Die Bischöfe und die Schicksale ›nichtarischer‹ Christen, in: Gailus, Manfred/Lehmann, Hartmut (Hg.), Nationalprotestantische Mentalitäten. Konturen, Entwicklungslinien und Umbrüche eines Weltbildes, 263–306.

Herms, Eilert: Schuld in der Geschichte, in: Zeitschrift für Theologie und Kirche 85 (1988), 349–370.

Heschel, Susannah: The Aryan Jesus: Christian Theologians and the Bible in Nazi Germany, Princeton 2010.

Heusler, Andreas: Paul Ludwig Troost: Architekt des »Braunen Hauses« und »Erster Baumeister des Führers«, in: Bauer, Theresia

(Hg.), Gesichter der Zeitgeschichte. Deutsche Lebensläufe im 20. Jahrhundert, München 2009, 41–51.
Heuss, Theodor: Friedrich Naumann: Der Mann, das Werk, die Zeit, Stuttgart 1937.
Hitler, Adolf: Mein Kampf. Kritische Edition, Band 1–2, hg. von Christian Hartmann u. a., München/Berlin 2016.
Hoffmann, Christhard: Juden und Judentum im Werk deutscher Althistoriker des 19. und 20. Jahrhunderts (Studies in Judaism in Modern Times 9), Leiden u. a. 1988.
Hoffmann, David: Der Schulchan-Aruch und die Rabbinen über das Verhältniß der Juden zu Andersgläubigen, Berlin 1985.
Hofhansl, Ernst: Nom enim satis est literas discere. Die Wiener Professoren Skalský, Völker und Entz als Lehrer der Praktischen Theologie von 1895–1955, in: Schwarz, Karl/Wagner, Falk (Hg.): Zeitenwechsel und Beständigkeit. Beiträge zur Geschichte der Evangelisch-Theologischen Fakultät in Wien 1821–1996 (Schriftenreihe des Universitätsarchivs, Universität Wien; 10), Wien 1997, 487–512.
Hong, Haejung: Die Deutsche Christliche Studenten-Vereinigung (DCSV) 1897–1938. Ein Beitrag zur Geschichte des protestantischen Bildungsbürgertums, Marburg 2001.
Hüttenberger, Peter: Die Gauleiter. Studie zum Wandel des Machtgefüges in der NSDAP (Schriftenreihe der Vierteljahreshefte für Zeitgeschichte 19), Stuttgart 1969.
Hübinger, Gangolf: Artikel »Maurenbrecher, Max«, in: Benz, Wolfgang (Hg.), Handbuch des Antisemitismus. Judenfeindschaft in Geschichte und Gegenwart, Berlin 2009, 530 f.
Hustaedt, Roderich: Die Lebenserinnerungen eines mecklenburgstrelitzschen Staatsministers. Unter Mitarbeit von Sigrid Fritzlar, Lübeck 2014.
Jarausch, Konrad/Sabrow, Martin: »Meistererzählung« – Zur Karriere eines Begriffs, in: dies. (Hg.), Historische Meistererzählung. Deutungslinien der deutschen Nationalgeschichte nach 1945, Göttingen 2002, 9–32.
Jens, Inge/Jens, Walter: Eine deutsche Universität. 500 Jahre Tübinger Gelehrtenrepublik, München 1977.
Jockusch, Laura: »Jeder überlebende Jude ist ein Stück Geschichte«. Zur Entwicklung jüdischer Zeugenschaft vor und nach dem Holocaust, in: Sabrow, Martin/Frey, Norbert (Hg.), Die Geburt des

Zeitzeugen nach 1945 (Beiträge zur Geschichte des 20. Jahrhunderts 14), Göttingen 2012, 113–144.

Jüdisches Lexikon: Artikel »Jeschiwa (Ausbreitung: Neuzeit. 4. Westeuropa und Amerika), Jüdisches Lexikon, Bd. III, Berlin 1927, Sp. 227 f.

Junginger, Horst: Politische Wissenschaft. Reichspogromnacht: Ein bisher unbekanntes Gutachten des antisemitischen Theologen Gerhard Kittel über Herschel Grynszpan, in: Süddeutsche Zeitung, 9.11.2005, 13.

Junginger, Horst: Das Bild des Juden in der nationalsozialistischen Judenforschung, in: Andrea Hoffmann u. a. (Hg.), Die kulturelle Seite des Antisemitismus zwischen Aufklärung und Schoah, Tübingen, Tübinger Vereinigung für Volkskunde, 2006, 171–220.

Junginger, Horst: Antisemitismus in Theorie und Praxis. Tübingen als Zentrum der nationalsozialistischen »Judenforschung«, in: Wiesing, Urban/Brintzinger, Klaus-Rainer/Grün, Bernd/Junginger, Horst/Michl, Susanne (Hg.), Die Universität Tübingen im Nationalsozialismus (Contubernium 73), Stuttgart 2010, 483–558.

Junginger, Horst: Die Verwissenschaftlichung der »Judenfrage« im Nationalsozialismus (Veröffentlichungen der Forschungsstelle Ludwigsburg der Universität Stuttgart 19), Darmstadt 2011.

Junginger, Horst: Gerhard Kittel – Tübinger Theologe und Spiritus rector der nationalsozialistischen »Judenforschung«, in: Gailus, Horst (Hg.), Täter und Komplizen in Theologie und Kirchen 1933–1945, Göttingen 2015, 81–112.

Junginger, Horst: The Scientification of the »Jewish Question« in Nazi Germany, Leiden 2017.

Kamlah, Jens: Die Schriften des Alten Testaments und ihre vielfältigen Lebenswelten. Zur Geschichte und Funktion des Biblisch-Archäologischen Instituts in Tübingen, in: Christof Landmesser, H. Zweigle (Hg.), Allein die Schrift!? Die Bedeutung der Bibel für Theologie und Pfarramt (Theologie interdisziplinär 15), Neukirchen 2013, 9–24.

Kampling, Rainer: Eine auslegungsgeschichtliche Skizze zu 1Thess 2,14–16, in: Koch, Dietrich-Alex/Lichtenberger, Hermann (Hg.): Begegnungen zwischen Christentum und Judentum in Antike und Mittelalter. Festschrift für Heinz Schreckenberg, Schriften des Institutum Judaicum Delitzschianum 1, Göttingen 1993, 183–213.

Kampling, Rainer: Und so kam Paulus unter die Antisemiten. Transformation des Verstehens in der Auslegung von 1Thess 2, 14–16, in: Eisele, Wilfried/Schaefer, Christoph/Weidemann, Hans-Ulrich (Hg.), Aneignung durch Transformation. Beiträge zur Analyse von Überlieferungsprozessen im frühen Christentum. Festschrift für Michael Theobald, Freiburg-Basel-Wien 2013, 358–374.

Kieß, Rudolf: Christian Mergenthaler (1884–1980), in: Rainer Lächele, Jörg Thierfelder (Hrsg.): Wir konnten uns nicht entziehen. Dreißig Porträts zu Kirche und Nationalsozialismus in Württemberg, Stuttgart 1998, 159–173.

Kinzig, Wolfram: ›Evangelische Patristiker und christliche Archäologen im »Dritten Reich«‹, in: Beat Näf (Hg.), Antike und Altertumswissenschaft in der Zeit von Faschismus und Nationalsozialismus, Mandelbachtal/Cambridge 2001, 535–601.

Klausner, Joseph: Jesus von Nazareth. Seine Zeit, sein Leben und seine Lehre. Übersetzung aus dem Hebräischen, Berlin 1952.

Klee, Ernst: Das Personenlexikon zum Dritten Reich. Wer war was vor und nach 1945, Frankfurt am Main 2011.

Klietmann, Kurt-Gerhard: Deutsche Auszeichnungen. Eine Geschichte der Ehrenzeichen und Medaillen, Erinnerungs- und Verdienstabzeichen des Deutschen Reiches, der deutschen Staaten sowie staatlicher Dienststellen, Organisationen, Verbände usw. vom 18.–20. Jahrhundert, Berlin 1957.

Köberle, Adolf: Grabrede für Professor Dr. Gerhard Kittel, in: Pastoralblätter 89 (1949), 540–543.

Kohlhammer Verlag (Hg.), Hundert Jahre Kohlhammer 1866–1966, Stuttgart/Berlin/Köln/Mainz 1966.

Königs, Diemuth: Joseph Vogt. Ein Althistoriker in der Weimarer Republik und im Dritten Reich, Basel 1995.

Kratsch. Werner: Das Verbindungswesen in Tübingen. Eine Dokumentation im Jahre des Universitäts-Jubiläums 1977. Tübingen 1977.

Krauß, Samuel (Hg.), Die Mischna. IV. Seder Neziqin. Sanhedrin (Hoher Rat), Makkot (Prügelstrafe). Text, Übersetzung und Erklärung nebst einem textkritischen Anhang, Gießen 1933.

Kravitz, Amit/Noller, Jörg (Hg.): Der Begriff des Judentums in der klassischen deutschen Philosophie (Religion in Philosophy and Theology 98), Tübingen 2018.

Kravitz, Amit: Innerhalb der Geschichte, außerhalb der Geschichte. Zu Kants Auseinandersetzjng mit dem Judentum in der Religionsschrift, in: ders./Noller, Jörg (Hg.): Der Begriff des Judentums in der klassischen deutschen Philosophie, Tübingen 2018, 25–42.

Kretzschmar, Gerald: Karl Fezer – Ein Tübinger Exempel für die ideologische Anfälligkeit der Praktischen Theologie zur Zeit des Nationalsozialismus, in: ders./Schweitzer, Friedrich/Weyel, Birgit (Hg.), 200 Jahre Praktische Theologie. Fallstudien zur Geschichte der Disziplin an der Universität Tübingen, Tübingen 2018, 135–157.

Künneth, Walter/Schreiner, Helmuth (Hg.): Die Nation vor Gott. Zur Botschaft der Kirche im Dritten Reich, Berlin 1933.

Küttler, Thomas: Umstrittene Judenmission. Der Leipziger Zentralverein für Mission unter Israel von Franz Delitzsch bis Otto von Harling. Evangelische Verlagsanstalt, Leipzig 2009.

Kubota, Hiroshi: Religionswissenschaftliche Religiosität und Religionsgründung. Jakob Wilhelm Hauer im Kontext des Freien Protestantismus (Tübinger Beiträge zur Religionswissenschaft 5), Frankfurt am Main 2005.

Kuhn, Karl Georg: Die Judenfrage als weltgeschichtliches Problem, Hamburg 1939.

Lahusen, Christiane: Zukunft am Ende. Autobiographische Sinnstiftungen von DDR-Geisteswissenschaftlersn nach 1989, Bielefeld 2014.

Leipoldt, Johannes: Artikel »Antisemitismus«, in: RAC I (1950), 470–476.

Leipoldt, Johannes: War Jesus Jude?, Leipzig 1923.

Leipoldt, Johannes: War Jesus Jude?, in: ders. (Hg.), Gegenwartsfragen in der neutestamentlichen Wissenschaft, Leipzig 1935, 17–64.

Lekebusch, Sigrid/Ludwig, Hartmut: Artikel »Peter Katz«, in: Ludwig, Röhm, Evangelisch getauft – als »Juden« verfolgt, 176–177.

Lilje, Hanns: Eberhard Müller – Portrait eines Protestanten, in: Eberhard Stammler (Hg.), Der protestantische Imperativ, Hamburg 1966, 166–178.

Lösch, Niels C.: Rasse als Konstrukt. Leben und Wirken Eugen Fischers (Europäische Hochschulschriften III. Geschichte und Hilfswissenschaften 737), Frankfurt am Main u. a. 1997.

Löw, Andrea (Hg.): Die Verfolgung und Ermordung der europäischen Juden durch das nationalsozialistische Deutschland 1933–

1945 (Quellensammlung) Band 3: Deutsches Reich und Protektorat Böhmen und Mähren, September 1939-September 1941, München 2012.

Ludwig, Hartmut/Röhm, Eberhard, in Verbindung mit Thierfelder, Jörg (Hg.), Evangelisch getauft – als »Juden« verfolgt. Theologen jüdischer Herkunft in der Zeit des Nationalsozialismus, Stuttgart 2014.

Ludwig, Hartmut: Artikel »Wilhelm Dittmann«, in: Ludwig/Röhm, Evangelisch getauft – als »Juden« verfolgt, 84 f.

Machleidt, Michael: Verkündigung unter Kreuzen, in: Evangelisches Hochschulpfarramt Tübingen (Hg.), Hundert Jahre Schlatterhaus, 8–51.

Mammach, Klaus: Der Volkssturm. Das letzte Aufgebot 1944/45, Köln 1981.

Männchen, Julia: Ernst Friedrich Paul Billerbeck (1853–1932). Stationen seines Lebens, in: Böttrich, Christfried/Thomanek, Judith/Willi, Thomas (Hrsg.): Zwischen Zensur und Selbstbesinnung. Christliche Rezeptionen des Judentums (Greifswalder theologische Forschungen, 17), Frankfurt am Main 2009, 215–287.

Markschies, Christoph: Ein Nachwort zu »Täter und Komplizen« aus theologischer Sicht, in: Täter und Komplizen in Theologie und Kirchen 1933–1945, Göttingen 2015, 244–251.

Mecenseffy, Grete: Geschichte des Protestantismus in Österreich, Graz/Köln 1956.

Meeks, Wayne A., A Nazi New Testament Professor Reads His Bible. The Strange Case of Gerhard Kittel, in: Najman, Hindy/Newman, Judith H. (Hg.), The Idea of Biblical Interpretation. Essays in Honor of James L. Kugel, Leiden/Boston 2004, 513–544.

Mehlhausen, Joachim: Die Wahrnehmung von Schuld in der Geschichte. Ein Beitrag über frühe Stimmen in der Schulddiskussion nach 1945, in: Evangelische Theologie 54 (1994), 201–219.

Meier, Kurt: Die Theologischen Fakultäten im Dritten Reich. - Berlin 1996.

Mendels, Doron/Edrei, Arye: Zweierlei Diaspora. Zur Spaltung der antiken jüdischen Welt, Göttingen 2010.

Merk, Otto: Die evangelische Kriegsgeneration, in: Cilliers Breytenbach, Rudolf Hoppe (Hg.), Neutestamentliche Wissenschaft nach 1945. Hauptvertreter der deutschsprachigen Exegese in der Darstellung ihrer Schüler, Neukirchen 2008, 1–58.

Michel, Otto: Das wissenschaftliche Vermächtnis Gerhard Kittels, in: DtPfrBl 58 (1958), 415.
Michel, Otto: Art. »Kittel, Gerhard«, in: NDB, Band 11, Berlin 1977, 691 f.
Michel, Otto: Anpassung oder Widerstand. Eine Autobiographie, Wuppertal/Zürich 1989.
Michl, Susanne/Daniels, Mario: Strukturwandel unter ideologischen Vorzeichen.Wissenschafts- und Personalpolitik an der Universität Tübingen 1933–1945, in Wiesing, Urban/Brintzinger, Klaus-Rainer/Grün, Bernd/ Junginger, Horst/Michl, Susanne (Hg.), Die Universität Tübingen im Nationalsozialismus (Contubernium 73), Stuttgart 2010, 13–73.
Mildenberger, Friedrich/Seitz, Manfred (Hg.): Gott mehr gehorchen. Kolloquium zum 80. Geburtstag von Karl Steinbauer, München 1986.
Mildenberger, Friedrich: Karl Steinbauer. Stationen seines Lebens, in: ders./Seitz, Manfred (Hg.): Gott mehr gehorchen. Kolloquium zum 80. Geburtstag von Karl Steinbauer, München 1986, 10.
Mildenberger, Friedrich: Damit die Kette des Gehorsams nicht abreißt! Fragen der kirchlichen Rechtsordnung, an einem konkreten Fall erörtert, in: ders./Seitz, Manfred (Hg.): Gott mehr gehorchen. Kolloquium zum 80. Geburtstag von Karl Steinbauer, München 1986, 53–69.
Mittmann, Siegfried: Karl Elliger zum Gedächtnis, in: Zeitschrift des Deutschen Palästina-Vereins 94 (1978), 86–88.
Mordek, Hubert: Kirchenrecht und Reform im Frankenreich: Die Collectio Vetus Gallica. Die älteste systematische Kanonessammlung des fränkischen Gallien. Studien und Edition, Berlin/New York 1975.
Morgenstern, Matthias: Von Frankfurt nach Jerusalem. Isaac Breuer und die Geschichte des Austrittsstreits in der deutsch-jüdischen Orthodoxie (Schriftenreihe wissenschaftlicher Abhandlungen des Leo Baeck-Instituts 52), Tübingen 1995.
Morgenstern, Matthias: Württembergische Juden und die Schweiz als Asylland in den Jahren 1933–1945, in: Blätter für württembergische Kirchengeschichte 105 (2005), 83–107.
Morgenstern, Matthias: Otto Michel und Charles Horowitz – ein Briefwechsel nach der Schoah, in: Judaica 68 (2012), 278–294.

Morgenstern, Matthias: Von Adolf Schlatter zum Tübinger Institutum Judaicum, in: Matthias Morgenstern, Reinhold Rieger (Hg.), Das Tübinger Institutum Judaicum. Beiträge zu seiner Geschichte und Vorgeschichte seit Adolf Schlatter (Contubernium 83), Stuttgart 2015, 11–128.

Morgenstern, Matthias: Ein jüdischer Theologe für Nichtjuden, in: Schwäbisches Tagblatt, 6. August 2015.

Morgenstern, Matthias: Erwägungen zu einem Dokument der Schande, in: Martin Luther: Von den Juden und ihren Lügen. Neu bearbeitet und kommentiert, Berlin 2016, 251–276.

Morgenstern, Matthias: Martin Luther und die Kabbala. Vom Schem Hamephorasch und vom Geschlecht Christi. Bearbeitet und kommentiert, Berlin 2017.

Müller, Hans-Martin, Karl Fezer, in: Rainer Lächele, Jörg Thierfelder (Hrsg.): Wir konnten uns nicht entziehen. Dreißig Porträts zu Kirche und Nationalsozialismus in Württemberg, Stuttgart 1998, 251–284.

Munro, Angus: The French Occupation of Tübingen, 1945–1947: French Policies and German Reaction in the Immediate Post-War Period, PhD Thesis Warwick (USA) 1978.

Näf, Beat [Hrsg.], Antike und Altertumswissenschaft in der Zeit von Faschismus und Nationalsozialismus, Mandelbachtal 2001.

Nanko, Ulrich: Die Deutsche Glaubensbewegung. Eine historische und soziologische Untersuchung, Marburg 1993.

Nanko, Ulrich: Jakob Wilhelm Hauer (1881–1962), in: Lächele, Rainer/ Thierfelder, Jörg (Hg.), Wir konnten uns nicht entziehen. Dreißig Biographien zu Kirche und Nationalsozialismus in Württemberg, Stuttgart 1998, 61–76.

Neuer, Werner: Adolf Schlatter. Ein Leben für Theologie und Kirche, Stuttgart 1996.

Nicosia, Francis R.: Dokumente zur Geschichte des deutschen Zionismus 1933–1942 (Schriftenreihe wissenschaftlicher Abhandlungen des Leo Baeck Instituts 77), Tübingen 2018.

Niebuhr, Karl-Wilhelm: Walter Grundmann: Neutestamentler und Deutscher Christ, in: Döring, Hans-Joachim/Haspel, Michael (Hg.), Lothar Kreyssig und Walter Grundmann. Zwei kirchenpolitische Protagonisten des 20. Jahrhunderts in Mitteldeutschland (Schriftenreihe der Akademie Thüringen 4), Weimar 2014, 28–46.

Niethammer, Lutz: Die Mitläuferfabrik. Die Entnazifizierung am Beispiel Bayerns, Berlin 1982.

Noss, Peter: Theologische »Leuchttürme« im Protestantismus und die Schicksale der Christen jüdischer Herkunft 1933–1945, in: Gailus, Manfred/Lehmann, Hartmut: Nationalprotestantische Mentalitäten. Konturen, Entwicklungslinien und Umbrüche eines Weltbildes, 307–342.

Nowak, Kurt: Evangelische Kirche und Weimarer Republik. Der politische Weg des Protestantismus zwischen 1918 und 1932, Göttingen 1981.

Oberlaender, Franklin A.: »Wir aber sind nicht Fisch und nicht Fleisch«. Christliche »Nichtarier« und ihre Kinder in Deutschland, Opladen 1996.

Opitz, Gottfried: Artikel »Bernheim, Ernst«, in: NDB, Band 2, Berlin 1955, 125.

Osmont, Mathieu: René Cheval. Itinéraire d'un médiateur franco-allemand, in: Relations internationales 2006 (no. 126), 31–49.

Osterloh, Jörg: Nürnberger Prozesse, in: Benz, Wolfgang (Hg.), Handbuch des Antisemitismus. Judenfeindschaft in Geschichte und Gegenwart, Band 4, Berlin 2011, 258–260.

Paletschek, Sylvia: Entnazifizierung und Universitätsentwicklung in der Nachkriegszeit am Beispiel der Universität Tübingen, in: Rüdiger vom Bruch (Hg.): Wissenschaften und Wissenschaftspolitik: Bestandsaufnahmen zu Formationen, Brüchen und Kontinuitäten im Deutschland des 20. Jahrhunderts. Stuttgart 2002, 393–408.

Papen, Patricia von: Schützenhilfe nationalsozialistischer Judenpolitik. Die »Judenforschung« des »Reichsinstituts für Geschichte des neuen Deutschland« 1935–1945, in: Fritz Bauer Institut (Hg.), »Beseitigung des jüdischen Einflusses ...« Antisemitische Forschung, Eliten und Karrieren im Nationalsozialismus. Jahrbuch 1998/99 zur Geschichte und Wirkung des Holocaust, Frankfurt/New York 1999, 17–42.

Picard, Charles: Paul Perdrizet (1870–1938), Revue archéologique Nr. 12 (1938), 236–239.

Pithan, Annebelle: Religionspädagoginnen des 20. Jahrhunderts. Kurzporträts, in: dies. (Hg.), Religionspädagoginnen des 20. Jahrhunderts, Göttingen 1997, 391–427.

Porter, J. R.: The Case of Gerhard Kittel, in: Theology 50 (1947), Nr. 329, 401–406.

Potthast, Thomas/Hoßfeld, Uwe: Vererbungs- und Entwicklungslehren in Zoologie, Botanik und Rassenkunde. Rassenbiologie: Zentrale Forschungsfelder der Biologie an der Universität Tübingen im Nationalsozialismus, in: Wiesing, Urban/Brintzinger, Klaus-Rainer/Grün, Bernd/Junginger, Horst/Michl, Susanne (Hg.): Die Universität Tübingen im Nationalsozialismus (Contubernium 73), Stuttgart 2010, 435–482.

Potthast, Thomas: Rassenanthropologie – biologische und politische Klassifizierung als Wissenschaft vom Menschen, in: Jens Kolata, Richard Kühl, Henning Tümmers, Urban Wiesing (Hg.), In Fleischhackers Händen. Wissenschaft, Politik und das 20. Jahrhundert, Tübingen 2015, 69–88.

Rabbinowitz, Joseph/Myer, S. Lew (Hg.): The Arthur Marmorstein, Memorial Volume. Studies in Jewish Theology, London 1950.

Rehm, Johannes (Hg.): Ich glaube, darum rede ich! Karl Steinbauer: Texte und Predigten im Widerstand, Tübingen 1999.

Reichert, Eckhard: Die Canones der Synode von Elvira. Einleitung und Kommentar, Hamburg 1990.

Rengstorf, Karl Heinrich: Artikel »Marmorstein, Arthur«, in: RGG², Tübingen 1929, Bd. 3, Sp. 2022.

Rengstorf, Karl Heinrich: Grundsätzliche und methodische Überlegungen zur Bearbeitung von rabbinischen Texten, in: Kohlhammer Verlag (Hg.), Hundert Jahre Kohlhammer 1866–1966, Stuttgart/Berlin/Köln/Mainz 1966, 267–276.

Rentrop, Petra: Artikel »Bormann, Martin«, in: Benz, Wolfgang (Hg.), Handbuch des Antisemitismus. Judenfeindschaft in Geschichte und Gegenwart, Berlin 2009, 95–97.

Rese, Martin: Antisemitismus und neutestamentliche Forschung. Anmerkungen zu dem Thema »Gerhard Kittel und die Judenfrage«, in: EvTh 39 (1979), 577–570.

Rieger, Reinhold: Die Entwicklung der Evangelisch-theologischen Fakultät im »Dritten Reich«, in: Urban Wiesing, Klaus-Rainer Brintzinger, Bernd Grün, Horst Junginger, Susanne Michl (Hg.), Die Universität Tübingen im Nationalsozialismus (Contubernium 73), Stuttgart 2010, 77–117.

Ritter, Gerhard: Carl Goerdeler und die deutsche Widerstandsbewegung, Stuttgart 1954.

Röhm, Eberhard/Thierfelder, Jörg: Juden – Christen – Deutsche, 7 Bände, Stuttgart 1990–2007.

Röhm, Eberhard: Artikel »Hellmut Fischer«, in: Ludwig/Röhm, Evangelisch getauft – als »Juden« verfolgt, 98–99.
Röhm, Eberhard: Artikel »Hansrudolf Hauth«, in: Ludwig/Röhm, Evangelisch getauft – als »Juden« verfolgt, 146–147.
Röhm, Eberhard: Artikel »Fritz Majer-Leonhard«, in: Ludwig/Röhm, Evangelisch getauft – als »Juden« verfolgt, 228–229.
Röhm, Eberhard: Artikel »Arthur Schaller«, in: Ludwig/Röhm, Evangelisch getauft – als »Juden« verfolgt, 298–299.
Roelcke, Volker: Entgrenzte Wissenschaft im Nationalsozialismus. Das Beispiel Medizin, in: in: Jens Kolata, Richard Kühl, Henning Tümmers, Urban Wiesing (Hg.), In Fleischhackers Händen. Wissenschaft, Politik und das 20. Jahrhundert, Tübingen 2015, 45–65
Roper, Lyndal: Luther. Der Mensch Martin Luther, Frankfurt am Main 2016.
Rosenberg, Alfred: Das Wesensgefüge des Nationalsozialismus. Grundlagen der deutschen Wiedergeburt, München 1933.
Rosenheim, Jacob (?): Ernste Stimmen zur Judenfrage in Deutschland, in: Israelit. Centralorgan für das orthodoxe Judentum, 2. Elul 5693 (= 24. August 1933), 1 f.
Rucks, Hanna: Messianische Juden. Geschichte und Theologie der Bewegung in Israel, Neukirchen 2014.
Sabrow, Martin/Frei, Norbert (Hg.): Die Geburt des Zeitzeugen nach 1945, Göttingen 2012.
Sabrow, Martin: Zeitgeschichte schreiben. Von der Verständigung über die Vergangenheit in der Gegenwart, Göttingen 2014.
Sabrow, Martin/Weiß, Peter Ulrich (Hg.): Das 20. Jahrhundert vermessen. Signaturen eines vergangenen Zeitalters, Göttingen 2017.
Sabrow, Martin: Zeitverhältnisse. Das Gedächtnis des 20. Jahrhunderts, in: ders./Weiß, Peter Ulrich (Hg.): Das 20. Jahrhundert vermessen. Signaturen eines vergangenen Zeitalters, Göttingen 2017, 284–330.
Sabrow, Martin: Zeit-Verhältnisse, in: ders./Weiß, Peter Ulrich: Das 20. Jahrhundert vermessen. Signaturen eines vergangenen Zeitalters, Göttingen 2017, 305–330.
Sannwald, Wolfgang (Hg.): Einmarsch – Umsturz – Befreiung. Das Kriegsende im Landkreis Tübingen, Frühjahr 1945, Tübingen 1995.
Sauer, Paul: Wilhelm Murr (1888–1945), in: Rainer Lächele, Jörg Thierfelder (Hg.), Wir konnten uns nicht entziehen. Dreißig Bio-

graphien zu Kirche und Nationalsozialismus in Württemberg, Stuttgart 1998, 207–225.

Schachne, Lucie: Erziehung zum geistigen Widerstand. Das jüdische Landschulheim Herrlingen 1933–1939, Frankfurt am Main 1989.

Schäfer, Gerhard: Die evangelische Landeskirche in Württemberg und der Nationalsozialismus, Bd. 2, Stuttgart 1972.

Schäfer, Gerhard: Die evangelische Landeskirche in Württemberg und der Nationalsozialismus, Bd. 6, Stuttgart 1986.

Scharer, Philipp: Robert F. Wetzel (1898–1962) – Anatom, Urgeschichtsforscher, Nationalsozialist. Eine biografische Skizze, in: Wiesing, Urban/Brintzinger, Klaus-Rainer/Grün, Bernd/ Junginger, Horst/Michl, Susanne (Hg.), Die Universität Tübingen im Nationalsozialismus (Contubernium 73), Stuttgart 2010, 809–831.

Scherb, Ute: »Wir haben heute eine neue Sinngebung«. Tübinger Studentinnen im Nationalsozialismus, in: Urban Wiesing, Klaus-Rainer Brintzinger, Bernd Grün, Horst Junginger, Susanne Michl (Hg.), Die Universität Tübingen im Nationalsozialismus (Contubernium 73), Stuttgart 2010, 759–787.

Schick, Christa: Die Internierungslager, in: Broszat, Martin/Henke, Klaus-Dietmar/Woller, Hans (Hg.), Von Stalingrad zur Währungsreform. Zur Sozialgeschichte des Umbruchs in Deutschland, München 1988.

Schieder, Rolf: Protestantische Mentalitäten im Radio-Diskurs der Jahre 1923–1939, in: Gailus, Manfred/Lehmann, Hartmut: Nationalprotestantische Mentalitäten, 149–162.

Schiefelbein, Dieter: Das »Institut zur Erforschung der Judenfrage Frankfurt am Main«. Antisemitismus als Karrieresprungbrett im NS-Staat, in: Fritz-Bauer-Institut (Hg.), »Beseitigung des jüdischen Einflusses ...« Antisemitische Forschung, Eliten und Karrieren im Nationalsozialismus. Jahrbuch 1998/99 zur Geschichte und Wirkung des Holocaust, Frankfurt/New York 1999, 43–71.

Schlatter, Adolf: Wird der Jude über uns siegen?, Velbert 1935.

Schlatter, Adolf: Der Brief des Jakobus, Stuttgart 1932 (3. Auflage, Stuttgart 1985).

Schmid, Carlo: Erinnerungen, Bern/München/Wien 1979.

Schmidt, Alexander: Artikel »Julius Streicher«, in: Benz, Wolfgang (Hg.), Handbuch des Antisemitismus. Judenfeindschaft in Geschichte und Gegenwart, Berlin 2009, 804–806.

Schmidt, Manfred/Schäfer, Volker: Wiedergeburt des Geistes. Die Universität Tübingen im Jahre 1945. Eine Dokumentation (Werkschriften des Universitätsarchivs Tübingen, Reihe 2: Repertorien und Kataloge, Heft 13), Tübingen 1985.

Schneider, Christian/Stilke, Cordelia/Leineweber, Bernd: Das Erbe der Napola. Versuch einer Generationengeschichte, Hamburg 1996.

Schoeps, Hans-Joachim: Die letzten dreißig Jahre. Rückblicke, Stuttgart 1956.

Scholder, Klaus: Die Kirchen und das Dritte Reich. Band 1: Vorgeschichte und Zeit der Illusionen. 1918–1934, Frankfurt am Main/Wien/Berlin 1977.

Schramm, Hellmut: Der jüdische Ritualmord. Eine historische Untersuchung, Berlin 1943.

Schreckenberg, Heinz: Die christlichen Adversus-Judaeos-Texte und ihr literarisches und historisches Umfeld (1.–11. Jahrhundert), Frankfurt am Main 1999.

Schreiber, Carsten: Elite im Verborgenen: Ideologie und regionale Herrschaftspraxis des Sicherheitsdienstes der SS und seines Netzwerks am Beispiel Sachsens, München 2008.

Schüfer, Tobias: Walter Grundmanns Programm einer erneuerten Wissenschaft: Die »Völkische Theologie« von 1937 und die Ausgestaltung in der »Jenaer Studienreform«, in: Deines, Roland/Leppin, Volker/Niebuhr, Karl-Wilhelm (Hg.), Walter Grundmann. Ein Neutestamentler im Dritten Reich (Arbeiten zur Kirchen- und Theologiegeschichte 21), Leipzig 2007, 219–237.

Schüfer, Tobias: Walter Grundmanns »Zuwendung zu den Fragen der Gegenwart« in nationalsozialistischer Zeit. Beobachtungen zu seinem Kirchen- und Rechtsverständnis, in: Döring, Hans-Joachim/Haspel, Michael (Hg.), Lothar Kreyssig und Walter Grundmann. Zwei kirchenpolitische Protagonisten des 20. Jahrhunderts in Mitteldeutschland (Schriftenreihe der Akademie Thüringen 4), Weimar 2014, 66–77.

Schwarz, Karl W.: »Grenzburg« und »Bollwerk«. Ein Bericht über die Wiener Evangelisch-theologische Fakultät in den Jahren 1938–1945, in: Leonore Siegele-Wenschkewitz, Carsten Nicolaisen (Hg.), Theologische Fakultäten im Nationalsozialismus (Arbeiten zur Kirchlichen Zeitgeschichte B 18), Göttingen 1993, 361–389.

Schwarz, Karl W.: »Haus in der Zeit«: Die Fakultät in den Wirrnissen dieses Jahrhunderts, in: ders./Wagner, Falk (Hg.), Zeitenwechsel und Beständigkeit. Beiträge zur Geschichte der Evangelisch-Theologischen Fakultät in Wien 1821–1996, Wien 1997, 125–208.

Schwarz, Karl W.: Bischof Dr. Hans Eder und die evangelische Kirche in Österreich in der Ära des Nationalsozialismus: https://museum.evang.at/wp-content/uploads/2015/04/K_Schwarz_Eder.pdf [06.11.2018].

Schweitzer, Wolfgang: Dunkle Schatten - helles Licht. Rückblick auf ein schwieriges Jahrhundert, Stuttgart 1999.

Segev, Alon: Religion, Race and Politics: Gerhard Kittel and the Jewish Question, in: Dubrau, Alexander A./Scotto, Davide/Sanseverino, Ruggero Vimercati (Hg.) Transfer and Religion: Interactions between Judaism, Christianity and Islam from the Middle Ages to the 20th Century. Tübingen 2019, 287–306.

Siegele, Ulrich: Lebenslauf, in: Hermann Düringer/Karin Weintz (Hg.), Leonore Siegele-Wenschkewitz. Persönlichkeit und Wirksamkeit (Arnoldshainer Texte 112), Frankfurt a. M. 2000, 247–297.

Siegele-Wenschkewitz, Leonore: Die Evangelisch-theologische Fakultät Tübingen in den Anfangsjahren des Dritten Reichs, in: ZThK, Beiheft 4. Tübinger Theologie im 20. Jahrhundert, Tübingen 1978, 34–80.

Siegele-Wenschkewitz, Leonore: Karl Fezer und die Deutschen Christen, in: ZThK, Beiheft 4: Tübinger Theologen im 20. Jahrhundert, Tübingen 1978, 34–52.

Siegele-Wenschkewitz, Leonore: Gerhard Kittel und die Judenfrage, in: ZThK, Beiheft 4. Tübinger Theologie im 20. Jahrhundert, Tübingen 1978, 53–80.

Siegele-Wenschkewitz, Leonore: Neutestamentliche Wissenschaft vor der Judenfrage. Gerhard Kittels theologische Arbeit im Wandel deutscher Geschichte (Theologische Existenz heute Nr. 208), München 1980, 44–50.

Siegele-Wenschkewitz: Protestantische Universitätstheologie und Rassenideologie in der Zeit des Nationalsozialismus. Gerhard Kittels Vortrag »Die Entstehung des Judentums und die Entstehung der Judenfrage« von 1936, in: Brakelmann, Günter/Rosowski, Martin (Hg.): Antisemitismus. Von religiöser Judenfeindschaft zur Rassenideolopgie, Göttingen 1989, 52–75.

Siegele-Wenschkewitz, Leonore, Hochschule und Nationalsozialismus (Arnoldshainer Texte 66), Frankfurt am Main 1990.
Siegele-Wenschkewitz, Leonore/Nicolaisen, Carsten (Hg.): Theologische Fakultäten im Nationalsozialismus (Arbeiten zur kirchlichen Zeitgeschichte. Reihe B: Darstellungen, Band 18), Göttingen 1993.
Siegele-Wenschkewitz: Geschichtsverständnis angesichts des Nationalsozialismus. Der Tübinger Kirchenhistoriker Hanns Rückert in der Auseinandersetzung mit Karl Barth, in: Dies./Nicolaisen, Carsten (Hg.): Theologische Fakultäten im Nationalsozialismus, Göttingen 1993, 113–144.
Siegele-Wenschkewitz, Leonore: Mitverantwortung und Schuld der Christen am Holocaust, in: Dies. (Hg.), Christlicher Antijudaismus und Antisemitismus. Theologische und kirchliche Programme Deutscher Christen (Arnoldshainer Texte 85), Frankfurt am Main 1994, 1–26.
Siegele-Wenschkewitz, Leonore: »Meine Verteidigung« von Gerhard Kittel und eine Denkschrift von Walter Grundmann, in: Hermann Düringer/Karin Weintz (Hg.), Leonore Siegele-Wenschkewitz. Persönlichkeit und Wirksamkeit (Arnoldshainer Texte 112), Frankfurt am Main 2000, 135–183.
Silomon, Anke: Lothar Kreyssig und Walter Grundmann. Zwei biografische Aufrisse im zeitgeschichtlichen Kontext, in: Döring, Hans-Joachim/Haspel, Michael (Hg.), Lothar Kreyssig und Walter Grundmann. Zwei kirchenpolitische Protagonisten des 20. Jahrhunderts in Mitteldeutschland (Schriftenreihe der Akademie Thüringen 4), Weimar 2014, 13–27.
Smend, Rudolf: Deutsche Alttestamentler in drei Jahrhunderten, Göttingen 1989, 182–207.
Stählin, Traugott: Zur Stellung Karl Fezers im Nationalsozialismus, in: Wort und Dienst. Jahrbuch der kirchlichen Hochschule Bethel, Neue Folge 20 (1989), 121–138.
Steinbauer, Karl: Einander das Zeugnis gönnen, Band I–IV, Erlangen 1983.–1987.
Stemberger, Günter (Hg.): Mekhilta de-Rabbi Jishmae'el. Ein früher Midrasch zum Buch Exodus. Aus dem Hebräischen übersetzt, Berlin 2010.
Stockhorst, Erich: 5000 Köpfe, Wer war was im Dritten Reich, Kiel ^{3}1998.

Tal, Uriel: Christians and Jews in Germany. Religion, Politics, and Ideology in the Second Reich, 1870–1914, London 1975.
Tal, Uriel: Religions, Politics, and Ideology in the Third Reich, Selected Essays, London/New York 2004.
Theißen, Gerd: Neutestamentliche Wissenschaft vor und nach 1945 (Schriften der Philosophisch-Historischen Klasse der Heidelberger Akademie der Wissenschaften 47), Heidelberg 2009.
Thierfelder, Jörg: Karl Fezer, in: Siegfried Hermle, Rainer Lächele, Albrecht Nuding (Hrsg.): Im Dienst an Volk und Kirche, Theologiestudium im Nationalsozialismus, Erinnerungen, Darstellungen, Dokumente und Reflexionen zum Tübinger Stift 1930 bis 1950, Stuttgart 1988, 126–156.
Thurau, Markus: »Was kann man anderes tun, wenn die Welt untergeht?« Karl Hermann Schelkle und die Tübinger Theologie in Zeiten der Krise (1929–1949), in: Rottenburger Jahrbuch für Kirchengeschichte 37 (2018), 189–205.
Tilly, Michael: Artikel »Kittel, Gerhard«, in: Vinzent, Markus (Hg.), Metzler Lexikon christlicher Denker. 700 Autorinnen und Autoren von den Anfängen des Christentums bis zur Gegenwart, Stuttgart/Weimar 2000, 408.
Timm, Elisabeth: Tübingen, in: Sannwald, Wolfgang (Hg.): Einmarsch – Umsturz – Befreiung. Das Kriegsende im Landkreis Tübingen, Frühjahr 1945, Tübingen 1995, 195–202.
Ulrich, Hans G.: Das Zeugnis der Christen und die Politik. Zum Verständnis von Römer 13 bei Karl Steinbauer, in: Mildenberger, Friedrich/Seitz, Manfred (Hg.): Gott mehr gehorchen. Kolloquium zum 80. Geburtstag von Karl Steinbauer, 31–52.
Verschuer, Otmar Freiherr von: Die Rasse als biologische Größe, in: Künneth, Walter/Schreiner, Helmuth (Hg.): Die Nation vor Gott. Zur Botschaft der Kirche im Dritten Reich, Berlin 1933, 24–37.
Vollnhals, Clemens: Evangelische Kirche und Entnazifizierung 1945–1949. Die Last der nationalsozialistischen Vergangenheit, München 1989.
Vos, Johannes Sijko: Antijudaismus/Antisemitismus im Theologischen Wörterbuch zum Neuen Testament, in: Nederlands Theologisch Tijdschrift 1984, 89–110.
Vuletić, Aleksandar-Saša: Christen jüdischer Herkunft im Dritten Reich. Verfolgung und organisierte Selbsthilfe 1933–1993, Mainz 1999.

Wallmann, Johannes: Luthertum und Zionismus in der Zeit der Weimarer Republik, in: Wendebourg, Dorothea/Stegmann, Andreas/Ohst, Martin (Hg.): Protestantismus, Antijudaismus, Antisemitismus: Konvergenzen und Konfrontationen in ihren Kontexten, Tübingen 2017.

Weidner, Tobias: Fleischhackers Sprache(n). Eine Rassenanthropologe zwischen Wissenschaft und Politik, in: Jens Kolata, Richard Kühl, Henning Tümmers, Urban Wiesing (Hg.), In Fleischhackers Händen. Wissenschaft, Politik und das 20. Jahrhundert, Tübingen 2015, 203–223.

Weindling, Paul: Rassenkundliche Forschung zwischen dem Getto Litzmannstadt und Auschwitz, in: Jens Kolata, Richard Kühl, Henning Tümmers, Urban Wiesing (Hg.), In Fleischhackers Händen. Wissenschaft, Politik und das 20. Jahrhundert, Tübingen 2015, 141–161.

Weinreich, Max: Hitler's Professors. The Part of Scholarship in Germany's Crimes Against the Jewish People, New York 1946.

Weiss, Sheila: After the Fall. Political Whitewashing, Professional Posturing and Personal Refashioning in the Post-War Career of Otmar Freiherr von Verschuer, in: Isis 101 (2010), 722–758.

Wendebourg, Dorothea/Stegmann, Andreas/Ohst, Martin (Hg.): Protestantismus, Antijudaismus, Antisemitismus: Konvergenzen und Konfrontationen in ihren Kontexten, Tübingen 2017.

Wenzel, Mario: Artikel »Franz, Walter«, in: Benz, Wolfgang (Hg.), Handbuch des Antisemitismus. Judenfeindschaft in Geschichte und Gegenwart, Berlin 2009, 245 f.

Des.: Artikel »Grau, Wilhelm«, in: Benz, Wolfgang (Hg.), Handbuch des Antisemitismus. Judenfeindschaft in Geschichte und Gegenwart, Berlin 2009, 308 f.

Werner, Fritz, Das Judentumsbild der Spätjudentumsforschung im Dritten Reich. Dargestellt anhand der »Forschungen zur Judenfrage« Bd. I-VIII: Kairos 13 (1971), 161–194.

Widmann, Peter: Artikel »Fischer, Eugen«, in: Benz, Wolfgang (Hg.), Handbuch des Antisemitismus. Judenfeindschaft in Geschichte und Gegenwart, Berlin 2009, 233.

Wiese, Christian: Wissenschaft des Judentums und protestantische Theologie im wilhelminischen Deutschland (Schriftenreihe wissenschaftlicher Abhandlungen des Leo Baeck Institutes 61), Tübingen 1999.

Wilken, Robert Louis: John Chrysostom and the Jews: Rhetoric and Reality in the Late 4th Century, Berkeley 1983.
Willenberg, Nicola: »Der Betroffene war nur Theologe und völlig unpolitisch«. Die Evangelisch-Theologische Fakultät von ihrer Gründung bis in die Nachkriegszeit, in: Thamer, Hans-Ulrich/Droste, Daniel/Happ, Sabine (Hg.), Die Universität Münster im Nationalsozialismus. Kontinuitäten und Brüche zwischen 1920 und 1960, Münster 2012, 251–308.
Winkler, Dieter: Heinrich Grüber – Protestierender Christ, Berlin 1993.
Wischnath, Johannes Michael: Wilhelm Pressel (1895–1986), in: Rainer Lächele, Jörg Thierfelder (Hg.), Wir konnten uns nicht entziehen. Dreißig Biographien zu Kirche und Nationalsozialismus in Württemberg, Stuttgart 1998, 299–310.
Wischnath, Johannes Michael: Eine Frage des Stolzes und der Ehre. Die politische Säuberung der Universität Tübingen und ihr letzter NS-Rektor Otto Stickl, in: Wolfgang Sannwald (Hg.), Persilschein, Käferkauf und Abschlachtprämie. Von Besatzern, Wirtschaftswundern und Reformen im Landkreis Tübingen, Tübingen 1998, 103–123.
Wolf, Ernst: Artikel »Christlich-sozial«, in: Die Religion in Geschichte und Gegenwart, Band 1, 3. Aufl., Tübingen 1957, 1740–1743.
Wurm, Theophil: Erinnerungen aus meinem Leben, Stuttgart 1953.
Zahn, Theodor: Brüder und Vettern Jesu, in: ders. (Hg.), Apostel und Apostelschüler in der Provinz Asien, Leipzig 1900, 225–363.
Zapf, Lilli: Die Tübinger Juden, Tübingen ⁴2008.
Zauner, Stefan: Die Entnazifizierung (Epuration) des Lehrkörpers. Von der Suspendierung und Entlassung 1945/46 zur Rehabilitierung und Wiedereinsetzung der Professoren und Dozenten bis Mitte der 1950er Jahre, in: Wiesing, Urban/Brintzinger, Klaus-Rainer/Grün, Bernd/Junginger, Horst/Michl, Susanne (Hg.), Die Universität Tübingen im Nationalsozialismus (Contubernium 73), Stuttgart 2010, 937–997.
Zipfel, Friedrich Kirchenkampf in Deutschland, Berlin 1965.

Archivmaterial

Universitätsarchiv Tübingen
    Gerhard Kittel, *Meine Verteidigung* und Beilagen (UAT 162/31,1)
Landeskirchenarchiv Eisenach
    Walter Grundmann, Autobiographisches Manuskript »Erkenntnis und Wahrheit«, 1969 (maschinenschriftlich)
Landeskirchliches Archiv Stuttgart
    Nachlass Adolf Schlatter
    Akte »Gerhard Kittel«
Landesarchiv Nordrhein-Westfalen
    Abt. Rheinland, BR 2182 Nr. 2H 10793 (Schicksal der Angehörigen von Charles Horowitz)
International Tracing Service (ITS) Bad Arolsen
    Dokument ID: 11181081, Korrespondenzakte T/D 692 552
Staatsarchiv Sigmaringen
    Entnazifizierungsakte Friedrich Focke

Personenregister

Achelis, Johann Daniel 133, 301
Alt, Albrecht 17, 81, 168, 224, 266
Altmann, Adolf 78 f., 143 f., 264 f., 308
Augustin Kardinal Bea SJ 19

Balog, Yeshaya 80
Barth, Karl 18, 141 f., 217, 225, 306 f.
Bauer, Bruno 55, 132, 207
Bauernfeind, Otto 50
Baumert, Helmut 35
Bebermeyer, Gustav 155, 159, 212
Bernheim, Ernst 133, 301
Beyer, Hermann Wolfgang 100 f., 278
Bieber, Margarete 79 f., 144, 265, 309
Billerbeck, Paul 130 f., 299
Bloedhorn, Hans-Wulf 82
Bock, Lorenz 169, 216
Boelitz, Otto 112, 285
Bormann, Lukas 114
Bormann, Martin 16, 48, 94, 108, 274
Botzenhart, Erich 74, 261
Brahm, Otto 209
Brandeis, Georg 209
Breuer, Isaac 58, 103
Bromiley, Geoffrey W. 18, 225
Brunner, Emil 17 f., 160, 168, 207, 225

Buber, Martin 30, 51 f., 56 f., 85, 133, 194, 196, 207, 210 f., 251, 301
Bultmann, Rudolf 15
Buttmann, Rudolf 90, 271

Chrysostomus, Johannes 24
Conrat, Max 209
Cumont, Franz 78, 264

Daiber, Axel 50, 246
Deckert, Joseph 184
Delitzsch, Kurt 128, 198, 298
Dibelius, Martin 17, 48, 68 f., 78 f., 105, 122 f., 144, 161, 164, 168, 171, 180 ff., 214, 244, 309
Dienemann, Max 25, 28, 185 f.
Dietrich, Albert 36 f., 60, 237 f.
Dittmann, Wilhelm 134, 301
Dollfuß, Engelbert 43
Dühring, Eugen 207

Eder, Hans 41, 43 ff., 98, 134, 146, 241 ff., 276, 301, 310
Elbogen, Ismar 25, 192
Elliger, Karl 81 f., 266
Eltester, Walther 17, 170
Entz, Gustav 45, 93, 273
Ericksen, Robert 56, 136, 200, 206, 302

Fezer, Karl 37, 40, 49, 65, 93, 155, 158, 179, 186, 195, 212 f., 238, 246

Personenregister

Fischer, Eugen   77 f., 81 f., 115 f., 135 f., 173, 175, 263 f., 266, 288, 302
Focke, Friedrich   37, 133, 238
Foerster, Werner   48, 244 f.
Frank, Hans   73
Frank, Walter   48, 72 ff., 133, 179, 207, 244 f., 260 f., 301
Fritsch, Theodor   26, 118, 207, 230
Fritsch, Theodor jn.   26

Gadamer, Hans-Georg   205
Ganzer, Karl Richard   74, 261
Gerdmar, Anders   17 f., 30, 34, 39, 51, 78 f., 97, 103, 108, 177, 185, 196, 200, 206, 210
Gerschenowitz (Talmudübersetzer)   192
Gesler, Helmuth   99, 120 f., 145, 292 f., 309 f.
Goebbels, Joseph   81
Goerdeler, Carl Friedrich   142, 148, 307
Goethe, Johann Wolfgang von   52 f., 67, 150, 199, 201, 218, 248, 257, 314
Goldmann, Erwin   66, 90 f., 209, 271 f.
Göring, Hermann   91, 205, 272
Grandinger, Johannes   74, 261
Grau, Wilhelm   73, 260
Großheide (Grosheide), Willem   16, 129, 165
Grundmann, Walter   16, 40 f., 69, 73, 83, 89, 151, 165, 183, 197 f., 218
Grynszpan, Herschel (Grünspan, Herschel)   101 f., 105 f.

Gutbrod, Hans   125, 145, 296, 309

Haacker, Klaus   95, 146
Haeckel, Ernst   83
Harnack, Adolf von   278
Hauer, Wilhelm   13, 20, 33 f., 73, 83, 85 f., 118, 155 f., 159, 162 ff., 186, 194, 212, 268, 290
Haug, Theodor   45, 243
Haushofer, Karl   92, 272
Heidegger, Martin   205
Heil, Uta   43, 187
Heitmüller, Wilhelm   15
Hellegers, Frederick Riker   19
Heman, Carl Friedrich   53 f., 249 f.
Heman, Heinrich Wilhelm David   53, 249
Hengel, Martin   123, 199
Herzl, Theodor   53, 249
Heß, Rudolf   43, 91 f., 94, 115, 205, 245, 272 ff., 287
Himmler, Heinrich   38, 238, 290
Hitler, Adolf   18, 31 f., 34, 41 f., 53, 62 ff., 72, 91 ff., 109, 140 ff., 151, 164, 174, 187, 206, 210, 213, 217, 219, 233 ff., 238, 241, 245, 251, 255 f., 272 ff., 282, 290, 305 ff., 313, 315
Hoffmann, Christhard   205, 208, 210, 265
Hoffmann, David   104
Hoffmann, Jakob Jehuda   103
Horowitz, Charles (Chaim)   129, 192, 198 ff., 299

Jäger, August 42, 241
Jeremias, Joachim 44, 130, 168
Jünger, Ernst 205
Junginger, Horst 20, 22, 30, 33, 56, 60, 72, 77f., 101, 104f., 107f., 132, 139, 175, 177, 185, 192, 196, 206, 211f.

Kahan, Issar Israel 22, 128, 192, 298
Kallina, Elisabeth 134, 301
Katz, Peter 130, 299
Keil, Josef 168
Kittel, Eberhard 94
Kittel, Elsbeth 94f.
Kittel, Rudolf 60
Kittel (Witwe) 14
Klausner, Josef 22, 25, 227, 229
Klett, Eugen 99, 107, 120f., 277, 292f.
Köberle (Dekan) 13
Koenig, Marie-Pierre 162
Kohlhammer, Walter 60
Kohlhammer, Wilhelm 60
Krause, Reinhold 40
Kuhn, Karl Georg 22, 69, 72, 107, 139, 165, 198
Künneth, Walter 77
Künzel, Otto 167, 216

Lahusen, Christiane 183, 186
Lammers, Hans 93, 273
Leers, Johann von 117, 289
Lehnich, Oswald 36
Leibowitz, Gutel Tovia 192
Leipoldt, Johannes 15, 83, 117, 122, 289
Levertoff, Paul 68, 258
Lietzmann, Hans 100f., 278

Liptak, Heinrich 43, 242
Luther, Martin 26, 67, 71, 87, 98, 150, 218, 257, 314

Maimonides (Rabbi Moses ben Maimon) 70
Majer-Leonhard, Fritz 135f., 302
Markschies, Christoph 173, 181, 183, 191
Marmorstein, Arthur 131f., 191, 300
Martini, Winfried 58, 251
Marx, Karl 207
Maurenbrecher, Max 127, 298
May, Gerhard 44, 147, 211ff., 223, 233, 235, 237, 240, 242f., 245, 252, 295, 311
McKinnon, James 67, 257
Mengele, Josef 77, 264
Mergenthaler, Christian 41, 132, 241
Michel, Otto 16, 32, 47, 57, 126, 129, 146, 165, 189, 195f., 199f., 311
Morgenstern, Christian 201
Morgenstern, Matthias 26, 40, 56, 58, 68f., 81, 87, 98, 117, 129, 132f., 139, 165, 186, 190f., 196, 199f., 206, 216
Müller, Eberhard 37, 48f.
Müller, Friedrich von 52f., 248
Müller, Karl Alexander von 185
Müller, Ludwig 42, 130, 299
Murr, Wilhelm 60, 109, 125, 144, 295, 309

Naumann, Friedrich   30, 233
Niedermayer, Oskar Ritter von   91, 100, 272, 278

Odeberg, Hugo   17
Oesterreich, Traugott Konstantin   41, 132, 150, 300
Oroszlán, Zoltán   80, 265, 309

Perdrizet, Paul   79, 144, 264, 309
Petrie, Flinders   79, 144, 264, 309
Pfahler, Gerhard   158 f.
Pressel, Wilhelm   60, 253
Prümm, Karl   95 f., 99, 126, 275 f., 297

Rath, Ernst Eduard von   101 f., 185, 196, 211, 278 f.
Rauschnabel, Hans   35
Reihlen, Hans   156 ff., 212
Reinhardt, Max   209
Renner, Viktor   155
Reventlow, Ernst Christian Einar Ludwig Detlev Graf zu   85 f., 115, 268 f., 287
Rey, Walter   138, 168
Rieger, Reinhold   19, 40 f., 65, 145
Ritter, Gerhard   91, 148 f., 312 f.
Rohling, August   184
Rosenberg, Alfred   72 ff., 98, 100 f., 107 f., 117, 120, 125, 138, 205, 245, 260 f., 276 ff., 281, 288 f., 292, 295, 304
Rosenheim, Jacob   56, 58
Rostovtzeff, Michael   78, 264
Rückert, Hanns   40, 189 f.

Rupp, Hans Georg   161, 164, 167, 214
Rust, Bernhard   43, 72, 141 f., 207, 245, 307

Sabrow, Martin   148, 173, 183, 185, 187, 195, 218
Schaeder, Hans Heinrich   168
Scheel, Gustav Adolf   49, 89, 107 f., 245, 271, 281
Schirach, Baldur von   43, 93, 205, 273
Schlatter, Adolf   15, 18, 22, 68, 98, 129, 139, 170, 190, 199, 206, 276
Schmid, Carlo   159 ff., 163 f., 167, 181, 214
Schmitt, Carl   205
Schmitz, Otto   46 f., 243
Schneider, Hermann   103, 121, 159, 162, 164, 213, 215
Schniewind, Julius   47 f., 244
Schoeps, Hans-Joachim   251
Scholem, Betty   81
Scholem, Gershom   81, 211
Scholem, Werner   81
Schott, Georg   92, 272
Schreiner, Helmuth   77
Schröder, John Ulrich   32, 234
Schulte-Strathaus, Ernst   92, 272 f.
Schultze, Walter   38, 238
Schürer, Emil   117, 289
Schuschnigg, Kurt   43
Schwarz, Karl W.   16, 34, 41, 43 ff., 89, 93, 98, 271
Segev, Alon   206 f.
Seidel, Ina   92, 273

Siegele-Wenschkewitz, Leonore
15 ff., 20, 25, 27, 29, 31, 36 f.,
40, 42, 65, 72, 94 f., 98,
106, 128 f., 155, 168, 177,
181, 183 f., 186, 189 ff., 196 ff.,
218, 233
Soden, Hans von   47, 244
Soltan, Oroszlan   79, 144
Stäbler, Walter   20
Stähelin, Ernst   117, 289
Stählin, Gustav   146, 179, 311
Steinbauer, Karl   45 f., 243
Stickl, Otto   159
Stoecker, Adolf   30
Stracke, Ernst   40
Streicher, Julius   27, 97, 179, 231, 275

Thielicke, Helmut   16
Thomae, Elsbeth   95
Tutanchamon   66

Usadel, Willy   156 f., 212

Verschuer, Freiherr Otmar von
77, 84, 263, 267
Vogt, Joseph   79, 144, 156, 158, 212 f., 264, 309
Vogt, Walter   158
Volz, Paul   117, 289

Wagner, Richard   91
Wagner, Winifred   91, 205, 271
Wallmann, Johannes   175
Walter, Bruno   72 f., 209
Walter Schlesinger, Bruno   58
Weiser, Artur   40
Wetzel, Robert   34, 112, 156, 158 f.
Winkler, Hans Alexander   33, 66, 132 f., 234, 300
Winkler, Hayastan   132
Wurm, Theophil   20, 40 ff., 90, 98, 108, 142, 226, 241 f., 276

Zauner, Stefan   13 f., 112, 155 ff., 170 f., 213, 215
Ziegler, Wilhelm   49, 246

Bibliografische Information der Deutschen Nationalbibliothek
Die Deutsche Nationalbibliothek verzeichnet diese Publikation in der Deutschen
Nationalbibliografie; detaillierte bibliografische Daten sind im Internet über
http://dnb.d-nb.de abrufbar.

Es ist nicht gestattet, Texte dieses Buches zu scannen, in PCs oder auf CDs zu speichern
oder mit Computern zu verändern oder einzeln oder zusammen mit anderen Bildvorlagen zu manipulieren, es sei denn mit schriftlicher Genehmigung des Verlages.

Alle Rechte vorbehalten.

© by Berlin University Press in der Verlagshaus Römerweg GmbH, Wiesbaden 2019
Lektorat: Bernhard Suchy
Covergestaltung: Karina Bertagnolli, Wiesbaden
Coverillustration: Titelblatt von Kittels Verteidigungsschrift;
Universitätsarchiv Tübingen
Satz und Bearbeitung: SATZstudio Josef Pieper, Bedburg-Hau
Der Titel wurde in der Minion Pro gesetzt.
Gesamtherstellung: CPI books GmbH, Leck – Germany

ISBN: 978-3-7374-1331-2

Mehr über Ideen, Autoren und Programm des Verlags finden Sie auf
www.verlagshausroemerweg.de und in Ihrer Buchhandlung.